广播电视创新规划教材

电视新闻学

黎炯宗　著

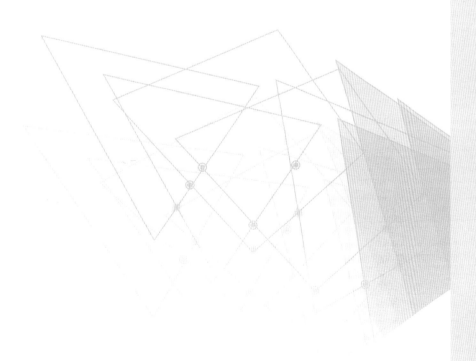

WUHAN UNIVERSITY PRESS
武汉大学出版社

图书在版编目(CIP)数据

电视新闻学/黎炯宗著. —武汉:武汉大学出版社,2015.6
广播电视创新规划教材
ISBN 978-7-307-15126-0

Ⅰ.电… Ⅱ.黎… Ⅲ.电视新闻—新闻学—教材 Ⅳ.G220

中国版本图书馆 CIP 数据核字(2015)第 021837 号

责任编辑:胡国民 责任校对:汪欣怡 版式设计:马 佳

出版发行:**武汉大学出版社** (430072 武昌 珞珈山)
(电子邮件:cbs22@whu.edu.cn 网址:www.wdp.com.cn)
印刷:武汉中远印务有限公司
开本:787×1092 1/16 印张:19 字数:446 千字 插页:1
版次:2015 年 6 月第 1 版 2015 年 6 月第 1 次印刷
ISBN 978-7-307-15126-0 定价:32.00 元

序

感谢国家教育部专家组的厚爱，使本书有幸能被列为普通高等教育"十一五"国家级规划教材。

1996年年底，当时我所在的学校校长彭民璋教授到我家来看我，因我是不久前才从广播电视行业改行到大学教书的，校长在嘘寒问暖之后，话题自然而然就转到了如何把新闻专业办得更好之上。当我说到长期以来全国各地广播电视新闻业务人才都很紧缺，我们学校最好是能新增一个广播电视新闻专业的时候，她除了当场表态同意申办广电新闻专业之外，还让我在年后马上就给快要毕业的新闻班补开广播新闻和电视新闻课。之后，在学校寒假前发下的排课单中，就已给我安排了广播新闻和电视新闻两门新课程。

接下了排课单后，没想到遍查全国各地的出版信息，均未发现哪里出过适合于用作这两门课的专业教材，于是只好自己动手撰写，"现炒现卖"。令我欣喜的是，虽然当年给学生开这两门课时还没有书，但我以仓促写出的讲课提纲教出来的首届学生，到毕业时却有好些人因具有广播新闻和电视新闻业务知识而当上了省、市广播电台或电视台的记者。

由于电视新闻的采编与报纸、广播新闻的采编有着许多的不同，因而可以说，电视新闻业务也是一门有别于报纸、广播新闻业务的相对独立的学科。要做好电视新闻的采编工作，除了需要通晓新闻工作的基本原理和掌握好一般的新闻文稿采写知识外，还要熟悉电视传媒的特点及熟知电视新闻采、拍、写、编工作所特有的原理和方法及熟悉各种有关的器材设备的运用；此外，广义上的电视新闻节目，除了包括最常用到的电视消息外，还包括专题、专访、连续报道、系列报道、组合报道等节目甚至还包括专题片、纪录片和艺术片等。因而本书的写作，并不囿于只对狭义的电视新闻节目的采、拍、写、编方法的阐述，而是根据从事电视新闻工作的实际需要来扩展铺陈。

本书最早于 1997 年 8 月 13 日由本人原来所在的学校印行，2006 年 8 月入选国家"十一五"规划教材后曾在广东高等教育出版社出版。在这次转由武汉大学出版社出版时，又作了较大幅度的修订，鉴于每次修订过后在使用中都还发现尚有某些不足，因而可以肯定直到现在这书也还并非完美，未尽善处，还望读者见谅和不吝指正。

本书在当年的写作及后来的不断修订中，除参阅了书末所列的相关著作之外，还曾得到电视界诸多行家的指教和从有关刊物及网上的有关资料中获得过不少的启示；在申报国家规划教材时，又有幸得到了广东高等教育出版社总编辑杨哲，责任编辑张敏芝等老师的大力支持；而在这次转由武汉大学出版社出这个修订版中，武汉大学出版社的责任编辑胡国民老师也付出了许多劳动。

值此修订版行将付梓之际，对于我在本书的写作与修订中所参阅到的各种文献资料的作者及曾给过我以指教的各方行家，还有曾为本书的问世付出了许多辛勤劳动的两家出版社的领导、编辑及校对人员等，在此一并表示衷心的感谢。

蔡炯宗

写就于 2014 年 1 月 5 日 15 时 51 分

目录
CONTENTS

目录
CONTENTS

目录
CONTENTS

第一章　电视的诞生及电视新闻学

学科的形成与发展

第一节　电视的诞生

许多古代故事尤其是神话故事中有"千里眼顺风耳"一说，故事虽然动人，然而毕竟只是寄托着人们的美好希望而已。

随着科学技术的不断进步，18 世纪，人类揭开了电的奥秘；19 世纪，美国科学家爱迪生发现了无线电波。之后，无线电发射和接收技术的发明，电报和无线电广播的出现，使信息的传递终于摆脱了时空的限制。随后，不少科学家又致力于景物图像的无线电传输的研究，"千里眼顺风耳"的神话才一步步走向了现实。

1817 年，硒元素被化学大师、瑞典科学家琼斯·布尔兹列斯发现；1865 年，硒元素在光线照射下会产生电子发射现象被英国科学家约瑟夫·梅发现；经进一步研究，约瑟夫·梅还发现了硒元素发射电子的能力与光照的强弱有关，因而硒可作光电转换材料。

1873 年，美国科学家 G. R. 凯里在约瑟夫研究成果的基础上，提出了用硒光电元件组成屏幕，再把图像投射到该屏幕上从而实现图像由光向电转换的设想。而在此前的 1862 年，意大利学者乔瓦尼·卡塞利发明了"绘图电报机"，德国学者爱德在其研究成果的基础上，也实现了通过电信号来传送静止图像，但由于始终解决不了活动图像的传送问题，这项研究搁浅了 10 多年。至 1880 年，德国人里伯莱发明了旋转盘和扫描原理,次年,康斯坦丁·森莱克在里伯莱扫描原理的启发下,试制出了图像扫描系统,而比威尔则成功地制成了能够传送静止图像的传像器,虽然他们都未能最终解决用电信号传送活动图像的难题,但却为后人解决好这一难题拓宽了道路。

三年之后,柏林大学保尔·尼普库成功地研制出机械扫描盘,使图像分解与合成的问题得到了解决,进而使人类将活动图像通过电信号传送的构想化为现实迈出了关键的一步。虽然他研制出的机械扫描盘扫描产生的活动图像十分模糊,但毕竟为用电信号传输活动图像的研究理出了思路,为后来的电视发明奠定了基础。

1897年,德国布劳恩完善了电波映像原理,并研制出了电子显像管;1904年,英国弗莱明发明了真空二极管;两年后,奥地利的芬里本等人和美籍法国人福雷斯特又先后发明了能用于传送图像和文字的阴极射线真空管和真空三极管;不久,俄国的罗辛用布劳恩发明的电子显像管试制成功了电子映像机,并于1911年宣布用显像管传送图像获得成功。

1917年,俄国的兹沃利金开始研制电视机。

1919年,匈牙利人冯米哈利研制的电视系统,成功地在数公里内实现了图像的异地传送。

1923年,移居美国的俄籍人兹沃利金发明了光电摄像管,解决了把明暗不等的像素转化为强弱有别的信号等问题。与此同时,芬米夏勒还发明了可用于图像扫描的电磁振荡信号器;美国人詹金斯首次成功地从首都华盛顿将总统哈丁的照片通过电视装置传送到远在250里之外的费城。次年,德国的狄克曼又解决了动态图像的传送技术难题。

1925年10月2日,英国科学家约翰·贝尔德成功地进行了人物形象的电视有线传送试验;同年,美国人詹金斯开展无线电视试播获得成功。

1927年4月,美国在纽约、华盛顿和新泽西三座城市间开展电视联播试验获得成功;次年,贝尔德又成功地实现了格拉斯堡至伦敦全长640公里及伦敦至纽约全长6000多公里的远距离电视信号发送和声画同步发射接收等试验。

同年5月,美国通用电气公司的 W_2XAD 电视台开播。8月,该台现场直播了奥尔巴尼民主党大会,9月播出了第一部电视剧——《女王的信使》,成为世界上首家开播新闻、转播现场实况及播出文艺节目的电视台。

1929年,贝尔德创建的全套电视发射技术为英国BBC电视台率先采用,芬米夏勒电视机厂制造出了世界首台电视摄像机和每秒12.5帧、每帧30线横向扫描的电视机;这一年,美国的实验电视台已发展到了26家。

1936年,德国制造出了功率达2000W的声画同步电视发射机;1931年,美国广播公司在世界最高的摩天大楼——帝国大厦上建造了电视实验发射台;同年3月25日,英国BBC电视台实现了声画同步发射;4月29日,苏联也开始了电视传送试验;7月21日,美国哥伦比亚广播公司在纽约建立了 W_2XAD 电视台。8月28日,英国BBC电视台开始试播本台制作的电视节目,开创了电视台播出自办节目的先河。法国人也在这一年间开始了电视声画同步播出实验。英国电视大师贝尔德因首创电视远距离无线声画同步传送与接收技术而享誉全球,他应美国之邀,赴美帮助美国建立电视台。1932年,德国人制成了布劳恩真空管电视机。

1933 年和 1934 年，德国和苏联先后成功地对电视信号声画同步发射与接收进行了实验。这一年，电视摄像机的制造技术也有了长足的进步，电视屏幕的扫描达到了 180 线，帧频达每秒 25 帧。次年，英国的电视扫描已达 405 线，法国的电视扫描也由 90 线先后提高到了 180 线和 240 线。3 月 22 日，德国国家实验电视台开始试播。同年，丹麦国家电视台也开始了试播。法国使用埃菲尔铁塔做电视发射塔，于是年 11 月 10 日举行电视转播开幕式，并正式开始了无线播出。

1936 年 1 月，德国制造出了两台声画同步的 14kW 超短波发射机，3 月 1 日，又完工了柏林至莱比锡的电视专线工程并于 6 月 15 日举行了国家电视台开播典礼。8 月 1—16 日世界第 11 届奥运会在柏林举行，该台用 3 部摄影机和两部电视转播车多次进行奥运会现场实况转播，并设立了 28 个电视接收站供人们观看，并通过电视将该次奥运会的实况向莱比锡等城市传送，盛况空前。

这一年，美国广播公司建立了扫描线达 525 线的世界第一家商业性电视台。7 月 7 日起，早年建成开播的美国 W_2XAD 电视台也播出了清晰度较高的全电子电视。在此期间，赴美帮助建立电视台的英国电视大师贝尔德已着手开展彩色电视的研究工作。与此同时，英国广播公司在伦敦市郊亚历山大宫建造了一座从业人员达 200 多人的大电视台，于 11 月 2 日正式开播，每周播出 13 小时，播出的图像扫描行数为 405 线。该台正式开播的这一天，后被世人公认为世界电视诞生日。至此，电视技术已走出了实验室而进入了实际应用时代，人类千百年来希冀拥有"千里眼顺风耳"的夙愿，已成为现实。

第二节　电视传媒在宣传上的应用

电视诞生之后，随着电视信号的发送和接收技术的日趋成熟，由于它在信息传播上的迅速及时，因而很快便被当做宣传工具来用于新闻传播。

最早把电视作为宣传工具的当数美国，早在 1923 年，美国科学家詹金斯还在电视技术尚未成熟之际，就通过实验装置从华盛顿向费城传送了当时在任美国总统哈丁的照片；1929 年 8 月，纽约 W_2XAD 电视台首次通过电视播出了新闻，转播了奥尔巴尼民主党大会实况；1939 年 4 月 30 日世界博览会在美国纽约举行开幕式，该国的 W_2XBS 电视台也通过电视转播了这次博览会的现场实况并播送了总统罗斯福在会上所作的演说实况；6 月 16 日，美国的杜蒙电视台正式开辟了电视新闻的固定晚间栏目"华盛顿之讯"。1973 年美国的"水门事件"发生后，《华盛顿邮报》等报纸曾作了详细披露，但反响并不很大，后来哥伦比亚广播公司电视网播出了反映该事件的一部纪录片，社会舆论迅速升温，最终迫使尼克松不得不辞去总统职务。据此，美国电视界津津乐道，并洋洋自得地宣称"一个小时的电视节目威力远胜于三个月的报纸"。

美国人从电视诞生之初就将电视当做宣传工具，开用电视播发新闻之先河，世界各国随后也争相效仿，几乎各国所有的电视台，都很注重新闻类节目的开办。

1931 年英国的 BBC 电视台建成开播后，也经常转播在该国各地举办的赛马会等动态新闻，法国于 1935 年利用埃菲尔铁塔作为天线发射架建起电视台后，开播的头一个节目就是向观众播报口播新闻。

深谙宣传工具作用的希特勒，更是从拥有电视这一宣传工具之日起，就赋予了它为法西斯政治服务、担当法西斯专制主义喉舌的使命。1936 年 3 月纳粹德国的电视台电缆传输铺设工程刚一完工，纳粹当局就明确规定，"电视节目的第一步，'就是要把领袖的形象深植在每一个德国人的心中'"，之后，这家德国帝国广播电台所播出的电视节目，都是在希特勒的直接授意下，不厌其烦地炫耀德国的武力和鼓吹日耳曼人的人种优越论，为其日后向世界各国侵略扩张鸣锣开道。

随着竞争的日益激烈，各大电视台在新闻竞争中都使尽浑身解数来吸引观众，1976 年，美国西屋电器公司下属的 CBS 电视台首开了时长只有一分钟的"新闻胶囊"（News Capsule）节目，穿插在晚间黄金时段的娱乐节目中播出，在有限的 60 秒钟中，有 42 秒用于带有图像的新闻报道，8 秒用来播报口播新闻，还有 10 秒用于广告，很受观众欢迎。"新闻胶囊"节目的成功，使得不少电视台争相效仿，各大电视台的新闻节目，从栏目的设置到播出时间的安排和从节目的内容到表现的形式，都不断推出各种新花样。

20 世纪 80 年代以后，由于卫星技术的成熟，许多国家都积极发展卫星电视，把本国的电视节目推向全球。美国 CNN 台捷足先登，在全球最先推出了"地毯式、全方位、无截稿时间"的全天候 24 小时滚动播出新闻的新举措。至 1991 年，全球已有 256 家电视台收转或收录其新闻节目，使该台成为事实上的"世界最新信息发布中心"。现在，CNN 开设有 8 个频道，设有 9 个国内报道分部，还在国外设有 24 个记者站，该台的新闻节目的制作类似于工业生产的流水线作业：驻地记者只管采集当地发生的各种最新新闻和按各栏目的要求，以便于有针对性地去猎取各种所需的新闻；栏目编辑则负责撰写导语、提要和根据制片人的意图来处理稿件、编辑画面。此外，CNN 还设有嘉宾预约部，负责与各栏目所请的嘉宾的联系、预约及收集他们的背景资料以供制片人、主持人参考。由于分工明确和科学协调，整个 CNN 在采制和发布新闻上就像一部高速运转的机器，有条不紊，效率很高。

由于美国国内的新闻竞争很激烈，为了能够吸引观众，各新闻媒体最感兴趣的是灾难报道和时政报道，尤其是对灾难性事件，各通讯社、报社、电台、电视台的嗅觉都很灵敏，一旦有车祸、水灾、火灾、爆炸、飞机失事、地震、沙尘暴等灾难发生，各新闻媒体一般都能在几分钟内作出反应，各电视台甚至连转播车也开往现场，并在极短的时间内播出来自现场的报道。如 2004 年 8 月的一天，在美国南部城市奥兰多郊外的 90 号高速公路上因发生了一起交通事故而造成了大堵车，才过了 29 分钟，先后就有各家电视台的 4 架直升机赶到了现场来抢拍这条因交通事故而导致大堵车的新闻了。

在美国电视新闻的激烈竞争中，也出现了一些不良倾向，某些电视台为了吸引观众，不惜通过刻意突出新闻事件中的矛盾冲突、感官刺激，甚至用插科打诨来讨好观众，这种"通俗小报式的电视"节目，虽然一出现就被一些严肃的观众斥为"垃圾电视"（News Punk），但因其迎合了某些观众的庸俗需求而也能大行其道。

美国的新闻媒体向来自我标榜"客观"、"公正"，其实它们所开展的新闻宣传也同样是带有倾向性的，对国内新闻的报道，新闻媒体最感兴趣的猎奇、炒作，为了吸引观众眼球，他们不惜将某个人所遭遇到的某种不幸渲染到了好像天下最值得同情的就是该人的地步；而对于国际新闻的报道，则都是把维护美国的利益放在首位，如 1990

年 1 月 29 日，联合国安理会通过了同意美国使用武力将伊拉克军队逐出科威特的决议，美国各新闻媒体尤其是三大电视网都对此事作了大量报道以说明美国政府发动海湾战争的"合法性"，但在一个星期后，当联合国大会以 144 对 2 票通过了关于召开国际和平会谈来解决中东危机问题的决议时，对联合国所作出的这个于美国不利的决议，美国所有的媒体都避而不谈；在之后的美国轰炸我驻南联盟大使馆、美国在我领海上挑起的撞机事件以及美国绕开联合国而擅自发动的伊拉克战争等问题上，美国各媒体的报道也都带有明显的倾向性。这就说明了无论一个国家的社会制度如何，都是把新闻媒体当做宣传工具来为本国的政治服务的。

在用电视传媒来为政治服务方面，世界各国历来都是不遗余力。

自 1991 年 11 月起，英国的 BBC 台就通过我国参与经营的"亚洲一号"卫星，也开始了 24 小时全天候向全球播报新闻，声言要"就重大国际事件传播英国的观点"。

与此同时，德国也从 1992 年 4 月起，通过卫星的转播，不但将其"德国之声"电视台的节目覆盖了全欧洲，而且还向亚美两洲覆盖。"德国之声"的一位要员声称：该台就是要以提供新闻为主，"通过办好具有竞争力的电视广播"来"提高德国的国际地位"。

1993 年 1 月，法国在欧洲各国的鼎力支持下办起了"欧洲新闻电视台"，该台每天的播出时长为 20 小时，其稿源由欧洲各国的广播电视媒介提供，经重新编辑之后同时采用 5 种语言进行播出，其信号通过"欧洲卫星 IIF1"转发，现信号已覆盖了 30 多个国家。

1995 年，位于西非的尼日利亚联邦共和国也开办了"非洲独立电视台"（Africa Independent Television，简称 AIT），该台以播出新闻与信息节目为主，实行 24 小时全天候滚动播出，节目信号通过"俄罗斯 2 号"卫星转发，由于信息量大和覆盖面广，建台不久，就成为世界了解非洲的一个重要"窗口"。

2006 年 1 月 1 日，位于西亚阿拉伯半岛东部的阿拉伯联合酋长国郑重宣布：其国家通讯社"阿通社"，从即日起开始向欧、美、亚、非四大洲各国的媒体用户播发电视新闻及发表其对世界各种重大事件的评论，节目分别采用英语和阿拉伯语播发，信号全部数字化。

值得一提的是，在英国，只有那些民营的商业广播电视公司才可播出广告，靠盈利来维持运转，而属于国营的英国广播公司虽然也是世界上最有实力的电视传媒机构之一，但它却是非营利性的。英国广播公司电视台自建台以来，从未播出过广告，其经济来源全是由政府通过征收广播电视接收机执照费来拨款，可见该国政府也是把新闻机构视为"喉舌"的。

英国电视的主流频道不多，但其节目安排却很合理，频道与频道之间从无栏目、题材"撞车"或"空档"现象，因而观众无论什么时候打开电视，基本上能找到自己想看的节目。此外，英国电视的新闻节目多是以报道社会新闻和百姓生活为主，且多以现场直播的方式进行报道，如在报道灾难性新闻时，可看到播音员或主持人身穿雨衣伫立于风雨中或站在洪水、废墟、泥石流等面前艰难地向观众叙述新闻的情景。

西方发达国家由于新闻竞争十分激烈，同行之间多是互相拆台，若有哪一家媒体出了失实报道或搞有偿新闻，就会招致众多同行竞争对手的大力围攻，之后便是广告大跌甚至单位倒闭，因而各新闻媒体都很注重塑造好自己的公众形象，对采编人员的约束都很严厉,凡出失实报道或搞有偿新闻的,一经发现,当事人即被开除,并且凡是被开除了的记者、编辑,也就一辈子都失去了从事新闻工作的机会,因为对损害媒体形象甚至危及媒体生存的人,任何新闻单位都是十分痛恨的。

与世界上许多国家一样,在我国,电视新闻也是伴随着电视的诞生而诞生。1958 年 5 月 1 日 19 时我国中央电视台(即原北京电视台)建成试播,19 时 05 分就播出了《工业先进生产者和农业合作社主任谈话》、《到农村去》等新闻;5 月 8 日,又播出了民主德国庆祝五一国际劳动节的庆典活动盛况;5 月 15 日,播出了介绍我国汽车生产情况的《东风牌小汽车》;6 月 1 日,播出了由我国电视记者拍摄的第一个新闻片《中共中央机关刊物〈红旗〉杂志创刊》;9 月 2 日转为正式播出后,新闻节目的播出量逐步增加。10 月 1 日国庆十周年我国天安门广场举行阅兵式和游行庆祝等项大型活动,电视台当天就直播了整个庆典活动的现场实况;1959 年 4 月 18 日,转播了《周总理在人大二届一次会议上作政府工作报告》;1960 年 4 月,第 26 届世界乒乓球锦标赛在北京开幕和 1960 年 9 月 5 日周恩来总理接受英国电视记者的采访,我国都同时通过电视作了现场转播或录播;1961 年 4 月,中央电视台(当时称北京电视台)还就老挝问题发过系列报道;6 月 19 日,又播出了越南总理范文同接见我驻越南北方电视记者朱景和的电视谈话情况等重大新闻。

从建台初期的 1958 年起,中央电视台(原北京电视台)就逐步开辟了若干个固定的新闻栏目,如 5 月中旬开辟了《苏联新闻》;6 月份以后开辟了《国际新闻》。限于当时的设备和技术条件,中央电视台在建台之初,多以播出电影片和当时的社会主义阵营内各东欧国家提供的新闻片为主。当时电视台的新闻节目基本上是用电影摄影机来拍摄,我国第一代电视新闻工作者们为办好新闻,克服了设备落后和设施不足等种种困难,土法上马,用几口大水缸来冲洗胶片,坚持办好新闻。这一年的 11 月 2 日,中央电视台正式开辟了以报道我国新闻为主要内容的新闻栏目《简明新闻》。

一年多后,从 1960 年元旦起,《简明新闻》更名为固定的《电视新闻》栏目;至 1978 年元旦,鉴于全国各省区和部分地市都开办了电视台,中央电视台的《电视新闻》栏目更名为《新闻联播》,播出的时间也由过去的不定期播放、每次播出时长仅 5 分钟,发展到了天天都有《新闻联播》且每天均重播数次、每次时长达半个小时。加上《夜间新闻》、《体育新闻》等栏目和不定期播出的各种新闻专题片,新闻内容在电视台每天播出的节目中都占有很大的比重。

和中央台一样,各省、市、自治区电视台和地、县电视台也无一例外地从一办台开始,除收转(20 世纪 70 年代前为录转)中央台的新闻外,还都设置有本地的地方新闻栏目,通过电视屏幕来向观众播报时事及本地动态,但在 20 世纪 80 年代之前,各台所播出的新闻节目,基本上是沿用从报纸版面照搬过来的传统的宣传模式。

20 世纪 80 年代以后,特别是在第 11 次全国广播电视工作会议关于“四级办广播,四级办电视,四级混合覆盖”的重大决策出台以后,各地电视台不断增多,电视新闻的竞争日趋激烈。为了适应这一新形式的发展需要,各电视台都致力于节目的改革和创新,从栏目设置到节目的编排,都力图摆脱从报纸的宣传格局中衍生出来的传统的节目模式。在栏目的设置上,板块化、杂志化和主持人节目等新的宣传形式逐渐成了电视信息传播的主流;在新闻节目的内容顺序编排设计方面,也摒弃了那种照搬报纸版面布局形式的编排手法，改用了符合电视信息传播特点的心理效应式节目串接法，从而使电视对新闻和信息的传播，开始走上了属于电视媒介发展的应走道路。

近一二十年间，由于科技的进步，也促成了电视传媒在节目的形式和传播载体上不断出新，许多题材的节目逐渐由现场直播来取代传统的后期制作播出；大众娱乐、信息服务、电视购物等节目新品种的出现，使电视节目由过去的只由新闻、文艺、体育三大块构成发展到了多元化构成；观众参与、播收互动、异地联播等节目形式的出现，使电视节目由过去的单向传播发展到了可以双向乃至多边交流；而进入 21 世纪之后电视信号的数字化所带来的网上收视、手机流动收视，电视双向传输、自动存储节目、人机对话、播收互动等传播形式的多元化，又使电视节目的传播渠道拓展到了更多的领域。

从 20 世纪 90 年代中期起，我国许多电视台大刀阔斧地进行了节目改版，尤其是进入 21 世纪之后，尽管电视传媒也与报纸、广播一样面临着互联网的强烈冲击；但由于许多电视台都能在节目的栏目设置和节目的表现形式上的不断出新，再加上电视数字化的全面普及所带来的网上收视、手机流动收视、信号可以双向传输、电视机可以自动存储节目和能够实现人机对话等，也给电视传媒注入了许多新的活力。因而尽管网络全面普及后已经分流掉了不少的新闻受众，但迄今为止，电视传媒仍然是诸多新闻媒体中受众最多的媒体。

第三节　电视新闻学学科的形成及发展

自从电视传媒出现之后，其日益显现出来的巨大生命力和竞争力使人们越来越清楚地意识到：由于电视传媒所传播的新闻，在新闻素材的获取、新闻产品的制作、新闻作品内部的结构形式及这种新闻信息的传播方式上，都与报纸、广播等媒介所作的传播有着诸多的质的不同，因而认为它不仅应当成为新闻学的一门子学科，而且还应当把它从传统的常规新闻学中分离出来，作为一门专门的学科来加以研究。因而，从 20 世纪 50 年代起，美、英、德、日等一些电视事业起步较早的国家，就已有人把它当做有别于报纸新闻、广播新闻的一门新兴学科来着手研究，研究的对象既包括电视传播理论，也包括电视新闻报道实务和电视传播技术的研究等。其中，美、英两国学者的研究重在研究电视新闻传播业务方面的种种实际问题，主要是探讨电视新闻节目的内部结构形式及其对新闻事实的表现技巧，后来在激烈的新闻竞争中，美、英两国的电视新闻报道之所以能够称雄世界，除了有设备技术比较先进的原因以外，在很大程度上，更是得益于其对电视新闻传播业务有着较深的研究；德国学者对电视新闻学科的研究，主要是侧重于从理论上来区分其与报刊新闻、广播新闻的差异，旨在于要建立起一整套关于电视新闻学的科学体系来；而日本学者的研究，更多的是对各国研究成果的兼收并蓄。此外，日本还以大量的精力用在对设备技术的研究上，因而后来其所生产出来的许多电视设备，在技术上都处于世界领先的地位。

而在中国，把电视新闻区别于传统新闻，将它作为一门科学来加以研究，台湾地区比大陆起步要早一些，在 1967 年，台湾世界文物出版社就出版了美国学者 GiLbertseLdes 的译著《电视写作》一书；随后，台湾"政工干校"的新闻系开设了电视新闻课程；1971 年，台湾黎明文化事业股份有限公司接着也出版了美国阿巴特·瑞德尔的《广播电视学》

译著；20世纪70年代初，台湾水牛出版社、台湾"商务印书馆"先后推出了岛内学者徐巨昌的《实用电视学》和左文达的《电视新闻》等专著，而到70年代末，台湾学者在电视新闻学研究方面就已是成果倍出，由于种种原因，其中也包括受"新闻无学"等错误观念的影响。中国大陆对电视新闻学的研究直到20世纪80年代方才起步，1985年前后，中央和部分省市电视台除了努力办好节目之外，各台还安排了专人从事电视新闻业务研究并陆续建立起电视新闻研究机构，开始了对这一领域的全面研究。但在电视新闻教育方面，当时开办有电视新闻学或相关专业的院校，也只有北京广播学院（今中国传媒大学）等少数几所高校。

进入20世纪90年代以后，中国电视新闻学教育工作日益受到有关院校的重视，除了原来办有电视专业的北广等校办学规模不断扩大，专业设置不断增多之外，全国各地许多高校也陆续开办了广播电视新闻专业，在90年代中后期，全国开设有广播电视新闻类专业的院校还只有五六所，而到目前为止，已经发展到了两百多所，并且，办学层次不但由原来的只有本科层次往上拓展到了博士学位，而且还往下拓展到了高职。

与此同时，我国开办有电视新闻类专业的许多高校及各级电视机构普遍都很重视开展对电视新闻学及相关学科的研究，并从20世纪80年代中期起就已开始陆续出了一些成果，而到90年代末时，无论是在电视新闻基础理论研究方面还是在对电视新闻业务的探讨方面，都已有不少的专著和学术论文相继问世。而进入新世纪以来，新问世的各种电视新闻类的专著数量更是呈几何级数增长，粗略估计，每年都有几十部的新作问世。

此外，中央和地方的各级广播电视机构、广电研究部门和广电学术团体及部分院校从20世纪80年代起还相继办起了各种广播电视类的专业学术刊物，此外，许多新闻类的学术刊物也开辟了广播电视类的栏目，为电视理论和业务的研究提供了发表成果的不少阵地。因而，尽管内地对电视新闻学的研究比台湾起步较晚，但在21世纪的头一个十年内，大陆学者对电视新闻学科的研究，所取得的研究成果总量已经远远超过了台湾。

本章复习与思考

1. 在世界性的"新闻大战"中，目前电视界最具威力的战略手段有哪些？

2. 想想除了本章里所说到的别人已经用上了的各种手段之外，还可以怎样来进一步提高电视新闻在"新闻大战"中的竞争力？

第二章 电视新闻学的研究对象及电视新
闻工作对从业人员的素质要求 ••••••••••

第一节 电视新闻学的研究内容与研究方法

电视新闻学作为一门新兴的科学，为了使之能够更好地服务于社会，很有必要对其进行全方位的深入探讨。

关于电视新闻学的范畴，有人认为它应仅限于对电视消息报道这一单一文体的研究，也有人认为它可包括对凡通过电视来播出的各种文体（即广义上的新闻文体）的研究；还有人认为它应囊括通过电视来播出的各种作品形式的采写、拍摄、文稿编辑及画面图像的剪辑和声画的合成等方面的全面研究……由于电视新闻学是一门新兴的学科，对于其范畴的界定，目前各家还是各持己见，很难达成共识。

而依笔者所见，电视新闻学既然作为一门科学，若是把它局限于在对直接表现新闻事件的消息报道文体的研究上未免显得过于狭隘，把这一单一的电视文体孤立开来进行研究，那是"只见树木不见森林"，是很难建立起完整而科学的电视新闻学科的理论体系来的；另外，一个电视新闻作品的形成，需经多道工序操作及多重创作，要集采访、拍摄、文稿写作和编辑、解说词播讲录音、图像剪辑，播讲解说与现场画面的合成，甚至还包括音响的调配等多方面的理论指导和多方面的经验智慧的积累才能完成得好，因而学习这门科学，理应首先对电视语言，也即电视节目在对内容的表现和表达上的独特方式及其特点有个较全面的了解，并在此基础上研究如何按照电视语言的特殊规律来最有效地开展好新闻传播；在研究电视报道中各种新闻文体的特殊规律的同时，对其周边那些与其有联系的外围知识的研究也要一并涉猎，只有将其置于一个立体坐标之中，对与之相关的前后左右上下的有关特点与规律都全方位地认真探讨，才有可能把握到和把握好这门科学。

基于以上观点，因而本书的内容就并不囿于对电视新闻文稿采写和编辑方面的探究，而是根据电视新闻工作对从业人员所应掌握的各种专业知识或所需了解的各种岗位工作情况来扩展铺陈。

关于这门学科的研究方法，以笔者之见，对于电视新闻学的研究，具体来说就是应以传统的报刊新闻学，广播新闻学知识为基础，进而探讨电视新闻各种文体构成的特殊规律、各种电视新闻节目的采制方法及探讨电视新闻传播的独特方式。也就是说，研究电视新闻学，应是在掌握了报刊、广播等各种常规媒介新闻文体的采写和编辑的知识和技能的基础上，进而了解电视史及电视新闻史，研究电视新闻理论，电视新闻各种体裁节目的采拍、撰稿、画面剪辑和声画的合成、节目的串接及电视栏目的科学配置等方面的一整套专业知识，再根据电视新闻作品与报纸、广播新闻作品在生产方式与工艺流程中的异同（即电视新闻作品的采、拍、写、编与报纸、广播新闻的采、录、写、编上的异同）来探讨电视新闻传播的方法与规律，同时还要随时关注国内各地甚至世界各地电视行业的动向，及时了解国内外电视行业在开展电视新闻传播上新出现了什么新方式和采用了什么新技术，国内外电视新闻研究领域出现了什么新成果，这些新的研究成果能给予我们什么启示，等等，只有这样，才有可能把这一学科学好，才有可能使我们对这一学科的研究能有助于自身及有助于业界把电视新闻传播工作做得更好。

第二节　电视新闻工作对从业人员的素质要求

电视新闻工作对从业人员的素质要求大致包括思想素质、业务素质、身体素质和心理素质等几个方面。

一、思想素质方面的要求

和报纸、广播新闻工作一样，电视新闻工作的职责也是宣传党的路线、方针和政策，宣传国家的法令法规，宣传各行业在"两个文明建设"中取得的成就和经验；宣传各条战线上涌现出来的新人新事及他们的闪光思想，批评社会生活中存在的不良现象和鞭策后进，通过广播宣传的表扬与批评，化不利因素为有利因素，鼓舞、激励人民群众同心同德为建设好有中国特色的社会主义国家服务。因而，电视新闻工作从业人员的思想素质要求也和报纸、广播新闻工作人员的思想素质要求一样，较之于其他许多行业的从业人员来说，应当具有更为良好的思想品德，更高的政治理论水平、政策水平和法律知识水平；思维敏捷，具有较强的逻辑推理、判断能力，能够辨证地观察、分析、思考问题；具有强烈的事业心和责任感，能淡泊名利，具有乐于为事业贡献聪明才智的崇高思想和一丝不苟的良好作风；同时，还应具有勇于为党和国家、人民的利益鼓与呼的正义感以及具有坚持实事求是讲真话，为维护新闻的真实而不计个人得失乃至荣辱生死的浩然正气。

另一方面，记者作为党和政府的喉舌和人民的代言人，在人民群众的心目中往往就是代表着党和政府来开展新闻报道工作的，因而从事这一工作的人还应具有较高的思想境界，心胸开阔，对同行的工作，应互相支持和积极配合而不应把同行当做"冤家"来封锁或刁难；对人民群众遇到的各种困难和诉求，尽管与新闻报道无关，也应尽己所能，热心帮助。如在外出采拍时，兄弟台的同行要顺路坐自己的车；在拍摄现场，兄弟台的记者因忘了带电池或充电机坏了想要借用一下；在与群众的接触中，有的群众想要托记者帮助办点什么并不难办的事或有什么意见和要求想要记者向有关部门反映，等等，对这样一些"举手之劳"，有的记者也不愿帮助。在灾难现场或事故现场，当看到群众的生命有危险急需自己上前帮忙抢救时，也有的记者只顾采拍画面而不愿放下工作去参加救人，这就有违新闻工作者的职业道德了。作为记者，需知爱社会和爱人民应胜于爱自己的本职工作，当遇到急需帮忙救助的人，应是宁可发不了报道也要先去救人才对。因为，只有先做一个人品正直、对社会和人民有爱心的人，才有可能当好一名受人欢迎的记者。

此外，由于电视行业的设备和技术发展变化很快，伴随着采拍和制作、信号传输和发送设备的更新和技术的进步，电视新闻的采编方式也可能会出现种种变革，而随着人们对电视新闻这门科学的研究的不断深入和业界在电视新闻节目的表现形式上的不断创新等，使得这一领域的知识老化得比别的行业更快，这也就决定了这一行业的从业人员，只有具有勤奋好学、"活到老，学到老"的永不自满的精神，才能适应岗位工作形势不断发展变化的需要。

二、业务素质方面的要求

在业务素质方面，电视新闻工作对从业人员的业务素质要求，除与报纸新闻、广播新闻工作从业人员的业务素质要求一样，需要具备广博的知识面，掌握新闻工作规律，熟悉新闻工作理论和各种新闻文体的采、写、编业务的具体操作方法外，还应熟悉电视传媒的特点，清楚电视新闻文体与报刊新闻文体、广播新闻文体的异同，懂得电视新闻文体在篇章结构、语言运用方面的特殊要求，熟悉电视新闻各种文体的采拍、解说文稿的写作与编辑、画面的剪辑与合成等节目制作方面的技能技巧等。

此外，也和广播电台的记者一样，由于工作业务上的需要，有的题材的报道，尤其是对突发性事件的报道，往往还需要电视记者在新闻现场上对着话筒直接向观众进行现场播报，例如前面所说的英国的电视新闻工作者在报道灾难性新闻时，常是身穿雨衣伫立于风雨中或站在洪水、废墟、泥石流等前面艰难地向观众叙述灾情，因而，作为一名电视新闻工作者，就不但要熟悉电视新闻的采拍方法和娴熟各种电视新闻文稿的写作，而且要具有随时都能即时组织得起口播新闻文稿的能力，能说一口标准、流利、富于情感表达的普通话以及具有一定水准的新闻播音播讲能力。

三、身体素质方面的要求

由于许多新闻事件发生得都比较突然，如洪水、地震、火灾或各种社会群体事件，都是不可能预知的，无论白天黑夜，也无论天晴下雨或暴风雪天气，什么时候一获知消息，记者就要立即赶赴现场，而有的地方不通车且要走很远的路甚至要跋山涉水才能到达新闻现场，到了现场后电视新闻记者还要肩扛摄像机进行长时间的连续拍摄；有的事发现场不但没有吃的东西和睡的地方，而且由于要抢拍新闻，还常常就连歇息一会儿也顾不上；电视编辑制作人员虽然不用上"前线"，但在非常时期，为了能把新闻尽快播发出去，记者什么时候从现场赶回来，编辑制作人员就得什么时候突击进行节目制作，因而在电视台，无论是从事采还是编的工作，都要具有较好的身体素质，吃得了苦耐得了劳，才能适应得了岗位工作的需要。

四、心理素质方面的要求

从事电视新闻工作，除了应和从事报纸、广播新闻工作一样，有时自己工作已经很努力了，但领导对自己的工作不一定就很满意；有时临时遇到值得报道的新闻而来不及报告领导就要立即赶去采拍，而领导由于不知道实情而又可能产生误会；在所作的报道中，有的内容出于保密的需要不便说得很清楚，有的话出于尊重当事人而把话说得含糊或委婉些，也可能会引起受众的不满或责难，对于这些来自各方的误会或责难，都应具有足够的承受能力才行。

另一方面，记者工作，也是一种随时都有可能与各种危险相伴的工作，如发生战争的时候，记者要冒着枪林弹雨到前线去采访；发生地震时震区里的人都在拼命往外跑的时候，记者却要拼命往震区里钻；2003年广州"非典"期间人们就连上街都害怕，但却有记者前往收治"非典"病人的医院去采访，这些，都需要记者具有较强的心理承受能力。

此外，由于电视主要是通过画面来向受众报告新闻的，为了获得所需的画面，有时还要上到高空或别的一些危险的地方去拍摄，例如湖南湘西电视台记者2012年3月到矮寨大桥建设工地去采拍题为《矮寨大桥"蜘蛛人"》的专题报道时，因为工地上的"蜘蛛人"白广春是在距离峡谷底近500米的主缆上进行高空作业的，为了能够拍摄到他在高空从事涂装作业的画面，记者也跟随着他攀爬到那近500米高的地方去对他的涂装作业进行近距离的拍摄，并且还边拍摄边与这位工人交谈，这么危险的采拍工作，如果没有很大的胆量和很好的心理素质，是绝对做不来的。

本章复习与思考

1. 电视新闻学的研究内容主要有哪些方面？
2. 怎样才能开展好电视新闻学这一学科的研究？
3. 电视新闻工作者应具有怎样的思想素质、业务素质？
4. 作为电视新闻记者，为什么要比报社和电台记者具有更好的身体素质？
5. 作为电视新闻记者，为什么要比报社和电台记者具有更好的心理素质？

第三章 电视传媒的特点及电视

新闻文稿的表现形式

第一节 电视传媒的特点

在新闻传播媒介中，电视这一传播媒介较之报纸、电台广播，新闻纪录影片等媒介都诞生得较晚，但由于它具有诸多特有的优势，因而尽管其出现得较晚，但却能从一诞生时起便赢得人们的关注和看好。近几十年来，世界各国的电视事业发展都相当迅速，电视新闻早已跻身于新闻媒介的显要位置。

一、电视传媒的优势

电视传媒的优势主要有：

（一）形象直观

电视传媒在对新闻和信息的传播上最显而易见的优势是形象直观，声画同步作用于受众。电台广播虽然使人能闻其声但却不能见到其形，而电视在信息传播中，观众除可听到播音员的播讲外，还可看到现场画面，听到现场人物的语音、歌唱、哭笑、叫喊及现场的各种音响，有如身临其境般地感受到事件或事实现场的真实情况。

（二）信息量大

观众在观看电视新闻时，除能获得电视台所报告的新闻外，还可通过电视上的画面来获知其他许多与新闻内容有关或无关的所需信息。如电视上播送某地农村春耕生产情况的新闻，观众所获得的就不仅仅是该地的春耕动态，通过电视上的画面，往往还可看出该地是山区或是平原、丘陵；从画中人的衣着多少来看出该地气候的冷暖；从人们的服饰打扮和所用的劳动工具等方面来感知该地的民族风情及生产力的现代化程度等，若是画面上报道的是某部队的军事训练情况，也可从士兵所用的武器优劣来分析出该部队武器装备的大致情况。

（三）精确度高

由于文字中一音多字和一字多音的现象普遍，电台广播在这方面要把某些内容表达准确相当困难，若是一般语句中的文字还可让听众从前言后语中意会出所叙意思，但若遇上人名、地名和物名，往往就会显得无能为力。而电视新闻在这方面就好办得多，因为它的语言要素较全，若遇上同音字观众不好分辨，还可通过字幕来辅助，让受众能够真正听懂弄通而不致产生歧义。

（四）感染力强

电视由于语言丰富，多种电视语言的复合交融同时作用于观众，能较强地刺激观众的多种感官而促使观众对所播新闻引起更大的关注。同时由于这种刺激是以立体和较全方位的方式来作用于受众，因而能给观众留下的印象较深而记得较牢，从而传播效果也就更好。另一方面，由于电视在信息传播手法上的较全方位，画中的环境、人物的形象、人物的喜怒哀乐等对观众的感染力均较强，能较好地调动起观众的参与意识，从而使信息传播收到更好的效果。

（五）传播迅速

报纸由于是定期出版的，其对信息的传播受到排版印刷、出版周期、投递发送等方面的限制，极少能够发布当天发生的事件消息；电影新闻纪录片的采访、撰稿、拍摄、制作所花的时间还要更长，从事件发生到呈现给观众，少说也得十天半月。而电视对新闻的发布就快多了，从事件发生时的采拍、解说词的撰稿到带子的剪辑播出，前后只需若干小时甚至更短；如属口播新闻，则时效还可提高到事发后数分钟即可向观众发布；而现场实况同步转播对信息发布的迅速，则更是新闻电影，新闻报刊等传播媒介所绝对不可比拟的。因为电视节目也和电台的节目广播一样是以电波来传送的，电波的传播速度高达每秒30万公里，而地球的直径才仅12700公里，电波传播在途中所需的时间完全可以忽略，因而可以视为播、收同步。

（六）受众广泛

电视不像报刊那样只有具备一定的文化水平的人才能接受，也不像广播那样只有听得懂某种语言的人才能理解，收看电视即使是目不识丁，不懂国家通用语言的人，也能从电视的画面语言、声响语言中领略到其内容的大致意思，因而它不受文化、语言的限制而为全社会各阶层各个年龄段的人广泛接受。

二、电视传媒的劣势

电视在新闻传播上有着诸多的优势，这是显而易见的，然而也它存在着一些不足方面，这主要表现在：

（一）电视对新闻事件的反应迅速程度及在对新闻节目采制上的灵便程度方面比电台广播差

由于电视媒介是以画面和声响（现场实有声响和播音员的解说声）、字幕相结合来向观众播报新闻的，要获得画面，需要到事发现场去拍摄，并带上解说；需要播音员根据文稿来播讲和将播音员的播讲与画面合成，在节目中出现各种字幕，也要画面编辑人员把字幕打上。这样，由于电视新闻节目的生产过程工序较多，加上在外出采拍时又得搬动设备甚至还得动用车辆，人力物力投入较大，因而它在对新闻事件的反应迅速程度及灵便程度方面，都比电台广播要差一些，因而对新闻的发布，除了以口播新闻或字幕快讯的方式来播出外，带画面的新闻，在时效上就竞争不过电台的广播。

（二）对拍摄不到画面的事的报道发挥不了电视所特有的形象直观的优势

由于电视是以画面语言为主来传播新闻的，一些已经过去了的事件，尽管现场情景非常感人或很惊心动魄，但因为事情已经过去，无法拍到画面，这就丧失了电视传播形象直观的优势。尽管电视台在报道这种拍摄不到画面的新闻时可通过播音员的播讲来向观众叙说，但如果播音员在电视节目中播讲得太多而又没有画面的配合，观众就会感到乏味，而口播新闻的播出，既不便于抒情，也无法对现场上的气氛进行渲染，因而电视媒介在对这种拍摄不到画面的新闻的报道，感染力就不如报纸、广播那么强。

（三）受众对电视新闻的接受受有无空闲时间的制约

由于电视媒介对新闻的报道是以现场画面和播音员的播讲解说相结合来进行的，观众在接受它的传播时需要集中精力而不能分心，受众如果没有空闲时间就不便接收它所报道的新闻，而电台的广播，受众可以边听边干别的事，可以综合利用时间。受众接受电视新闻的传播受制于有无空闲时间，这也决定了电视新闻的传播，无法让那些工作很忙，无暇坐下来收看电视的人所接受。

（四）观众接受电视新闻信息的传播受制于电视台的播出时间安排

在尚未拥有具有节目存储功能的电视机之前，如果不作节目录制的话，观众收看电视新闻，就要受制于电视台的节目播出时间安排，电视台安排什么时间播，观众就得在什么时间来收看，若是错过了这个时间，如果电视台不作重播，观众就再也无法收看得到。而报纸的读者在这方面就很自由，一条新闻只要报纸刊登了，读者就可以自主安排阅读时间，什么时候有空闲时间就什么时候再看。由于电视传媒存在着这一劣势，因而它所报道的许多新闻，也无法使那些不能按时收看的受众所接受。

（五）观众接受电视新闻的传播也受制于电视台的节目播出的编排顺序和播出速度

观众接受电视新闻信息的传播，除了受制于电视台的播出时间安排外，也受制于电视台对节目播出的编排顺序和播出的速度，受众在收看新闻节目时，只能是按照电视台的节目安排顺序循序渐进地去获取新闻，不像报刊的读者那样在接受报刊新闻的过程中那么自由，可以任取所需随意选读某篇和据需跨行跨段地去随意取舍报刊所报道的新闻；此外，观众在收看电视时，还受电视台节目播出的速度的制约，一条新闻，电视台播出需要多长的时间才能播完，观众就得花多少时间来把它看完。不像报纸的读者，可以粗略浏览，很快就能把提条新闻看完；若是有闲暇也可慢慢细读，甚至在遇上弄不清的问题时还可以慢慢琢磨或查阅工具书或相关资料来把它弄懂。而电视新闻的受众就没有这样的便利，电视台播得快的，有的场景还没看清，有的内容还没听清就过去了也只能作罢；而电视台播得慢的，也要耐心跟着它慢而无法跳过去收看后面的内容。

（六）某些新闻内容可以在报刊上报道但却不宜在电视上报道

由于报刊一般有特定的读者群，其读者群大多是集中在某一个社会阶层、某个文化层次、某个学科领域或某一个年龄段内，因而其在对新闻进行报道时，对各种新闻事实大多是可以直接叙述的，而电视的受众几乎囊括了整个社会所有阶层、所有职业、所有年龄段的方方面面的人，而新闻现场上有些场面、细节又不适宜于让所有的受众都能看到，因而也就有一些报纸可以报道的新闻在电视上却不宜报道或不宜详细报道。

（七）观众接受电视新闻的传播还受制于信号和电源等条件的制约

电视机需要用电，因而在停电而又无备用电源时就无法收看；电视机对节目的接收，还受信号有无及信号强弱的制约，因而在信号静区、边远地区、丘陵山地就难以接收。此外，随着有线电视、数字电视的普及，许多电视台或电视台的许多频道的节目不再通过铁塔来向空中发射，用户接收卫星转发的电视信号还需要经过地面接收系统来接收，或通过电视网络公司的光缆送来的电视信号才能收看到电视节目，虽然现在用笔记本电脑和手机上网也能接收到进入互联网的电视节目，但也同样需在有网络信号的地方才能收看到电视节目。因而在外流动的人，如果带上报纸就随时都可看到报纸上所登载的新闻，而带上笔记本电脑或手机，却不一定随时都能收看得到电视台的节目。

弄清了电视这一新闻媒介的优势和劣势，掌握了它的特点，我们便可扬长避短、发挥电视在新闻传播中的作用，更好地通过这一传播工具来为社会公众服务。

第二节　电视新闻文稿与报刊和广播新闻文稿写作的异同

广义上的电视新闻文稿包括所有凡是通过电视来播出的各种文体，而狭义上的电视新闻文稿指的只是"电视消息"这一种节目形式的文稿，即指的只是在新闻节目（如中央台的"新闻联播"，各省、市台的"本省新闻"、"本市新闻"之类节目）里播出的新闻的文稿。本节所说的"电视新闻文稿"，指的就是狭义的电视新闻文稿，即"电视消息"的文稿。

电视新闻文稿写作的基本原理，与报纸、广播消息文稿的写作原理是一样的：

电视新闻文稿写作的要求与报纸新闻和广播新闻的写作要求也基本一样，都需要把所要报道的事说清楚，让受众看了之后能切实获知"哪里发生了什么"或"谁做了什么"或"什么怎么样了"等最新的信息。

由于电视媒介与广播媒介一样都是要由播音员来播讲新闻，因而广播新闻文稿的写作中的原则①要求，也基本上适用于电视新闻文稿的写作。

在文稿的结构构成方面，电视新闻文稿的结构构成与报纸、广播消息文稿的结构构

---

① 详见拙著《广播新闻学》，武汉大学出版社 2014 年版。书中对此原则有详解："篇幅宜短不宜长，层次连接要顺畅，关键内容多重复，句序不宜用倒装；某些规范可不从，会生歧义要回避，多音字词标读音，抽象事物作比喻，不用复句用单句，断句不必从句意，用词宜'俗'不宜'雅'，用语力求口语化。"

成，也是和报纸、广播消息文稿的结构构成大致相同，也是由导语、背景、主体等几个部分来构成；但由于电视新闻是由画面与解说相互配合来共同实现对新闻事件或事实的报道的，因而它的文稿的写作，不但与报纸所采用的书面语言来报道新闻的写法不一样，就是与用口头语言来报道新闻的广播新闻稿也不一样。写作电视新闻的文稿，不仅仅是要考虑怎样用口头语言来对新闻事件或事实进行介绍，而且更重要的是要考虑用哪些画面，各个画面各应怎样安排使用等。也就是说，写作电视新闻的文稿，不但要考虑让播音员说些什么，还要考虑在他所说的每一句话的时候该配上什么画面，各个画面出现在屏幕上多长时间等。此外，由于在电视新闻节目中，新闻事件或事实现场上的很多情况观众通过画面就已经能够看得见和看得懂，也就不需要再作解说了，因而在电视新闻的文稿的解说词的写作中，对情况的交代就与报纸和广播新闻文稿对情况的交代不一样，即不必每一个问题都交代和不必每一个问题都交代得很清楚，凡是画面交代得了的情况，解说词都可（或都应）不再交代。例如下面这篇发于 2014 年 1 月 22 日《中国文化报》的报道：

山东民间年画讲述多彩生活

本报讯（记者　李珊珊）由文化部恭王府管理中心与山东博物馆共同主办的"多彩生活——山东民间年画展"日前在北京恭王府嘉乐堂与观众见面，多彩生动的民间年画为即将到来的春节增添了节日气氛。

年画是我国民间喜闻乐见的一种艺术形式，由作坊刻印、绘制而成，同时也泛指一切由民间艺人创作、反映城乡世俗生活的美术作品。传统年画以版画居多，大多采用木版水印制作，在山东极为盛行，其主要产地分布在聊城、张秋镇、潍坊、高密等地，尤以潍坊的杨家埠年画在全国的影响最大。

此次山东民间年画展共展出山东博物馆馆藏年画精品 59 组 83 件，分为诸神佑吉、祈福求祥、同乐新年等 6 个板块，大门画、房门画、福字灯等各类年画作品一应俱全，民间乡土气息浓郁。展览将持续至 3 月 16 日。

这篇稿件，若是要在广播电台播出，就需按口语化的要求来进行改写，广播稿的写法大致可以写为：

本台消息　由国家文化部恭王府管理中心与山东省博物馆共同主办的"多彩生活——山东民间年画展"，近日已在北京市恭王府的嘉乐堂与观众见面，所展出的丰富多彩的各种民间年画，为即将到来的春节增添了不少节日的气氛。

年画是我国民间喜闻乐见的一种艺术形式，它由民间的小作坊通过刻印或绘制而成，传统的年画多为版画，大多是采用木头雕刻而成的画版来印刷而成。用木头雕刻而成的画版来印刷年画，这在山东许多地方很常见，其中以聊城、张秋镇、潍坊、高密等地最为有名，而潍坊市寒亭区的杨家埠村的年画，甚至还闻名全国。

国家文化部恭王府管理中心与山东省博物馆在北京共同主办的这次山东民间年画展，共展出了山东省博物馆馆藏的 59 组 83 件年画精品，按内容分为诸神佑吉、祈福求祥、同乐新年等六个板块，大门画、房门画、福字灯等所有的各类年画作品都有展出，这些作品，民间乡土气息十分浓郁。据主办方说，在恭王府举办的这次山东民间年画展，将持续到3月16号才结束。

同是这一消息，广播稿和报纸稿的写法就有着许多的不同，报纸稿的写作是要求能把情况说清即可，而广播稿的写作则是要求要能让人"读来顺口，听来顺耳"，"一听就懂，听了容易记得住"。为了便于听众理解，文章不但用语通俗和尽量不用过长的句子，而且对于关键的内容还要多作重复。

电视新闻和广播新闻虽是孪生姐妹，彼此之间尽管有着许多相似之处，但它们又各具自己的个性。同样一条消息，如在电视上报道，稿件的写法与广播稿又有所不同，因为在电视新闻中，画面和同期声已将许多内容信息直观地展现了出来，字幕又可分担了对部分信息的交代，对于画面和字幕已经分担说明了的内容，解说词就不必再作重复。

据此，上面这条消息，如要写成电视新闻（即电视消息），大致可以这么来写：

画　　面	解　说　词
出横幅："多彩生活——山东民间年画展"	由国家文化部恭王府管理中心与山东省博物馆共同主办的"多彩生活——山东民间年画展"，近日在北京市恭王府的嘉乐堂与观众见面。
镜头拉开，现出恭王府的正殿银安殿	
镜头摇出嘉乐堂，悬挂着的"嘉乐堂"匾牌推近	年画是我国民间喜闻乐见的一种艺术形式，它由民间的小作坊通过刻印或绘制而成。
镜头从展出的各种年画上摇过	
制作年画的民间小作坊，有的艺人在雕刻印制年画的本版，也有的艺人在纸上或在木版上绘制年画	用这种手工工艺来印刷年画，这在山东许多地方都很常见，其中以聊城、张秋镇、潍坊、高密等地最为有名。
小作坊工人在印刷年画	
出山东省地图，依次弹出点到的地名，每出一个地名之后出该地标志性建筑并叠上地名字幕	而这里生产的年画，甚至还闻名全国。
潍坊市寒亭区的杨家埠村村民在小作坊里印刷年画，叠出字幕：潍坊市寒亭区杨家埠村	
镜头再次摇出画展横幅，然后依次摇过诸神佑吉、祈福求祥、同乐新年等六个板块的展区牌匾和大门画、房门画、福字灯等各类年画作品	国家文化部恭王府管理中心与山东省博物馆共同主办的这次山东民间年画展，共展出了山东省博物馆馆藏的59组83件年画精品，展品包括了所有的各类年画作品。 在恭王府举办的这次山东民间年画展，将持续到3月16号才结束。

在报纸和广播新闻稿中，重要的内容都必须重点交代，把它说清说细，但从上面这一文稿中却不难看出，很多关键的内容解说词都不但没有说清说细，甚至连提都没提到，这就是电视新闻稿在写作上与报纸和广播新闻稿的最大不同，因为电视媒介对新闻的报道，除了也由播音员播报之外，更主要的是还向观众展现了现场画面，让观众从画面上就能获得很多的信息，因而凡是电视画面已经展现（交代）了的情况，解说词一般不用再重复。

又如宁夏电视台 2009 年 3 月 28 日播出的《"穷沟沟"出了首个亿元村》一稿：

画　面	解　说　词
演播室内，主播播报	【导语】固原市原州区头营镇杨郎村把党支部建在产业链上，有力推动全村经济社会快速发展。2008 年杨郎村农民人均纯收入 3600 元，全村工农业总产值达 1.5 亿元，成为宁南山区远近闻名的首个亿元村。
记者采访村民尹耕海 养殖场场景 字幕：标题 本台记者王卫东　王明新 冯晓莺报道 固原市原州区头营镇杨郎村 村民尹耕海 鸡蛋装车情景 记者出镜	【解说词】今年 62 岁的尹耕海，1994 年养了 600 只鸡，那时他家人均收入 700 元。在杨郎村党支部牵头成立农牧业发展合作社后，通过党员的示范带动，尹耕海家的养殖规模逐步扩大，去年，他家共养了两千多只鸡，人均收入五千多元。 【同期声】尹耕海：在带动的过程中，我们好多的党员和干部也养起了鸡，带动了有些群众也养起了鸡。 【现场记者】冯晓莺：两年前，杨郎村在养鸡协会成立了党支部，党支部引领协会为全村 120 多户养鸡专业户统一提供优质鸡苗，进行技术指导和疫病防治，并负责产品的统一外销。
炉具铸造 白酒酿造 奶牛养殖园区	【解说词】20 世纪 80 年代，杨郎村就有炉具铸造、白酒酿造等传统优势产业，由于缺乏统一组织，生产形不成规模，市场竞争力不强，农户分散经营不能有效地稳步增加农民收入。2007 年年初，杨郎村建立了四个产业党支部，铸造酿酒业党支部协调整合各个企业进行科学合理的生产经营；奶牛养殖园区党支部提高养殖人员的饲养水平，还和宁夏新华夏进乳业签订了长期的鲜奶收购合同；种植业党支部与本村及周边村农户签订饲草收购合同，全村的支部+协会+农户这一产业格局，凸显党员头雁效应，有力地带动了

记者采访固原市原州区头营镇杨郎村党支部书记曹辉

养殖户家的场景

记者采访固原市委常委、原州区委书记王文宇

四大产业的发展。

【同期声】曹辉：经济的发展使我们杨郎村群众生活提高了，家家住上了新房，村上的路也修成了柏油路，村委会也建起了活动室，使大家的文化生活和精神生活都有了新的发展。

【解说词】现在，两千多人的杨郎村，拥有各种加工企业14家，养殖专业户165户，"四位一体"日光温室100栋，奶牛养殖示范园区一个。全村经济迈上了科学发展、跨越发展的轨道。

【同期声】王文宇：积极探索，在产业链上建立党组织的新路子，目前原州区，按照经济类型和产业分工，已经建立了68个党支部和党小组，有力地促进了村集体经济的发展和农民持续快速增收。

以上这种格式，是电视新闻稿写作的规范格式。写作这种规范格式的电视新闻稿，是要在专用的稿纸上写的（电视台一般印制有这种专用稿纸），而电脑普及后，为便于记者用电脑来写作电视新闻稿，许多电视台也专门设计有这种电视新闻稿规范格式的模板，记者在这种专用稿纸上或文本模板上写作时就很方便。但也有的电视台没印制有这种专用稿纸或没有设计这种模板，或者是记者外出采拍新闻没带上这种专用稿纸或没带上电脑而是用普通的稿纸或白纸来写稿时，也可以是写成画面与解说词交替出现的简便格式，即在写了一个画面之后就写一段解说，然后又写一个画面，接着又是解说。如前面所列举的关于山东民间年画展在恭王府举办的消息，也可以写为：

出横幅：多彩生活——山东民间年画展。
镜头拉开，现出恭王府的正殿银安殿。
镜头摇出嘉乐堂，悬挂着的"嘉乐堂"匾牌推近。
解说：由国家文化部恭王府管理中心与山东省博物馆共同主办的"多彩生活——山东民间年画展"，近日在北京市恭王府的嘉乐堂与观众见面。
镜头从展出的各种年画上摇过。
制作年画的民间小作坊，有的艺人在雕刻印制年画的本版，也有的艺人在纸上或在木版上绘制年画。
解说：年画是我国民间喜闻乐见的一种艺术形式，它由民间的小作坊通过刻印或绘制而成。
小作坊工人在印刷年画。
解说：用这种手工工艺来印刷年画，这在山东许多地方都很常见，其中以聊城、张秋镇、潍坊、高密等地最为有名。

出山东省地图，依次弹出点到的地名，每出一个地名之后出该地标志性建筑并叠上地名字幕。

潍坊市寒亭区的杨家埠村村民在小作坊里印刷年画，叠出字幕：潍坊市寒亭区杨家埠村。

解说：而这里生产的年画，甚至还闻名全国。

镜头再次摇出画展横幅，然后依次摇过诸神佑吉、祈福求祥、同乐新年等六个板块的展区牌匾和大门画、房门画、福字灯等各类年画作品。

解说：国家文化部恭王府管理中心与山东省博物馆共同主办的这次山东民间年画展，共展出了山东省博物馆馆藏的 59 组 83 件年画精品，展品包括了所有的各类年画作品。

在恭王府举办的这次山东民间年画展，将持续到 3 月 16 号才结束。

镜头摇过展出的各种年画（止）。

又如浙江电视台 2012 年 11 月 27 日播出的《九百六十三点六五公斤！浙江超级稻百亩方亩产刷新全国纪录》（作者：侯少令、杨蕊、董姝）消息，也是交替着把画面与解说词写出来的：

【解说】

今天，农业部水稻专家组对浙江宁波鄞州区种粮大户许跃进承包种植的百亩示范方进行测产验收。抽取的四块试验田，百亩方亩产为九百六十三点六五公斤，刷新了全国纪录。

【记者出镜】

记者李霞：这里是宁波鄞州区百梁桥村，金灿灿的稻田丛中，阵阵稻香扑面而来。这一大片稻田现在正在接受农业专家们的检阅。为了做到公正和精确，这次的验收还特别启用了 GPS 面积测量仪。

【现场声】验收组专家刘宝林：沿着这个田块周围走一圈，用卫星 GPS 定位系统来测量这个田的面积，这样测得比较准确，比较真实，而且速度比较快。

【解说】

分块、抽签、检查……一切准备工作就绪。稻田的主人许跃进亲自上阵，驾驶收割机。伴随着阵阵轰鸣，沉甸甸的稻穗转眼间变成一粒粒稻谷，被装入一个个编织袋。老许说，自己跟稻田打了大半辈子交道，今天的验收对他来说就是一场特殊的"考试"。

【同期声】

记者：看您手心都有点汗了，是不是有点紧张？

宁波鄞州区种粮大户许跃进：很紧张，很期待，对"甬优 12"的产量我很有信心。

【解说】

老许说的"甬优 12"就是由宁波市农科院自主研发的超级杂交稻品种。今年五月，他在自己承包的百亩示范方里试验这一品种，经过半年的精心呵护，超级水稻终于结出累累硕果。

【记者出镜】

记者李霞：和我手上这株普通品种的稻穗相比，我们发现，"甬优12"的稻穗明显更长，茎秆粗壮，颗粒饱满。我刚刚还特意数了一下，这株普通的稻穗上面有一百六十粒左右稻谷，而"甬优12"系列至少有300粒。那么这一整片稻田的亩产究竟会有多少？现在专家们正在对收割的稻谷进行称重。

【现场声】

验收组专家：38号（袋），45.4（公斤）……

【解说】田间产量过磅以后，验收组一行还将水稻样品送到鄞州农技站进行水分测定，经烘干后再次称重。下午三点，验收报告正式出炉。

【现场声】农业部水稻专家组副组长张洪程：平均亩产963.65公斤，创造了超级稻百亩方平均亩产的最好纪录。

【解说】据了解，这一成绩不仅刷新了浙江农业吉尼斯纪录超级稻百亩方最高亩产912.7公斤，同时也超过了去年"杂交水稻之父"袁隆平指导的超级稻百亩方最高亩产926.6公斤的成绩。

【同期声】农业部农技推广中心副主任邓光联：下一步有可能进入全国品种审定以后，可以进入更大范围推广。

【解说】浙江台记者宁波报道。

再如西藏电视台2010年7月30日播出的《索通大桥垮塌川藏公路再受重伤》一稿：

【现场】古乡冰川消融形成泥石流顺山而下

七月二十九号下午，受持续高温的影响，位于川藏公路索通桥路段帕龙江边的古乡冰川消融，强大的泥石流顺山而下，冲击到帕龙江中，江面变窄，江边的路基也受到了江水的冲击。

【现场】江岸泥土岩石被冲入江中

几分钟后索通大桥东端路基完全被冲毁，河道向山边悬崖推进了近20米。川藏公路索通村路段东面的索通大桥也未能承受帕龙江江水的冲击。

【现场】索通大桥垮塌

索通大桥的垮塌使此前因强降水冲垮路基公路交通连续中断了四天的川藏公路再受重创。索通村交通、通信完全中断，成为孤岛。

在现场记者看到由于路基垮塌面大，道路损毁严重，已连续在塌方路段抢修多日的武警交通四支队官兵不得不采取炸山填路的方法在垮塌路基边开通便道架设便桥。

【现场】爆破现场

【采访】武警交通四支队中队长陈军：现在部队主要分东西两个组从两边推进，用回填和开炸的方式恢复路基，保障通行。据现场武警官兵介绍，开通这一路段便道，预计还需要7到10天时间，川藏公路索通村路段再次中断，大量旅客滞留在波密县城，波密县的食宿接待压力相应增大。目前波密县委县政府正在调动各方面力量，全力保障旅客在波密滞留期间的食宿接待安全。

　　达瓦次仁　孙莹　陈红　仁青　王建　李胜利报道

再看东莞电视台2012年8月30日播出的《东莞首创"四方联网"3天业务20分钟搞掂》一稿：

【导语】东莞加工贸易管理服务平台今天正式启动，该平台在全国率先做到外经贸、海关、检验检疫与企业的"四方联网"，今后，加工贸易企业办理进出口业务最快20分钟可搞定。

【小标题】东莞加工贸易管理服务平台启动

【同期声】推杆启动5″，三二一，启动

【正文】该加工贸易管理服务平台由东莞市委市政府、黄埔海关、广东检验检疫局、省外经贸厅联手建设，是东莞优化行政资源配置、提升服务企业能力的崭新探索。

【同期声】中共中央政治局委员、广东省委书记汪洋："四方联动"走出了一小步，带动我们政府管理体制改革，将会迈出一大步，这个希望各个部门效仿。

【小标题】加工贸易企业办业务"一网打尽"

【正文】以前，加工贸易企业办理进出口业务需往返于外经贸、海关、检验检疫三个部门，该平台启用后，企业可全天候上网录入数据申报，外经贸、海关、检验检疫部门则实现了在线联网审批、备案以及共享数据。

【采访】东莞海关副关长黄舸：企业数据录入从原来的三次变为一次，办事的时间从原来的至少三个工作日降低为现在最快的20分钟。

【采访】东莞高伟光学电子有限公司办事人员钟裕斌：企业有个客户端，我自己先在平台录入，再发送到市局各方面审批，我觉得对我们办事人员来讲，就是很方便。

　　这种画面和解说或带有采访时的同期声的画面与解说交替着写的简便格式的表现形式，目前尚无统一的写作格式，除了有以上列举的这种形式（即每个内容都标出用中括号括起的"同期声"或"解说词"）之外，还有如下形式：将属于"画面"的内容用括号括起来，而括号之外的就全是解说词；不用括号而只在"画面"和"解说词"之后带上冒号；用字体来区分"画面"和"解说词"（如属于"画面"的内容用楷体字，而属于"解说词"的内容用宋体字）等。总之，写作电视新闻文稿，主要是为了给节目制作人员理解作者的意图而用的，因而无论是以哪一种形式来写都没关系，只要能让节目制作人员知道作者的意图就行。当然，如有条件，最好还是以采用规范格式（即分"画面"和"解说词"，在专用稿纸上写或在专用模板上写）为好，这样不但符合整个同行的习惯，而且用规范的格式来写，也有利于把作者的意图表达得更准确。例如有些解说要与画面同时出现，而有的解说是等出现了某一个画面时才开始，等等，用画面和解说词交替着写的方式来写就很难表达清楚。

本章复习与思考

1. 电视传媒有别于报纸和广播的特点各有哪些?
2. 写作电视新闻文稿,在语言的应用上如何才能口语化?
3. 将本章第三节中关于山东民间年画展在恭王府举办这一消息的几种写法相比较,找出电视新闻稿与报纸和广播新闻稿在表现手法上的异同。

第四章　电视台节目生产运作

情况概述

第一节　电视台节目生产部门的设置及
其各部门的工作职能

　　每个电视台的内部，除了有党政领导班子外，还有许多的工作部门，这些部门按工作性质来划分，大致可以分为行政、后勤部门和节目生产、技术保障部门两大类。

　　和行政、后勤部门的设置是因国家政治体制、新闻制度及电视台的等级、规格、服务对象和台领导的运筹思路等具体情况的不同而不同一样，电视台内部的节目生产、技术保障部门的设置也没有统一和固定的模式，它常会因形式发展变化的需要或领导在经营管理思路上的改变或电视台负责人的变更而增减、调整或撤并。但一般情况而言，在我国，电视台内部的节目生产部门大致设有总编室、新闻部、专题部、经济部、农业部、科教部、政法部、体育部、文艺部、国际部、广告公关部、记者通联部、制作部、播出部、技术部、资料室等，它们各自的职能一般如下：

　　（1）总编室。根据中央及本级地方党委、政府的大政方针及各个不同时期党和政府对宣传工作的要求，确定各阶段的宣传导向、宣传重点，制定出宣传报道的总体规划，同时也把新闻与文艺、体育、经济、军事、教育等其他内容的宣传结合起来进行通盘考虑，构架及调整好本台栏目版块的设置及构筑本台节目的总体风格特色。此外还负责对所有节目的发播进行最后把关。

（2）新闻部。按总编室提出的宣传思路和近期的宣传报道要点，有计划地组织各种题材的新闻稿件及从来稿中选出合乎需要题材的稿件进行编发。

（3）专题部。负责对各方面的新闻题材及重大成就组织专门的报道和对各有关专题的来稿进行编发。在总编室宣传战略思想的指导下，对需要及有条件进行重点报道，全面详细报道或侧重某一角度进行深化报道且时效性不是很急、强的新闻，或对有必要并有条件向观众进行重点、全面、详细地介绍的事物，或对有必要侧重从某一侧面进行深层次揭示的题材等，有计划地组织人员进行采拍，同时还负责对来稿中的有采用价值的专题片的解说词及画面内容重新编辑与合成及安排发播。

（4）经济部。主要负责工业、商业、交通运输、财政、税务、金融等方面的政策宣传及这些经济行业的报道。

（5）农业部。主要负责农、林、牧、渔等方面政策的宣传及对这些行业的报道，也有的电视台将这一部门的工作归入经济部来统一负责。

（6）科教部。主要负责科技、文化、教育、卫生等方面政策的宣传及对这些行业的报道。

（7）政法部。主要负责法律、法制建设等方面的宣传和开展普法教育及对司法部门的报道。

（8）体育部。主要负责各种体育赛事等体育活动及负责对体育行业工作的报道。

（9）文艺部。在总编室宣传战略思想的指导下，负责电视剧及各种文艺节目的创作和拍摄，同时还要负责本台文艺节目的编辑和安排发播。

（10）国际部。根据党和国家的对外政策及对各种国际问题事件的立场、观点和态度，有选择性地从所接收到的国外动态中撷取符合外宣总体战略思想的题材来进行编发。

（11）广告公关部。负责本台广告节目的承揽、编发及密切本台与兄弟台、兄弟新闻单位及社会各界的联系。

（12）记者通联部。负责对本台派驻各地记者站的工作给予指导，沟通台与各地通讯员的联系，定期或经常性地向他们转达总编室近期的宣传总体思路，向他们提示近期台内各部对新闻题材的需求；同时，对新近发生或突发的重大事件，临时调度适宜的记者或通讯员及时前往采访。

（13）制作部。负责节目的剪辑制作及把各部制作好的节目按总编室排出的播出顺序或节目表来进行节目的串接总合成。

（14）播出部。负责播控室及中心机房等车间的节目发送、发播等各环节的具体操作。

（15）技术部。负责对本台技术设施的安装维护及各种设备的检修维护，负责全部设备的运行监测、故障排除或采取相关的应急措施。

（16）资料室。收集和保藏与本台业务有关的文字、图像及音像资料及影视片，收藏本台采、编、播出过的新闻及自制的其他题材节目、专题节目的全部资料（含文稿、素材带、母带及成品播出带以及将各种素材、节目成品等资料转刻成的碟片或电子文档等）。

此外，有条件的大型电视台，还专门配备有自己的电视剧团及乐队。但也有的原先设有电视剧团和乐队的电视台，在机构改革中将电视剧团及乐队分离出去另外组建为独立经营的影视公司的。

电视台的内部机构设置及其职能职责因台而异，有的台内部机构分得较细，如新闻或专题方面，有的台按政文、工业、农业、科技、卫生、教育、体育等行业来分设部、处；也有的台只按文字和图像来分设编辑部和制作部；而有的台还把文字编辑、图像编辑都合在一起，笼统称为编辑部，把播出部与技术部合为播出技术部。总之，无论内部的节目生产、技术保障部门怎样来设置，各地电视台的工作，大致包含着以上这些方面的业务。

第二节　电视台节目生产、传输、发送工作的基本设施

电视台节目生产、传输、发送工作的基本设施主要有文字编辑室、节目制作室、演播厅、演播室、观片室、导播室、中控室、发射机房、前端机房、铁塔、上行信号发送系统、下行信号接收系统、信号传输系统、信号回传系统等。其中文字编辑室、节目制作室、小演播室、观片室等，如条件允许，文字编辑室、节目制作室、演播室、观片室应是每个部门都单独配有，而演播厅一般只是文艺部及电视剧团需要用到。

上述各生产车间的功用分别为：

（1）文字编辑室。室内配备办公桌椅、公文柜及常用的文件资料和工具书，用于对口播新闻稿及配图新闻的文字稿进行文字编辑。

（2）节目制作室。室内配备节目制作用的各种设备，用于画面的剪辑和节目的合成等。

（3）演播厅。用于文艺节目拍摄、文艺晚会录制、戏剧演出、综艺节目录制、传统的胶片式电影的放映转录及部分电视剧的拍摄等。厅内备有舞台、布景乐池、银幕、观众席、电影放映机、幻灯机、景灯、麦克风、扩音设备、摄像座机、摇臂、导轨和移动车等设施和设备，拍摄到的信号由电缆输送给设在后座楼上的导演室处理后再经电缆输往中控室录制或同步向观众进行实况播出。

（4）演播室。配有讲台、提词装置、景灯、简单布景、红绿蓝布幕、麦克风、摄像机、监视器等设备，拍摄到的信号由摄录一体机同步录制或由同轴电缆输往设在讲台对面或隔壁的导播室处理后、再输往中控室录制或同步由中控室直接把信号往外发送向观众播出。演播室的设施设备配置及功用与演播厅大致相似，但其规模较小，所配备的设施设备也较少和较小型化，其主要作用是供播音员录播新闻节目、气象主持人播报天气，开展人物访谈及供各界人士发表电视讲话之用，有时也用于拍摄一些内容简单的广告或相声等小型文艺节目。

（5）观片室。毗邻于各个节目部门的文字编辑室或与各节目部门的文字编辑室连为一体，室内设有图像播放设备和监视器等，供文字编辑人员对照文字稿来检查节目素材及审看剪辑合成好的节目用。

（6）导播室。设于演播厅后座观众席楼上或演播室的讲台对面并与演播室连为一体，

中间用多层玻璃隔开以隔音，内设调音台、调光台、音频视频切换台、监视器、通话机等装置，供导演或导播对演播厅和演播室的演出、演讲、演播及摄制等项操作进行技术调度、指挥和对演播厅或演播室送来的音视频信号进行控制、调整和加工处理，并将处理好后的信号进行录制和传送给中控室进行同步播出。导演或导播对演播过程的指挥，通过导播手语、耳机通话或信号指示灯等设备来实现（随着无线电技术的进步，十多年来基本上是通过无线耳机通话方式来指挥）。

如属外出转播，因外地外单位的礼堂、剧场后座观众席楼上一般不备有这么一个房间来供电视台做导播室用，因而电视台在到这种场合开展转播时，都是就近随便找个隐蔽的空间（如幕后的化装间或别的什么小房间）来当导播室，如转播的节目是文艺或戏剧演出，都另配有导演负责在现场对演出进行调度指挥，而对画面的切换和对摄像师的调度指挥，则由导播在室内进行。

由于导播可以从监视器的画面上来看到现场上的情景，而导演又是要到现场去对演出进行调度指挥的，因而近年来许多电视台新建的演播厅，其导播室一般不再开有供观看和指挥现场的大玻璃窗了。

（7）中控室。也叫中心技术控制室或播出机房。用于将从各路摄像机房输送来的音像信号以及放像机放出的节目信号进行取舍，字幕、台标、时钟信号的叠加等组合成完善的播出信号，经放大后输送给发射机房向外发射或向卫星发送，而有线电视则是传输给前端机房进行混合调制放大后向外传输。

（8）发射机房。室内装有大功率的电视发射机，负责将中控室输送来的播出信号调制放大后，经同轴电缆传送到发射塔顶的发射天线上向空中发射供用户接收或通过上行信号发送装置向卫星发送。

（9）前端机房。其作用相当于无线电视台的发射机房，是有线电视台的最后一个车间，它由邻频前端设备将中控室输送来的本台播出节目信号以及由室外抛物面天线、八木天线接收到的上级或各兄弟台的电视节目信号进行混合调制并放大后，由电缆向外传输给用户收看。

（10）电视发射塔。俗称铁塔，其顶端上装置有电视发射和接收天线，用于将发射机经电缆送上来的电视节目信号向空中发射以供各地用户无线接收和接收从新闻转播现场发回的现场直播信号，有的电视台也用来接收经微波发送来的周边各地市级兄弟台的节目信号。如属有线台或节目只上星而不进行开路发射的无线台，若不需要接收周边各地市级兄弟台的节目信号，则不需要有此设施。

（11）上行信号发送系统。由抛物面天线（一般直径为12~24米）、高频头和馈源等组成，用于将播出的节目信号经调制放大后从发射机输出给抛物面天线向卫星发射，经卫星上的转发器再向地球转发，从而实现电视台节目的大范围覆盖。而在节目不上星的电视台（如当前各地的地市级台），则无此设施。

（12）下行信号接收系统。系统的构成与上行信号发送系统一样，也是由高频头和抛物面天线等组成，用于接收经地球卫星转发来的各兄弟台的节目信号。

（13）微波或电缆发送接收装置。受地形或场地所限，有的电视台无法紧靠中控室建立铁塔，还有的电视台由于所需覆盖的地域较广，而台址又是设在该地域的边缘之上，只好实行台、塔分址建立。台塔之间距离数百米或一两千米的，可采用电缆来给发射塔传输信号；相隔远至数公里或数十公里的，就得用微波来进行信号传输。节目上星的台，虽然卫星信号已能覆盖完所要覆盖的地域，但为了便于那些边远地区没有地面接收站的零星用户收看节目，因而也还通过地面上的发射塔来进行覆盖，但要是台塔相隔过远，也有的是先从卫星上把信号接收下来，经处理后再从发射塔发射出去而不再采用地面上的微波接力传输。

无论是电缆传输或微波发送，大功率的发射机房都需设在铁塔近旁，因为从发射机输往铁塔上的信号传输电缆越短，信号的保真度就越高和衰减损耗就越少。若是台塔分离的电视台，在向大功率发射机房发送信号之前，又得增设一套功率相对较小的节目放大发射装置，而在较远距离的信号传输中，台塔之间还得设置若干个微波中继站对信号进行接力传送，既不方便电视台的工作管理和日常维护，也在很大程度上加大了电视台的经费负担，因此应尽可能避免台塔分离，尤其是应尽可能避免台塔的远距离分离，而节目上星的电视台则不受此限。

（14）有线信号传输系统。由调制器、放大器和通达电视台所在地整个城市各地的光纤网络及多级信号中继、放大机站构成，用于将闭路电视的节目信号传输给每一个电视用户；若属无线电视台则无此设施。

（15）有线信号回传系统。其构成与有线信号传输系统相同，用于在开展现场实况转播时将现场处理好的节目信号向台里的中控室输送以供台里播出或作为备份信号之用（即作为备份的信号源以防在转播中微波信号忽然中断而致发生播出事故）。为节省成本，有线信号回传系统与有线信号传输系统一般是共用同一个可以双向传输的光纤网络。

第三节　电视台节目采、编、播业务所用到的设备

电视台节目采、编、播所要用到的设备种类很多，而比较常用的主要有摄像机、录放像机、影碟机、字幕机、特技机、抠像机、升降机、摇臂、移动车、摄像机减震器、编辑系统、电影摄影机、电影放映机、提词系统、新闻灯、景灯、调音台、调光台、虚拟演播室、音频视频切换器、视频切换台、台标时钟发生器、测试卡信号发生器、监视器、摄像机控制器、导播台、矢量示波器、音频示波器、视频示波器、调相台、播控台、调制器、现场直播转播车、卫星车、发电车、电视发射机、邻频前端系统、AV 光发射机、电视停播记录仪、配电柜、发电车等。它们各自的功用分别为：

（1）摄像机。供记者开展采访时的素材拍摄和演播厅、演播室拍摄节目及拍摄播音员播讲新闻时的画面等之用。

（2）录放像机。供节目制作中播放素材或复制画面之用。

（3）影碟机。供节目制作及播出中播放素材或节目之用。

（4）字幕机。过去在以线编方式来制作节目时，此机是用来打字幕用的，非线性编辑普及之后由于非编系统的程序中已带有字幕功能，因而现在字幕机仅仅用于开展现场实况转播时叠加字幕、歌词，以及中控室在节目播放过程中临时插播快讯、通知或消息预告等。

（5）特技机。过去在以线编方式来制作节目时用于对字幕、画面进行叠画、移位、裂像、分割、重组、翻转、滚动、旋转、扫换、翻飞、快慢动作、化为它物或它物化为、黑场、逐帧定格等特技处理之用。非线性编辑普及之后由于非编系统的程序中已带有特技功能，因而现仅在开展现场实况转播时用到此设备。

（6）抠像机。也叫色键器，用于把画面的背景色去除和将前景画面叠加到别的背景画面上。非线性编辑普及之后由于非编系统的程序中也已带有抠像功能，因而现在的电视台一般也不再使用此机。

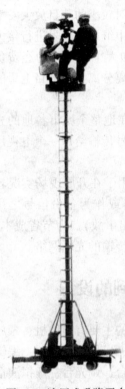

图 4-1　液压式升降平台

（7）升降机。升降机的种类有多种多样。从外观式样来看，有的像铁塔一样四围有框；有的只有一根立柱，四围无框而只是用安全带把人绑住。人们习惯上把四围无框的升降机叫做升降平台（图 4-1）。

有的升降机下面带有轮子可以随时移动；有的脚下则是固定着的，需要在哪里用就固定在哪里。有的整个结构是焊死的；有的则是活动的，平时是拆开并包装起来的，到需要用的时候才组装起来，用完后又再拆下来包装好，这样就可以很方便地装上车带走。从所使用的动力来看，有的是电动式的，有的则是液压式的；而从承载人员来分，有的只是摄像师坐在上面进行拍摄而摄像助理在下面帮助操作升降的。

（8）摇臂。摇臂也叫吊臂，用于从高处拍摄画面。式样多种多样，有的基座是固定的，也有的在基座上带有轮子，可以任意移动。由于使用摇臂来拍摄时只是把摄像机挂在摇臂上让其居高临下进行拍摄而摄像师则在地面上，因而对摄像机的操作都是通过对摇臂手柄的操作来进行的。

基座上带有轮子的摇臂除可以用来拍摄升降镜头外，还可以用来在高处拍摄平移的镜头。

由于摇臂不但使用方便，而且摄像师又不用进行高空作业，使用起来也安全得多，因而近些年来，许多电视台在需要拍摄俯镜头和升降镜头时都很少使用升降机，而多是改用它来进行拍摄。

摇臂使用起来虽然比升降机方便，但它也不可能完全取代得了升降机，因为摇臂的臂在进行上下左右摇动时需要较大的空间，因而它只适合于在室外开阔的地方使用，而在演播厅室、剧院、礼堂等一些空间狭小的地方开展的转播，则还常需要使用升降机。

由于摇臂能使摄像机所拍摄到的画面是沿着某一轴向进行匀速的平滑运动，这样，画面中各被摄者的构图和各被摄者之间的相对位置关系就形成了沿着某一方向或趋势的变化，使得画面具有动感，形成一种韵律和节奏，让观众获得赏心悦目的享受。

摇臂的工作原理就是杠杆原理，它按体积、臂的长度来分，有大小两种：

一是小摇臂。小摇臂的外观形状如图 4-2 所示。在拍摄一些产品广告中，如果产品的体积不大（例如瓶装酒、热水壶、提桶、照相机、电视机等）时，由于这些被摄物的体积不大，常常用几近透明的绳子将其吊起来，然后用环形导轨来辅助拍摄；或者将被摄物

图 4-2　小摇臂

体置于一个拍摄专用的转盘上，把摄像机架在固定的三脚架上，拍摄时，边转动转盘让其朝着某一个方向旋转边进行拍摄，根据需要来确定转盘的转速，就可以拍出该被摄物呈360°角缓缓转动或急速转动的画面来。

　　但是，以上这两种办法，都只适用于小的物品的拍摄，如果要拍大的物品，例如推土机、挖掘机，上述两种办法就用不上了；如果是拍摄访谈节目中现场上的人物时，既不可能把人用绳子吊起来进行拍摄，也不可能专门准备一个那么大的转盘来让主持人和嘉宾坐到上面去谈话。遇上这种情形，就需要用小摇臂来解决。

　　小摇臂由于小巧轻便，一般不带有电控伺服系统而是由摄像师直接伸手进行操控。

　　由于小摇臂主要用于室内场景的拍摄，而房屋室内的高度一般在 3 米，因而在室内场景的拍摄中，摄像机运动的半径就得小于 3 米，故小摇臂的操控半径也都是在 3 米之内。

　　二是大摇臂。在大场面的拍摄中，只有用大摇臂才能表现好现场上的大场景。

　　大摇臂的外观形状如图 4-3 所示。其规格也有多种多样，以臂的长度而言，短的也有6 米，而最长的，目前已长达 15 米，能把摄像机升至五六层楼高。这种大型的摇臂，总重量一般有 3~5 吨，由于体积庞大，因而平时都是拆散了来存放和运输的，只有到了现场才把它组装起来，用完后又拆卸下来装车拉走。

　　大摇臂一般是可以拆装的，因而如因场面不是很大而不需要太长的臂，则在装配时也可以少装一些。

图 4-3　大摇臂

大摇臂一般采用电控伺服系统来控制摄像机的左右、仰俯运动和变焦、聚焦、光圈等。

大摇臂除了有可以随时拆装的以外，还有车载式的。车载式的大摇臂就是固定在一辆大卡车上，平时以折叠方式置于车厢里，到工作时才升起来和将臂伸出去进行拍摄。

（9）移动车和导轨。移动车又叫轨道车或滑轮车，是在拍摄中用来供摄像师坐在上面进行拍摄移动镜头的；拍摄时，三脚架固定在移动车上，移动车置于导轨上，需要移动时，由摄像助理推着移动车在导轨上顺着导轨前后移动。由于导轨是用不锈钢管做的，移动车在上面移动十分平滑，因而摄像师坐在车上所拍摄到的画面也就十分平稳。

移动车的款式有多种多样，一般与导轨的包装箱合二为一，即将导轨的包装箱打开，装上轮子后就成了移动车（见图 4-4），用完时卸下轮子并将车合起来就是一个箱子，导轨也是很便于安装和拆卸的，将导轨拆卸成零散的钢管后就可以装进箱子里，要外出转播时搬运起来非常方便。

购买移动车和导轨时，厂家配给的导轨都比较短，但如果想要加长，也可以增买轨管及接头等配件来随意加长。

导轨既有直的，也有弯的和环形的，如用直的轨道来进行移动拍摄，可以拍出平移的画面来；如果用弯的或环行的轨道来进行移动拍摄，则可以拍出围绕着被摄对象移动的画面来。

导轨除了有铺在地上的以外，还有架空的，坐在架空的导轨上进行移动拍摄，可以拍出离地面较高的被摄者的移动画面。

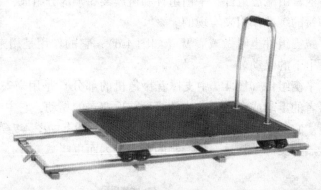

图 4-4　移动车和导轨

（10）摄像机减震器。要拍摄平稳的画面，通常是采用铺设导轨、在导轨上走移动车的方式来进行，但也有一些地方由于受场地或空间条件的限制而铺设不了导轨的，如要在斜坡、台阶或坑坑洼洼的地方进行移动镜头的拍摄，或在没有足够空间来铺设足够长度的导轨的地方进行移动镜头的拍摄，导轨就无法发挥作用了。在这种情况下，就需要用到摄像机减震器了。

摄像机减震器的样式有很多种，图 4-5 所示的只是其中一种，它现在已成为电影电视拍摄中一种很重要的设备。只是由于价格十分昂贵，因而在我国，目前还有很多电视台尚未购置这一设备。

图 4-5　装上了摄像机的减震器

摄像机减震器也叫避震器、稳定器或"斯坦尼康"、"斯太尼康"、"斯泰尼康"、"斯泰迪康"等，用它来辅助拍摄，不但能够在一定程度上取代导轨，而且还可以拍摄出持续时间比用摇臂拍摄的持续时间更长的和移动方式更为复杂的移动镜头来。

摄像机减震器通常由减震组件、平衡组件和避震架 3 个部分组成，各部分的减震和平衡功能都是利用弹簧的缓冲作用来实现的。

①减震组件。减震组件也叫做减震臂（如图 4-6），它的作用是用来降低因拍摄者的走动而造成的画面上下的晃动。

②平衡组件。平衡组件（图 4-7 中支撑着摄像机的部分）是用来安放摄像机的部分，是用来平衡因拍摄者的走动或奔跑而造成的画面前后左右的晃动，它主要是由弹簧和一些滑动槽来实现平衡。它的形状除了有如图 4-5 所示的外，还有如图 4-7 等式样的。

③避震架。避震架实际上就是一件特制的背心，因而也叫减震背心（如图 4-8）。

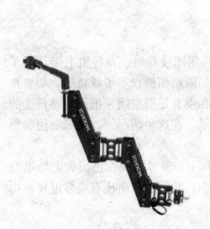

图 4-6　减震臂　　　　图 4-7　装上了摄像机的减震器平衡组件　　　图 4-8　减震背心

减震背心的作用，一是供拍摄者穿在身上用来挂扣减震组件用的；二是通过它的缓冲作用，也在一定程度上可使拍摄者行动时所产生的摇晃得到消除。

在拍摄前，拍摄者先把减震背心穿在身上然后把连着平衡组件的减震组件挂扣到背心上，而摄像机则装在平衡组件上。

在拍摄中，由于摄像机没有与拍摄者的身体接触而是通过减震器来和拍摄者连在一起的，拍摄者在边走动或边奔跑中边拍摄所形成的晃动经减震器各种弹簧的缓冲、平衡，就基本上能把晃动吸收（抵消）掉了，从而也就使得所拍摄到的画面能够基本上保持平稳了。

摄像机减震器除了有给人背负的外，还有车载的，它是由一些弹簧和金属构件所构成的支架，把它装在汽车的车顶或引擎盖上或挂在车厢后面以供汽车边行驶边拍摄时减震用。

车载式减震器在使用时，摄像机也是固定装在减震器上的，减震器则是通过相关的构件来与避震架相连，由于摄影机也没有与汽车直接接触，因而车子在行驶中所造成的震动经减震器各种弹簧的缓冲、平衡，也就基本上能把震动吸收（抵消）掉了，从而也就使所拍摄到的画面能够基本上保持平稳了。

（11）编辑系统。有模拟编辑系统和非线性编辑系统两种，其中模拟编辑系统也叫线性编辑系统，由编辑放像机、编辑录像机及编辑控制器、监视器、字幕机、特技机、录放音机、调音台等组成；非线性编辑系统简称"非编"，"非编"设备其实就是一台档次较高、容量较大、装有节目编辑专用的软件和模数转换器（用于将模拟信号和数字信号相互转换）等的大型电脑。

编辑系统的作用是用于各种节目的剪辑与合成。近些年来，由于非线性编辑的全面普及，线性编辑已基本上被淘汰。

（12）电影摄影机。在尚未有摄像机之前，电视台在拍摄新闻时，都是用电影摄影机来拍摄的，自 20 世纪 80 年代前后摄像机逐步普及后，采拍新闻已不再用到此设备，但由于电影摄影机拍摄的画面质量远比摄像机高，因而电视台在拍摄一些质量要求很高的电视艺术片和电视剧时，也还有使用此设备来拍摄的。

（13）电影放映机。用于电影片的转录、在节目播出时放映影片或在拍摄电视剧中用来产生活动的背景画面。近些年来，新拍摄的电影影片已不使用胶片作为介质而改用数字电子文档后，影片的转录也不再通过放映影片来进行而是可通过直接将数字电子文档的格式进行转换，因而现在的电视台一般也不再用到电影放映机了。

（14）提词系统。也叫提词器，供播音员在口播新闻、气象主持人播报天气、各界人士发表电视讲话时显示文稿之用，按配置来分，有微机型、摄像型和综合型 3 种类型。

微机型提词系统是由一台电脑和一套反光装置组成，反光装置上的反光玻璃置于摄像机的镜头前面。在演播前，事先把要播讲的文稿内容输入电脑，到演播时，演播者（含播音员、播报天气预报的气象主持人或到电视台来发表电视讲话的党政要员或各界人士等，下同）只要通过操作鼠标把要播讲的内容文件调出，让要播讲的文稿内容显示在置于反光装置内的显示器的屏幕上，经反光装置上的反光玻璃的反射，演播者就可以直接按照反光玻璃上显示的文稿内容来进行播讲了。演播者在进行播讲时，虽然是在抬头看着反光玻璃上显示的文稿内容来进行播讲的，但由于摄像机的镜头是置于反光玻璃的背后进行拍摄的，这样，观众便会误以为是演播者不用看稿，光凭记忆便可滔滔不绝地进行播讲了。

摄像型提词系统是由一个悬挂在演播者头顶上、镜头对准演播者手中的讲稿的摄像头和一套反光装置组成，反光装置上的反光玻璃也是置于摄像机的镜头前面，当演播者手拿讲稿进行演播时，头顶上的摄像头便将演播者手中的讲稿摄下并传到其对面的反光装置内的监视器中并显示出来，经反光装置上的反光玻璃的反射，于是，演播者就可以直接按照反光玻璃上显示的文稿内容来进行播讲。当演播者进行播讲时，其效果与微机型提词系统的提词效果也基本一样。所不同的是，用微机型提词系统来提词，演播者在反光玻璃上看到的文稿内容是电脑显示器屏幕中显示出来的规范字体；而用摄像型提词系统来进行提词，演播者在反光玻璃上所看到的文稿内容则是原稿的放大文字。

用微机型提词系统来提词，由于演播者看到的文稿内容是规范的字体，对文稿内容看得比较清楚，播讲起来比较轻松并有利于把稿件播好，但在播讲前得先把文稿内容输入电脑储存，准备工作需要花费较多的时间。

用摄像型提词器来提词，由于演播者是直接看着摄像头摄下的原稿画面来进行播讲的，无需把文稿内容输入电脑储存，因而不需准备也可直接进行播讲，比较适用于对急稿的播出和临时插播的需要，但由于演播者在播出中所看到的是摄像头摄下的原稿，因而常会因原稿的文字潦草或因编辑已把稿件改得过于糊涂、零乱而播讲起来比较吃力且较容易播错。

综合型提词系统兼有微机型提词系统和摄像头型提词系统的功能，使用时可根据按演播者的习惯或节目播讲的需要来选用。

（15）新闻灯。供记者采访中晚间及各种光线不足的场合下进行照明或补充光照之用。

（16）景灯。为演播厅、室提供光照及通过对光线的调度来实现其对所摄物进行塑型、修饰、勾勒轮廓或其他艺术处理之用。景灯按光线投向来分，有聚光灯和散光灯两种类型；按光线温度来分，有热光灯和冷光灯两种类型。

（17）调音台。供节目制作人员在节目制作中或调音师在进行现场直播中，对放音设备、各音响采集点话筒、各台摄像机从现场拍摄得来的现场音响及播音员的现场解说等各路声音信号进行调控和艺术加工，即对各路送来的各种音频信号进行音量的控制、调整和音频信号的过滤、分离以及对声音进行混响、延迟和音色、音质的美化处理及混合等之用。此外，还能给发音人（如歌手、演员或演奏者和播讲人等）返送经过处理后的音频信号以供监听。

（18）调光台。供演播厅、演播室对各路人工光照的布设和艺术处理中对光源的亮度、角度进行调节、调度等操作之用。

（19）虚拟演播室。用于生成各种虚拟的场景以供画面的合成用。

（20）音频视频切换器。供中控室在节目播出当中，根据总编意图或节目播出安排表来适时对放像机、摄像机、无线接收系统送来的各路信号进行转换之用。

（21）视频切换台。供导播在进行现场实况转播中进行画面切换及对画面进行各种特技处理之用。

（22）台标时钟发生器。机内储存有本台的台徽或台名文字标志及标准时间等备用信号，以便在节目播出中叠印出台徽台标及即时的国家标准时间。

（23）测试卡信号发生器。测试卡又称测试图，在每天的节目开始前及全天节目播出完时使用，其主图形为圆形，图中一般有台徽、台名文字以供观众能识别出所收看的是何台的节目。测试卡的用途是供电视用户对电视机的画面进行水平、垂直方向及清晰度等项调节。此外，其中还设有时间显示，以供用户作对时使用。

（24）监视器。其外形、构造及功用与电视机基本相同，但它与电视机的不同之处主要有：一是电视机是带有无线信号接收和解调电路，能接收空中的电视信号并能将其解调播放，而监视器因不带有接收和解调电路，因而只能播放由线路输入给它的音视频信号；二是电视机的视频信号处理电路中带有信号自动增益电路，当所接收到的电视节目信号较差时，自动增益电路会对信号自动进行增益补偿，以使用户能够持续看到比较好的电视画面，而监视器由于是用来监视节目信号的质量用的，为使监视人员能够更容易发现所播出的节目信号所存在的质量问题，监视器的生产厂家在产品设计中不但不让它带有信号自动增益电路，而且还特意设置了一个信号质量问题的放大电路，当所播出的节目信号所存在某些细小的质量问题时，由于它的分辨率比电视机的分辨率要高，监视人员从监视器屏幕上所看到的画面就已经很差，这样就更有利于提醒监视人员及时去把问题解决好。此外，监视器上的音频、视频信号的输入及输出口较多而电视机的输入和输出口则相对较少且其分辨率也比一般的电视机的分辨率要高，因而对于同样质量的节目信号，用监视器来播放，画面就比用电视机来播放要清晰得多。

（25）摄像机控制器。在实况转播或节目现场制作中使用，其用途是对现场拍摄的多台摄像机进行遥控和集中控制，主要是对各台摄像机光圈的大小和电源供给、电缆补偿、同步锁相、多种信号输出等操作进行遥控。

（26）导播台。也叫导播控制台或剪辑台。导播台是导播室里导播工作的操作台，它实际上就是将导播室的各种设备集中到一个操作台上以便导播进行操作，其设备配置的多少及档次的高低由电视台的经济实力所决定。

（27）矢量示波器。又叫定量示波器，用于导播室、节目制作室或中控作为色相监测之用。

（28）音频示波器。用于导播室、录音车间、中控室对音频信号的监测之用。

（29）视频示波器。用于导播室、中控室对视频信号的监测之用。

（30）调相台。用于导播室、节目制作室、中控室在节目拍摄、录制或播出中对红、绿、蓝各色进行校正；对视频信号的各相位进行大小、幅度、灰度（黑色电平高低）等的调整和彩色饱和度的控制。

（31）播控台。也叫中控室节目播出的操作台，它因电视台等级的高低和规模、实力的大小而在设备配置的多少及设备档次高低上各有差异。一般配置有字幕机、测试卡、音视频信号切换器、台标时钟发生器和多台放像机及各路兄弟台的信号源、现场实况转播信号源等，以供工作人员在节目播出中进行操作。

（32）调制器。用于将音视频信号调节为播出所用的制式①。

（33）现场直播转播车。电视现场直播转播车简称转播车，它的外观样式有越野车型、客车型、卡车型和拖车型等多种样式，图4-9为拖车型的转播车。

转播车其实就是一座功能齐全，可以活动的小型电视台，车内放有摄像机、新闻灯，装备有监视器、切换台、字幕机、影碟机、扩音机、调音台、摄像机控制器、微波电视发射机和等节目采拍、制作和发送最常用到的各种设备，但这些设备一般均为体积小、功能较少的微型机。此外，有的转播车还装有发电机和在车顶上装有方向、角度可以随意转换和调节的小型抛物面微波电视发射天线。采编人员在外出开展现场实况转播时，只要将转播车开到新闻现场，由导播坐在车上的导播台前将记者拍摄到的各路现场画面及音响信号进行加工处理、切换和调制放大，再经车上的发射机和抛物面天线发回台里。电视台从铁塔上将转播车发回的节目信号接收下来后，经大功率的发射机放大，再传至铁塔上的抛物

① 制式：电视信号的技术标准。不同制式的区分主要在于其帧频（场频）、分解率、信号的带宽和载频的不同以及色彩空间的转换关系的不同等方面。这是属于无线电技术方面的专业性较强的问题，作为新闻专业的学生乃至从事新闻工作的记者、编辑，是否了解这方面的技术问题，不影响学生的学习，因而对此问题，本书就不展开介绍。

图 4-9　拖车型的转播车

面发射天线向外发射，便实现了对事件现场的同步实况转播。

（34）卫星车。十多年来，由于通过卫星来转发信号已经十分方便，因而许多电视台在开展现场实况转播时，尤其是在地形比较复杂，通过地面的微波来发送信号有困难的地方开展现场实况转播时，大多已改为租用卫星来将信号发回台里，卫星车就是用于在新闻现场将导播人员在转播车里处理好的节目信号往地球卫星上发射的。卫星车也叫卫星转播车，它其实就是一台在车顶上装有可以开、合的抛物面天线，车内装有发射机（如图 4-10）。

图 4-10　卫星车

（35）电视发射机。用于将电视节目信号加载转换成甚高频或超高频无线电波信号，通过发射天线来实现电视节目的向空中发射。

（36）邻频前端系统。它是有线电视台将节目信号传输给用户收看前对信号进行处理分配用的设备，由抛物面天线、高频头、馈源、功分器、接收机、八木天线、混合调制器、放大器和分支、分配器等组成，抛物面天线接收到的卫星电视节目信号和八木天线接收到的地面微波电视信号就由它来调制、混合、放大，然后按线路所需的电平高低来分配到各条干线，再由干线经分支器分支到各支线（线路长的还得在线路上加装放大器），又由支线经分配器分给各用户收看。

（37）AV 光发射机。AV 光发射机是在开展电视现场实况转播时将导播在现场上切换出的成品节目信号发射到光纤网络里去以使它向电视台回传的专门的设备。若在开展电视现场实况转播时节目信号不是通过光纤网络来回传给台里，则不需要用到此设备。

（38）电视停播记录仪。用于对播出的电视节目图像（亦含彩条、测试卡、彩底、黑底、无载波、有载波而无图像等各种工作状态）及伴音信号进行监测、记录、告警、存储、统计、查询和打印。

（39）配电柜。由主电源回路、伺服系统、取样电路、过载保护电路、整流电路、稳压电路等组成，具有防止交流电产生波形畸变及辐射的功能，用于机房内各种设备的交流供电及部分需要直流供电的设备的供电。

（40）发电车。就是一辆装有发电机组的汽车，用于在没有电的野外开展现场实况转播时的供电。

以上所列编辑设备，虽然有的是属于线性编辑（模拟编辑）设备，而现在非线性编辑技术又已相当普及，但是，由于在现场直播中有许多操作"非编"无法替代得了"线编"，因而无论今后"非编"技术如何进步，线性编辑也不会完全被淘汰。

除了以上所列之外，还有一些近些年来才新出现的设备①，因目前许多电视台尚未配备，并且在做新闻节目时一般用不着，因而在此就不作介绍。

第四节　电视台节目生产与传输、发送的运作流程

工厂生产产品，需要按照一定的工艺流程来进行，同样，电视台生产和传输、发送电视节目，也有一定的生产、运作流程，并且这一生产、传输、发送运作流程也和工厂的产品生产运作流程一样，各个环节之间环环相扣，互相支持，相互依赖而不可或缺。

图 4-11 所列的，是我国地方电视台节目生产与传输、发送运作的一般流程，由于各电视台的级别层次、综合实力及节目信号传输、发送方式等方面的不同，因而在实际运作上的流程也不完全相同，有的台在运作中的环节多些，有的台环节少些，例如在级别层次方面，中央台的领导在"形成宣传工作的总体思路"中，就只受中央对宣传工作的要求支配而不受"地方党委政府当前的中心工作"支配；而地市州台和县台因节目信号不上卫星，因而没有"抛物面天线把节目信号向卫星进行上行发送"等环节；无线电视台如果不兼营有线电视的话，就不设前端机房，也没有"前端机房将各台信号混合调制放大后传给闭路电视用户"等环节，而有线电视台的节目信号由于不作开路发射，因而就没有"发射机将节目信号向中继站发射"、"中继站将节目信号进行接力传输"、"发射机将节目信号进行放大发射"、"大功率发射机房将信号进行放大发送"、"铁塔将节目信号向空中发射"和"抛物面天线把节目信号向卫星进行上行发送"等环节。另外，节目不上星的无线电视台如果台址是设在地形较高的地方且铁塔又是紧挨着中控室的，节目信号就

①　有兴趣者可参看拙著《电视现场实况转播》，中国广播电视出版社 2012 年版。

直接由中控室经电缆送给大功率发射机房将信号进行放大后直接输送到铁塔上向空中发射而不用经过"发射机将节目信号向中继站发射"、"中继站将节目信号进行接力传输"的环节。

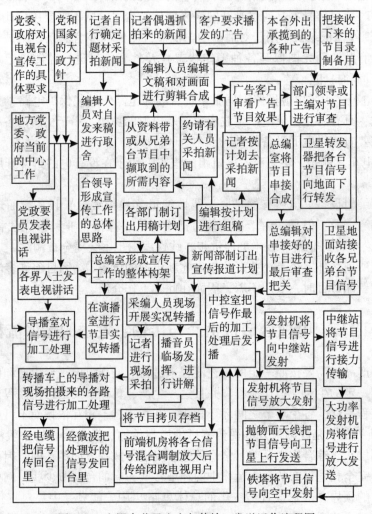

图 4-11 电视台节目生产与传输、发送运作流程图

在较远的外地举行现场实况转播时，实力强的台现在多是租用卫星来把信号发回台里，而实力差的台则是如图 4-11 所示那样通过临时架设的地面微波装置来将信号发回台里。当然，在有光纤有线电视网络可以利用的情况下，则多是通过光纤有线电视网络来把信号回传①。另外，有的电视台由于尚未配备转播车，因而在开展现场实况转播时，就是采取"摆地摊"的方式来开展导播的，总之，图 4-11 所示的只是电视台节目生产与传输、

———————

① 关于现场实况转播的有关情况详见拙著《电视导播学》（中国人民大学出版社 2009 年版）和《电视现场实况转播》（中国广播电视出版社 2012 年版）。

发送运作流程的一般情形，具体到某一电视台，情况就或多或少会有些差异。

本章复习与思考

1. 电视台的节目生产部门一般有哪些？它们的工作职能各是什么？

2. 电视台一般需要配置哪些基本设施？各种基本设施分别有什么功用？

3. 电视台采、编、播方面的设备主要有哪些？它们的用途分别是什么？

4. 电视台的节目生产与传输、发送的运作流程大致怎样？

第五章　电视语言中的画面语言

　　语言是人际间进行信息传递、思想交流和情感表达的工具。

　　人际之间的交流，有口头语言、书面语言和动作语言等。

　　人类的口头语言表现为人将语音以不同的音节组合、不同的调值高低和不同的节奏从口腔发出，从而使接受者按约定俗成的音效通过听觉来感知其所要表达的含义；书面语言表现为人通过将各种不同的文字、图像等符号以不同的组合方式进行排列，从而使接受者通过视觉来感知其所要表达的内容含义；而动作语言则表现为人通过自身不同的形体动作来向接受者表达出自己所要表达的意思。

　　作为信息传播工具的电视，它在向观众传递信息方面，也有自己的一套独特的表达方式，这种表达方式也就是它的语言，即电视语言。

　　电视语言的分类，大致可从语言的种类、语言的运用方式和语言在表述上的明晰程度等 3 个层面上来划分。

　　从语言种类来分，电视语言包括画面语言、声响语言、光照语言和字幕语言 4 个语种；从语言的运用方式上来分，有单一语言和复合语言两种用语方式；而从语言在表述上的清晰程度来分，则有明晰语言和模糊语言两种档次。

　　本章所介绍的，只是电视语言中的画面语言。

　　画面语言是电视语言的基本元素。它以直观的形象展现来使观众形象地感知事物的情状，同时，它通过在画面上展现出事物的活动态势，可使受众从中感知到事物的发展、变化过程。它通过画面的构图元素、色彩、亮度，不同构图内容的画面按不同的需要进行组合串接，或通过对同一画面所作的不同技巧处理，可表现出事物的变化过程或表达出作者不同的思想倾向及不同的感情色彩。例如，屏幕上假若出现一艘汽船，观众便可感知汽船是个什么样的形状，假使汽船后面的背景是河岸、岸上的树木、田园、村庄等景物在移动，那就是在告诉观众汽船正在行驶。如果事先出现过一个人提着行李走上这艘船的甲板，之后才是树木、田园、村庄等物在画面上移动，接着将画面提高让汽车从画面下方退出画面，突出表现树木、田园、村庄及远处的山岭、树木、田园、村庄及山岭在越来越快地移动，尽管此时观众在画面上已看不到汽船了，但却能感知该船的航速在不断加快；接下来若把树木、田园、村庄、山岭移动的画面拉开，让观众看到运动着的树木、田园、村庄、山岭之下是一辆辆的汽车；然后画面又渐渐推近将汽车挤出画面让田园、村庄、山岭继续移动，拉出全景时已不见了汽车而是出现火车，接着画面推近使火车退出画面，仍是村庄、山岭在不断地移动着，而画面逐渐上升，出现了蓝天白云，接下来，便是在运动着的蓝天白云的背景前有架飞机，然后是繁华的都市；一部出租车在热闹的街市上急驶，接着又是宾馆的大门，最后出现那个提着行李的人把行李放进客房的壁柜里去。通过这一连串不同画面的串接组合，观众便会感知这位旅客先乘汽船，接着又乘汽车、火车，然后是改乘飞机才来到这座城市，下飞机后乘出租车到此住进了一家宾馆。

对电视画面在色彩、亮度的运用上的不同处理，可以表现出对所表现的事物的不同意境来。如上述这位旅客上船时周围的景致鲜艳明晰，到出现汽车、火车、飞机时光线却越来越晦暗，则可说明他踌躇满志启程，但等待着他的却是未卜的前程；若他登船时阴霾满天而到汽车、火车、飞机出现时背景越来越艳丽鲜亮，则可表示出他此行前程越来越美好，往后所办之事将会一帆风顺；若他从登船时起到住进宾馆，自始至终背景光线皆是一片阴沉，则是表现出此人身处逆境，此行走上的是一条需得历尽艰难的征途，假若自他登船至到达宾馆，一路上的景致都是鲜光亮丽，则可表现出此人心境的喜悦和有足以征服未来困难的信念和决心或可预示出他此行将会一帆风顺……

画面语言是电视语言中用得最多的语种，它变幻多姿的表现手法能大大丰富其表现能力。它的表现手法除可直观地表现出事物的情状外，不同的画面词汇还能分别表现出不同的意境、倾向和情感来。

画面语言作为一种独立的语言，它也和我们的口头语言、书面语言一样，有各种构成语句的基本词汇，也有着一套属于自己的语法和修辞体系。

第一节　画面语言的语法体系

画面语言的语法体系，也和口头语言、书面语言的语法体系一样，有其基本词汇，各种词汇又各具自己的某种词性。并且，画面语言也和口头语言、书面语言一样，由两个或两个以上的词汇合理地组合起来，可以构成句子，用以表达各种各样的意思；一定数量的句子有机地组合在一起，可以构成段落，能把一些比较复杂的意思阐述清楚；而若干个段落恰当地组合在一起，则可构成一个篇章或一篇完整的"文章"（即一个完整的节目），记载一个完整的事件或一个完整的事态，从而能够实现对某一新闻或信息的传播。

一、画面语言的基本词汇

在电视的画面语言中，各种不同形式的画面，其实也就是含义不同的各种词汇。

画面语言常用的词汇主要有远、中、近、全、特、俯、仰、平、侧、推、拉、摇、移、升、降、动、静、隐、显、迭、分、随、广角、长焦、转、晃、虚、甩、划、翻、滚、定格、黑场、长镜头、快慢动作等数十个。这些词汇各自的表意功能和基本特征分别为：

远 即远景镜头，通过表现开阔宽广的场面来显示空间的深度，反映事物的全貌。

中 即中景画面，通过对事物局部的表现来反映出该事物间的相互关系或情境的氛围。

近 即近景镜头，通过近距离的画面展现，表现人物动作、事物变化的清晰过程或相互间的关联，使观众能看清其细节和感受到人物感情的流露或事物彼此之间的关系，从而加深对情节及氛围的理解。

全 即全景镜头，通过完整地表现人物全身或物体全貌来让观众看清人或物体的外形特征及其与周围环境的关系。全景画面在表现人物时，多用于揭示其整体形象；在表现物时，多用于表现其运动状态或其形状。

特 即特写镜头，是对某一细节的突出放大，以使观众能观察到人物细微的表情或事物的细部构成。将特写镜头穿插于表述事件经过镜头中，除能细致地表现出事件中有关人物的表情、动作外，它还可为前后难以连接的镜头充当过渡的"桥梁"。

俯 即俯视镜头，拍摄者从高处对拍摄物进行居高临下的俯拍，使观众从屏幕上获得俯视场面的效果。俯视镜头一般用于对大面积地域全貌、城市全貌的表现和大场面事件全貌的表现或用于对人物的表现。俯视镜头用在表现人物时，能对人物的身高起到压缩和对人体形状起到变形的作用，把本来高大的人物变得矮小，使人体显得头大脚小，上身和下身的比例失调。俯视镜头如用于在表现大地域、大都市的全貌时，能给观众以博大、深邃、气势磅礴之感；而用于人物表现时则可把所要表现的人物变得卑鄙、猥琐。

仰 即仰视镜头，拍摄者从低处向高处对拍摄物进行拍摄，一般用于拍摄高大的树木、高大的建筑物及人物等场面，其效果是能使被摄物显得雄伟、高大、庄严、肃穆，给人一种崇高、凛然不可侵犯之感。

平 即平视镜头，摄像机水平地对拍摄物进行拍摄，其效果是对所摄物进行既不美化也不丑化，而是客观地表现出其本来面目和实际情况。

侧 即侧面镜头，是从侧面来对物体或人物进行拍摄，若用于拍摄物体，可让观众看清物体的侧面情况；若用于拍摄人物，除可让观众看清人物的侧面外，适当角度的侧面拍摄，可使人物的脸形显得稍长一些而不那么肥胖，从侧面对人物进行拍摄，有时还可使人物显得更加英俊秀美。

侧面镜头还有平侧、俯侧和仰侧之分，以上说的侧面镜头指的是平侧，至于俯侧，其效果则大致相当于侧视与俯视之和或侧视与仰视之和。如在表现反面人物为主、也有正面人物在场的场面时，则采用正面俯拍反面人物，而对正面人物则可通过侧拍来弥补俯拍给其造成的贬损；如以表现正面人物为主，但也有反面人物在场时，可通过仰侧来使正面人物的形象更臻完美，而仰拍也使反面人物的形象沾了光，则可通过对其正面拍摄来使其变为缺乏立体感而显得呆滞，以抵消仰拍给其带来的美化。

推 指画面镜头由表现大范围向表现小范围进行连续过渡，使观众有如将视线由远而近推向画面的某一局部或某一点。

拉 与"推"正好相反，它是镜头由表现小范围向表现大范围的连续过渡，使观众把视线从集中观察某一点逐渐拉开而看到场面的近景、中景或远景。

"推"和"拉"在操作中，拍摄者所处的位置不变、镜头指向不变，而是通过调节摄像机的焦距来实现把画面移近或移远。

摇 指镜头自左至右、自右至左或自上至下、自下至上地掠过画面，使观众获得对所表现事物的各个部分进行环顾之感。

移 指镜头沿着横向或纵深方向、或者沿着某一曲线平稳地移动，使景物的各部分逐一依次从画面上经过，从而让观众获得在行进中对事物边走边看的观察效果。其与"摇"的区别在于"摇"是摄像机位置不动，只转动镜头角度或将镜头仰俯来对景物的各个部位进行连续的拍摄；而"移"则是镜头的角度不变，靠移动摄像机位置进行边移边拍来表现出事物的各个部位。

升和降 与"移"的拍摄方法相似，区别只在于"移"是在拍摄中摄像机在作水平方向的运动，而"升"和"降"则是在拍摄中摄像机在往上或往下作垂直方向运动。

动和静 指画面景物的活动或静止。通过画面中景物的动和静，可以告诉观众（即让观众从画面上感受得出）该景物或该事物的发展情况或动态，有时也可用于思想情绪、情感的表达。其中静又分为声音的静和画面的静。声音的静可以是完全无声，也可以是某一单调声响的慢节奏单调的重复；画面的静可以是画面的慢节奏活动，也可以是画面完全不动而形成呆照，画面由动转为完全不动叫做"定格"。

隐和显 "隐"是指画面逐渐暗淡模糊下去一直到消失；"显"是指画面由无到暗淡模糊地出现后又逐渐变为明晰。"隐"多用于告诉观众该段落已结束；"显"则多用于告诉观众已另起一段。

"隐"和"显"又分为"淡出淡入"和"化出化入"（也称"溶出溶入"）两种形式。"淡出淡入"是一个镜头逐渐暗下去之后，下一个镜头逐渐亮起来。而"化出化入"则是当上一个镜头逐渐模糊之时，下一个镜头已开始出现并逐渐变得明晰，最后取代前一个画面而占据了屏幕。

"隐"和"显"的手法，尤其适合于表现意蕴深沉或气氛凝重的题材，它除了用于情节转换的过渡外，也常用于由慢节奏转向快节奏的中间过渡。此外，"隐"和"显"也多用于在叙述的同时兼顾抒情，能给人以言已尽而意未穷的悠远韵味。

迭 也称"叠"或叠化、迭化。其与"化出化入"手法相似，但画面的更替过程较快，即当上一个画面还未变得模糊之时，下一个画面在还未变得明晰之前就已迭在上一个画面之上，并以较快速度变得明晰而取代了上一个画面。使用此种手法能使节奏变得明快利索，它多用于解释前面已提出的问题是如何发展或且有何结果，即告诉观众前面所说过的事情怎样或后来又怎样。此外，为使节目免于沉闷，用"迭"还可使片子节奏增强，也可增加片子的兴奋点，使观众保持对屏幕内容的较连贯的密切关注，因而"迭"在杂志型板块栏目中应用较为广泛。

分 即由若干幅不同内容的画面同时出现于屏幕上，用以告诉观众在不同时空或同一时间而不同空间所出现的情况各是怎样的。

随 也叫"跟"或"跟随"，指拍摄者始终将镜头对准某一运动着的目标，跟随在其后面进行连续拍摄，旨在告诉观众该事物或人物活动的过程经过是怎样的。

广角 采用变焦的方式来改变拍摄的视角、夸张景间正常的透视关系，即通过缩短画面上近景与远景的距离来使近景比实际形状大而远景比实际形状小，扩大了远近景物的大小比例，从而使密集的物体显得松散、窄小的空间显得宽大。它扩大了画面摄取到的空间范围，使得视野更加开阔、画面更显沉稳、泰然。在节目情境的表达中，它常用来表现沉闷与压抑。

长焦 也叫长焦镜头或长焦距镜头，与广角一样，也是采用变焦的方式来对拍摄的视角加以改变。但它对视角的改变与广角镜头正好相反，即扩大了画面上近景与远景的距离，使近景比实际形状小而远景比实际形状大，缩小了近景与远景的大小比例，拉长了近远景间的距离，使前后景物在画面上表现为紧紧地叠合在一起而使深度变浅，从而使画面对情境的表现显得仓促和紧凑。在实际应用中，长焦距镜头常用来表现一些惊险的场面或紧张的劳作氛围。

转 也叫旋转镜头，是在拍摄中通过倾斜摄像机或利用广角镜头能够夸张透视感的特性来摇摄，使画面呈现旋转的动感而表现出与水平线或地平线形成夹角的功效。在创作上常用来表现作者的主观意图，或用于表现人或事物的高大与庄严，有时也可用来表现人物的神情恍惚或人物视觉的错位。

晃 就是在拍摄中有意识地使图面呈现抖晃。这种画面，是出于某些内容的表达或某种创作意图的需要，而在拍摄时特意拍出抖晃效果。例如：小孩玩秋千、在颠簸不息的车厢里、拖拉机行驶在凹凸不平的道路上等场面，使用上下抖动、或左右抖动的画面及倾斜构图，可使画面在内容的表达上更为逼真和更具现场感；在表现一些紧张的情节时，使用抖晃画面，可使作者欲加剧情节气氛的意图得以实现。

虚 在拍摄中有意识地将清晰的景物变得模糊（也即"虚"），而原该模糊的景物变得明晰，拍摄这类镜头时一般采用长焦距镜使画面收到较窄的景深效应，通过画面的虚实错位来增强画面的纵深感，使纵深空间的景物得到突出。

在拍摄创作中，有时也用"虚"镜头来抒情写意，通过以虚显实来让画面显得更加耐人寻味，从而增强画面的艺术感染力。

甩 用于表达物体的运动起止，如表现古代战争中离弦的箭、日常生活中的投掷石头或甩出什么东西时，使物体运动的过程画面迅速划过，而表现起止画面时则较为细致或将前因和后果两个画面连在一起，目的是让观众看清前因后果而将过程忽略。

划 也称"扫换"。即已有的画面以某种图形从某个方向退出，新的画面随之从另一侧进入屏幕，旨在告诉观众前面的内容之后事物如何发展或相关的情况如何，有时也出于美化画面环境和增强节奏而纯粹作为一种表现技巧来应用。

翻 也叫翻页，即类似翻开画册一样，将原有的画面翻过而让新画面以掀开了新的一页的方式来出现。

滚 也叫滚动，指画面在屏幕上自上而下或自下而上徐徐移过，这种手法一般多用于片头或片尾字幕，其中自下而上移动的叫"上滚"；自上而下移动的叫"下滚"。

定格 属于"静"的一种形式，即画面由动到静止下来，如同照片一般。

黑场 即画面逐渐暗淡，最后整个屏幕就像关机了似的完全变黑，之后重又渐渐亮起。黑场通常是用于转场、情节段落的划分等。

长镜头 指的是持续时间比较长的镜头，即在拍摄的时候，持续进行较长时间的拍摄所得到的连续镜头。

快慢动作正常的电视画面画，拍摄和播放的速度均为每秒25帧，而有时为了情节或意境表达的需要而有意加快或放慢某部分情节的速度，使展现给观众的画面运动速度快于或慢于现场上事物变化的实际速度，这种画面镜头就叫做快动作或慢镜头。如有时为了表现现场上的紧张气氛，可有意识地把汽车、摩托车、人骑自行车或跑步的速度用快动作来表现；而有时为了让观众能够看清某些物体的运动、人物的某个动作的详细过程，或为了让观众能够欣赏好某个运动员的一些精彩动作，往往要通过慢动作来表现。

二、各种词汇的词性

画面语言的每一个词汇，也有着它们各自的属性，甚至有的词汇还带有褒贬色彩。

(一) 词汇的属性

现代汉语各种词汇的属性，可以分为名词、动词、形容词、数词、量词、代词、副词、介词等，电视画面语言各种词汇的属性类型相对要少一些，就目前已知的情况看来，大致有名词、动词、形容词、代词、介词等几种。

1. 属于名词的词汇

属于名词的词汇，大致有全、特、平、中、近等几种。之所以说这些词是名词，是因为平摄的画面和中景、近景画面，都是以客观介绍的方式来将画面中的事物明白无误地告诉观众，让观众知道那是什么物品或什么人物等，就像我们口头语言中说出物品的名称或人物的姓名或身份来，就可以使人知道那是什么或那是谁一样，因而这种词汇，其属性属于名词。

2. 属于动词的词汇

口头语言和书面语言中的动词，就是描述人物、动物或各种事物的运动情状的，如动词"跑"字，就是描述出"快速地走"这么一个情形来。而画面语言中的推、拉、摇、移、升、降、动、隐、显、迭、分、划、随、翻、滚、转、甩、快慢动作等词汇所描述出来的画面场景也是属于一种运动着的状态，因而这类词汇的属性，就属于动词。

3. 属于形容词的词汇

远、俯、仰、侧、动、静、晃、虚、甩、广角、长焦、定格、黑场、快慢动作等词汇，都能对所表述的对象起到形容的作用，如俯拍的镜头可以把人物形容为上下身比例不协调，个子矮小，卑鄙猥琐；而仰拍的画面则可以将人物形容为高大、威武，大义凛然；侧拍的画面，可以使人物更具立体感，把人物形象的美形容出来；又如定格，可以形容出现场上的一切都静止了下来，仿佛时空已经凝固，世间万物均不复存在了，等等。

4. 属于代词的词汇

属于代词的词汇，大致有隐、虚、黑场和某些在构图上只表现出对象的局部或对象的影子来的跟镜头画面等几种。

隐、虚和黑场的画面，实际上在该场景中的人或物都是实实在在存在着的，但作者出于创作意图的需要而有意让画面变得朦胧或黑暗，这实际上就是用朦胧或黑场来代替本来可以让观众看得清楚的现场上的人或物，所以这类词汇是属于代词；而一些在构图上只表现出对象的局部来的画面，如只让观众看到人物的脚在行走，这样有意地避开人物的面部而只表现出根本体现不出其人特征的腿脚来，实际上就是用该人物身体的某一部分来代表该人物，因而这种词汇是属于代词；此外，在一些警匪片中，有时编导为了给观众以悬念，在表现坏人作案时，甚至连该人人体的任何部分都不出现而只是让观众看到其作案过程中投到地面上的影子，这样一种用人物的影子来代替人物本身的跟镜头画面也属于代词。

5. 属于介词的词汇

属于介词的词汇有隐、显、迭、翻、滚、黑场、分镜头等。

在隐、显、迭中，不论是淡入淡出、化入化出还是新老画面在更替中的叠到一起，都是原有画面与新出现的画面实现过渡的媒介；翻页、上滚和下滚画面的内容，随着翻或滚而不断变化，而每一个变化，又都是由于将原有的内容翻过或滚动所致。因而翻与滚的运动，就是原有画面与新出现的画面实现过渡的媒介，它们的词性都属于介词；而黑场画面，则是通过画面在瞬间的变黑继而复亮来实现前后两个画面的过渡的，它在前后两个画面中实际上起到了一种中介的作用，因而其词性也属于介词。

(二) 词汇的感情色彩

在画面语言中，有一些词汇也带有明显的感情色彩，有的具有褒义，有的具有贬义，也有的属于中性。

1. 属于褒义词的词汇

属于褒义词的词汇有：仰、侧、移、升、降、转、广角、长焦、虚、快动作、慢动作等。之所以说它们是褒义词，是因为以这种方式来拍摄的画面，多能对被摄对象起到美化的作用。

2. 属于贬义词的词汇

属于贬义词的词汇有：俯、正、广角、长焦、晃、定格等。因为以这种方式来拍摄到的画面，多能对被摄对象起到丑化的作用，因而说它们在感情色彩上属于贬义词。

3. 属于中性词的词汇

属于中性词的词汇有：远、中、近、全、特、平、推、拉、摇、动、静、隐、显、迭、分、广角、长焦、划、随、翻、滚、晃、甩、定格、黑场、快动作、慢动作等。由于这类词汇在对被摄对象的表现上常是客观表现而不带感情色彩，因而说它们属于中性词。

三、画面语言的语句

和人们的口头语言、书面语言一样，影视语言中的画面语言也是用句子来表达所要表达的内容的，词汇仅仅是组成句子的元素而已。

画面语言的每一个句子，一般也是由两个或两个以上的词汇来组成。

画面语言的句式，目前较常见的有前进句式、后退句式、环绕句式、蒙太奇句式和长镜头句式5种。

（一）前进句式

镜头由远而近，把观众的视线从整体引到局部乃至细节，即由远景画面起幅，继而推至中景到近景乃至一直推至特写。

（二）后退句式

它与前进式正好相反，其镜头是由近而远，让观众先观看事物的细节或局部，然后才逐步看到其整体，即由近景或特写画面起幅，继而拉到中景、全景乃至一直拉到远景。

（三）环绕句式

也叫复合句式，即前进句式和后退句式两种句式连在一起并用，或先前进再后退；或先后退再前进。根据内容表达的需要，有时也可是先进后退或先退后进连续进行重复运用，就像环绕着一个圈子来不停地走下去一样。

（四）蒙太奇句式

蒙太奇句式是将拍摄到的连贯画面打乱，根据创作构思及作品主题表现的需要，把若干个从情节看来意思并不连贯的画面按创作风格之需连接起来，使这些孤立来看似毫无关联而从意义上看又有某种联系的画面连在一起构成一组片段，即构成一个句子，从而收到对比、联想、衬托或悬念等意境表达之效果。如当画面上出现一人端起盛着红色饮料的碗欲喝又止，接着出现一汪鲜血的画面，之后画面上出现的是这个人皱了皱眉，将盛着饮料的碗放下。这里，饮料与鲜血表面上看似风马牛不相及，但它们之间又有着一定的内在联系，即两者都是红色且都是液体，于是便使观众明白，这个人看见了红色饮料就联想到了鲜血，因而已无兴趣将饮料喝下去。

常规的画面语句，在叙事上一般采用循序渐进的表现手法，而蒙太奇句式在叙事上用的则是跳跃式乃至大跨度跳跃或急转弯的表现手法。

蒙太奇句式除在画面剪接上常用外，近些年来在音乐或音响的剪接上，这种组接方式也常有运用。

（五）长镜头句式

它与蒙太奇句式恰好相反，它是在画面剪辑中，对某一情节的画面完整保留或较多地保留而不剪断来与其他画面组接。使用长镜头来叙事，可使画面语言对某一事件过程的叙述保持完整和连贯，此种手法在传统的影视作品中较常使用。

四、画面语言的表达方式

现代汉语在对内容和情感的表达上，有叙述、描写、议论和抒情等几种形式，电视画面语言也同样具有这几种表达方式。

（一）叙述

画面语言中的叙述，主要是以句子来叙述，但有时也有只用单词就可实现叙述的情况。

1. 可用于叙述的词汇

可用于叙述的词汇有中、近、全、特、平、推、拉、摇、移、升、降、随、分镜头等词汇。之所以说这种词汇可用于叙述,是因为这类词汇可以将所要交代的现场情况向观众交代,因而说它们是可以用于叙述的词汇。

2. 可用于叙述的句子

可用于叙述的句子有前进句式、后退句式、蒙太奇句式和长镜头句式。

在叙述中,不同的词汇和不同的句式,其叙述的手法也有所不同。

(1)顺叙。

用于顺叙的词汇,有推、摇、移、升、划、随、翻、上滚、慢动作等。之所以说这类词汇在叙述手法上是属于顺叙,是因为它们对事物的表现,都是顺着某一种顺序来进行的。

用于顺叙的句子,有前进句式、长镜头句式。由于这一类句子在对事物的叙述上,是按由远而近、由先到后的顺序来进行的,因而说它们是属于顺叙式的句式。

(2)倒叙。

用于倒叙的词汇,有拉、降、下滚等。

这类词汇在对事物的表现中,虽然也是顺着某一种顺序来进行的,但其在叙事顺序的排列上,却是以与常情中应遵守的顺序相反的顺序来进行,因而说这类词汇对事物的叙述顺序属于倒叙。

用于倒叙的句子,只有后退句式。后退句式既然是以逐步后退的方式来介绍事物,应当让观众先知道的情况却安排到后面才介绍,而不应先让观众知道的情况却安排在前面让观众先看到,因而说这种句子的叙述方式属于倒叙。

(3)插叙。

用于插叙的词汇,有迭、分、划。迭的画面,是在原有的画面上叠上另一个画面,也就是说,在对一个场景进行叙述时,又插进了对另一个场景的叙述;分的画面,是在本来只对一个场景所进行的叙述时,突然分开来对好几个场景同时进行叙述,也就是说又插进了对别的场景的叙述;而划的画面,有的时候也是正在对一个场景进行介绍时,突然又划出了另一个画面,即插进了对另一个场景的介绍。因而这3种词汇在对情况的叙述上,用的是插叙的手法。

用于插叙的句子,有蒙太奇句式。由于蒙太奇句式是把连续拍摄到的连贯画面剪得零零碎碎再按照作者对内容表达的需要来重新组接的,因而重新组接起来的画面,即重新构造起来的句子在对事物的叙述上,用的就是插叙的手法。

(4)分叙。

用于分叙的词汇,有摇、移、升、降、分、划、翻、滚等。这类词汇在对事物的叙述上,把每一个部位分开来介绍,因而它们的叙述方式,就类似于人们口头语言和书面语言中的分叙。

用于分叙的句子,有前进句式、后退句式、长镜头句式。由于这类句子在对事物的叙述上,也是把每一个部位分开来进行介绍,因而它们的叙述方式,就类似于人们口头语言和书面语言中的分叙。

（二）描写

画面语言中的描写，既有用单词来描写的，也有的是用句子来描写的。

1. 可用于描写的词汇

可用于描写的词汇有远、特、动、静、随、晃、虚、快慢动作等。

之所以说这类词汇可以用于描写，是因为它们在对场景的展现中，不但能告诉观众现场上有什么事物，而且在对事物的表现中，还能将有关情景也细腻地"刻画"出来或能将所要体现的意境逼真地体现出来。

2. 可用于描写的句式

可用于描写的句式，有长镜头句式。

长镜头由于在对事物的交代上显得很有"耐心"，在对某一情况的交代上，舍得花费相当长的时间来对其进行充分的交代，能把事物展现得较为详尽而让观众能够对其了解得更为细致，因而这种句式可以用于对事物的描写上。

（三）议论

画面语言中的议论，目前只发现单词具有这方面的功用而尚未发现有可用于议论的句式。

具有议论功能的词汇有俯、仰、正、侧、动、静、转、晃、广角、长焦、定格、快慢动作等。

之所以说这些词汇能作议论用，是因为它们所表现出来的人物或事物并非其固有的本来面目，而是带上了作者的主观感情色彩。例如俯拍到的人物，就显得头大脚小，上下身比例很不协调且人也变得矮小了，而实际上被摄者并没有这么丑陋，其之所以让观众觉得丑陋，那是因为作者有意要将其表现为丑陋的，就像人们平时议论谁如何无礼或如何懒惰一样，在议论中，总免不了会夹带议论者的感情色彩；又如仰和侧，可以起到美化被摄者的作用，也就是拍摄者要把被摄者表现为美的，即通过议论来让人觉得其是美的；再如广角，由于改变了被摄物的透视关系，所展现在观众面前的景象已与实际状况有所不同，而这种不同，又是拍摄者有意造成的，就像人们平时议论什么事一样，是带上了个人的感情色彩了的；又如，快动作所表现出来的事物运动的速度，显然要比其实际速度要快得多，它是作者为了告诉人们该事物运动速度很快而常用的一种词汇；而慢动作当被用来展现某些运动员的某一优美动作时，它不但能够起到让人看清其过程的作用，同时也展示出了该动作的优美。而这种优美在经过慢动作处理之后，又比在现场上所能看到的实际情景要优美得多了。由于这种能给观众以不同于实际情形的印象，全是拍摄者通过画面语言中的这类词汇来有意造成的，因而说这类词汇具有议论的功能。

（四）抒情

画面语言中的抒情，有的是用单词来进行，也有的是以句子来进行。

1. 具有抒情功能的词汇

具有抒情功能的词汇有远、摇、移、升、降、隐、转、虚、黑场、慢动作等。

之所以说这类词汇具有抒情功能，是因为它们不但能告诉观众现场上是一种什么情形，而且也营造出了一定的氛围和抒发出了作者的某种情感。如远景画面，由于让观众看到了一个广阔的空间，让观众感觉到了世界的宽广博大，就很容易意识到自己的渺小，从而也就抒发出了作者对世界之博大的赞叹之情。又如在许多影视作品中，当英雄人物英勇就义时，画面上常用转镜头来拍摄挺拔的青松。这既寓意着英雄的不屈精神像松柏树一样万古长青，同时也抒发出了作者对英雄的崇敬之情。再如黑场，是画面逐渐变暗，最后完全黑了下来，片刻之后重又亮起，而在重新亮起来之后，画面上的内容也变换了。比如说黑场之前可能说的是某个人物小时候的事，但到重新亮起来之后，画面上出现的该人物，就常是已经长大成人了，这种黑场，不仅是起到了压缩时空的作用，同时也抒发出了作者"光阴易逝"或"人生苦短"之类的感叹之情。

2. 具有抒情功能的句式

具有抒情功能的句式，目前所发现的只有环绕句式一种。

之所以说环绕句式具有抒情功能，是因为有的环绕句在对事物的表现上，通过将画面由远及近而后又由近渐远，缓缓推近又徐徐拉开，不但营造出一种悠扬绵长的意境，同时也抒发出由衷的赞美之情。

五、画面语言的"段落"与"篇章"

前面已经说过，画面语言也和我们日常生活中说话所用的口头语言、写文章所用的书面语言一样，也有词汇和语句。其实，画面语言不但有词汇和语句，而且也有"段落"和"篇章"。

所谓"段落"，就是完整地表现了某一个细节的一段持续的镜头，因为这种完整地表现了某一个细节的一段持续的镜头就像书面文章中完整地说完了某一个方面的意思的文字片段一样，它与前后部分所说的内容都不一样，因而说它是属于一个内容相对独立的"段落"了。例如某人来到大树脚下，往手心吐了一口口水，搓了搓手，抬头看树，伸出双手，身体稍微下蹲后忽然猛地一跃，双手已经抱住了树干，双腿收起夹住树干，双手松开伸向高处抱紧树干，双腿松开往上收起再次夹住树干，双手松开伸向树干上的枝杈把枝杈上方的树干抱紧，双腿松开往上收起再次夹住树干，双手松开伸向更高处的树干，双腿松开往上收起后一条腿跨过了枝杈，屁股坐到了枝杈上。这么一连串的镜头表现的就是"故事"中的一个"细节"，这一个细节的完整过程的持续画面，就是画面语言的一个"段落"。

所谓"篇章"，就是由若干个"段落"来构成的一个"情节"，例如上面所说的某人爬到了大树的枝杈上坐下来后，假如他接着摘树上的果子来吃，然后有人提着个篮子走来向他打招呼，再然后是他摘果子扔给树下的人，树下的人把果子装到篮子里，篮子装满后那人走了，于是这位某人也从树上滑了下来走了。这里，摘果子吃，有人走来，摘果子给来人，来人把果子装进篮里，来人提着装满篮子的果子走了。这位"某人"也从树上滑了下来走了，这就是一个"段落"；而从该人在屏幕上出现（即来到树下）到"从树上滑了下来走了"这么一个过程就是一个与它前后的内容都大不相同的"情节"，像这样一种与它前后的内容都大不相同的"情节"，就是电视语言的一个"篇章"。

就像一篇是由若干个"情节"来构成一样，一个电视节目，就是由若干个"情节"或若干个"篇章"所构成。其中，短小的节目由若干个"情节"来构成；而播出时长较长的节目，则是由若干个"篇章"所构成。

六、画面语言的语体

画面语言的语体，有叙事体和非叙事体两种类型。

（一）叙事体

叙事体语体，就是能用来讲"故事"的语体，这种语体的特点是即使不配解说，单靠画面也能让观众看得懂作者说的什么。例如前面所列举的某人爬到树上摘果子的片段，就不需要解说，观众也都能看得懂说的是什么内容。

（二）非叙事体

非叙事体语体，指的是用于"说明"、"解释"、"展示"或"陪伴"等语体，例如摇过远处的山峰、河流、村庄的摇镜头，就是起到"说明"的作用，即说明在那高高的大山脚下有一条河流，在河边的岸上，有一个村庄；又如从全景到近景到最后推出一个人物的特写来，让观众看清了该人的脸上有一个疤，这样的推镜头，就是起到"解释"的作用，即向观众解释该人的脸上有一个疤和那疤有多大；一个围绕着一台机器移动拍摄的移镜头，就是起到"展示"的作用，即向观众展示出该机器的正面、侧面、背面各是怎样的；而在一些需要播讲较多内容的会议报道中，经常可以看到这样一种情形，就是镜头摇过主席台上的领导人后又摇向代表席，然后又摇回主席台，或者是渐渐推出在主席台上讲话的领导人的近景，然后又把镜头拉开，让这些画面反反复复出现，这样一种镜头，就是起到"说明"的作用，即为了"陪伴"播音员的解说而用来消磨时间的。

画面语言中的这样一些语体，就是非叙事体语体。

七、画面语言的节奏

画面语言虽然不是音乐，但它也和音乐一样具有"节奏"。音乐中的节奏，是通过对某些乐汇或乐汇形式或乐句的重复使用来实现的，电视语言中的画面语言的节奏，同样也是通过对某些语句的构成形式的重复使用来实现的。例如在一个节目中，要是其中的每一个镜头的长度都相同，这就是镜头在长度上的重复，这样的重复，所体现出的"节奏"就是规整的；要是按一定的变化规律来重复，例如要是第一个镜头的长度为3秒，第二个镜头的长度也是3秒，第三个镜头的长度为5秒，第四个镜头的长度为4秒，第五个镜头的长度为3秒，第六个镜头的长度又是3秒，第七个镜头的长度也是3秒，第八个镜头的长度为5秒，第九个镜头的长度为4秒，第十个镜头的长度又是3秒……这样，连起来的画面的时长的变化规律就是"3→3→5→4→3"，"3→3→5→4→3"……这样，画面语句的节奏就能体现出来了。

画面语言的节奏，还可以是连在一起的镜头的长度由按照一定的时间数值来递增或递减来体现，例如要是有个片段中的第一个镜头长度为13秒，第二个镜头长度为10秒，第三个镜头长度为7秒，第四个镜头长度为4秒，第五个镜头长度为1秒……这样，每个镜头的长度都比前面镜头的长度短少，并且短少的数值也都相同，这样，后面的镜头长度总是有规律地递减，也能体现出一种节奏来；同样，要是有个片段中的第一个镜头长度为1秒，第二个镜头长度为3秒，第三个镜头长度为5秒，第四个镜头长度为7秒……后面的镜头长度总是有规律地来递增，也能使该片段的画面体现出一种节奏来。

规整的节奏给人的感受是严肃、庄重，但也会让人觉得有点单调；呈规律性变化的节奏给人的感受是愉悦、优美；递减的节奏给人的感受是气氛越来越紧张、必须集中精力来对待和让人有紧迫和被逼迫之感；而递增的节奏给人的感受则是松懈，不用关注而可以放松了。

第二节 画面语言的修辞体系

画面语言的修辞，目前已发现的有借代、夸张、比喻、婉曲、层递、反复、对偶、排比、顶真等近十种，其中有的是以句子来实现，有的也可以只用词汇便可实现。

一、由句子来实现的修辞

由句子来实现的修辞大致有比喻、婉曲、层递、反复、对偶、排比、顶真等几种。

在这些由句子来实现的修辞中，比喻、婉曲、层递都是由蒙太奇句式来实现的。如在一些表现夫妻恩爱的画面后，紧接着的是一对鸳鸯在水中嬉戏或一对飞鸟在空中比翼齐飞。这样的句子的用意，很明显，就是比喻该夫妇的爱情像鸳鸯和像比翼齐飞的飞鸟一样情深意笃。又如在一部电视剧中，主人翁既很能干又活泼开朗，在一次同事聚会中，有人说他从不发愁，是不是因为家境好从小就无忧无虑的，他听后不置可否，倒了一杯水边喝边向窗口走去，窗外的天上，一只小鸟正在凄风苦雨中艰难地飞行，不时发出一两声哀号……这只孤鸟，就是委婉（即婉曲）地向观众暗示了主人翁并没有什么欢乐的童年而从小就是一名孤儿。

在电影《难忘的战斗》中有这么一个镜头：当群众消除了对解放军的误会之后，陆陆续续有人给解放军送来粮食，接连出现了好几个群众把粮食倒到粮囤里的画面之后，往囤里倒着的大米却变成了瀑布，瀑布拉开，已是一条奔腾不息的滔滔江河了，这一蒙太奇句子，既是比喻，也是一种层递，一种由"星星之火"到"可以燎原"的层递。

反复、对偶、排比、顶真等修辞，都是用环绕句式来实现的，环绕句式由于是对已表达过了的内容的重复或一再重复，因而也就显而易见可以构成反复、对偶或排比的修辞句式。而顶真指的是后一个句子的开头与前一个句子的结尾相同，即后一个句子用相同的词语去顶住前一个句子的结尾，像这样的结构形式，在画面语言的环绕句式中，许多句子就是这种句式。

二、只由词汇便可实现的修辞

只由词汇便可实现的修辞大致有借代、夸张等。

前面所说的在一些警匪片中，有一种跟镜头：画面上只出现坏人在作案中投到地面上的影子，画面跟随着该影子很久，但就是不直接交代该人是谁，只有到了片末水落石出时才让观众看到该人的真面目，这样一种跟画面，从词的属性来说是属于代词，即用影子来代替人物本身；而从修辞的角度来看，这种跟镜头的词汇，就是一种具有"借代"修辞作用的词汇——借影子来代替人物本身。

能起到夸张这种修辞作用的词汇，大致有快慢镜头和广角、长焦镜头和俯、仰、转、晃、虚等。

因为快慢镜头在对事物运动的表现，都比实际情形要快得多或慢得多，其在叙述该事物的运动怎样快或怎样慢时都明显地是"言"过其实的，因而说这种词汇具有"夸张"的修辞作用；而广角和长焦镜头在表现事物时，由于也改变了现场上事物本身实际的透视关系，让观众看到的情景并不是实实在在的情景，而是按照某种表现的需要来对事物间的透视关系作了夸大或缩小（即反向的夸张），因而说这种词汇也是具有"夸张"的修辞作用的。

至于俯、仰、转、晃、虚等词汇所能起到的夸张修辞作用，由于也是显而易见的，故在此就不再赘述。

第三节　画面语言的局限性及画面语言在应用上的原则要求

学习电视语言的目的，是为了能够正确运用它来为开展好电视新闻工作服务。在前面两节中，我们已经了解到了画面语言的语法和修辞方面的基本知识，但仅仅是掌握了它的语法和修辞知识是不够的，要想驾驭好这种语言来做好电视新闻工作，还应了解这种语言本身所存在着的一些局限性及如何正确使用好这一语言的一些最基本的原则要求。

一、画面语言在表情达意上所存在的局限性

画面语言虽然能够再现丰富多彩的新闻事件或事实现场情景，然而它在传播新闻方面也有一定的局限性。其局限性主要表现为：

（1）在新闻要素的交代上，常显得无能为力，如时间、地点、人名等在多数情况下无法交代清楚。

（2）对没拍到的画面事实，就无法把其经过的现场情景、气氛通过视觉作用向观众交代。

（3）对人物内心的心理活动状态较难揭示，它除了对人物流露出的喜怒哀乐可通过特写镜头表现之外，对那些不形于色、毫无表露的心理活动，往往无法通过画面直观地表现出来。

（4）对即将发生或将有可能发生而又尚未发生的事件或事实，没有办法进行交代。

（5）对于一些抽象的概念和理论也无法表达。

由于画面语言存在着上述诸多局限，因而在对新闻和信息的传播中，它往往还得依赖声响语言、字幕语言、光照语言等其他语言形式来帮助和配合。

二、画面语言在应用上的原则要求

画面语言在应用上的原则要求，就是要准确、规范地运用，而不能漫无目的地胡乱使用。

在日常生活中，如果谁在说话时用词不准，其所要表达的意思就不易为人所准确理解，其内心的真实情感更不易引起人们的共鸣。如果谁在说话时老是重复一句内容相同的话，人们就会说其讲话啰唆；如果谁在说话时总是没完没了地重复着相同的内容，人们就

会厌烦其太唠叨。在电视的画面语言的使用上也是一样，在使用画面语言的各种词汇时，同样也要讲求准确贴切，这样才能把所要叙述的情况叙述得清楚和才能把所要表达的思想情感准确地表达出来，让人一看就明白而不至于造成误解、曲解。

在一些基层电视台办的节目中，我们常可看到有些节目在画面语言的运用上显得很随意的现象，如表现英雄模范人物，有的也用俯拍镜头，表现坏人坏事，也有用仰拍的镜头的，这样一种节目，由于在内容的表达上词不达意，其宣传效果势必大打折扣。

在许多台的新闻节目中，我们经常可以看到有这样一种会议报道：由于要等播音员把领导的讲话内容播报完，而现场上又没有很多可表现的画面，因而整个节目就老是将画面从主席台的左边摇到右边，再从右边往左边摇，要不就是将主席台由全景推向近景和特写，再由特写拉出近景和全景，整个节目从头到尾总是这么反反复复地摇来摇去和推推拉拉直到播音员把领导的讲话内容播报完才结束。这种由"扫地式"或"打气式"的画面所组成的画面语句，也和一个人找不到话说了就老是重复那么一两句话一样，"唠唠叨叨"，是很容易引起受众的厌烦的。

据此，在电视画面语言的应用上，绝不能因为觉得某些技巧好玩或因为需要把过多的时间消磨掉而不管内容来随便乱用词汇，更不能撇开所要表达的意思而随便乱用句子。这也和口头语言、书面语言的使用一样，若是不看场合和不按规范来随便乱说或乱写一通，就很容易造成词不达意、语无伦次或言语啰唆。

本章复习与思考

1. 什么样的镜头可实现对人物的美化和丑化？
2. 转镜头和摇镜头有什么不同？
3. 在画面语言中，哪些词汇适于叙述、哪些词汇用于描写、哪些词汇可用来进行议论和抒情？
4. 在画面语言中，哪些句式适于叙述、哪些句式用于描写、哪些句式可用来进行议论和抒情？
5. 画面语言的修辞，目前已发现的有哪几种，其中哪些修辞只能是由句子来实现，哪些修辞只用词汇便可实现？
6. 试述什么是画面语言的"段落"、"篇章"和"节奏"。
7. 画面语言存在着哪些局限性？
8. 画面语言的应用，有些什么原则要求？为什么会有这样的原则要求？

第六章　电视语言中的声响、

光照和字幕语言

第一节　电视语言中的声响语言

声响语言是电视语言中地位仅次于画面语言的一个重要语种，它可以直接用于表明作者对画面所表现的事物、事件的态度、观点或思想倾向及直接用于抒发作者的情感。在上一节中所述的画面语言所存在的各种局限，几乎都可通过声响语言来帮助弥补。

声响语言按声源来分，有人声和物声两大类：

（1）人声。除包括画中人物的叙说、对话、歌唱、喊叫和哭笑、呻吟及人物动作所发出的实有声响外，还包含人物的内心独白、画外旁白及播音员的解说等事件现场客观上并不存在的表意声和释义声。

人声中无论是实有声响或表意声和释义声，都能够突破画面幅度的限制、超越画面形象所能包含的信息范围，将单靠画面无法表达或无法完整、确切表达的许多内容诉诸观众。此外，人声中的表意声和释义声还具有交代新闻要素、补充背景材料、突出细节力度、深化主题内涵、调动观众联想、协调场面过渡和重现过去事件、再现历史事实等功能。

人声中释义用的解说词，由于具有对事件或事实能作准确的叙述和在表述上可做到简洁凝练，并且由于其在对内容的表达上很讲求口语化而使观众易于接受和感到亲切，因而在篇幅以简短为特征的电视新闻中用得十分广泛，但解说词也明显地在对内容的表达上有欠完整，只能让观众悟出大致情况而无法感受出确切情状的缺陷，因而不能单独使用而须与其他电视语言配合运用。

（2）物声。指的是拍摄时在拍摄现场同步采录到的现场上实有的自然音响，如涛声、风雨声、雷声、机器声、锣鼓声、爆炸声及在制作中为实现创作上的意境体现之需而人为地加入的其他各种移植或人造音响。

物声的配合除可使画面显得更加生动自然逼真，让人获得有如身临其境之感外，还可营造和渲染气氛来突出意境，增强画面的感染力，让观众能更好地感知或意会出画面内容所要叙说的事物是什么或会怎样。如画面上出现喜庆场面时，若伴之以节奏明快欢乐和谐的音响，便能给人以喜气洋洋、赏心悦目之感；若伴之而出现的是一片杂乱无章、令人心烦意乱的音响，观众在潜意识中便会感知到这个喜庆场面纯属一场无聊的闹剧。

而按声音的属性来分，声响语言则可分为同期声、创作声、效果声和意境声4种类型。而无论是人声或物声，又都有分属这4种类型的情形：

（1）同期声。指的是在拍摄现场同步采录到的画中人物讲话、歌唱、喊叫、哭笑、呻吟或人物动作所发出的各种声响及画面现场上客观存在的各种自然物声。

（2）创作声。指的是为体现或突出情境及为强化现场效果，但并非来源于新闻现场而是通过模拟创作或从别的场合移植而来，人为地填充到画面中去的各种声响。其中包括人物旁白或内心独白、记者叙说或播音员解说、现场音效模拟声以及渲染气氛用的夸张或抽象音响等。

（3）效果声。指的是在新闻现场上即时发生着或当时确实产生过的各种声响。它既可以是在现场即时录制到的现场同期声，也可以是事后通过人工模拟或从别的场合移植而来的创作声。

（4）意境声。意境声也叫意境表达声，它指的是除了效果声之外的那些用于渲染气氛、抒发感情、体现意境而人为加入的各种音响。

在声响语言的运用当中，根据节目内容和思想主题表达的需要，人声与物声，同期声与创作声、效果声与意境声既可单独使用，也可相互结合，交错混合来使用。

第二节 电视语言中的光照语言

对于光照，评价标准大致有光强、光色、光位等诸要素。光线的明暗、光色的不同和色温的冷暖及其光位的高低和光照投向角度上的差别，所传递给人的信息也各不相同。

大自然中的各种物体，一般具有各自的色彩。而物体的色彩又可分为固有色和非固有色两大类。颜色不因时空的变化而变化的物体，其在白光照射下所表现出来的颜色就叫该物体的固有色。如木炭，无论在什么时候和什么环境中，只要不将其燃烧，其在白光照射下所呈现的颜色都是黑的，这黑色就是它的固有色。而有的物体，随着时空的变化而变化，如某些水果未成熟时是绿色的，到成熟后却会变黄或变红，这绿和黄或红就都不属于它的固有色而是非固有色。

我们日常所用的各种器具虽然有的颜色也不会变，但其颜色实际上是人为给它加上去的而并非它本身就有，因而这些物体上的颜色并不是它的固有色。

各种物体所呈现的各种不同色彩，无论是固有色或非固有色，它们各自所呈现出来的各种本来色彩，又是可以受外界的影响而改变的。例如，白色的墙壁被红光照射会呈现出红色，被绿光照射会呈现出绿色。

之所以各种物体的固有色或非固有色的本来色彩，都会随着照射其的光线的色彩的不同而受到改变，那是因为色光的光色构成成分有所偏颇。

在各色色光中，唯有白光的光色构成成分最为齐全，1666 年，著名科学家牛顿通过三棱镜来对光线进行分解的实验早已证实，我们日常所见到的白光其实并非白色，而是由红、橙、黄、绿、青、蓝、紫等多种色彩混合而成。光线照射到物体上，其中有一部分被物体吸收而转化为其他能量（如转为热能），另有一部分被反射回来，这就使物体表现出某种色彩的特征来。例如树叶，当一束白光向它照射时，光束中的许多色素均被叶子所吸收、唯有绿色被反射到空间来，因而人们便感觉到它是绿色的。

色彩本身其实并无温度冷暖之别，但由于经验的积累沉淀，在人们的潜意识中，色彩却也是有温度冷暖之分的，各种颜色所给人的冷暖感觉的不同就叫做色的温度（简称色温）。

色温的高低用色值来区分，色值是标志白光的概念，也即利用绝对黑体辐射光的色度与温度的关系来标志白光色度的一种方法。色值的计量单位用"°K"来表示，其中，0 度相当于气温的−237℃。

在光强方面，色温越高，光线越暗；色温越低，光线越亮。在色彩方面，色温越高，光线的色彩就越呈蓝色；色温越低光线越呈红色。

光照语言在电视中的应用，一般是从色彩和光源角度、光线的强弱等方面来体现意境和作者的感情色彩。

由于光线的明暗和色彩的差别及其光源投向角度的不同能够传递给人以不同的信息，因而电视屏幕上画面中的光照亮度强弱及冷暖色调，也是电视的语言之一，它能告诉观众也即能让观众从中意会得到画面及声音之外的诸方面的情境。如画面上光照明亮，可让观众感受到表现的是白天；光照暗淡，可让观众感知是黑夜。不同的光照色彩，能让观众感知到是在阳光下、火光旁或灯光下；不同的暗淡光线，可让观众感知出是夜间或坠道里、矿井下、山洞中等场合。光照色彩的不同，甚至还可表现出不同的季节或一天中的早晨、中午和傍晚乃至气候的冷暖来。

在对人物的表现上，不同角度与亮度的光照的恰当运用，可以表现出人的肌肤的质感乃至润泽程度；给人物打上不同色调的光照，还能表达出人物的肤色、健康状况或情绪来。

在对物体的表现上，不同角度与亮度的光照的恰当运用，可以表现出物体的层面乃至其质地的软硬来。

电视屏幕上画面中的光照亮度强弱及冷暖色调，有时还能让观众从中感受得到画面语言及声响语言并未表达出来或并未能够充分表达得好的某些方面的情感。如：

在光强方面，明亮的光照能给人以开朗、愉悦的感觉；而阴暗的光照则会给人以压抑的感觉。

在光色方面，本来色彩本身是不存在什么客观意义的，但由于经验的积累沉淀，在人们的潜意识中，总觉得每一种色彩都有着其独特的象征寓意。人们一般以为：红色代表热烈、喜庆；蓝色代表深远、安静和幽深；绿色则充满生机，代表健康和平和；白色代表清洁、宁静或单调；黑色代表严肃、神秘，能给人以恐惧感；紫色则代表着愉悦和鲜艳……因此，不同色彩的光照，所表达的感情色彩也各不相同。

由于光照语言有着其自身的独特功用，因而在电视语言中，绝不能为别的语言所替代。在要对画面中的场面进行表现时，若能对光照的强弱、角度的选择和光源的分布、光照色彩进行精心调度，将能起到对环境气氛的渲染、对情节意境进行强调之功效，从而能更准确、更充分地将作者的感情倾向传达给观众。

关于各种不同光照的作用及其效果，因在后面的有关章节中会另作介绍，本节就暂不展开讨论。

第三节　电视语言中的字幕语言

在电视节目中，常有一些画面不好表达或无法表达，甚至就连解说也不能说明清楚的内容，如果改用字幕来进行表达，却能轻而易举地把所要表达的内容或意思准确地告诉观众。如片名、栏目名、人名、物名、地名、年代、日期、大串的数字等，借助字幕就能很容易地交代清楚；而有的时候，有些内容虽然通过解说也可以说清，但由于画面正伴随着音响或乐曲，假若加进解说，那就会使画面的气氛被冲淡，削弱声画配合的表现效果；但若要等到音响或乐曲结束后才作交代，情节发展的需要又不允许，遇此情形，就得改用字幕语言来作说明。

字幕语言用得最多的一般是在片头和片尾，用以介绍作者、编导、摄制、剪辑等创作者及摄制单位、摄制日期等，在片中则多用于叠出歌词、介绍人物姓名、身份、事件或故事发生的时间、地点及年代等情况，也有时用于翻译人物的语言内容等。

字幕语言的表意，主要是通过字幕文字的字体、字型、字号、字色、文字的修饰形式、文字的排列走向、所处屏幕的位置、在屏幕上出现的持续时间的长短及其出没的方式来体现。

而字幕文字的字体、字型、字号、字色、文字的修饰形式、文字的排列走向、所处屏幕的位置、在屏幕上出现的持续时间的长短及其出没的方式的选用，则应考虑要与节目的内容与格调相吻合。

一、字幕文字的字体

字幕文字字体的选用，以节目类型而言，一般来说，新闻节目、新闻专题节目、社教节目、法制宣传等严肃题材的节目的片头字幕，应选用黑体、宋体等比较严肃、庄重的字体；电视专题片、纪录片等文学色彩较浓的节目的片头字幕，可选用行书或书法家题写的草书；科普节目、电视艺术片等知识性、艺术性节目的片头字幕，可选用隶书、魏碑等比较端庄的字体；休闲、娱乐类轻松活泼或具有幽默感的节目的片头字幕，可选用舒体或各种美术字；而少年儿童节目的片头字幕，则以童体、拙体或彩云体、琥珀字为好。

无论什么题材类型的节目，片尾字幕一般可使用宋体字，而片中的字幕，若是歌词，宋体、仿宋、楷体、行书、隶书、魏碑均可，若属于介绍人物姓名、身份之类的字幕，可用宋体和仿宋；至于片中的其他各种字幕，则一般应选用宋体。当然，字体的选用，也可以根据作者的喜好而定，只要所选的字体能与节目的内容和格调相协调就行。

二、字幕文字的字型

字幕文字的字型，有标准型、长型和扁型之分，而在长型和扁型中，又有拉长与压扁的程度大小之别，一般来说，新闻节目、新闻专题节目、社教节目、法制宣传等严肃题材的节目的片头字幕应选用标准型字型，休闲、娱乐、少年儿童节目的字幕文字应当选用活泼一些的字型，其余各种类型的节目，无论是片头、片中或片尾字幕的字型的选用，都可随作者的喜好而定。

三、字幕文字的字号

其实，无论是过去线性编辑系统所用的字幕机还是现在所通用的非线性编辑系统里所附带的字幕功能，对于字幕的大小规格都是可以随意调节的，而并不存在字号这一概念，这里只是为了便于说明才借用这一概念而已。

电视节目各种字幕文字字号大小的选用并无什么统一的规范，只要觉得合适就行，但由于电视机的屏幕比电影的银幕要小得多，为使观众能够看得清楚，在字幕文字规格与屏幕尺寸的比例上，就不宜参照电影字幕那样的规格比例而应以能让观众看得清楚为准。

四、字幕文字的颜色

在字幕文字颜色的选用上，尽管也没有什么统一的规范要求，但也得考虑所选的颜色要能与节目的内容和格调相协调。一般来说，对于新闻节目、新闻专题节目、社教节目、法制宣传等严肃题材的节目，字幕文字的颜色就应选素一些，休闲、娱乐、少年儿童节目的字幕文字，可以选用鲜艳一些的颜色和用上更多一些的颜色，而其他节目的字幕文字颜色，则应以单一色彩和素一些的颜色为宜。

五、字幕文字的修饰形式

如今的电视节目编辑软件，具有对字幕文字进行勾边、反白、变形、立体化等各种各样的修饰的强大功能，但一个节目中的各种字幕文字，要不要进行修饰和怎样进行修饰，这需要结合节目的内容来考虑。一般来说，除了休闲、娱乐、少年儿童节目的字幕文字有时确有必要作些修饰之外，其余大多数节目的字幕文字不必作什么修饰而应以朴素为宜。

六、字幕文字的排列走向

字幕文字的排列走向，虽然也没有什么统一的规范要求，但按习惯而言，除电视专题片、纪录片等文学色彩较浓的节目和一些历史题材的节目的字幕文字可以竖排之外，其余大多数节目的字幕文字应横排，尤其是新闻节目、新闻专题节目、社教节目、法制宣传等严肃题材的节目的字幕文字，都应当横排。

七、字幕文字所处屏幕的位置

字幕文字所处屏幕的位置，一般应居中或左对齐，但电视专题片、纪录片等文学色彩较浓的节目的字幕文字，为了使字幕形式更富艺术，把它安排在屏幕的任何位置都行，只要觉得美观就好。但由于电视节目在播出时，往往要叠加上电视台的台标和报时数字，为了使字幕不与台标及时码相迭，因而在节目带上叠印字幕时，所叠字幕应尽量避开屏幕的四个角，这样才便于让观众能看到完整的字幕内容。

八、字幕文字在屏幕上出现的持续时间的长短

字幕文字在屏幕上出现的持续时间的长短，也没有什么统一的标准，但以行业的习惯而言，一般多是标题文字在屏幕上出现的持续时间为3秒，其余文字为1秒左右。

九、字幕文字在屏幕上出没的方式

字幕文字在屏幕上出没的方式，有直接显现、从屏幕深处往前推出、从左向右或从右向左扫换、从右向左游动、往画面上叠加、淡入淡出、往左右方向或往上滚动推出、翻飞出入、它物化为或化为它物等多种方式。方式的选择视片子的内容风格、情节的氛围等情况而定。一般来说，新闻节目、新闻专题节目、社教节目、法制宣传等严肃题材的节目，都应以直接显现为好，这样才显得严肃庄重；其余各类节目，尤其是那些文学性、艺术性较强的节目或休闲、娱乐、搞笑、幽默节目或少年儿童节目，则可多玩一些花样，把字幕的出没方式弄得活泼一些。

本章复习与思考

1. 人声中的实有声、表意声和释义声各指的是些什么样的声音？
2. 同期声、创作声、效果声和意境声各指的是些什么样的声音？
3. 光照语言的表述方式主要有哪几种？它们分别能表达出什么样的意境或能表达出作者什么样的感情色彩？
4. 什么叫做字幕语言中的"它物化为"和"化为它物"？

第七章　电视语言的运用

第一节　电视语言的表意特点

电视与电影有着许多的相似之处，电视语言与电影语言也基本相通，因而，电视语言的表意特点与电影语言的表意特点也基本一样。

一、画面语言的表意特点

画面语言在表意上的特点，可从语言的句式和所展现的内容两个层面上来看：

（一）从语言的句式来看

在前面的第五章中已经说过，目前较常见的画面语言句式主要有前进句式、后退句式、环绕句式、蒙太奇句式和长镜头句式5种，而这5种句式在表意上又各有特点：

1. 前进句式的表意特点

前进句式，也就是连续地推镜头。这种句式，不仅能让受众看清画面所展现的事物，而且能起到引起受众注意或使受众紧张等作用。例如一个表现人物的镜头如果是从全景推到该人的面部表情，继而推向该人的眼睛以让观众看到该人眼里的泪花，这就不仅要把该人的面部表情和眼里的泪花展现给观众，同时也起到了提醒观众注意其表情和注意其眼里含着泪花的作用。而如果是一个镜头从屋外推向屋里，然后又推向屋角里的一个箱子；则不仅能够起到提醒观众注意该箱子的作用，而且还能让人感到紧张，很想知道那箱子里到底装的是什么。

2. 后退句式的表意特点

后退句式，也就是连续地拉镜头。这种句式，不仅能让受众看到镜头所拉出的中景、全景和远景，而且还能起到让受众因觉得没什么要关注而放松注意力的作用。例如镜头在表现完了一个农民在田里干活的画面之后拉出了整个田野的全景，然后再拉出广袤的大地和遥远的山川，则观众就会意识到没什么需要特别关注的场面而会自然而然地把注意力放松了。

3. 环绕句式的表意特点

环绕句式，就是将连续的推镜头与连续的拉镜头或连续的拉镜头与连续的推镜头连在一起。这种句式，不仅能让受众既能看到所表现的事物的远景、全景、中景、近景和某个局部的细节，而且由于各种不同景别的画面的循环往复，还因能给人以抒情的意味而能让人感受出诗情画意生发出感慨。例如一些介绍某地山水风光的新闻使用这种句式，把镜头推向某个景点的某一景物后再慢慢拉开，拉开到一定程度后又再逐渐推近某个景物，然后再拉出中景、全景甚至远景来，这样的句式就很富诗情画意；而在一些介绍某位历史名人故居的节目中使用这种句式，先将镜头推向该名人故居的房屋庭院及屋中的陈设，该人用过的某一古旧物品，然后慢慢拉出中景、整个庭院全景，之后又再渐渐往前推近该古旧物品，这样循环往复，就很容易让人因物是人非而生发出光阴易逝和岁月变迁时光不再之感慨。

4. 蒙太奇句式的表意特点

蒙太奇句式多用于影视剧、电视专题片、电视艺术片中，由于它在画面的组接上常是通过将一些看似互不相干实则又有某种逻辑联系的画面接到一起，以表达某一意思，因而用这种句式来叙说情况，语言就显得简洁明了而又很富有艺术气息。例如：

镜头一：猪圈里的一头猪跳过关着的猪圈门口逃出猪圈。

镜头二：饲养员把猪赶进猪圈。

镜头三：一名饲养员在猪圈里用边骂边用棍子狠狠地抽打一头猪。

这里仅仅用了3个画面，就把一件事叙说清楚了：有一头不规矩的猪跳过关着的猪圈门口逃出猪圈，饲养员发现后把它赶回圈里；然后，为了教训一下这头不规矩的猪而用棍子狠狠地抽打它。画面语言这样来叙说，叙说的语言就显得很简洁。又如：

镜头一：一位大人拿出一个乒乓球给坐在摇篮里的小孩玩。

镜头二：小孩的妈妈将一个熟鸡蛋往桌面上敲了敲，再用手把蛋壳剥掉，然后掰出里面的蛋黄来给小孩吃。

镜头三：小孩接过乒乓球，将乒乓球往摇篮的支架上敲了敲。

这3个画面中的第一、第三个画面与第二个画面表面上看并没有什么联系，但把它们连接到一起，所叙说的就是大人把那个乒乓球拿给坐在摇篮里的小孩时，那小孩以为大人给他的是一个熟鸡蛋，于是便将乒乓球往摇篮的支架上敲了敲。蒙太奇句式在表意上所特有的这种叙事方式，也决定了画面语言在叙事表意上比起人们日常所用的口头语言和书面语言来要简洁和便利得多，只需几秒钟的工夫便能把一个比较复杂的前因后果说得一清二楚。

蒙太奇句式的特点除了是简洁明了之外，它的第二个特点是在表意上存在着多义性，即同样的画面，如果以不同的顺序来组接，所表达出的意思就不一样甚至相反。例如上面关于猪与饲养员的3个画面，假如以下面的顺序来组接，所表达的意思就大不一样：

镜头一：一名饲养员在猪圈里边骂边用棍子狠狠地抽打一头猪。
镜头二：猪圈里的一头猪跳过关着的猪圈门口逃出猪圈。
镜头三：饲养员把猪赶进猪圈。

这样来连接，所表达出来的意思就是：饲养员莫名其妙地向猪圈里的一头猪发火，不但乱骂它而且还用棍子狠狠地抽打它，这头猪不堪忍受，于是跳过关着的猪圈门口拼命逃出猪圈，饲养员只好去把它赶回圈里。这样，所表达出来的意思就和前面一种组接方式完全相反了。

此外，蒙太奇句式在表意上还具有含蓄性，如当把一些看似毫无关联而实际上彼此之间又有着某种逻辑上的关联的画面接到一起时，就能让观众感受到画面语言所要表达的某种意思来；但如果这样的画面寓意太深奥的话，观众就得很费心思才能悟出其中的含义；甚至含义太过深奥的蒙太奇句式，可能让观众怎么想都想不明白到底说的是啥意思。

5. 长镜头句式的表意特点

长镜头句式是以顺叙的方式来向观众"报告"情况的，它的表意特点是通俗易懂，因而它常用于面向全体社会公众的新闻节目中，这样就比较有利于让那些文化水平低、理解能力比较差的观众也能看得懂。

长镜头句式的画面又有固定机位的长镜头和运动机位的长镜头两种类型。

固定机位的长镜头在表意上的特点是从一个固定的角度来详尽地了解事态的发展变化，这样，不但能让观众通过持续的画面来感受出现场上的一个相对完整的过程，而且通过固定机位来拍摄到的长镜头，在反映事物上也显得比较客观而不带感情倾向。因而这种句式的画面语言不但较多用于新闻节目中，而且在电影或电视的纪录片中，也多采用这种句式来叙事；而运动机位所拍摄出的长镜头，就类似于让观众参与"互动"——跟随着现场上发展变化着的事态，什么情况最值得关注，眼睛就能看到什么情况；什么细节最有必要看清，视线就能对准什么细节。

（二）从句群或语段的过渡方式来看

在书面文章中，句群或段落之间的过渡，有的是通过过渡语来过渡，例如新华社曾播发过的一篇题为《不是母子，胜似母子》的通讯，文章中在叙说主人公韦庆东的情况时，先介绍了主人公小时候的情况，然后以"岁月匆匆，转眼间，韦庆东就到了成家的年龄"的过渡语来过渡，接着就顺理成章地交代主人公到了成家的年龄时的相亲、恋爱经历，这样文章的前后部分的衔接就显得很自然；也有的文章的句群或段落之间不作过渡而是说完一个内容后就直接写出下一个内容来，电视节目在这方面与书面文章也很相似，它也有"句群"（表现某个内容的一连串镜头）和"段落"（交代某一个情况的全部画面），在前后两个"句群"或"段落"之间，也有用"过渡语"——淡入淡出或幻化的方式来过渡，或什么"过渡语"都不用而是在上一个内容的画面结束后就将下一个内容的画面直接接上的过渡方式。

1. 以淡入淡出来实现不同内容之间的过渡的表意特点

以淡入淡出来实现不同内容之间的过渡方式，除了能给人以比较顺畅、更能接受的感受外，在表意上还能给人以更富艺术之感。因而这种过渡方式除了较多用于影视剧中的叙事性内容或带有抒情意味的叙事性内容的交代中外，在电视艺术片、专题片和在报道一些喜庆、祥和的内容的新闻节目中也常用到。

2. 以幻化来实现不同内容之间的过渡的表意特点

以幻化的方式来实现不同内容之间的过渡方式，就是通过它物化为或化为他物的方式来实现不同内容之间的过渡。例如有的是将字幕翻飞、变幻，然后化为某一物品或某个场景，有的是将某一物品或某个场景通过翻滚或变形，最后化为某些文字或化为别的物品或场景等，这种过渡方式的表意特点是能给人以妙趣横生或能让人感到愉悦、兴奋，因而这种过渡方式常被运用到表现欢乐、喜庆的内容或具有幽默感的节目中。

3. 以直接切换来实现不同内容之间的过渡

以直接切换来实现不同内容之间的过渡，在表意上能给人以严肃、庄重、干脆利索或威严、紧张之感，因而它常被用到不需要讲究艺术性的新闻节目尤其是时事政治类题材的新闻节目中。

（三）从对多线索内容的交代办法来看

有些情况比较复杂，包含有好几条线索的"故事"或情节内容，无论是人们日常生活中所常用的口头语言还是写作文章所用的书面语言，在对这种多线索内容的交代上，尽管在理论上也有"并列"的叙述方式，但实际上却都要先说完一条线索的情况后才能说另一条线索的情况，或者是先说了一条线索的一部分情况后才能说另一条线索的情况，而无法真正将好几条线索的情况同时"并列"起来对它们进行交代。但电视语言中的画面语言却有所不同，它的"分"镜头画面，就能在一定程度上将好几条不同线索的情况同时进行"并列"交代，这也是电视的画面语言在表意上所独有的特点。

二、声响语言的表意特点

（一）同期声的表意特点

在第六章中已经说过：同期声包括在拍摄现场同步采录到的画面中的人物的讲话、歌唱、喊叫、哭笑、呻吟或人物的动作所发出的各种声响及画面现场上客观存在的各种自然物声。这类声响的表意特点，就是真实客观，没有经过任何加工修饰，因而能给人以可信、亲切、自然之感。也正是因为只有同期声才最真实客观，凡是在新闻节目中所出现的反映事件发生和发展过程中的各种声响，都必须是同期声。

（二）创作声的表意特点

创作声由于是为了体现或突出情境及为了强化现场效果而通过模拟创作或从别的场合移植，人为地填充到画面中去的声响，因而尽管它不是来自事件发生和发展过程中的现场，但在表意上也还算真实且比事件发生和发展过程中在现场上采录到的声响还显得更为逼真、更具感染力。只是，由于它毕竟不是来自新闻现场，因而除了记者的叙说和播音员的解说之外，所有任何形式的创作声都不得用于新闻节目、新闻专题节目和电视纪录片而只能是用在电视艺术片和适当用在电视专题片上。

（三）效果声的表意特点

由于效果声所反映的是事件发生和发展过程中的现场上所存在着或所出现过的实有声响的实际声效，顾名思义，其在表意上给人的感受是十分真实、自然和可信的，但若属于事后通过人工模拟或从别的场合移植而来，即属于创作所得的效果声，也只能用在电视艺术片和适当用在电视专题片上而不得用于新闻节目、新闻专题节目和电视纪录片上。

（四）意境声的表意特点

由于意境声是用于渲染气氛、抒发感情、体现意境的声音，顾名思义，其在表意上给人的感受不但真实、自然或亲切，而且还由于它具有较强的感染力而有可能能激起受众的共鸣。但由于这种声响并非是事件发生和发展过程中现场上所存在着或所出现过的实有声响，而是人为地加入到节目中去的，属于创作所得的声响，因而它只能是用在电视艺术片、电视专题片上和适当用在电视纪录片中，而不得用于新闻节目和新闻专题节目。

三、光照语言的表意特点

光照语言是 4 种电视语言中最不被人们注意的语言，但作为电视工作者，对其的表意作用却不能忽视，而应像对待画面、声响和字幕语言一样，重视它的作用并正确运用好它来为做好节目服务。

光照语言，是通过光照的角度、强度和光色来表意的。

（一）光照的角度所体现出来的表意特点

光照的角度所体现出来的表意特点是：

对于人物而言，光线从正面照向人物，会使人物形象显得缺乏立体感或朝气而显得呆滞；光线从侧面投向人物，会使人物形象富有立体感和充满活力；光线如果是从人物的头顶上往下照射人物或从人物的脚下往上照射人物，就会因会在人物的脸上形成若干块阴影而使人的头颅形似骷髅而让人感到丑陋、恐怖；而光线如果是从人物的背后投向人物（即正对着观众投向处于光源与观众之间的人物）时，光线就会环绕着人物的轮廓勾勒出的一道亮丽的光环来而使人物显得英俊或秀美（如图 7-1）。

如果从人物的背后投向人物的光线的强度足够大并且拍摄者操作得当的话，还可使人

图 7-1　光线环绕着人物的轮廓勾勒出亮丽的光环①

物变成剪影（如图 7-2），使画面具有诗情画意之美。

图 7-2　人物形象拍成了剪影效果②

① 图片来源：http://tieba.baidu.com/p/2213798230，作者：阿木影像师。

② 图片来源：http://image.baidu.com/i? tn = baiduimage&ipn = r&ct = 201326592&cl = 2&lm = − 1&st = −1&fm = result&fr = &sf = 1&fmq = 1392784412687_ R&pv = &ic = 0&nc = 1&z = &se = 1&showtab = 0&fb = 0&width = &height = &face = 0&istype = 2&ie = utf −8&word = %E9%80%86%E5%85%89%E4%BA%BA%E7% 89%A9%E5%89%AA%E5%BD%B1。

此外，逆光拍摄穿过树林的明亮阳光或其他较之于周边的光线明亮的点光源时，如果把摄像机的光圈开大和其他操作得当的话，还可以拍出成串形似气球一样的眩光（也叫镜头光晕、光斑、泡泡形光斑等，如图7-3、图7-4）或光芒四射的十字形或米字形光斑或菱格纹眩光来（如图7-5）。如果是在带有抒情意味的画面中带上这种成串的气球一样的眩光效果来，会使画面显得很富诗情画意。①

而对于其他各种景物而言，光照的角度所体现出来的表意特点也基本一样，因而在此就不再展开。

（二）光照的强度和光色所体现出来的表意特点

关于光照的强度和光色所体现出来的表意特点，因在前面第六章第二节中已经说过，此处不再重复。

四、字幕语言的表意特点

在前面第六章第三节中已经说过，字幕语言的表意，主要是通过字幕文字的字体、字型、字号、字色、文字的修饰形式、文字的排列走向、所处屏幕的位置、在屏幕上出现的持续时间的长短及其出没的方式来体现。什么样的字体、字型、字号、字色、修饰形式、排列走向、所处位置和出没方式严肃庄重或活泼，因在前面第六章的第三节中也已经说过，此处不再重复。

图 7-3　成串的形似气球一样的眩光②

---

① 由于电视台使用的摄像机主要是用来报道新闻的，而新闻节目一般不需要抒情，因而许多摄像机本身的镜头，生产厂家在生产时都作了防眩光处理，要拍摄出带有眩光的美丽效果来难度很大，需要有很丰富的经验积累才能拍到和拍好。

② 图片来源：http：//image. baidu. com/i？ct = 201326592&cl = 2&lm = - 1&nc = 1&ipn = r&tn = baiduimage&fr = &pv = &word = %BE%B5%CD%B7%B9%E2%D4%CE&istype = 2&z = 0&fm = rs4。

图 7-4　成串的形似气球一样的眩光①

图 7-5　米字形眩光②

第二节　电视语言应用上的单一语言和复合语言

电视语言从语言的运用方式上来分，有单一语言和复合语言两种用语方式。

---

①　图片来源：http：//image. baidu. com/i? ct = 201326592&cl = 2&lm = − 1&nc = 1&ipn = r&tn = baiduimage&fr = &pv = &word = %BE%B5%CD%B7%B9%E2%D4%CE&istype = 2&z = 0&fm = rs4。

②　图片来源：http：//image. baidu. com/i? ct = 201326592&cl = 2&lm = − 1&nc = 1&ipn = r&tn = baiduimage&fr = &pv = &word = %BE%B5%CD%B7%B9%E2%D4%CE&istype = 2&z = 0&fm = rs4。

一、单一语言的用语方式

所谓单一语言的用语方式，指的是在叙述某一内容或表达某个意思时，只采用声、光、画、字诸种语言中的一种来叙述或表达。在实际运用中，这种只使用单一语言来叙述内容或表达意思的用语方式是极为少见的，甚至有的语种想要单独使用，也不可能运用得了，在绝大多数情况下，是同时将好几种语种结合起来，让它们共同来实现对某一内容的叙述或对某个意思的表达的。

二、复合语言的用语方式

所谓复合语言的用语方式，就是"同时将好几种语种结合起来让它们共同来实现对某一内容的叙述或对某个意思的表达"的用语方式。

电视媒介在叙事表意中，一般是以声、光、画、字多个语种复合在一起的形式来进行的，这种将多语种复合来共同实现叙事表意目的的用语方式，也就是电视媒介区别于广播、画刊、报纸、灯箱广告、电子显示屏、宣传画等传播媒介的特性和特有的优势（目前具此优势的只有它和电影、互联网等少数几种传播媒介）。

在对声光画字诸种语言的复合应用中，多是以各种不同光照强度的画面语言为主而声响和字幕语言为辅，如各种新闻、文艺、体育、综艺节目等；但有时也可以是声响语言与画面、字幕语言并重，如演唱会实况、科技成果演示等；甚至有时还可以是声响语言为主而画面及字幕语言为辅，如有关人士作电视讲话，播音员播送口播新闻，有关专家举行电视讲座等。尽管各种情况都有出现，但在绝大多数情况下，不宜让声响语言作为电视语言的主角，因为所谓电视，就是要给人看的，因而当是以视为主，视重于听。

在以复合语言的方式来进行的叙事表意中，如能将各种语言搭配得当，其作用于受众的功效，就绝不仅是加法上的累加而是乘法式的增殖和增值。因为由多种语言相互配合、重合交叉、相互呼应、互为补充或彼此映衬来对受众进行立体化的意识渗透，使观众在接受电视所传播的信息时，在视觉与听觉上同时受到分别来自眼睛及耳朵的信息的"两面夹攻"，大脑中的感知系统受着较强的刺激和冲击，因而对信息的接受效益也就较之其他新闻媒介更为显著，甚至还有可能收到因愉悦了观众而使观众忘却了疲劳、烦恼或因震撼了观众而能激起其产生强烈的心理共鸣之功效。

第三节　电视语言应用上的明晰语言和模糊语言

电视语言从表述的明晰程度来分，有明晰语言和模糊语言两种档次。

一、明晰语言

所谓明晰语言，就是能够很准确地表达地将所要表达的内容表述出来的语言，如有的画面语言，在表现一个单位的大门时，既能让观众看到看清该大门是个什么样的形状，又能让观众从挂在门口旁边的招牌上看清它是什么单位的大门，而且通过站在门口的人或进出大门的行人、车辆，还能让人大致估计得出该大门的高度与宽度，这样的画面语言，就是比较明晰的语言；而如果是某人正好扛着一根刻度清晰的标尺出门并且出了大门便将标尺靠在大门上或顺便量一量大门的高度和宽度，这样的画面语言，能让观众从中也看到该大门高度和宽度的具体数据，这样的画面语言，就是很明晰的画面语言。此外，一些直接把相关的情况交代清楚的声响语言和字幕语言，也属于明晰语言。

二、模糊语言

电视在信息传播中对事物、事件的反映，通常都无法做到像统计图表中的数字、符号那样精确无误，也不可能像调查报告那样能够把整个事件的起止经过及其背景和后果都全面详尽地叙述清楚，画面语言虽然能展示出实物的形状，但能让观众看到的终归也还是画面而并非实物，观众毕竟无法对其进行掂量或触摸，因而从广义上来说，所有的电视语言均属模糊语言。但从狭义上来说，由于通常所见到的电视语言所展现的多是活生生的画面和伴之以实实在在的现场音响或明明白白的解说，因而凡是这种能把情况基本说得清楚的画面、声响和字幕语言，也可以说是明晰的语言。

按理说，电视语言的叙事表意，当是越明晰就越好；但在实际运用中，有时为了报道主题、宣传分寸、创作立意等方面的需要或受某些因素（如政治因素、技术因素、保密规定、宣传时机、现有素材、节目情节进展等）的制约，也常将一些本来可以表达清楚的内容有意地进行模糊处理，即用模糊语言来将本可以说清的事故意说得不清。

电视语言中的模糊语言不像画面语言、声响语言和字幕语言那样可以独立存在，模糊语言的表现，需要借助画面语言、声响语言或字幕语言来实现。即只有通过对画面、声响或字幕内容的模糊处理，才能将作者的创作意图体现出来。

对电视语言进行模糊处理，并不是要将画面、声响或字幕弄得一塌糊涂，而是通过对画面、声响或字幕的艺术处理，让观众在无法看到听到或虽能看到但却看不清、虽能听到但却听不明的情况下也能感知出其实际内涵来。

（一）画面模糊语言

1. 画面模糊语言的种类

画面语言中的模糊语言分为被动模糊型和主动模糊型两种类型：

（1）被动模糊型。在开展新闻报道中，有时事件发生了好长时间或事件已经结束了之后记者才能赶到现场，已经无法拍摄得到现场上事件发生和发展经过的画面和同期声，而另行组织拍摄又不可能且也有违真实，在这种情况下，就得采用模糊语言来对情况进行交代；有的时候，虽然事件尚未发生前记者就已提前等在了现场，但由于设备条件或设备临时出了故障等原因，无法记下理想的现场实况（如拍摄得不完整、焦点不对、画面抖晃或构图不合理等），遇上这种情况，在节目制作时，也只好改用模糊语言来表现。

（2）主动模糊型。有些内容，本来是可以明确无误地通过电视语言来向观众交代清楚的，但如属如下情况，就得故意对其进行模糊处理，即：在使用模糊语言来表达反而比使用明晰语言来表达效果更加理想或更为符合道德规范的情况下；在需要对某些情况进行保密的情况下（如涉及政治、经济、军事、科技或个人隐私等）；在为了维护新闻真实性的某些特定情况下（如数字、程度、时间或期限、发展趋势等把握不准的情况和对尚未出现的事物、事件所进行的预测性报道等方面）；在需要留有余地的情况下（如对被批评对象的名字、形象及其言行或对被批评单位的名称、确切地址和现场上的汽车牌号等）；在虽能明晰表达但为了作品的简洁精练之需的情况下（如大串的数字、大批的名单、冗长的过程）等，对于这类情况的表述，就应主动将本来能够表达得清楚的内容进行虚化处理，改用模糊语言来表达。

此外，有时为了激发观众的探究兴趣或为了调动观众参与思索或思考，为了制造悬念或为了艺术地表现好某一事物，也可将本来能够用明析的语言交代的情况改用模糊的语言来交代。

2. 对画面语言进行模糊处理的方法

要对画面语言进行模糊处理，常用的办法主要有：

（1）快进或抖晃。所谓快进的办法，就是在不想让观众看清画面上的某个对象或细节时，故意以"快动作"的方式来使节目节奏加快而使观众无法将该对象或细节看清；而抖晃则是在不想让观众看清画面上的某个对象或细节时，故意让画面在该瞬间突然抖动一下，这样就可使观众无法看清所要模糊的内容了。

（2）马赛克处理。所谓马赛克处理的办法，就是将画面上某些不想让观众看清的局部（如某个人物的脸部、眼睛等）以马赛克来遮挡起来而使观众无法将其看清。

（3）以他物遮挡。所谓以他物遮挡的办法，就是将某些不想让观众看清的人或事物故意用别的东西遮挡住而使观众无法将其看清，如当画面上出现某个中央领导人乘坐的小车时，为了不让观众知道该车的车牌号码，在车子越来越近，观众即将能够看得清车牌上的字时，马上改换拍摄角度，借助现场上固有的或临时出现的别的车子或人物等来将车牌挡住，这样观众就无法将该车的车牌号码看清了。

（4）将对象隐藏。所谓将对象隐藏，就是将不想让观众看清的人或事物隐藏起来，既让观众能够意识到其的存在，但又始终不让该人或事物出现于画面上。如在一些故事片里，为了不让观众知道谁是坏人，以形成悬念，编导就常是只让观众看到该人走路时留在地上的影子而不让观众看见该人，使观众既意识到有这么一个人物存在，又猜不出该人到底是谁。

（二）声响模糊语言

声响模糊语言的使用场合与方法主要有：

1. 内容解说上的模糊

内容解说上的模糊，并非是要让播音员把解说播得含混不清，而是既要播得口齿伶俐、字正腔圆，让观众听清解说词的每一句话每一个字词但又不能从中完全弄清事实的全部细节或确切真相。这种模糊的使用范围是：有些事实的内容本来作者十分清楚，但由于保密、道德规范上或主题表达上的需要，或由于篇幅容量上的限制，有时不得不采用一些模糊语言来表达；有些事实的内容则由于作者已无法弄清或来不及去弄清，也不得不改用模糊语言来表达。如在介绍人物或什么情况时，改用"张某"、"李某"、"一位满脸皱纹的老人"、"一名不愿透露姓名的官员"、"一位家住附近的市民"、"一个寒风刺骨的早晨"、"一个风雪交加的夜晚"、"在一次执行任务中"、"手上拿着一包东西"、"把一叠钞票塞到她的手里"等模糊的指代来交代就是。

2. 音响运用上的模糊

即现场同期声、效果声、创作声的模糊,一般是出于主题表达、意境体现上的需要,有时故意要把某些本可如实体现其实际音效的音响,通过弱化、夸张或变形的方式,使其变得与实际应有音效相去甚远,甚至使之变得含混、朦胧乃至怪诞,以体现作者所要实现的意境或激发观众去探究与思索。

(三) 字幕模糊语言

字幕上的模糊语言与解说词的模糊一样,并非把字幕虚化让观众无法看清而是既要让观众看清每一个字,但却无法完全弄清其所包含的确切内容,如有时屏幕上介绍人物时打上"出租车司机"字样,观众虽可从中知道该人物的身份是司机,但却无从知道该司机的确切姓名和无从知道其是哪部车的司机;有时屏幕上出现某个村庄时打上"沿海地区××渔村"字样,观众虽可从中知道该村地处沿海,村里人以捕鱼为业,但却无从知道该村的村名,也无法知道其是属于哪个省哪个县哪个乡镇。

第四节 各种电视语言在节目上的应用要求

一个电视节目对一个新闻事件或事实的报道,是由包括画面、声响、光照和字幕在内的多种电视语言来共同实现的,在各种电视语言的应用上,都有一些要求应当把握好,这些要求分别是:

一、画面语言在节目中的应用

画面语言在节目中的应用,一是要保证让观众能够看清,二是简洁明了,三是同一个画面不能重复使用。

(一) 保证让观众能够看清

保证让观众能够看清,就是画面在屏幕上停留的持续时间不能太短,一般来说,一个固定的中景画面在屏幕上停留的持续时间应在3~4秒,特写画面可以短一些,而全景尤其是那些人多、场面复杂或人山人海的全景画面停留的持续时间,就应要长一些,这样观众才能看清说的是什么。

(二) 简洁

除了在电视专题片、纪录片、艺术片或电视剧中一些需要抒情的片段之外,画面语言的应用,还应在保证能让观众看得清的前提下讲求精练,即对于素材画面中一些冗长的画面,应把它删短;对于不具有什么信息或信息含量太少的画面,要把它"挖"走;而对于重复、啰唆的画面,要把它"剪掉"。

(三) 不重复使用

在节目中,除了属于"回忆"、"复述"或"再现"之类情节或者是属于"内容提要"部分的需要之外,无论是"叙事"还是"说明"、"解释"、"展示"或"陪伴",凡是已经用过了的画面都不宜再重复使用。

二、声响语言在节目中的应用

在前面的第六章中,已经说过了声响语言包括同期声、创作声、效果声和意境声四种类型。为了保证新闻的真实，在新闻节目、专题节目、连续报道、系列报道和组合报道等纪实性很强的节目中，用到的声响只有同期声和创作声，而效果声和意境声则只能用于电视专题片和艺术片及电视剧之中。

而在新闻节目、专题节目、连续报道、系列报道和组合报道等纪实性很强的节目中，可以使用的创作声也只有记者的叙说或播音主持人的播讲解说；而人物旁白或内心独白、现场音效模拟声以及渲染气氛用的夸张或抽象音响等，则只能用于电视专题片和艺术片及电视剧之中。

声响语言在节目中的应用，一是不与画面相重复，二是优先使用同期声，三是保证声响语句的完整，四是应交代声源，五是不用无用声或害意声。

（一）不与画面相重复

在节目中，有的内容画面语言已经交代了的，就不必再用声响语言来重复（同期声除外），例如要是画面上出现了一个单位的大门，挂在门口旁边的单位招牌就已经把这是个什么单位的问题交代清楚了，那么，就不必再用解说词来重复交代了；又如要是画面上出现了室内墙上挂着的日历，观众从日历上已能知道说的是哪年哪月哪日的事了，也就不必再用解说词来重复交代了。

（二）优先使用同期声

由于同期声是新闻现场的实有声响，能给人以更真实的感受，因而节目中声响语言的使用原则，应是优先使用同期声，只有在声响语言无能为力的情况下才可考虑采用播音员的解说来辅助。

（三）保证声响语句的完整

使用声响语言，应要保证声响语句的完整，如同期声中人物说话、歌唱，牛羊等牲畜或别的什么动物的叫声等，都应当要保证其语句的完整，如是人的说话或歌唱声，应等其把一个内容的话说完或把一个乐句唱完后才能剪开；要是牛羊等牲畜或别的什么动物的叫声，也应是等其某一叫声停止后才能停止。

（四）应交代声源

一般来说，在节目中出现人的说话、歌唱、哭笑、喊叫等人声时，就应出现说话、歌唱、哭笑、喊叫的人的画面；在出现牛羊等牲畜或别的什么动物的叫声时，也应出现发出该叫声的牲畜或别的什么动物的画面，这样把声源向观众交代清楚，观众才不至于感到莫名其妙。

（五）不用无用声或害意声

在画面所带的同期声中，也有的是无用声或害意声，例如在一个表现某人正在为做家务而忙碌着的画面中，忽然屋外传来了某人的吆喝声或手扶拖拉机开过的门外的响声，这样的声响就属于无用声；又如在一个文艺晚会演出的素材画面所带的同期声中，忽然有个妇女大声叫坐在远处的她的孩子别看了快回去睡觉，在采拍中录到的像这样的同期声，就很容易使人觉得是演出的节目不好看，因而这样的声响就属于害意声。对于同期声中的无用声或害意声，能避开不用其所在的画面时就尽量避开不用，要是实在避不开时，也可以采用去掉同期声的办法来避免其出现。

三、光照语言在节目中的应用

由于光照语言的作用不像画面语言和声响语言的作用那么明显，因而光照语言的应用常常被人所忽视。

其实，光照语言也能用于对时间、地点等新闻要素的交代，例如画面上的光照情况，可以向观众交代出所说的事是发生在白天还是晚上；画面场景中的光源是月光还是灯光，可以向观众交代出所说的事是发生在室内还是室外。

由于不同角度、不同强度和不同光色的光照能对所展现的事物予以美化或丑化，因而光照语言既能用于对所展现的事物的褒贬，也能用来体现节目的主题思想，因而光照语言的作用也是不能忽视的。

光照语言在节目中的应用，应按它所能起到的作用来使用，例如对于想要赞美、讴歌，或者想要烘托人物的美好心情时，应采用暖色调的光色，想要暴露、揭露，或者是想要烘托出人物的心情不好，感到烦闷时，应用冷色调的光色。

光强与光色，除了可通过选择恰当的时机来拍摄或通过对摄像机的调节来获得所想要的效果外，也可以通过非编系统的软件来调节而得。

四、字幕语言在节目中的应用

字幕语言在节目中的应用大致是用于节目的标题、栏目名；交代画面上的场景的地点及场景内容的发生时间，画面上的人物的姓名、身份，画面上人物说话的内容（当说话人说的是外语、方言或少数民族语言时），歌唱的歌词等。如果文稿中带有某些比较重要的数字，为使观众能理解得更清楚，也可以在播音员播报的同时再叠出阿拉伯数字的字幕来。

字幕的字体、字号、所作的修饰、出没方式、出现在屏幕上的位置等，不仅能体现出作者的美学修养，而且还能影响到节目的传播效果和节目思想主题的表达，因而在字幕语言的应用上，无论是对字体、字号、所作的修饰、出没方式和字幕出现在屏幕上的位置等，都要与节目内容和节目的思想主题相协调。关于字幕语言在节目中的应用的问题，因在前面的第六章第三节中已有比较详尽的介绍，因而这里就不再重复。

第五节 电视语言的应用艺术

电视语言的应用艺术，既包括画面语言的应用艺术，也包括声响语言、光照语言、字幕语言的应用艺术。但由于画面语言是电视语言中用得最多的语种，因而电视语言的应用艺术，主要也体现在对画面语言的艺术应用上或画面语言与声响语言或光照语言、字幕语言的结合应用的艺术上。

电视语言的应用艺术，较常见的应用手法主要有：

一、烘托映衬

有些内容的表达，画面就足以说明得清楚或基本能够说明得清楚，但若再加上恰当的电视语言来辅助，则更能起到突出环境、渲染气氛之效。如青年男女漫步于红花绿叶间谈情说爱，和煦的阳光、鲜艳的花朵及清新的小桥流水和水中的鸳鸯、曲径间的凉亭等，都会使场景的氛围显得更加和谐；若表现一个人清晨出门，伴之以满天彩霞和鸟语花香，会给人以心旷神怡之感；若此人是拖着病体蹒跚而行，身旁是落叶飘零和空中乌云密布甚至电闪雷鸣，则带给观众的便是凄凉神伤和沉闷压抑之气氛。

烘托映衬，不但可以用画面中的环境来进行，也可以用光照语言或声响语言来进行。例如屏幕上出现一个人在路上走的画面时，如果画面中的光色为暖色（红色、橙色、黄色）且明亮，就能烘托映衬出该人内心的喜悦或心情很好或该人是在去做什么值得高兴的事；若是画面中的光色为冷色（黑色、灰色、某种程度的蓝色等）且光线阴暗，就能烘托映衬出该人内心的压抑、苦闷、痛苦或该人是在去做什么自己并不情愿做的事。

二、含蓄暗示

现实生活中有些事，如用文字表达，读者会觉得很正常，但若出现在电视屏幕上就不雅观甚至让观众难以接受；而有些事，若出现在屏幕上虽然观众能够接受，但却可能会产生某种不良影响；此外还有些事，尽管出现在屏幕上也不会产生什么不良影响，但却会使画面显得冗长或缺乏艺术。所有这些，就都需要通过含蓄的手法来暗示了。

例如，在日常生活中人人都要吃喝拉撒，在电视屏幕上表现吃喝倒还不错，但若拉撒的场面也出现在屏幕上就令人反胃了，因而在屏幕上一般不表现这种有失文雅的场面。假若确有必要去叙述这一过程，也只是要让剧中人从厕所里边整理衣服边走出来，观众就会知道他刚刚做过什么。

又如，有的凶杀场面惨不忍睹，也没必要把那血淋淋的场面拿来刺激观众的感观，只要出现凶手举起屠刀，接下来是受害人尸体的远景或直接出现坟墓，或干脆连坟墓也不出现而代之以大地、苍天、江河、群山等，再配之以沉重的解说或如泣如诉的音乐等便可说明问题。

通过含蓄的手法来暗示，这是影视节目常用的一种艺术手法，例如有部片子为表现一对新婚夫妇在洞房花烛夜由陌生而互不信任到相亲相爱，画面上先是出现丈夫给泪流满面的妻子披上棉袄让其御寒，而妻子却把棉袄甩掉且越哭越伤心，丈夫关切地宽慰她，向她说了很多肺腑之言，但妻子却仍不理睬，夜深后丈夫说累了就在地上铺了席子躺下。由于天气太冷，他睡着后不由自主地缩成一团，妻子张望着缩成一团的丈夫几次后起了恻隐之心，回头便把被子抱来给他盖上。至此，画面场景由室内转到室外，雪夜中贴着大红"囍"字的窗子里透出微弱的灯光，接着，画面越推越近，最后由窗棂上的大红"囍"字占据了整个画面。无需解说，更用不着表现室内这对夫妇后来怎样，观众便可意会到了他们今后的恩爱。

三、压缩时空

在实际生活中，很多事件或事情的经过过程都很长，电视节目在交代这样的事时不可能也没必要把全过程都完整地展现出来，例如一朵鲜花从绽开蓓蕾到完全盛开，需要好几天甚至十几天的时间，若把这个全过程从头至尾都展现出来，肯定没有任何一个观众有耐心去看；一个人从本单位到别的单位去办件什么事，出门、坐车、到达、上楼、进门、坐下、说明来意到办完事情，期间也得花上数十分钟甚至更长一些的时间，若把这个过程都一点不漏地展现在屏幕上，观众肯定也会厌烦。因此，电视在告诉观众一件事情或一个事件的经过时，只能是撷取说明得了问题的若干个镜头来交代。如可通过该人走出某单位的门口，坐在行进着的车上（甚至这一画面也可省略），在挂着牌子的某单位门口，该单位的人在给该人办事和办完了事的道别等几个画面来对这一过程进行交代。

在压缩时空方面，许多影视剧的做法都很值得我们学习借鉴，例如在故事影片《红牡丹》中，作者在表现杂技演员红牡丹从一个十岁左右的小女孩成长为一个亭亭玉立的大姑娘这么一个漫长的过程时，就是先展现其被卖到戏班后苦练技艺，不停地翻着跟斗，跟斗越翻越快而让观众无法看清她的形象，等到她停下来时，观众所看到的已经不再是那个单薄瘦弱的小姑娘而是一个楚楚动人的大闺女了。像这样的处理办法也很艺术化，对于我们想要把电视节目做得艺术些来说，就很能起到启迪作用。

四、朦胧

朦胧，就是运用电视语言中的模糊语言，把所展现的事物弄得似是而非、似非而是、似是非是、似非非非。让观众去想象、去判断、去感受、去推测，凭观众的感知能力和想象能力去推测其真相、含义和结局。如批评性报道中对一些不道德者的所作所为进行曝光，往往借助他人或其他景物对该人的面目予以遮挡或通过对其面部进行马赛克处理、画面晃动处理来有意不让观众看清该人的面貌；当出现一部车子开过时，也有意冒出一个什么人或其他东西来把车牌号码挡住或部分挡住；在出现人物谈话时，采用海浪声、枪炮声、机器轰鸣声等来掩盖人物的谈话声；有些书画作品如果展现给观众看，观众并不一定觉得很美但节目作者又想让观众也认同其很美时，往往只是先将那书画作品在电视画面上一晃而过，接着便是某人面对观众拿着该书画边看边连连赞赏，其到底如何美、美到何种程度，那就不是电视观众所能知道的了。

朦胧的表现手法，除了常用于画面语言外，在声响语言中也有用到，如有的节目在交代某一件事时所出现的一些并不协调乃至显得十分怪异的声响，这些声响其实就是一种很朦胧的声响，它到底是什么东西发出和预示着什么都很不明确，只有是靠观众自己去意会和推断，发挥自己的想象力来猜测了。

五、幻化

幻化，即一个画面以化出化入的方式变成另一个画面。在电影《难忘的战斗》中群众往囤里倒着的大米渐渐变成了瀑布，瀑布拉开，出现在银幕上的已是一条奔腾不息的江河。这样一种艺术手法就是幻化。

幻化虽然也是化出化入，但又不等同于化出化入，因为化出化入有时也用于场面的转换或不同内容间的过渡，而幻化的前后画面则是由前向后的层递推进而非转场或话题的变换。

用幻化来实现内容的层递，不仅只需一两秒钟就能把需要很多画面才能说清的意思很快说清，而且以这样一种手法来说也很有艺术性，能让人感受出画面语言所特有的艺术之美。

幻化虽然也是化为它物或它物化为，但它不等同于化为它物或它物化为，因为它化为它物或它物化为中的"它物"一般指的是屏幕上出现的某一个人或物或别的什么东西，而幻化则是屏幕上的画面场景整体化为另一个画面场景。

六、反衬

南朝诗人王籍在《入若耶溪》一诗中写到"蝉噪林逾静，鸟鸣山更幽"，用"蝉噪"和"鸟鸣"来衬托山林的幽静，这样用蝉鸣声和鸟叫声来写山林的静，比起写整个山林到处都静来效果要好得多，因为从蝉鸣的单调声中，可以感知林子里再无别的动物；从清晰的鸟叫声中，也可感知山里除了有鸟之外，也不再有别的野兽，这样，便把山林的静寂写"活"了。

文学作品中的这种手法，在影视作品中也多有应用。例如在电影《白毛女》中，当黄世仁向喜儿施暴时，画面晃了几下便切出了黄家厅堂上高悬着刻有"积善堂"三个大字的中堂牌匾，影片用"施暴"来反衬"积善"，这样来讽刺黄家"积善"的虚伪就很有力；而在影片《沙鸥》中，在表现了主人翁沙鸥在欢欢喜喜地准备婚事中忽然获知未婚夫已经死去的噩耗，这样以喜衬悲的反衬，就更能令观众为她的不幸而扼腕叹息。

反衬手法在电视节目中的应用，除了可以将格调相反的画面连在一起来进行反衬之外，也可以用声响语言来与画面语言作反衬，如在用画面来讲述某人的悲惨故事时，在画外辅以其昔日欢乐的笑声或欢乐的歌唱声，或者是辅以迫害其的坏人的狰狞笑声，都可以起到强烈的反衬作用。

七、替代

从事电视新闻工作，常会遇到有些画面由于错过时机而没能拍摄得到；也有些画面本身就不可能拍摄得了；还有的画面虽然可以拍摄得到甚至已经拍摄到了，但出于某方面的考虑而不便使用，遇上这种情形，就得考虑用别的内容来替代。

电视新闻中的替代方法很多，例如关于事故的报道，记者不可能事先预知将有事故发生而提前赶去现场等候，事发后赶到现场时虽然还能拍到事故现场的惨状，但事发时的情景已不可能拍摄得到，对于这种情形，可以通过事发时的在场人的叙说或播音员的讲解来替代；微观世界中的分子运动，质子、中子、原子、人体内血液循环等都不可能拍摄，可以通过图示、动画等来替代；某方面的建设成就，虽可将各工程的宏伟壮观场面全都拍摄得到，但若觉得并无必要——展示时，也可通过统计图表、播音员的解说来替代；要表现一个神枪手的百发百中而演员又没有这般过硬的真功夫时，解决的办法可以是先出现其举枪射击的画面，接着是敌人应声倒地的画面；要表现某位历史人物写字时的笔走龙蛇，也是先出现扮演者挽袖握笔，蘸墨运笔的画面，继而出现笔在纸上写出字来的特写镜头，这样，观众在屏幕上只是看见握笔的手而未能看见写字者的头和脸，由于不让观众看到已经换了人，于是观众便误以为演员真能把字写得那么漂亮了。

电视语言应用上的替代，还可以是以画代声或以声代画，如画面上出现了某人对着另一人耳语之后那人脸上马上露出了笑容，尽管观众没能听到该人所说的是什么，却也能感知该人是在报告那人什么好消息或告诉他什么好办法或者是在给他说了什么笑话；画面上出现了个人戴着耳机边听边用手或脚打着拍子，观众便可知其是在欣赏美妙的乐曲；而屏幕上若是出现蓝天白云或者室内场景时画外传来了火车的汽笛声，之后又是列车隆隆驶过的声音，观众便会意识到在蓝天之下或在室外有火车驶过。

八、蒙太奇手法

以蒙太奇手法来组接的画面，既可将较复杂的事用较少的画面就能够说清楚，又可使观众从连在一起的看似互不相关的画面中看懂其中的内在联系，例如前面第五章第一节中所列举过的画面上先是出现一人端起盛着红色饮料的碗欲喝又止，接着出现一汪鲜血的画面，之后画面上出现的是这个人皱了皱眉，将盛着饮料的碗放下，尽管饮料与鲜血表面上看似风马牛不相及，但由于两者都是红色且都是液体，观众一看就知道该人是看见了红色饮料就联想到了鲜血，因而不愿将饮料喝下去。

蒙太奇手法除了可用于画面的组接之外，也可用于声音的组接或声画结合的组接，例如在电影《闪闪的红星》中的米店老板指着"今日售米"的木牌质问"这是谁干的"时，画外马上响起一声响亮的回答声："冬子干的!"随着镜头的迅速拉开，画面上出现的已是游击队的驻地，原来，说那句"冬子干的"的人是游击队的宋大爹，他兴奋地称赞潘冬子的机智勇敢。——这样，把蒙太奇手法用到声音的组接或声画结合的组接上，对故事的叙述就很有艺术感。

又如日本电影《生死恋》的片尾部分，镜头在空旷的网球场上缓缓摇来摇去，画外响着女主人公夏子昔日一声接着一声的"啪"、"啪"响的击球声，其间又还出现了女主人公夏子"对不起太高了"、"对不起太高了"、"太高了，太高了……"的声音，并且，作者对这些声音又作了延时和混响处理，让声音在细雨绵绵中回响于空旷的球场上，这样以蒙太奇手法来将声音与画面艺术地组接到一起来表现人已去而音容宛在，刻画了男主人公大宫对恋人夏子的眷恋与哀思，对观众就很具感染力。

九、画面语言词汇的艺术运用

电视语言的应用艺术，还可以是对画面语言的各种词汇的艺术运用。如以推拉摇移和升降跟随等来展现场面，既有利于观众把现场上的事物看清，而且用上画面语言的这些词汇来表现事物，画面也显得更美；以迭化、隐显、黑场等方式来实现内容的过渡或进行时空的转场，既能使过渡或转场的过程变得简洁利索，而且用上画面语言的这些词汇来过渡或转场，给人的感受也更富有艺术。此外，以定格来表现时间的"停滞"和"凝固"，以快动作来展现某些运动着的事物进行夸张，以慢动作来展现某些稍纵即逝的过程或某些精彩的瞬间，都不仅仅是能把所要表现的事物或过程表现好，而且通过这些词汇来表达，也可使画面显得更具诗情画意；还有以侧拍来使人显得秀美，以仰拍来使人显得高大，等等，这些表现手法都很能体现出画面语言所具有的独特的艺术美来。

总而言之，电视语言的艺术运用是一门综合的艺术，在应用中，需要把画面、声响、光照、字幕各个语言综合起来考虑。此外，在使用各种艺术手法之前，还应考虑是否确有必要使用，不然，只因为觉得好玩就不管有无必要或是否恰当就随意滥用，则有可能弄巧成拙。

本章复习与思考

1. 画面、声响、光照和字幕语言，它们在表意上各有什么特点？

2. 模糊语言在什么场合下要主动使用？什么场合下需被动使用？常用的模糊办法有哪几种？

3. 利用课余时间看些电视节目，看其在电视语言的艺术应用方面有哪些成功之处值得自己今后借鉴。

4. 在报纸上找一篇新闻报道文章来研究，看要是在电视上报道该新闻时，怎样使用电视语言才能把该新闻报道得更具艺术性。

第八章 电视新闻的文体分类及 电视新闻报道的选题

第一节 电视新闻的文体分类

对电视新闻的分类，可有多种不同的分法。

从地域上来分，可分为国际新闻、国内新闻、本省新闻、本市或本县新闻等类别；

从节目形式来分，可分为口播新闻、图像新闻、图片新闻（目前已很少见到）和字幕新闻等类别；

如从题材上来分，可分为时政新闻、经济新闻、文教新闻、科技新闻、体育新闻、卫生新闻、军事新闻和社会新闻等类别；

如从体裁上来分，可分为快讯、消息（即狭义的电视新闻）、专题报道、连续报道、系列报道、组合报道、访谈录、新闻述评等类别；

从新闻出现的情况上来分，又可大致分为季节性新闻（即每年同一时段都会出现的某种题材的新闻）、预知新闻、突发性新闻等类别；

从新闻的表露情况来分，可分为动态新闻与静态新闻等类别；

从新闻在报道中所处的地位上来分，还可分为主体新闻和反映新闻等。

而在学术界，有人把它分为消息类新闻、专题类新闻、评论类新闻 3 种（如南京师范大学的张晓锋等）；也有的人把它分为消息类新闻、专题类新闻和评论类新闻和直播类新闻 4 种（如华中科技大学的石长顺等）；也有的人把它分为消息类节目、专题类节目、言论类节目、综艺类节目和教育类节目 5 种（如中国传媒大学的孔德明等）；还有的人把它分为新闻类节目、社教类节目、体育类节目、综艺类节目、对象性节目等类型（如暨南大学的黄匡宇等）。

实际上，新闻的分类并没有什么固定的标准，电视语言比现有的各种新闻载体的语言都要丰富得多，各种电视语言的交叉复合，又使电视新闻在分类上有多种取向，因而在具体的划分上，可以说是法无定法。在不同的场合，在不同的地区和不同时候，根据适时的需要而分。而对它进行各种类型的划分，目的应是为了便于理解它和更好地应用它，离开这一宗旨来花费过多的精力去探究其类别，也就没有多大的实际意义。

第二节　电视新闻报道线索的获得

电视新闻线索的来源也和其他新闻媒介的线索来源一样，主要来自如下几个方面：

一、从党委政府的中心工作及活动安排中获取

在我国大陆，电视台作为党委政府的舆论宣传工具，必须首先无条件地为党委政府的宣传需要服务，当好党委政府的喉舌。一般来说，党委政府各个时期所要开展些什么中心工作，大多下发有文件材料到电视台；党委政府近期要开展哪些重大活动或将要召开什么会议，一般也通知电视台的记者参加。另外，地方政府的各个职能部门，各企事业单位，驻军和各社会团体开展的活动，也常主动向电视台通报，这些主动送上门来的信息就是电视台新闻线索的主要来源。

二、从中央的重要会议、文件和领导的讲话中获取

电视台作为党和国家、人民的喉舌，在新闻宣传上必须依照中央的宣传需要来开展工作。要使所做的宣传能够符合中央的宣传需要，就必须时刻把握好中央的精神。当前需要开展哪些方面的报道呢？这主要靠随时关注中央的政策动态、中央重要会议所作出的各种决策及所提出的各项要求、中央近期文件和中央领导的近期讲话精神，参照本地的实际情况看本地目前有些什么事实正好符合当前中央的这些精神，这样便可在开展宣传上明确哪些题材可以作为新闻报道的线索而去加以发掘。如早些年中央提出要构建和谐社会时，就可以考虑看如何通过电视新闻报道来宣传好中央的这一精神以促进整个社会的方方面面都变得和谐，而要使整个社会的方方面面都变得和谐，这肯定是一项非常浩大的战略工程，绝非在一两年、三五年就能全面实现得了，因而也就不难看出，关于构建和谐社会的宣传，肯定会是一项旷日持久的宣传，必定会持续很长时间；同时，构建和谐社会又是一个很大的课题，它涉及全社会的各个领域各个阶层及其工作的方方面面，因而也就大有文章可做。因此，各地电视台的记者就可结合本地实际，有目的地去采访一些关于本地各级党委、政府在构建和谐社会中怎样转变观念，在把政府职能由管理型政府向服务型政府的转变中有了些什么举措；当地社会各阶层、各行业在构建和谐社会中又作了些什么样的努

力，收到了些什么样的效果；有哪些人在用自己的实际行动来为构建和谐社会做了些什么具体工作，对周边的人起到了怎样良好的影响作用等。党的十八大和十八届三中全会以来，中央一再强调要走群众路线，反对奢靡浪费之风，促进社会公平正义、增进人民福祉等，都有许多文章可做，电视记者只要围绕着中央的这些最新精神去观察、分析当地新出现的各种情况，看有哪些情况是符合中央的这些最新精神的情况就去报道，有哪些是背离中央的这些最新精神的事就去揭露，这样，就可以有报道不完的题材了。

三、从别人的言论中获取

记者外出采访，经常接触到社会上各行各业方方面面的人物和经常采拍各种会议新闻，在日常与人交谈或听到别人闲聊、在会场听各界领导的报告，尽管这类交谈、闲聊和报告的水分较多而新闻信息含量可能不大，但其中的某些只言片语，也许也蕴含有某些颇具价值的新闻线索，在留心倾听的同时，勤于思考、多换几个角度来分析，常常也可获得意外的收获。如果在与人聊天中听到了当前某地饭馆尤其是高档饭馆生意萧条的消息时，便可顺藤摸瓜到街上去走走看看，若是真的看到各个饭馆的生意萧条了或有哪些饭馆已经倒闭了或转行了，那就可以考虑进一步去了解出现这一现状的原因和有关的具体情况及相关数据，进而采拍出该地党政机关杜绝公款吃喝和铺张浪费已见成效的电视新闻来；又如在与人聊天中听到了某单位拍卖高档轿车和把多余的办公室出租的消息时，便可进一步去了解看当地有哪些单位的领导干部共清退出了多少部违规配置的小车和超标配备的办公室，进而采拍出当地党政机关以实际行动纠正领导干部用车和办公用房超标问题的新闻来；如果在与人聊天中听到了某家个体商店长期以来在做生意中因讲诚信而深受客户信赖的消息时，便可前往观察和以顾客的身份去"验证"一下是不是真，若是通过实地观察和亲身"验证"果然是实，那就可以考虑去采拍出一条反映该个体商店在做生意中怎样坚持诚信的新闻来；如果在与人聊天中听到了某户人家家庭很和睦的消息时，便可去向该户人家的邻居、亲友等知情人了解看具体情况如何，若是事迹真的很感人，那就可以考虑去采拍出一条反映该户人家一家人如何尊老爱幼父贤子孝和谐相处的新闻来……总之，只要在日常生活中和在平时与人的交往中多留心、多倾听，往往就能获得许多很有价值的新闻线索。

四、从别的新闻媒介中获取

网络、报刊上及外地广电同行媒体的有关报道，往往也都能对做好本地的报道起到提供线索或启示的作用，这些将有助于我们去发掘新闻的题材。如外地的报纸上报道了当地政府召开了个什么表彰大会表彰了些什么人，如果该地所表彰的人中有自己本地籍的人员，那么，就可以考虑前往采访，去拍一条《我市×××在××受表彰》的新闻来了；再如有的本地新闻，本地的报刊已经报道出来了，但报刊上的报道毕竟只能让人知道了哪里现在发生了件什么事，却无从让人确切感受得出其直观的情状如何。因此，如果我们从本地报刊上获知有这么一个信息以后，便可发挥电视传媒能给人以直观形象感受的优势，再去从不同的角度来进行报道或开展后续报道。

又如2014年1月24日，中国新闻社发了一组关于60万农民工骑摩托车返乡过年的图片新闻，其中包括：

　　①1月16日至24日，从广东驾驶摩托车途经广西梧州返乡的大军已突破十万。

　　②梧州交警部门在部分县市交界处设立春运服务站，为返乡民众提供帮助。

　　③1月24日，民众自发礼送途经广东肇庆离粤返乡的"10万铁骑"。

　　④广东省总工会联合有关部门及地市在春运期间开展包括返乡的"摩托大军"提供服务的"暖流行动"在内的"情暖外来工"的系列活动。

　　⑤2014年该省还在韶关、河源新增了服务点，为往返广东的为60万铁骑提供免费服务。

　　⑥德庆县委书记梁为东在德庆服务点向进点休息的"骑手"送去春联。

　　中国新闻社发的这组图片新闻，其实也为广东省通往周边各省的公路沿途各地的电视台和为那些有农民工在广东省打工的各省电视台提供了报道线索，尽管中新社已播发了有60万农民工骑摩托车返乡过年和沿途各市、县积极为过境农民工送温暖之事，但中新社所发的只是图片新闻，因而各有关地方的电视台还可以再去采拍，通过电视来进行报道。例如，广西电视台和广西梧州电视台也根据"梧州交警部门在部分县市交界处设立春运服务站，为返乡民众提供帮助"这一线索去顺藤摸瓜来采拍一条关于梧州交警部门如何做好为过境的返乡农民工提供帮助的电视新闻来；广东电视台、南方电视台和广东肇庆电视台也根据"民众自发礼送途经广东肇庆离粤返乡的'10万铁骑'"和"德庆县委书记梁为东在德庆服务点向进点休息的'骑手'送去春联"这两个线索去顺藤摸瓜来采拍一条关于"肇庆民众自发礼送过境农民工"或"肇庆各地政府和群众关爱返乡过年的过境农民工"的电视新闻来；同样，广东电视台、南方电视台和广东韶关、河源等沿途各地相关的电视台，也可从第④和第⑤条线索中顺藤摸瓜采拍出相关的电视新闻来。

　　总之，多关注别的媒体所发的各种报道及多分析、借鉴别人的做法，对提高自己发现新闻线索的能力，是很有帮助的。

五、从各种来信、来文、来电、来访中获取

　　电视台作为舆论宣传和新闻发布、信息传播单位，常有社会各界为反映情况或联系业务而打来电话和寄来各种材料，并且各界群众的来信来访也比较多，这些来信、来文、来电和来访也给电视台带来了不少信息，其中许多信息本身就具有新闻线索的属性，加以发掘常常可以从中获得不少有价值的新闻。

六、在与社会各界的交往中获取

　　新闻工作者的工作也是社会活动工作，新闻工作的性质，决定了电视台的记者能够接触到的人很多，几乎与整个社会的各个阶层都有交往。记者只要用好这方面的便利，在开展采访或日常与社会各界人士的接触中，只要时时留心，往往也能获得不少有价值的新闻线索。例如，上街理发、在理发时随意和理发师傅聊聊；在车站候车，也与身边的其他旅客拉呱拉呱，或者留心倾听一下他们之间的谈论，有时也会获得意想不

到的新闻线索。

此外，由于不论怎样努力，记者的视野和新闻嗅觉毕竟有限，对所负责报道的范围内随时出现的各种事情，不可能每一件都能够及时知道，因而，作为新闻记者，还应广交朋友，建立起自己的信息网，这样，不论什么时候哪个地方发生了什么事儿，都能有人及时告诉自己，就不至于会把自己所负责报道的范围内发生的各种新闻漏掉了。

七、从主动挖掘中获取

根据中央的最新精神、党和国家的大政方针、当地党委政府的中心工作及有关活动和党委政府现阶段对宣传工作的需要及本台近期新闻节目稿源的题材盈缺情况、社会公众对新闻信息的需求等进行综合分析，有计划地去走访各级党委政府和各有关单位、深入生产第一线去接触群众，到各种人多的地方去看看人们在做什么和说什么，有意识地从外出所接触到的社会生活和各阶层人士中寻找和发掘，常常也能够获得许多很有价值的新闻或新闻线索。

八、在观察对比、分析思考中获取

日常生活中所发生的各种琐事、小事或所存在的各种现状，由于见怪不怪而大家都习以为常，但作为记者，如果能对所看到的各种琐事、小事或现状进行思考分析，再了解看外地有没有这样的事和这样的状况和了解看本地过去有没有这样的事和这样的状况，然后分析看为什么有或为什么没有，找出之所以有或没有的原因来，这样，就有可能从中发现有值得报道的新闻来了。例如有位记者在街上看到一家钟表店门外贴着一张"门面转让"的启事，这样一种启事大家见得很多，但这位记者联想到这些年来各地的钟表店越来越少，一分析原因，就想到了钟表店生意萧条的原因是现在手机已经很普及，很少有人是用手表来看时间的了，于是顺藤摸瓜采访了当地的各移动通信部门，写出了一篇报道当地手机用户已达到了多少，平均每多少个人中就有一人用上了手机的报道，这样，轻而易举就获得了一条反映当地大好形势的新闻。

由此可见，只要能对日常生活中所看到或所听到的人和事多留心和多作分析思考，就不愁没有值得发掘的新闻线索。

第三节　电视新闻报道线索的取舍

新闻线索，仅仅是提示记者在它的后面有可能会有值得报道的新闻题材，而并不等于说凡是线索的后面都肯定会有可以报道的新闻。获得了线索并不等于获得了值得报道的新闻题材，对于所获得的线索，还要通过进一步的发掘看是否真有可以报道的新闻，如果真有，也还要分析看其新闻价值是大是小，是否值得报道和是否适合在电视上报道。只有值得报道和适合在电视上报道的题材，才可以列为采拍的选题，反之则应舍弃。

具体而言，在题材的取舍上，应从以下两个方面来把握：

一、题材选取的一般要求

电视新闻题材的选题要求，与报纸新闻题材的选题要求既有相同点，也有相异处。

（一）与报纸新闻选题标准的相同之处

报纸新闻取材的下列几个标准，也同样适用于电视新闻的选材：

1. 要能为较多的人所关心或感兴趣

由于新闻报道是一种向受众提供信息服务的工作，因而所向受众提供的信息首先就得是受众所需要的信息，这样，报道的信息才会在受众中有其存在的市场。据此，判断一个事件值不值得报道，首要的标准就是看这个事件是不是有较多的人关心或感兴趣，关心或感兴趣的人越多，就说明它的新闻价值越大；反之，则说明它的新闻价值很小。如 1989 年 12 月 13 日，我国新华社转发了美联社发的《一颗小行星可能撞击地球》的重要新闻，因为大家都是生活在地球上的，有一颗小行星可能要撞击地球，那就意味着每一个人的生命安全都受到了严重威胁，因而这一新闻对于所有的人来说都很重要，到底该行星会不会撞击地球？如果要撞，又是什么时候要撞呢？这是每一个得知这一消息的人都会关心的问题，为了回答好广大观众所关心的这个问题，次日早上，南京电视台的两位记者专门赶往我国级别最高、最权威的天文研究机构——紫金山天文台采访，从有关专家口中了解到这颗小行星已向离地球越来越远的太空运行，与地球相撞的可能性不大的情况，他们立即将这条新闻发给中央电视台，中央台在《新闻联播》节目中播出以后，有效地安定了民心。像这样能及时回答观众关心的问题的新闻，就是广大观众所期待看到的新闻。

又如，人类至今尚未能够解决得了癌症治疗这一医学上的难题，2014 年年初，网上忽然盛传维生素 B17 能治疗癌症，由于全球每年都有很多人死于癌症，因而网上出现的这一消息，无疑受到许多人的关注。但维生素 B17 到底是不是真的能够治得了癌症，那就得有一个权威的解释，记者如能针对这一问题去采访一下医学界的有关权威专家，或把有关的权威专家请到电视台的直播间"面对"观众来作解答，就一定会受到观众的欢迎。

2. 要能起到正确的舆论导向作用

新闻媒体之所以要传播新闻，除了给受众提供新闻信息之外，其最根本的目的就是通过对新闻事件或事实的传播来给人以教化作用和引导社会前进，从而实现为媒体拥有者的政治服务的目的。即如江泽民同志所说的，应"以科学的理论武装人，以正确的舆论引导人；以高尚的精神塑造人，以优秀的作品鼓舞人"。因而，在新闻报道的选材上，看一个事件是否值得报道，除了要看该事件是否有较多的人关心或感兴趣外，还要看报道该事件是否能对社会的文明进步起到积极的促进作用。

需要特别说明的是：强调正确的舆论引导并不等于说是就只能"报喜"而不"报忧"。因为，一篇报道对社会的影响作用是积极还是消极，并不与所报道的是好事还是坏事所等同。批评报道所收到的宣传效果也并不一定就是消极的，有的时候，其所能起到的积极作用，甚至比起某些正面报道来还要强。

3. 要符合新闻报道时效性的要求

新闻报道，所报道的就应是新近发现或新近才有可能发现的事件或事实。在通常情况下，新闻对时效的要求都很高，同一件事，当天发布与到第二天才发布，其价值是大不一样，同时一件事情，在当天报道出去，它是"金子"，到了第二天才报道出去，它就成了"银子"，再到第三天才报道出去，它可能就成了"垃圾"，而在通信条件已经高度现代化了的当今时代，某些重大的突发性事件，甚至还有以小时、分甚至以秒为单位来论时效的。电视新闻，虽然所采拍的多是预知新闻（即事先得到通知而提前去到现场等着拍摄的新闻），但一般也多是时政类题材和节令性题材的新闻才有可能预知，而对于社会生活和自然界所发生的各种突发性事件就无法提前得知，因而电视记者也同样要和报刊记者一样抢时效。在这方面，由于西方国家的新闻竞争比中国激烈，因而它们的媒体对各种突发性事件的反应向来都比国内快，常常是一个突发性事件才发生，十多分钟后广播电台和电视台就报道出来了。近一二十年间，我国内地媒体对各种突发性事件的反应也有了明显的提高，许多电台和电视台也都能在极短的时间内就把新发生的事播报出来，上海、广州等一些实力比较雄厚的电视台，甚至还能对许多突发性事件开展现场实况转播，让观众同步看到现场上正在发生和发展的事态。

（二）与报纸新闻选题标准的相异之处

作为需要借助电视传媒来进行发布的电视新闻，由于电视媒介自身的特点，其在题材的选取上，也有一些方面的标准和报纸、广播新闻题材的选取有所不同，不同之处主要有如下两点：

1. 要有可供受众观看的场面

电视新闻既然是要给人看的，那就得有些可看的东西，要是没有可看的内容，比如说要报道某一个领导干部怎样坚持原则、某一个先进个人怎样乐于助人，哪个单位内部团结合作得很好、哪个单位工作纪律很严，这样的题材，就很难有相应的画面来向观众展现，因而也就不大合适列为采拍的选题。

2. 画面具有可视性

电视新闻是给人看的，而人们平时看什么东西，如果不是职业或职责上的需要的话，总是喜欢看些好看的东西，例如漂亮的女孩、美丽的山水风光，因为能够给人以赏心悦目的感觉，就有更多的人喜欢看，观众收看电视虽然不是赏美，但节目所呈现给观众的画面，至少也应是人们愿意看或大多数人能够看得下去的画面。据此，电视新闻的选材，除了需要考虑现场上有无可以拍摄的画面之外，还应考虑所能拍摄到的现场画面是否具有可视性，比如说报道一个掏粪工人怎样爱岗敬业，虽然也能拍摄到其怎样认真干好本职工作的画面，但因其在工作时的现场画面很难让观众接受得了，这样的题材就不大好用；又如医院里的护士，经常要料理一些上吐下泻的病人，护士在护理病人中不怕苦、不嫌脏的精神虽然可嘉，但由于有相当多数的观众接受不了这样一种画面，因而也就不大好进行拍摄报道。

二、在题材选取中需注意的问题

在题材的选取中，有两个问题需要注意：一是要注意选题的全面性和特色性，二是对于一些不好采拍的题材，应果断地舍弃；而对于一些采拍时机尚未成熟的题材，就要考虑暂缓采拍。

（一）应注意选题的全面性和特色性

1. 要兼顾各行各业各阶层

由于电视传媒是一种大众传媒，它的受众涵盖着整个社会各行各业和各个年龄段的人，同时它的节目又覆盖着一个相当大的区域，因而在新闻题材的选取上，应当注意兼顾整个社会的方方面面，无论是工、农、商、学、兵、政、党，或是中、青、老年和妇女、儿童，健康人或残疾人等都应给予考虑，这样才能使所办的新闻节目能够赢得方方面面的观众的喜爱。

2. 要跟上节气时令

在确定新闻的采拍选题中，也应考虑各种纪念节日、民间传统节日和春夏秋冬的季节特点等节气时令，一是不要遗漏掉各种节庆题材的适时安排；二是也要注意结合不同的季节时令来安排有相应的报道题材。

3. 要体现出本地的风物特色

作为以为本地群众服务为主的地方电视台，在确定新闻采拍的选题中，还应注重地方特色，多上一些能体现出本地山水气候、物产资源、风情民俗的新闻，尽可能让观众在不用看台标、不用听播讲的情况下，光从画面上一眼就能看出是哪个台的节目或所报道的是什么地方的新闻。突出了地方特色，也就更能体现出本台的特色。

（二）应当舍弃或暂缓考虑的题材

由于电视台在新闻产品的采制上有着诸多不同于别的媒体的特殊性，因而对于电视台来说，并非所有的新闻线索都有采拍播出的必要。

1. 应当舍弃的题材

应当舍弃的题材主要有：

（1）新闻价值不大，在电视上播出来没有多少人感兴趣的题材；

（2）缺乏能够激起观众兴趣的现场画面的题材；

（3）由于时过境迁，那些能激起观众兴趣的现场画面已不复存在了的题材；

（4）与党和国家的方针政策相抵触或对社会可能会产生不良影响的题材；

（5）本台的人力、设备、经费等承受不起或从新闻的价值成本比来看太不划算的题材；

（6）因对外不宜公开，只可在报刊上报道而不宜通过电视来报道的题材。

对于以上这几种情形的题材，就不宜列为采拍选题。但如属重大的突发性事件、在群众中能引起较大反响的重大事件或事实，则无论适不适合播出均应进行采拍，或可用于提供给相关领导人参考，也可留作史料保存，因为能产生较大反响的重大事件的实况录像，今后都有可能会成为珍贵的史料，而对史实的拍摄，历来都是机不可失、时不再来的。

2. 应当暂缓考虑的题材

有的新闻虽然观众感兴趣且不与党和国家的方针政策相抵触，本台的人力、设备和费用也能安排得了，但因最佳报道时机还未到来，就应暂缓列入采拍选题，须等到最佳时机到来时才好进行采访报道。如关于某个高考落榜生怎样发奋自学后来也成了才的题材，要是在高考时间即将到来的时候对其进行报道，就不利于激励广大考生顽强拼搏，积极应对高考，但等到高考结束后，因为每年的高考都不可避免地会有许多考生要落榜，这时才报道升学无门者也同样脚下有路，这样，对于那些落榜生及其家长而言，就是一场正逢其时的"及时雨"了。

本章复习与思考

1. 电视记者对于各种新闻线索，应如何进行取舍？
2. 通过观察和与人聊天，争取能从中发现若干条新闻线索来。

第九章　电视新闻的采拍

第一节　电视新闻采拍的前期准备工作

新闻采拍的前期准备工作，大致可分为平常时候的准备、应急状态的准备和预知行动的准备三种。

一、平常时候的准备

平常时候的准备包括专业知识的学习、相关知识的积累、本地情况的熟悉、适应能力的修炼和政策法规的把握五个方面：

（一）专业知识的学习

记者的工作是采集和发布新闻的工作。新闻工作也是一门科学，要胜任这一岗位的工作，就先要熟悉这门科学。而要真正弄懂弄通这门科学，绝非一朝一夕的举手之劳，它需要通过长期不断地学习研究，不断地实践，在不断积累成功经验和吸取失败教训的基础上，不断进行比较分析和总结才能获得提高。因此，新闻采拍的平时准备工作，首要的是长期不懈地坚持专业理论的学习并把所学到的理论知识用于指导实践，通过实践来加深对专业理论知识的理解和巩固对专业理论知识的吸收。具备了扎实的专业理论知识和丰富的业务实践经验，在面临突发事件的时候才能处变不惊并较快作出反应，迅速判断出该事件的新闻价值，果断地确定出报道方案、分寸及选准恰当的报道角度，把新闻题材采拍好。

（二）相关知识的积累

兼收并蓄才能厚积薄发。记者的工作是社会活动工作，需要接触各行各业各阶层形形色色的人和事，需要报道行行业业的情况。因此，从新闻工作的职业需要来说，记者应当兴趣广泛，既应是新闻传播工作方面的专家，同时又应是社会科学、自然科学的杂家，博学多能，方方面面的知识都知道一些才好。

当然，由于精力所限，记者也不可能在各个领域和方方面面都能成为行家，但至少应当粗知业务领域内各行业的一些基本常识和熟悉这些行业的一些常用术语才有利于开展工作。因为采访活动的安排常是临时决定的，采访的时间也是有限甚至相当仓促的，当被访对象在谈话中涉及某些专业知识或术语时，要是记者不知所云或事后望文生义，都会影响到新闻的准确性。

另外，记者的大脑也不可能把什么事情都牢牢记住，因此还得在平时养成热心收集和保存各种资料的习惯，如地图，史籍，统计资料，各相关行业的专业书刊和各种政策法规、文件、文告等。

（三）本地情况的熟悉

各电视台，都有属于自己的相对固定的节目覆盖区，也都有自己特定的传播服务范围。为了做好对这一服务范围的服务，记者对本台节目覆盖区域内各地的历史、地理和风土人情、政治、经济等状况，都应熟悉乃至了如指掌；同时，由于职业上的需要，记者经常要与各种各样的人打交道，为了便于交流，记者还应通晓所在区域内各个民族、各个方言区的各种语言，对于那些在当地流通范围较广的各种主要语言不但应当能懂和会说，而且最好能够说得地道到足以"以假乱真"的程度，这样，在深入群众中采访时就会便利得多。

（四）适应能力的修炼

记者的职业适应能力的修炼包括心理素质修炼和生理素质修炼两个方面。

在心理素质修炼方面，由于记者的工作是通过社会活动来获得各种可用于传播的信息，而要获得各种各样的信息，就需要经常深入各地各种不同的场合，与各种各样不同的人打交道，因而记者还应像"万能胶"一样，既能对各地各种不同的生活环境和当地不同的生活习俗都具有较强的适应能力；又乐于和善于与各界各阶层人士来往和交朋友。只有这样，才有可能适应得了电视新闻工作的职业需要，把各种各样的采拍任务顺利地完成。

在生理素质修炼方面，由于许多新闻事件的发生往往都是不可预知的，记者随时都有需要临时出动的可能，并且在所要去的地方，有可能条件很差甚至很恶劣，因此，记者平时应当坚持锻炼身体，并注意养成能吃苦耐劳的良好习惯，这样，一旦遇上了需要吃苦的时候，才有可能适应得了环境条件的需要。

有位名记者说过：从事新闻工作，需得练就一副"马眼、铁腿、神仙肚"。据说马是从不闭眼睡觉的，按这位记者的观点，记者也应像马一样从不闭眼，时时刻刻都在注视着身边的人和事，不让任何一件有新闻价值的事从自己的眼皮底下漏掉；记者为采访新闻，需得长年奔波在外，走很多的路，要是吃不了苦，不练就一副能连续奔忙的"铁腿"，是难以弄到新闻事实的第一手材料的；传说中的神仙可以连续数日、数年甚至数百年不吃不喝也不觉肚饿且照样能够保持精神旺盛，在新闻工作中，能够作为新闻来报道的事件或事实，除有些是可以预知能及早做好准备之外，更多的情况是事件发生得很突然或消息传来得很突然，对这些突发性或突然获悉的事件或事实，去迟了不但会影响到新闻的时效，甚至由于事件的持续时间极其有限，到晚了就很难将其过程经过弄到手或难于完整、全面地弄到手，因此作为新闻记者为了抢新闻，也会常常连饭也顾不上吃就得饿着肚子去冲锋陷阵。职业上的这种特殊的需要，也要求记者平时就应养成能熬得肚饿的习惯。因而说干新闻工作，不具备"马眼、铁腿、神仙肚"，是很难把工作做好的。

（五）政策法规的把握

电视台是党和政府的喉舌，它首先要为宣传党的路线、方针、政策服务，因此作为从事通过新闻发布来宣传党的路线、方针、政策的新闻记者，必须不断地学习和掌握党和国家的大政方针和有关法律法规，掌握当前中央的最新精神，熟知党在各种问题上的立场、观点、态度和宣传口径，熟知国家在该方面的有关法律法规，这样才不至于在新闻宣传工作中误入政策或法律的误区，确保新闻宣传工作始终和中央在政治上、思想上保持一致及符合国家的各项有关法律法规。

二、应急状态的准备

多数情况下，电视记者外出采拍新闻属临时决定的突然行动，为了能够在关键时刻迅速出击，平时就应随时做好应急状态的准备。

应急状态的准备包括设备设施的准备、体力精力的准备和日常用品的准备三个方面：

（一）设备设施的准备

平时，摄像机、新闻灯、三脚架、充电机、监视器、录像机、外接话筒等常用器材用后应及时进行保养，使之时刻保持完好好用状态；电池及备份电池也要事先充好电，确保随时拿起都能使用。

现场直播新闻，一般是在大型会议、大型庆典活动、大型文体活动或各种重大建设工程现场等场合下进行。一般来说，可及早预知或提前做好准备，但也不排除在一些突发性事件或重大自然灾害突然发生，如地震、火山爆发、泥石流、工程抢险时会有紧急行动，因此平时也应做好准备工作，除车况和车上的各种设备应时刻保持完好好用外，汽油和蓄电池、备用轮胎等车子备件及车上工作用的各种备用品也应备齐、备足，随时保持"临战状态"。

（二）体力精力的准备

记者工作，常有突然行动，很难事先预料什么时候会有什么任务，因此，记者平时除应注意坚持锻炼身体外，还应养成按时吃饭、睡觉的良好生活习惯，以确保随时都有旺盛的精力来执行突然任务。

（三）日常用品的准备

电视新闻记者外出较多，经常流动且一般外出安排往往来得比较突然，因此，平时就应把笔和采访本、有关证件、空白录像带等采访用品备好，最好是将这些常用物品连同洗漱用具和换洗衣物等简便的生活用品装在一个包内，一旦需要紧急行动的时候提起包就可出动,这样方能保证随时都能做到"召之即来,来之能战"和"战之能胜"。

三、预知行动的准备

有些采访活动,是能够事先预知的,例如采访一些重要会议、重大活动、工程的开工、竣工典礼、地方风貌、部门的工作、典型人物的先进事迹等。对这类预知新闻、静态新闻、人物新闻的采访,由于活动是按预先制定的计划来进行的,事前可以先做准备。

预知行动的准备,主要是要做好事先摸底、制定方案、拟出对策、实地踏勘、排除干扰和积蓄精力等方面的准备:

(一) 事先摸底

在开展一项预定的采访活动之前,为了使采访活动能够顺利开展,事前最好先做些摸底工作。

摸底工作可通过查阅有关材料和向知情人了解两种形式来进行。

如将要对某一重要活动进行采访,可先向举办单位索取活动的日程或议程安排表及打听一下有关该项活动的大致内容。

如将要对某一事件进行采访,则应事先打听一下有关该事件发生的背景情况、当事人、目击者、知情人各有哪些,他们分别是哪里人或哪些单位的人,事件的大致经过和结局如何等。

如将要对某一地方的风貌进行采访,可先查阅地图、方志、有关统计资料和报刊等材料,尽可能先对该地的地理位置、建置沿革、交通情况、经济建设、人口、民族、物产、掌故、风土人情、风俗习惯、近期动态、该地在哪些方面占有些什么优势,也存在着些什么不足等有关情况都略有所知。

如将要对某一单位的工作进行采访,可先查阅有关统计资料和报刊等材料,尽可能先对该单位的性质和规模、历史和现状、近期的动态、各新闻媒介对其是否作过报道或曾报道过些什么、社会对该单位的工作有何评价等有关情况都略有所知。

如要采访某个人物,则应尽可能先打听一下该人的大体经历、性格特点、爱好特长及成就等有关方面的情况。

无论是采访预知新闻、静态新闻、人物报道新闻,对于将有可能会涉及的各种历史知识、专业知识和术语,将有可能会涉及的有关政策法规等,事前都应尽可能先认真熟悉一下,做到胸中有数。这样不但可以节省采访的时间,也有利于确定好采访时的主攻方向和在采访中所需要解决的关键问题。

(二) 制定方案

在对基本情况进行了大致摸底之后,便可对将要开展采访的该题材的新闻价值进行估价和根据该题材的特点,初步制定出将要采取的报道方式及确定好开展该项报道的规格。并根据所拟订的报道方式和报道规格来初步确定采拍的日程路线安排和采访的对象及采访顺序。

(三) 拟出对策

为了能够顺利地完成预定的采访工作,在制定出了行动的大致方案以后,接着还要考虑在开展采访中可能会遇到的各种问题及其解决这些问题的办法,把可能会遇到的各种问题估计得复杂一些、困难一些，把解决可能遇到的各种问题的办法想得多一些，考虑得周到一些，有备无患才能"战之能胜"。

（四）实地踏勘

在开展一项预定的采访活动之前，如果时间和条件允许，最好能先对现场进行一下实地踏勘，观察现场有无便于利用的电源，了解电源保险丝的承受极限，考虑灯光的布设方位及摄像机的拍摄角度等。如属开展现场直播，还应观察有无道路能使转播车开进现场及现场与电视台之间的地形对向台里发送信号是否会有阻隔或干扰。

（五）排除干扰

电视新闻记者也是凡人，也和各行各业的广大平民百姓一样食人间烟火，也有自己的喜怒哀乐，时常在外奔波，也会因个人或家庭生活中的一些琐事而分心牵挂。为保证在外出期间能够安心开展好采拍工作，在外出之前，如时间允许，应尽量抽空先把个人一些急办的事情办好，把家庭的柴米油盐等琐事安排妥当。解除了家庭生活上的各种后顾之忧，这样进点采拍后才有可能把全部精力都集中到采拍工作上。

（六）积蓄精力

外出采拍新闻，往往需要连续工作，体力和精力消耗都较大，而且，在外出采拍期间，由于工作紧张和受到条件的限制，很难得有足够的时间和安静的环境来休息好，因此在外出采拍之前，在各项准备工作完毕之后，如有时间，应当抓紧休息，养好精神。这样，进点以后，即使需要较长时间连续工作，也就不至于因疲劳过度而支持不住。

做好上述各项准备之后，便可按照所拟订的计划进点开展采拍。

第二节　电视画面的影调与画面的构图方式和构图要求

要想正确地运用画面语言来表现好所要表现的事物和体现好节目的主题思想，还有必要先来了解一下关于电视画面的影调与电视画面的构图方式和画面拍摄中的构图要求。

一、电视画面的影调

影调指的是画面明暗的比值和明暗层次的多少及明暗层次之间的过渡区别的明显程度。明多暗少，称为明调、轻调或高调，它能给人以轻松、明快和愉悦之感；暗多明少，称为暗调、重调或深调，它能给人以凝重、肃穆与压抑之感。

明暗区别层次多、层次之间的过渡区别不明显的，由于明暗过渡柔顺而称为柔调或软调，软调能给人以柔和、自然与温情之感；明暗区别层次少、层次之间的过渡区别很明显的，由于明暗过渡生硬而称为强调或硬调，能给人以生硬、粗犷或冷酷之感。

介乎于明调和暗调、软调和硬调之间的都叫中间调，其表现及给人的感觉分别为明暗或软硬适中。

由于新闻节目的播出时长都比较短，并且观众收看新闻节目时的注意力都是集中在播音员的播讲上而不很在意画面拍摄得怎样，因而画面的影调如何，在新闻节目中并不怎么讲究，但在电视专题片、纪录片、艺术片和电视剧中，由于观众能有比较多的空闲时间来欣赏画面或者说能有时间来把画面看得比较仔细，并且在这些节目中也需要画面的影调来配合作品的主题思想，因而在画面的拍摄上或在节目的后期处理中，就要讲究画面影调的正确运用。

　　画面的影调定位，可由对场景布光的调节、对摄像机拍摄的机位或对光圈大小的调节、图像清晰度开关的调节等方式来实现。此外，由于非线性编辑系统中也具有一定的画面影调调节的功能，因而若所拍摄到的画面的影调不当，也可在进行节目编辑时用编辑系统的软件来补救，只是由于软件的修正和补救功能毕竟有限，不如在拍摄时就能把它正确把握好来得好。

二、构图方式

　　画面的构图方式，按画面中景物构成的主线条的走向来分，有水平构图、垂直构图、斜线构图和曲线构图 4 种构图方式，其中，曲线构图又包括圆形构图、弧形构图和无规则构图 3 种情形。各种构图方式如图 9-1 至图 9-4 所示。

图 9-1　水平构图

图 9-2　垂直构图

图 9-3　斜线构图

图 9-4（1）　曲线构图（圆形构图）

　　画面的各种不同构图方式，所给人获得的感受是不一样的。如水平构图方式，能给人以平稳、安静、宽广之感；垂直构图方式，能给人以挺拔、刚直、伟岸之感；斜线构图方式，能给人以活跃、喧闹、动荡之感；曲线构图方式，能给人以和谐且富于韵律之感。

图 9-4（2） 曲线构图（弧形构图）　　图 9-4（3） 曲线构图（无规则构图）

由于各种不同的画面构图方式，其表意作用也各不相同，因而在应用中，切不可毫无目的地胡乱使用。

三、电视画面的构图要求

电视画面构图的基本要求，是要做到构图平稳、表意明确、画面完整、主体突出、内容简洁、造型美观。

（一）构图平稳

除了特殊需要之外，所有的电视画面的构图均应保持图景呈现水平状态（如图 9-5），因为在所摄画面中，一般有水平物体或垂直物体存在，如画面上的地平线、楼房顶、桌面等均为水平线条，树木、柱子、站着的人等均为垂直线条，如果构图倾斜了，画面就会给人以动荡不安之感，让人觉得局促、别扭（如图 9-6）。

图 9-5　平稳的构图　　　　　　　　图 9-6　不平稳的构图

（二）表意明确

人们日常说话，每一句话都要表达一个意思，如果所要表达的这个意思表达不出来或表达得不准确，别人就会误解或听不明白。电视上的每一个画面，也就是画面语言中的一个词语或一个句子，如果它所交代的意思不明确，观众就会不知所云。因此，每个画面的构图，都应围绕着"想让观众从中知道些什么东西"和"怎样才能让观众知道得更具体"来考虑，在画面语言的运用上，也和人们日常生活中的交谈一样，不应有空话或废话。

（三）画面完整

在画面中，不应将那些需要完整表现的事物只表现为一个局部，否则将会影响美感甚至造成歧义。如拍摄人物时若只让观众见到其的一个头或者下身，拍摄人物的面部时只让观众看到其脸形的一小部分，都将有失美感而使观众感到别扭（如图9-7），甚至还会因造成对当事人的丑化而带来各种麻烦；在拍摄会场时，若大会横幅拍摄得不完整，有时还会造成政治事故，如"××市打击走私贩毒动员大会"，若这条横幅拍得不完整，把它拍成"走私贩毒动员大会"那就糟了。

摄像机的寻像器实际上就是构图的"取景框"，在拍摄时，每幅画面的构图，都必须要限定在寻像器画框内并且应略小于该框，这样才能保证所构画面拍摄出来后保持完整（如图9-8）。

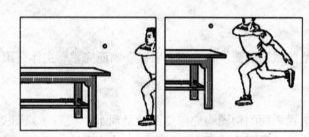 

图9-7　不完整的构图　　　　　　　　　图9-8　完整的构图

画面完整，并不仅仅是指每一幅具体的画面要完整，同时也包括画面语言的完整。无论是使用前进句式、后退句式或环绕句式，每个句子均应有始有终而不应出现句子不通顺的毛病。

另外，在拍摄中，除了要保证画面语言的完整之外，同时还应兼顾其他语言的完整。如现场上的人物在说话、唱歌或出现的某种音响与主题表现有关或可影响到节目的完美，则在拍足了画面后，还应继续拍摄，直到这些谈论、歌唱或音响结束或告一段落时才可停拍。

（四）主体突出

一幅画面，尽管可以同时表现多个物体，但其中必须有一个是主要要表现的对象，这个要主要表现的对象就是这画面的主体，其余均为陪体。画面语言要做到表意明确，必须突出主体而淡化陪体。

（五）内容简洁

在电影的画面中，除了有主体（即画面所要表现的主要对象）之外，在主体的周围还可以有较多的别的东西（如野外的花草、杂物或室内地上堆放着的各种物品等），而由于电视屏幕比电影的银幕要小得多，在电视屏幕这么一个很有限的空间中如果塞进太多的东西，就会使画面显得拥挤，以致主体被淹没在陪体、环境场景之中而令人难以看清。因此，画面构图应当尽量简洁一些，以利于主体得到突出。但由于新闻拍摄既不能摆拍也不能"清理"现场而是现场怎样就得怎样拍摄，若现场上有太多的零乱东西，那就得通过改换拍摄的角度来使画面上的内容尽可能简洁些。

（六）造型美观

电视新闻不是形势报告，更不是政治报告，不可能用行政手段来要求人们接受而是要靠自身的吸引力来吸引观众，而要能吸引人，除了新闻内容要好以外，画面造型也应合理、美观，能给人以愉悦。

而要使画面的造型合理和美观，大致而言可从如下几个方面来努力：

1. 重心应居中或大致居中

画面中颜色比较深的地方，就会给人以一种重量感。这些能给人以重量感的地方，往往也是一个画面的重心所在。

一个画面，要使人看得舒服，在画面的构图上，就应使画面的重心居中或大致居中，例如前面的图 9-1 的客车和图 9-2 的飞机就是整个画面的重心，让它们居中或大致居中，这样才不至于让人觉得别扭，也不会给人以沉重感或压迫感。

2. 重量的分布应保持平衡

当然，也有的时候，在拍摄画面的构图中并不方便让颜色比较深的地方居中或大致居中，遇上这种情形时，也不一定都得让能给人以重量感的地方居中或大致居中，可通过设法让画面的重量分布的平衡或大致平衡来让画面显得沉稳。例如在图 9-4（1）中，右侧的小船及船上的人因颜色很深而显得很重，因而拍摄者就通过找出适当的机位来让岸边的一座小山也进入画面来让画面的左侧也有相应的重量来压住，这样画面的重量分布才显得平衡或大致平衡。

3. 主体的上方和前面留有一定的空间

在画面中，主体（尤其是人物或各种动物）的上方和前面，都应留有一定的空间，并且所留的空间还应比其下方和背后的空间要大些，例如图 9-8 中的运动员的头上和前面都留有一定的空间，并且其的头上所留的空间又比其脚下的空间要大，前面所留的空间也比背后所留的空间要多，这样来构图，才能让人看得舒服。

4. 多用侧面镜头和过肩镜头

（1）侧面镜头。由于侧面拍摄的画面比起正面拍摄的画面来要好看，因而一般来说，在不影响主题思想的表达的前提下，许多人物是以从侧面拍摄或稍微偏侧一点（如图9-9）的角度来拍摄比正面拍摄（如图9-10）的效果要好。

会场或别的各种场景也是一样，侧面拍摄得到的画面（如图 9-11）也比正面拍摄得到的画面（如图 9-12①）要好看。

从图 9-9~图 9-12 来看，显而易见，正面拍摄到的画面因四平八稳而显得有些呆板，而侧面拍摄到的画面由于具有较强的立体感而显得更为好看。

（2）过肩镜头。过肩镜头也叫"拉背镜头（如图 9-13）。

所谓过肩镜头，指的就是在拍摄人物尤其是拍摄两个正在面对面交谈的人物的时候，

---

① 图 9-11、图 9-12 均取自新华网。

图 9-9 侧面拍摄的人像较具立体感

图 9-10 正面拍摄的人像因四平八稳而不如侧面拍摄的效果好

图 9-11 侧面拍摄的会场画面也比较好看

图 9-12　正面拍摄的会场也因四平八稳而比不上侧面拍摄的好看

图 9-13　过肩镜头

将摄像机的镜头从其中一人的肩膀上对着其对面的人的面部来拍摄所拍到的画面镜头。

　　使用过肩镜头，不但有利于突出画面的主题和能使画面具有空间感、纵深感，而且由于摄像机的镜头是从所要表现的人物的对面的人的肩膀上指向该人物的，这样，该人虽然是在与其对面的人说话，但给观众的感受却好像是该人是在和自己说话一样，仿佛自己也"参与"到了节目之中。

　　由于过肩镜头能让观众有着自己也"参与"到了节目之中而不是"局外人"的感受，因而在电影和电视剧中，每当出现两人面对面说话的时候，一般采用这种形式的镜头来表现。而在电影和电视剧中使用过肩镜头时，往往还会采用移动车在弧形导轨上移动着来进行拍摄（即沿着弧形的轨道来拍摄的移镜头），此外，过肩镜头大多是与反打镜头①相结

---

　　①　反打镜头指的是在表现交谈的双方时交替出现双方的画面，以让观众能看到双方的面貌和表情等，这种让双方画面交替出现的镜头，就叫做反打镜头。反打镜头又分为内反打和外反打两种类型，其中，内反打镜头是只把对面的人物拍进画面而与其交谈的人不进入画面；外反打镜头则是背对着摄像机的人的身体也有部分进入画面。

合来应用的，这样不但能使画面的空间显得很有深度和能交代清楚画面中的人物主次，而且还能让观众看到交谈着的双方的表情与神态，从而也更有利于主题思想的突出。

第三节　电视画面的拍摄轴线

为便于理解什么是画面拍摄中的轴线规律，我们先从两个情形来看从不同的方位所拍摄到的画面的不同：

第一种情形：假如有一个人骑着自行车在路上一直往前走，而拍摄者先后从其的左右两侧来对该人进行拍摄，所得到的两个画面就很容易让人误会为该人骑车往前走了一段路之后，就往回走了，但事实上该人却并没有回头而是一直都在往前走的。例如如图 9-14 所示，由于摄像机是从人物的右侧进行拍摄的，观众所看到的情形就是该人骑着自行车从右向左走，而图 9-15 中的画面，由于摄像机是从人物的左侧进行拍摄的，观众所看到的情形就是该人骑着自行车从左向右走，如果将从左右两侧所拍得的画面接在一起播放，观众看了，就会以为该人骑车往前走了一段路之后，就往回走了，但事实上该人却并没有回头而是一直都在往前走的。

图 9-14　从人物的右侧拍摄所得的画面　　图 9-15　从人物的左侧拍摄所得的画面

再看第二种情形：假如有两个人面对面坐着在聊天，而拍摄者若是也先后从他们的左右两侧来对他们进行拍摄的话，所得到的两个画面也同样会让人产生误会。例如如图 9-16 所示，由于摄像机是从聊着天的女子的右侧拍摄的，观众所看到的情形就是该女子坐在位于画面左侧的床上边编织蝴蝶结边与那位坐在凳子上喝着开水的男子在聊天；而图 9-17 中的画面，由于是从该女子的左侧拍摄的，观众所看到的情形虽然也还是该女子坐在床上边编织蝴蝶结边与那位坐在凳子上喝着开水的男子在聊天，但该女子所坐着的床铺却已经是从房间的左边移到房间的右边，而那位边喝开水边和她聊天的男子所坐的凳子也已经由原来在屋里的右边挪到屋里的左边来了，但事实上却是两人所坐着的床铺和凳子都没有搬动过，他们俩所坐的位置并没有改变过。

图 9-16 从女子的右侧拍摄所得的画面

图 9-17 从女子的左侧拍摄所得的画面

以上两组画面之所以会让观众产生这种误会，原因就是拍摄者在拍摄中改变了拍摄时所处的位置。

这样看来，在拍摄的时候，拍摄者是不是就不能改换位置而始终都必须处在一个固定的位置上呢？其实不然，在拍摄中，拍摄者也是可以变换位置的，只要不超出可以活动的范围，所拍摄到的画面无论角度怎样变换，所拍摄到的画面都不会使观众产生误会。

那么，这个"可以活动的范围"又是怎么定的呢？要知道这个"范围"是怎么划定，这就涉及影视画面拍摄上的一个概念——轴线规律。

所谓轴线规律，就是影视摄制中借以保证画面所反映的现场能够保持给观众以空间始终均为统一的感觉的一条规律。

而为了实现能给观众以空间的统一感，这就要求拍摄者在拍摄同一场面中的某一个拍摄对象时，机位的活动范围必须始终限定于某一范围之内，而限定该拍摄范围的边界线就叫做拍摄轴线。例如拍摄某人走路，如果不是连续拍摄时，假如开始时机子是从他的左边拍摄，机位就应始终都保持着只在其左侧活动而不能在左侧拍了一会儿后又跑到右边去；否则，将从左右两侧拍到的画面连接起来播放时，就会给观众以错觉，误以为该人是向前走了一会儿又往回走，这样，观众头脑中的空间感就被打乱了。又如拍两人对面说话的画面，如果刚开始时在某一侧拍摄，之后又跑到另一侧去拍摄，过后把左右两侧所拍到的画面连起来播放时，就易使观众误以为他们已交换了位置。在这类画面的拍摄中，有一条无形的线条在限制着摄像机的活动范围，要求拍摄机位不得超越它，这条无形的"线"就叫做拍摄轴线。如果机位超越这条"线"来进行拍摄，就叫"越轴"或"跳轴"。

拍摄轴线包括方位轴线、关系轴线和动作轴线三种类型。

一、方位轴线

方位轴线指的是以所要表现的某一对象为交点，垂直于其背景画面的垂线（如图9-18）。

若所要拍摄的对象是人时，这条垂线就与该人的视线相重合，凡属不连续对其进行拍

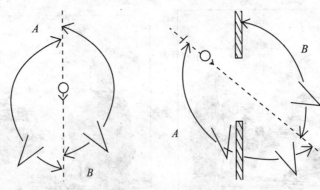

图 9-18　方位轴线

（图中不同方向的"Ｖ"均表示摄像机，其中开口方向为镜头指向；不同方向的"Ｏ→"均表示人，其中箭头所指方向为人物的视向；"▨▨▨▨▨"表示房屋的墙体，虚线为拍摄轴线。以下各图同）

摄时，机位的活动范围就必须限定在该条方位轴线的某一侧而不得越过这条轴线。如在图9-18 的左图中是有一个人在站着或坐着，而右图中则是有一个人在窗口前向外看去，在拍摄他们时，摄像机的机位要么是始终保持在该线的 A 侧，要么就是始终保持在该线的 B 侧。这样，如果在剪辑画面时中间穿插进了别的什么镜头，到观众看节目时，就还同样能够看出该人所处的方位没有变，画面给观众的空间感始终是一致的。而要是前后画面分别是从 A、B 两侧拍摄的，那么到观众看节目时，就会误以为前后两个画面中该人分别是在不同的地方了。

二、关系轴线

关系轴线指的是要同时表现的对象为两个或两个以上时，能够保证其彼此在空间位置关系上的统一感的拍摄范围界线。

如果要同时表现的对象为两个时，其关系轴线只有一条，就是与其两者间连线重合的假想线（图9-19 左、中）；若要同时表现的对象为 3 个或 3 个以上，因每两者间都有一条关系轴线，3 个人在一起时就有 3 条关系轴线。拍摄时对他们之间的关系应有所交代，即使机子的活动范围始终保持处于其中任意两条轴线的夹角之内（如在图 9-19 右图中，机子的活动范围应是始终保持在 A 或 B 或 C 或 D 或 E 或 F 的范围内）。要是现场上的人数多于 3 个时，由于关系轴线比较复杂，因而在拍摄中宜以先用全景来交代现场上共有多少人，然后才向前推近来分别交代其中的某个或某些人为好。

而在人员众多的会场，拍摄的轴线就是与主席台正中相交，垂直于主席台背景的假想线（图9-20 左图）。

图9-20 左图所示的会场拍摄，既是会议新闻的画面拍摄顺序图，也是对会议进行现场实况转播的机位图。如用单机对会议进行拍摄时，先在"1"处拍下会场的全景，然后到"2"处拍代表席全景，再到"3"处拍主席台（含对讲话人的近景及特写画面的拍摄），接着到"4"处拍代表席中景，又到摄像机符号为虚线的"4"处拍代表席近景，再

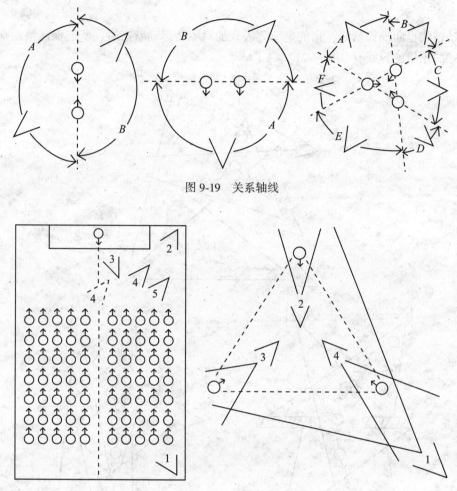

图 9-19　关系轴线

图 9-20　关系轴线

到"5"处拍代表席近全景，然后再到"3"处拍主席台（含对讲话人的近景及特写画面的拍摄）。另外也可再到代表席上去拍摄某些代表认真听取报告或认真做笔记的特写镜头；如果是会议进行现场实况转播，则是在"1"、"2"、"3"、"4"、"5"处各布一台机子，另外再加一台可自由游动的机子来负责拍摄代表席上某些代表认真听取报告或认真做笔记的特写镜头即可。

戏剧演出、文艺晚会的拍摄，所应遵守的轴线规律也与此相似。

此外，还有一种比较特殊的情形：现场的人数较多且他们围成一圈或相互面对的时候，如果按照以上每两人之间就有一条轴线存在的原理来分析人物之间的轴线，问题就变得很复杂而难以把握了，对于这种场面的拍摄，就不需要去分析它们之间的轴线关系是怎样的而另有一种解决问题的办法，解决的办法是先在某一个角度把全景拍下，然后再进入人物之间分别对各个人物注意进行拍摄，这样就可避免出现轴线问题了（如图9-20右图）。

三、运动轴线

运动轴线也叫动作轴线，指的是所要表现的对象为运动状态时，所能保证给观众以空间统一感的拍摄的界线（如图9-21）。

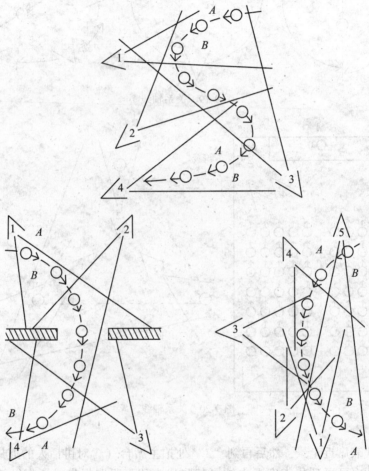

图9-21 运动轴线

由于拍摄对象的运动不一定是直线运动，因此其运动轴线也就不一定是直线而可表现为曲线，并且无论表现为直线或曲线，其位置都不是固定的，它会随着所要表现的对象的运动而发生变化或运动，并不一定表现为静止状态。拍摄时无论运动轴线是直线或曲线，也无论其表现为静止状态或运动状态，机子的活动范围都应始终只在其轴线的任一侧而不得越过该侧。

运动轴线的数量也和关系轴线一样，在所要表现的对象为两个时只有一条；所要表现的对象为三个或三个以上时，则是每两者间都形成一条；有多少个需同时表现的对象，就有多少条运动轴线。拍摄时机子的活动范围也同样是只能始终保持在其中任意两条轴线的夹角内进行。但在拍摄运动着的对象中，若要表现的只是整个大场面而非要表现各个对象相互间的运动或活动关系时，则可视这个大场面为表现对象的一个整体，在拍摄中机子就不一定始终要处于某两条轴线间的夹角内而可跳出各种轴线来拍摄整个场面的全景画面。

轴线规律要求在拍摄时不允许跳轴，也只是就一般情况而言。如果是在画面能够把空间关系的改变向观众交代清楚，在不致使观众对空间的统一性产生误解的前提下，合理地进行跳轴也还是允许的。如对某一表现对象，假若拍摄镜头缓缓地围绕其转，这样来边绕着其转而边拍摄时，观众就能够理解得到背景环境在移动而不至于产生误会了，这样的越轴拍摄因而不会造成误解，那就是可以允许的；又如在拍摄中若拟进行越轴之前先拉一下镜头表现出现场全景，然后通过移动拍摄来缓缓地将镜头由表现对象的某一侧逐步过渡到另一侧，观众就不会对空间的变换感到费解，则这样的越轴也是允许的。

再如，要是在两个不同轴向的镜头间插入一两个正面拍摄的特写镜头或无方向特征的远景镜头，以这种中性的镜头作为过渡来进行跳轴，也可使观众疏忽对象位置的变换而不至于因跳轴产生疑惑。

另外，在拍摄人物的某些大幅度的运动动作，如腾空而起、纵身跳下悬崖、激烈的搏斗等场面时，有时有意地采取跳轴方式来拍摄，还可起到渲染气氛、夸张情节、增强惊险效果或强化创作意图的作用；有时，若有意地以一定的频率来重复跳轴拍摄，也可营造出现场节目情节发展的强烈节奏或某种凝重氛围，这样的跳轴如能运用得恰当，有时还可使剧情发展能对观众心灵起到震撼的作用。

第四节　电视画面的拍摄

由于新闻事件不会重演，因而，电视新闻的采拍是一种只有一次机会来开展的工作，要是错过了时机拍摄不到或操作不当而拍得不好，也没办法重新再来。为了使采拍中所拍摄到的画面能用和能把画面拍摄得好一些，作为电视记者，有关画面采拍的一些基本常识是必须掌握的。

一、在拍摄工作的安排方面

在拍摄工作的安排方面，若是条件允许，应考虑如下两点：

（一）尽可能以多机协作来进行

为使在节目的后期制作中能有较多不同角度、不同景别的画面可供选用，同时也为了避免在存储介质（录像带、光盘或硬盘等）用完时因更换介质而漏掉重要内容或关键内容，在外出拍摄新闻时，若有条件，最好是能由两部或两部以上的机子来相互配合进行拍摄，这样，不同的机子分别从不同的角度或以不同的摄法来进行拍摄，到后期制作时，在画面的使用上就能有较多的选择余地。但在进行多角度的拍摄中，应注意遵守好轴线规律，如需越轴，也要以前面所说过的办法来进行跨越。

（二）声源较远时要用外接话筒来拾音

在采拍中，若是声源距离摄像机较远（例如要拍摄记者与采访对象交谈的画面）时，若使用摄像机上的话筒来拾音，所录到的音效就会较差甚至会录进周围的许多嘈杂声，因而在有条件的情况下，最好是改用外接的机外话筒来进行录音，这样所获得的声音效果会更好一些。但在使用外接的机外话筒来进行录音时，由于话筒线加长后会导致音频信号的衰减，因而机外话筒连线的长度一般应控制在 10 米以内，同时，在使用外接的机外话筒来进行录音时，还应将摄像机的音频增益适当调大，这样才能保证所录到的声音的音效质量。

二、拍摄中对机子的操作

拍摄中对机子的操作要求如下：

（一）保持机子的平稳

在拍摄中，扛摄像机要注意保持机子的平稳。

如果是边走边拍摄或在行进着的车上拍摄时，除了构图上的特殊需要外，务必注意不得因走动或车子的颠簸而使镜头左右摇摆影响画面的平稳。保持机子的平稳，因难度大故而一般的新手不容易做到。因而作为新从事电视工作的记者，在平时有空的时候，就应多做这方面的练习，学会在走动时和在行进着的车上抱着摄像机来拍摄时也能拍出尽可能平稳的画面来。

当然，若有条件，也可通过使用减震器（斯坦尼康）或车载减震器来保持平稳。但即使是台里有减震器可用，由于记者也不可能每次外出采拍新闻时都带上减震器，因而记者在平时也还同样应当练就好能在走动中或在行进着的车上拍摄出尽可能平稳的画面来的过硬本领。

如果是在进行固定机位的拍摄，虽然可以通过使用三脚架来保持机子的平衡，但用三脚架来固定机子所拍出的画面虽然平稳，但由于使用三脚架来固定机子时要对画面进行推拉处理时会影响到画面的构图，并且记者也不可能每次外出采拍新闻时都带上三脚架，因而记者在平时也还同样应当练就好站在一个固定的地方进行持续一两个小时甚至三四个小时的连续拍摄都能始终保持画面平稳的过硬本领。

事实上，许多电视工作时间长的老记者都能做到在走动中或在行进着的车上拍摄也能拍出基本平稳的画面，也有的记者站在固定的位置上就能拍摄出持续好几个小时的平稳画面来而被同事们誉为"三脚架"或"活尼康"的。学会把机子扛稳尤其是长时间保持能把机子扛稳，以及在走动中和在颠簸着的车上能把机子扛稳，这也是电视记者尤其是新从事电视工作的记者所应经常开展的最基本的业务训练之一。

（二）在行进中进行拍摄时应尽量少用长焦镜头和少拍推镜头

由于在推镜头和在使用长焦镜头来进行拍摄时画面容易发生抖晃，尤其是在行进中进行拍摄时，抖晃就更严重，因而如果不是确有必要，在行进中进行拍摄时，应尽量少拍推镜头和特写镜头而尽可能多拍远景镜头和尽量少用长焦镜头。

（三）拍摄中的各种技巧运用不得过于突然、在变动时应保持匀速

在拍摄中，若需要进行推、拉、摇、移、升、降等操作时，除了特殊需要之外，一般应匀速进行而不应变动得过于突然或过快，并且在变动中也应保持匀速变动而不宜变得忽快忽慢。

（四）"起幅"和"落幅"要留有余地

要说明"起幅"和"落幅"，得先明确什么叫做"镜头"。

"镜头"这一名称,既用来指摄像机上装有镜片的那一个部位,也用来指在拍摄中所拍到的一段连续画面。

画面上所说的"镜头",指的是在每一次的拍摄中,从拍摄者按下"拍摄/停止"键开始进行拍摄时起,到再次按下该键使拍摄停止时止,这一期间所拍摄到的那一段连续画面,就叫做一个镜头。

"起幅",指的是镜头开始拍摄时所拍下的头一幅画面;"落幅",是指在停拍前所拍到的最后的那一个画面;而从"起幅"到"落幅"之间所连续拍到的那些持续画面,则叫做"运动"画面。

所谓"运动",指的是这些连续画面在拍摄中运用到了各种拍摄技巧来进行的拍摄。

如果在素材的拍摄中使用的是录像带来作为信号的存储介质,由于摄像机在启动时录像带需要"走带"一定的距离后才能开始进行画面记录,因此,"起幅"画面的拍摄至少要持续3秒钟,再加上在剪辑中录像机的启动运行和锁相又需要5秒钟左右,因而"起幅"画面的拍摄,持续时间只有不少于8秒,才能确保所拍摄到的"起幅"画面在剪辑中能用得上。

在拍摄中,由于在再次按下"拍摄/停止"键停止拍摄之后,录像带虽然在摄像机里又还要再走带一段时间才完全停止下来,但记录却是从按下"拍摄/停止"键的时候就已经停止了,这样,"落幅"画面的持续时间就很短暂甚至有可能是只持续了1/25秒①,这么短暂的画面在画面剪辑的时候是无法用得上的,因而在拍摄"落幅"画面的时候,持续时间也应以3~5秒为宜。

现在,由于技术的进步,虽然许多摄像机记录和存储信号的介质已改为光盘或硬盘,光盘或硬盘信号的读取可以读得很精确了,但在拍摄中也还同样需要保持良好的"起幅"和"落幅"习惯,因为只有"起幅"和"落幅"都留足余地的素材,才更便于进行编辑。

(五)随时掌握好信号存储介质和电池的剩余量

开展电视采拍,为了确保能够将所要拍摄的现场画面都能拍摄到,在进行单机拍摄的时候,就得注意随时都要掌握好信号存储介质(录像带或光盘或硬盘)的存储空间的剩余量和掌握好电池电能的剩余量,尽量避免在关键性场面出现时更换信号存储介质或电池。如属拍摄会场上重要人物在主席台上的讲话,更换信号存储介质或电池宜在其歇句、喝茶等间隙或在其对某个问题展开来讲的时候进行,这样才不至于因更换信号存储介质或电池而把重要的内容漏掉。

此外,无论是单机拍摄或是多机拍摄,每次更换电池时,都应将换下来的电池立即充电,这样才能保证新换上去的电池电能用完后能再次更换。

三、拍摄中的画面构图

拍摄中的画面,除了要结合本章第二节中所提到的各种要求来进行之外,还应把握好如下两个方面:

---

① 由于电视画面的运动是每秒钟25帧,因而每帧画面的持续时间为1/25秒。

（一） 注意通过构图来实现部分新闻要素的交代

电视新闻报道，也和报纸、广播传媒上的新闻报道一样，在报道每一则新闻时，都应交代清楚 5 个 "W" 和 1 个 "H"，即何人（who）、何事（what）、何时（when）、何地（where）、为何（why）和如何（how），这些新闻作品中所应当交代的各个要素。而由于电视语言有着画面、声响、光照和字幕等多个语种，其中画面语言中的每一个画面，又可以同时包含多种信息，因而电视新闻节目在对各种新闻要素的交代上就可以比较灵活，许多方面的新闻要素，往往可以通过画面的构图就能交代清楚，例如要一列火车开到了某地时，只要将其所行驶到的大桥桥头、隧道口上所刻有的桥名或隧道名、车站大门上方或站台上所悬挂着的站名牌摄入画面，观众就能知道列车开到什么地方了；要交代一个事件发生在什么地方，如果该地附近有着什么能体现出当地特征的山峰、建筑物、名胜景点的话，将这些能体现出当地特征的山峰、建筑物、名胜景点作为背景也摄入画面，观众也就很容易看出新闻所报道的是什么地方了；而将单位的大门、内部科室或车间门口上所挂的门牌作为背景摄入画面，观众一看就知道所报道的事是发生在什么单位了。此外，把桃花盛开、落叶飘零、炊烟缭绕、朝霞、夕阳、墙上的日历、挂钟等摄入画面，也能使观众一看便能知道事件发生的季节或时间。总之，在拍摄中多留意观察和用心考虑，很多相关的信息是可以通过画面来交代而不必再用播音员来介绍的。

（二） 捕捉好最有价值的关键瞬间

在拍摄中，若要拍好人物的某个动作特写或演出中的舞蹈造型等关键画面时，就应将镜头的落幅画面安排在这类动作的最精彩的瞬间。而要把这类画面拍摄好，在时间的把握上就得尽可能地准确无误。

一般来说，从拍摄对象所作运动的发展趋向来分析，一般可预见得到其后将会有这种精彩瞬间出现的。为了能够拍到和拍好这样一个精彩的瞬间，在拍摄中，应根据经验和现场上的运动发展的态势或现场上的相关声响（尤其是舞蹈中的音乐旋律）等来估计该精彩瞬间还要多久会出现，从而有计划地在摇移到恰当之时，不失时机地推镜头，使镜头在推至特写画面时正好能捕捉到预计中将要出现的宝贵瞬间，这样，把特写定格到最宝贵的关键瞬间上，画面镜头才更显艺术性。

四、在拍摄的同时要兼顾采访和注意观察思考

（一） 采访应在拍摄的过程中同时进行

电视新闻的采拍，既包括对画面的拍摄，也包括对与事件，事实相关的内容的采访。有关事件或事实的方方面面情况，在相当多数的情况下，单靠画面是不能说明清楚的，这就要在新闻中辅以播讲解说或字幕说明。如事件或事实发生的时间、地点、人物的身份及姓名、有关的数据及背景情况等，都要记者在采拍画面的同时把它弄清。对这些有关情况的了解，可在开拍前后或在拍摄过程中抽空进行。拍摄完后，还应结合已经拍到了的画面来考虑看画中还有哪些人名及其身份、地名、物名、术语等尚未弄清，哪些数据和背景材料未弄到手，同时还要按这类题材的报道意图，结合已掌握到的材料情况，回头考虑尚缺哪些画面，然后补充了解所需情况和设法将尚缺画面补拍，在确信该弄的问题都已弄清，需要且能要到的画面都已要到了的情况下才离开；否则等到剪辑节目时才发现有许多

问题连自己都搞不清楚就被动了。

在拍摄的同时进行采访，其实也很方便，因为摄像机本身就带有拾音话筒，而除了文艺演出和人物的讲话中的某些重要内容等少数同期声在做节目时需要用到之外，新闻节目中的大多数画面，一般不需要出现同期声，因而记者对当事人的采访一般不必做笔记，只要在拍摄的时候边拍边问，双方的对话就已被录进摄像机里了，这样过后在写新闻的文稿时，再将摄像机话筒所录到的对话播放出来，就可以根据录音来撰写了。

通过摄像机来记录采访中的对话内容，需要注意的是必须把人名、地名、单位名和各种术语等名称中的同音易混字问清楚，例如在询问对方的姓名时，要是对方说是姓zhāng，就应当接着追问是"弓长张"的"张"还是"文章"的"章"；对方说其是"在jī场工作"时，就要追问清楚是在飞机场还是在养鸡场等，只有这样，才不至于在写作文稿时把情况弄错。

（二）注意观察思考，捕捉各种有益信息

一条电视新闻作品的形成，尤其是有价值有特色的电视新闻的形成，并不是事先就能确定好它的表现方式和表现手法的，需要什么画面和解说词来构成，如何构架它的结构和如何安排它们的顺序步骤，都有待在现场采拍中不断调整和完善报道思路。因此，在新闻采拍中，不应仅仅满足于把现场上存在着的画面或主要场景画面拍下和拍好，而是在对现场场景进行采拍的同时，还要留意周围的人和事，在关注采拍对象的言行的同时，还要注意观察周围各种人物的表现和反应，留心他们的神色举止，并在观察和倾听的同时加以分析思考，根据现场情况不断进行新构思和适时捕捉各种有可能要用到的画面和声响，只有这样，到进入文稿写作和音像剪辑时，才能有较充裕的素材来供选择。

另外，在拍摄中如能注意观察、勤于思考，有时还有可能从现场上的一些偶然发现中获得一些意外的收获，有些意外遇上的场面，把它用到报道中，说不定还可使作品大为增色。如在电视文献专题艺术片《血沃中原》的拍摄中，作者就是把意外"捡"到的一个画面用到了节目中的：当湘鄂赣边区烈士陵园举行揭幕盛典时，镜头却摇出会场外面花坛边上一位手举木牌的老太婆，这位皱痕满面、白发苍苍的老太婆手中的木牌上写着："我寻我儿罗地娃，他民国二十九年当红军离家。"当镜头表达出这位炯炯双目中充满着执着寻求、却又无语无泪的刚毅神态的老人的特写画面时，伴随着这催人泪下的长镜头画面的是这么一段撼人心灵的解说："在会场的一角，我们拍到了这样一个画面，可以猜出，老人已经八十开外，这位母亲寻找儿子，找了多少年啊，我们真应该走上前去深深地鞠一躬，我们这些喝新中国奶水长大的人们，都欠您一笔永远也还不清的债！"

看到这么一个震撼人心的动人画面，观众不难想象得出，在作者原来撰写的文稿中是绝对不可能安排有这么一个情节的。作品中之所以后来能够出现这么一段小插曲，完全是靠拍摄者临时抓拍而得。然而，正是这么一个从偶然的发现中信手拈来的细节，居然能够成为一部作品中画龙点睛的神来之笔，可见在拍摄中留心观察，认真思考，随机应变对作品的完善之重要。

五、拍摄中常见问题的应对

在拍摄中，有可能会遇到各种各样意想不到的问题，当遇到各种各样意想不到的问题的时候，不到万不得已，都不应当放弃采拍而应是积极想办法来进行应对。一般来说，比较常见到的意外情况主要有：

（一）对有人要抢镜头的问题的应对

在采拍中，常会碰到一些被拍对象在不该面向镜头的情况下却有意面向镜头，更有甚者，有的围观者还会突然闯进镜头来或故意在镜头前探头探脑抢镜头。遇到这种情况，记者出于礼貌又不便对其指责或劝告而只能设法回避，回避的办法一是可以采取"虚张声势"的做法，干脆就把镜头对准其进行假拍，等到他们想上镜头或想面对镜头的愿望得到满足之后，瞅准机会再打开机子将所需的画面拍下；二是可采取"突然袭击"的办法，当所在位置被人挡住镜头时，可先看好某一适宜的拍摄点，然后突然改换拍摄位置，迅速走向该点进行拍摄。如果属于多机采拍，还可采取"声东击西"的办法：拟进行拍摄的记者可先把机子镜头盖上并将机子从肩上拿下提在手上，做出打算要休息的样子，同时由另一记者将机子扛起并打开镜头盖快步向某处走去以吸引好奇者，而拟进行拍摄的记者则若无其事地留在原地等候时机，待到同事把好奇者引开或把他们的目光吸引开后，立即扛起机子进行拍摄。

（二）对拟拍对象躲镜头的问题的应对

与上述情况相反，在采拍中，也有时会遇到一些拟拍对象有意回避镜头而让记者很难拍摄得到或很难拍摄得好的情况，对于这样的采拍对象，可采取佯装要走的办法，先将机子从肩膀上拿下来提在手上往别的地方走去，待其"麻痹大意"后再猛然回头"突然袭击"，这样就很容易把所需画面拍到了。

（三）对无画面可拍的问题的应对

有时候，在外出采拍之前，根据相关资料或从他人口中所了解到的情况来看，有些画面在现场上一定会有，因而在制订采拍计划或拟写拍摄提纲的时候就已经把想象中肯定能够拍摄得到的这些画面列入了采拍计划或拍摄提纲里了，但等到了现场后，万没想到事先想好要拍的画面却不存在。遇到这种情况，许多人可能只好失望而归了，但实际上，如果多动脑筋，稍微调整一下行动计划，或许就能"柳暗花明"也不一定。例如中央电视台编导谷益华在率队前往东北牡丹江一带拍摄电视纪录片《林海雪原寻迹》前，就计划到小说《林海雪原》中所写的夹皮沟，要去寻访小说中的李勇奇、小常宝的生活原型，拍摄对他们的访谈，并且事先也已经把这个寻访作为该纪录片的一个很重要的组成部分来拍摄了，但等到去到那村子后，问了许多人，不但该村没人知道小说中的李勇奇和常宝的生活原型是谁，甚至连过去解放军曾在那一带地方剿匪过也没人知道。这让摄制组感到十分纳闷，后来经过了解，才知道他们所去的这个"夹皮沟"村，并非小说中所写的"夹皮沟"，而是20世纪50年代末才有人家的新村。遇到这一情况，按理说，摄制组也只能是放弃采拍计划，打道回府了。但谷益华却没有轻易放弃，而是先去走访了一位对当地情况十分熟悉的本地作家，然后根据作家所提供的有关线索，在一个叫梨树沟的地方找到了小说中所写的那一段史实的亲历者和知情人，这样，采拍工作就能继续开展下去了，该纪录片的创作也能按原来所拟出的拍摄提纲来完成了。并且，由于编导在片中还对采拍过程中所遇到的这一挫折也作了交代，这就使得节目显得更加真实自然，让观众感到亲切可信①。

（四）对有画面可拍但当事方又不允许拍摄的问题的应对

也有的时候，有些题材本身并不缺少可拍摄的画面而是当事方出于各种原因而不让拍摄，遇上这种情形，也可以通过采拍别的人和事的方式来"迂回"进行报道。如中央电视台在摄制电视纪录片《中国战鹰探秘》的时候，本来是计划要在片子里展示一下我国最先进的战斗机，并且打算把对我国当前最先进的战斗机的介绍作为这个纪录片的"压轴戏"来重点介绍以让观众受到鼓舞的；但没想到出于保密的需要，国家有关部门不允许拍摄该战斗机。遇上这种情形，按理说，预想中要用来"压轴"的"重头戏"拍不到，整个节目的拍摄计划也就要落空了。

面对有画面却不能拍摄的这一窘境，该摄制组并没有泄气更没有放弃，而是多动脑筋想办法，最后是将节目的表现风格由"写实"改为"写意"，不能拍摄飞机，那就采拍研制这一飞机的总设计师和参与技术攻关的科研人员，通过总设计师和参与技术攻关的科研人员的介绍来反映他们如何自力更生攻克技术难关，在攻克难关中如何自强不息顽强拼搏，同时，还将总设计师哼唱的一位参与技术攻关的工程师所创作的一首反映他们甘把自己的宝贵人生奉献给祖国的国防科技事业的歌曲也用到了该片子上，再加上播音员播讲解说的渲染，这样以"写意"的手法来交代，尽管观众没能看到那架我国当前最先进的战斗机，但由于知道了这些科技人员如何顽强拼搏，如何严谨对待研究，如何甘为国家的国防事业奉献青春和热血，便也能自然而然地感觉得出那最先进的战斗机一定很棒了②。

六、新闻采拍工作的禁忌

"真实是新闻的生命"，电视记者也和报纸、广播记者一样，必须对自己所报道的每一件事负责任。所报道的每一条新闻，都必须做到"确有其事"，"确实如此"和"经得起受众去核实"。因而，记者在开展电视新闻的采拍中，绝不可为了制造新闻、美化人物或为"突出主题"而安排或暗示他人按自己的意志去组织场面，安排情节和设计场景；在拍摄中，亦不得为了满足"宣传需要"而去充当"导演"和对采拍对象指手画脚、摆布场面。

第五节　画面素材的整理

为了便于在新闻文稿的写作中能够根据已有的画面来考虑节目的内容和为了在节目

---

① 参见谷益华：《积极应对采访中的"意外"》，该文出处：央视国际 www.cctv.com，http://space.tv.cctv.com/article/ARTI1158 222656000107。

② 参见谷益华：《积极应对采访中的"意外"》，该文出处：央视国际 www.cctv.com，http://space.tv.cctv.com/article/ARTI1158 222656000107。

制作当中能够迅速找到所需的画面，在现场采拍结束之后，还需对画面的素材进行整理登记。

整理登记画面素材的办法是将画面素材按本（盒）编号，然后把各本带子全部倒回头来从头到尾进行观看，在观看中逐一记下各个画面出现的起止时间，把它详细地填写进镜头表里附到带盒上，以便图像编辑在剪辑时能迅速找到所需的画面。

各个电视台所用的镜头表的样式也各不相同，但一般来说，其所设的栏目大致如表9-1所示：

表 9-1　　　　　　　　　　　××电视台新闻素材镜头表

题材或题目：_____　　本数：____本号：____

采拍者：_____　采拍日期：_____年____月____日

镜号	起止时间	画面内容摘要
1		
2		
3		
4		
5		
6		
……		

采拍者对镜头表的填写，可分为详填与略填两种方式，至于该采用哪种方式来填写，则要按本台的具体要求来定。而无论是详填还是略填，其中的"起止时间"都要精确到秒，这样到编辑画面时，编辑人员才易于找到所需的画面。

详填，就是要把整本带子所拍摄有的每个镜头都全部逐一细列，这种方式的填写，其好处是可使图像编辑能够了解到已经拍摄了些什么画面，有利于对所要制作的节目进行画面运用上的统筹安排和有利于在剪辑中对画面进行精心挑选；同时，素材带作为资料入库保存后，要是以后需要用到这些素材来制作专题片，要查找看有无所需的镜头来也很方便。此外，能对镜头表进行详细填写，今后若有后人需要检索相关的画面资料内容，也就方便得多。

将拍摄到的素材中的每一个镜头所在的位置都在镜头表上详细记录清楚，这对于节目剪辑及资料保存都很有利，但由于这项工作费时太多，因而许多电视台都不强调详填。

略填，即只按记者写出的新闻文稿中所需要用到的画面列出即可。略填的好处是对于记者来说可节省很多对画面进行审读记录的时间（用不到的画面在审读登记时可快进跨过），而对于编辑而言，略填的镜头表由于内容较为简单明了，只粗略浏览一下便可看完镜头表上的内容，便于对照解说文稿来直接搜寻所需要用到的画面，这样就缩小了制作时对目录的查阅范围。但镜头表略填的素材，若今后需查阅和作为它用时，就又需重新检索登记一遍，从长远的需要来考虑，能有时间一次详填，对于资料的存档就更为有利。

　　在素材整理和镜头表的填写中，若采用的是详填而又想兼顾便于编辑查阅的话，也可以是将本次播出中拟用的镜头加注标明（如可用红笔圈起，画上或标上有关符号），这样既可方便编辑在编本次的节目时便于查找画面，又有利于他人查阅。

　　摄录设备数字化以后，由于所拍摄到的素材都是以视频文件的形式来存储的，而在非编系统上要查看素材文件的内容也只是用鼠标来拉动便能随意查阅整个文件中的任意位置的内容，因而现在许多电视台都不再要求记者整理素材和填写镜头表了；但从便于节目的制作和素材资料的存档来说，若能把每一次拍摄到的素材都整理出来并详细地填写好镜头表，就可为往后的工作省去很多的麻烦。

本章复习与思考

1. 电视新闻采拍的前期准备工作主要有哪些？
2. 在电视画面的构图上，有些什么具体要求？
3. 摄像机在使用中，应注意些什么问题？
4. 在拍摄中，什么情况下允许跳轴？跳轴时需注意些什么？

第十章　电视新闻文稿的写作

　　电视新闻文稿的写作格式，在前面第三章第二节中已经有过介绍，因而在本章中就不再重复，而只叙及电视新闻文稿写作的一般要求和电视新闻文稿写作的主题定位、电视新闻文稿的具体写作问题。

第一节　电视新闻文稿写作的一般要求

　　电视新闻文稿的写作，除了和报纸、广播的消息文稿的写作一样要抢时效之外，由于电视传媒本身的特点，其文稿的写作，还另有一些特殊的要求。这是因为，电视观众社会职业不一，年龄大小不一，文化水平高低不一（甚至有的还是文盲），理解能力深浅不一，兴趣爱好雅俗不一，电视新闻工作者要对这么一个囊括了整个社会各个阶层、各个年龄阶段、各种文化层次、各类职业、爱好等方方面面的全体公众传播新闻信息，就需要想办法把节目做得能让全体社会公众都能接受和乐于接受。而要使所做的电视新闻节目能让全体社会公众都能接受和乐于接受，在电视新闻文稿的写作上，大致而言，就需要从如下一些方面来努力：

一、清楚

　　所谓"清楚"，就是说一条电视新闻要向观众报道一条什么新闻，就需要把该新闻向观众交代清楚，使观众能看懂和容易看得懂，这样才有可能达到作者的传播目的。

在电视新闻中想要把情况交代清楚，在电视语言语种的选用和文稿内容的安排上，都是很有讲究的。

（一）电视语言语种的选用

一条新闻中的各种内容，有的既可以用画面语言来表达，也可以用声响语言来表达，还可以用光照语言来表达或用字幕语言来表达。当遇上一个内容有多种电视语言都能交代的情形时，应当选用什么语种来交代呢？这就得从观众为什么要收看电视节目来考虑了。

观众之所以要通过收看电视来获取新闻，主要是想要看到画面而不是想要听解说，因而在电视新闻文稿写作的语种选用上，就应当是凡是能够用画面语言来交代的事实，都应尽量用画面语言来交代；若单靠画面语言无法交代清楚的，才考虑辅以字幕、同期声等来配合交代；只有辅以字幕、同期声等来配合也还不能交代或不能完全交代清楚的内容，才考虑通过播音员的播讲解说来进行交代。

例如，当画面上出现一个房屋破败的小山村时，观众虽然能够从画面上知道这是一个贫困山村，能从房前屋后的树木上大致看得出是南方或北方的贫困山村，但却无法从画面上看出具体是哪个年代哪个省的什么地方的贫困山村，在这种情况下，就可以考虑用字幕或播音员的播讲解说来配合交代了。当然，如果是在这一画面之后出现村里的人，有人在说话中说到有包含这些信息的话，或随着镜头的推进，画面推出屋内墙上挂着的日历的特写，接着又推出桌上一个盖有邮戳并且收信人地址也很清晰的信封的话，也就无需配上字幕或播音员的播讲解说来作交代了。

也就是说，在电视新闻文稿的写作中，无论在对任何内容的交代上，都应优先考虑使用画面语言，实在不行时才考虑用别的电视语言来配合。

（二）文稿内容的安排

从前面第三章第二节所介绍的电视新闻文稿的表现形式中可以看出，电视新闻文稿的写作，就是要安排好在一条电视新闻中要使用些什么画面，各个画面在整条新闻中的顺序位置及在各个画面的前后各要配上什么内容的解说。而在一条电视新闻中想要把所要报道的内容说清楚，在这三个方面，也就都需要安排恰当。

1. 画面的选用

记者在采拍新闻的时候，所拍下的画面往往都很多，而真正用到节目上的，一条新闻一般也就是3~8个镜头而已，因而文稿写作中画面的选用，就是从所拍摄到的众多的画面中挑出若干个出来。

那么，在众多的画面中，应选用哪些画面而不选用哪些画面呢？这就得从如下几个方面来考虑了：

（1）关键时刻的画面。所谓关键时间的画面，指的就是那些在所报道的新闻中最能吸引人，最能代表新闻意图，且处于时间时刻的画面，例如在报道工程竣工庆典的新闻中，剪彩者进行竣工剪彩的画面就是关键时刻的画面；在报道抗洪救灾的新闻中，救灾人员赶到现场时纷纷跳下水里去堵截洪水的时候和终于把决口堵住的时刻；在报道水电站建成投产的新闻中，当工作人员打开闸门，发电机开始转动起来的时候和机房外面电灯大放光彩的时刻；在报道机场建成，首班航班投入运营的新闻中，首架客机在跑道上开始滑行和从跑道上开始起飞的时刻；在报道失散已久的亲人重新团聚的新闻中，双方见面时扑上前去拥抱或拉手、喜极而泣的时刻；在报道文艺晚会演出的新闻，舞台上的演出场面最热烈的时刻或在最精彩的舞蹈节目的末尾推出了造型的时刻等。在这样一些时刻拍下的画面，就是关键时刻的画面。在新闻节目中，这样的关键时刻的画面是不可缺少的，因为只有用上关键时刻的画面，观众才能更好地了解新闻中所报道的事。

（2）最能说明问题的画面。所谓"最能说明问题的画面"，指的就是在所报道的新闻中，那些最能体现出新闻的主题思想的画面。例如在报道某地粮食获得丰收的新闻中，田野里稻浪翻滚或麦浪翻滚的画面，晒场上堆着的"粮山"或农户家里到处囤满了粮食之类的画面，就是最能说明问题的画面；在报道某人勤奋学习的新闻中，该人边吃饭边看书或在站在拥挤的火车上也在看书学习之类的画面，就是最能说明问题的画面；在报道某地遭受了特大暴风雨袭击，造成了重大损失的新闻中，那些墙倒瓦飞，水桶般粗的大树被连根拔起的画面，就是最能说明问题的画面。如果在所拍摄到的素材中有这样一类的画面，在写作新闻文稿时，就应安排把这样的画面用上，这样，才更有利于让观众认同新闻中所蕴含着的主题思想。

（3）最有代表性的画面。所谓"最有代表性的画面"，就是在能反映所报道的新闻的真实性的画面中，那些最能反映出所报道的新闻的真实性来的画面。例如在报道某地的人很勤劳的新闻中，人们在烈日下或风雨中仍在劳作或老人、孩子、残疾人也在很卖力地干活的画面，就是最有代表性的画面；在报道某地群众踊跃为灾区捐款捐物的新闻中，那些老大娘从包了一层又一层的手帕或衣物中把叠得整整齐齐的钱拿出来或小孩将为数不多的零零散散的零钞和硬币投进捐款箱的画面，就是最有代表性的画面；在报道某地群众喜气洋洋欢度新春佳节的新闻中，那些张灯结彩、舞龙舞狮、晚上烟花绽放的画面，就是最有代表性的画面。在写作新闻文稿时，就应考虑选用这类画面，这样才更有利于说明好新闻中所想要说明的思想观点。

（4）必要的资料画面。有的题材的新闻，若光用记者自己采拍到的画面来报道，效果就有可能不大理想。当遇到这样一种情况时，就应考虑选用一些资料画面来配合。例如在一些需要交代历史背景或需要将现状与过去的情况相比照的新闻中，就应穿插用上一些自己以往的资料画面或别人的资料画面。此外，有些单靠摄像机拍摄到的画面很难交代清楚的情况，也可以通过图片、动画等方式来说明。

无论是选用以往的资料画面、别人的资料画面或图片、动画类资料画面，在写作文稿的时候，对用上的各种资料画面，也应和对待别的画面一样，都要考虑如何配上解说词来对其进行诠释，这样才更有利于把一些抽象的情况或事物向观众说明清楚。

2. 拟用画面的顺序安排

在文稿的写作中，当通过审读素材将拟用的画面选定之后，还要考虑各个画面在节目中所处的位置安排，即要安排好各个画面在节目中的排列顺序。

各个画面在节目中的排列顺序，是由解说词对新闻的解说顺序来决定的。也就是说，画面的排列顺序，是要根据解说词的写作思路，在想好了哪些内容先解说，哪些内容后解说之后，再按照各个内容的解说顺序来安排画面的顺序的。

由于观众看电视不像读者看报那样可以在看到有理解不了的问题时可以先停下来思考分析或回过头去再看一下前面的内容，等到把问题弄清以后再继续看。为了便于让观众能够更好地看懂节目，电视新闻文稿的写作，一般应是采用顺叙的结构形式来安排文稿的篇章结构，即应是按所报道的事件的发生、发展的时间顺序来安排画面和解说词的顺序，这样条理才清晰而有利于观众清楚地理解好新闻中所报道的是怎么一回事。

3. 解说词的写作

解说词的写作，应结合画面的实际来考虑，即凡是画面没能说明或无法解释清楚的情况，解说词就应写上，如事件发生的时间、地点，涉事单位、人物的姓名和身份，事发的原因及相关的数据等画面不大容易交代清楚的内容，在解说词里就应交代。

此外，解说词的写作，还应注意如下几点：

（1）布局谋篇应力避花哨。在篇章的布局谋篇上，不能像报刊上的某些文章那样为追求"艺术"而故意把叙述手法弄得枝叶交错、藤蔓相缠，而应尽可能把文章写得条理分明，通俗易懂。

（2）不用序数来作为内容层次的过渡。由于解说词是说给观众听的而不是有白纸黑字给观众看的，因而解说词内容层次之间的连接，就不宜使用书面文章中所常见的那种用序数来实现不同内容之间的层次过渡的办法，即在解说词的写作上，应尽量避免出现那种"一二三四点"。大"一二三四点"套中"一二三四点"，中"一二三四点"又套小"一二三四点"的表述手法而应尽可能用顺其自然的过渡句来过渡，这样才有利于让观众听得清楚。

（3）关键内容应多重复。在报纸上，一篇文章只要在前面交代了一个单位的名称或一个人的姓名和身份，后面若要再提到该单位或该人时就可以用"该厂"、"这个县"、"该部队"或"他"等代词来代替了。因为要是读者不知道这个"该厂"、"这个县"、"该部队"或"他"指的是什么单位或什么人，就可以回头再看文章前面的介绍。而电视观众要是听不清楚，却没办法回头重听；此外，观众收看新闻也不一定都能很准时地从头到尾完整地收看，有的人是节目已开始了好些时间后才打开电视；也有的人是走到哪里，看到别人的电视正在播送新闻就顺便看看。这样，漏掉了新闻的开头部分，就没办法知道那些"该厂"、"这个县"、"该部队"或"他"到底指的是什么单位、什么地方或什么人了。因而在解说词的写作中，对于人名、地名、物名、单位名称、会议名称等，除应使用全称外，还应多作重复，这样观众才能清楚所报道的是什么单位、什么地方和什么人。

二、准确

电视新闻文稿写作的准确，包括事实的准确和内容表述的准确两个方面：

（一）事实的准确

"真实是新闻的生命"，电视新闻也和报纸、广播新闻一样，对所报道的事实必须做到完全真实，一就是一，二就是二。从主观上来说，不能有任何虚假含糊，更不允许为了"体现主题"而对事实进行任何拔高、夸张、贬低或阉割；而从客观上来说，为了确保所发的报道能够"确有其事"，"确是如此"和"经得起受众去核实"，尽管电视新闻都有画面来证明所发的新闻是"确有其事"，但解说词所解说的内容如果与事实有出入，那也同样会使报道失实。因而作者对所报道的事件或事实，自己必须先真正把它弄清楚，不得在尚未对全部事实进行逐一核实之前就写解说词。

（二）内容表述的准确

内容表述的准确，包括声画的吻合和解说的贴切两个方面。

1. 声画的吻合

所谓声画吻合，就是文稿所解说的事实，必须是画面上所展现或所蕴含着的事实而不得偏离画面。如画面上出现的是某地开展春耕生产的场面，解说词所介绍的就应是该地如何开展春耕生产工作的内容而不得另说别的事情，以免因解说脱离了画面而言不对题；若画面上展现的是甲地开展春耕生产的场面，解说词所介绍的就应是甲地的春耕生产而不得另去介绍乙地的春耕生产，以免张冠李戴。

这道理说起来似是多余，但实际上却常有人因没拍到某个所需的画面而胡乱把别的地方开展同一活动的画面拿来顶上。这样张冠李戴虽然也能糊弄得了外地人，但却瞒不过当地人，当地人看了觉得不是那么一回事，就会骂电视台造假。其实，与其这样把本来真实的新闻弄成了假报道来损坏作者和电视台的声誉，倒不如老老实实，拍不到的画面就用解说来介绍情况或干脆把报道改为口播新闻的形式来播出。

声画吻合，还包括声画的同步或基本同步而不得声画脱节各行其是，如在介绍大会主席台上就座的领导人时，每介绍到一个人物，画面上就必须正好是出现该人而不得是别的什么人。而为了确保人物不被弄错，除了在采拍时应把现场上的有关人物逐一记清以外，若有拿不准的，还应找知情人来帮助辨认，这样才不至于闹出笑话来或闹出政治事故来。

在文稿的写作上要做到声画吻合，画面与解说词的书写，都必须写在恰当的位置上，例如山西电视台播出，并在全国获奖的下面这条题为《两座商厦在治理整顿中呈现出不同景观》的电视新闻，尽管所报道的单位有两个，但由于说到哪个单位的情况时就出现哪个单位的画面，声画对位，交代事实准确，因而不致使观众产生混淆：

画　面	解　说　词
太原街景	80 年代末，太原市两个商业骄子新星商场、天龙大厦在治理整顿中呈现出冷落与繁荣的不同景观。
天龙大厦外景 大厦内顾客盈门	天龙大厦今年一到十月份销售额达一点六亿元，利润六百八十六万元，分别比去年同期增长百分之四十六和四点三倍，增长幅度居全国国营商场之首。
新星商场内景 冷清的柜台	而新星商场已濒临倒闭，四十七家经营单位已有八家停业，三十一家亏损。

快速切换两座大厦对比鲜明的经营景象	这两座商厦同是集国营、集体和个体于一身的综合贸易集团，同处于繁华闹市，为什么会形成这样大的差别呢？
新星商场内零乱的货架、堆积货物，织毛衣、看书的营业员	记者了解到，新星商场在管理体制上有弊端，最高权力机构商管会既没有统辖的功能，也没有管理办法，商场产权分离，秩序混乱，商品重复，价格不稳，各守篱笆各赚钱，甜果独家吃，苦味大家尝。
天龙大厦窗明几净的柜台 领导与营业员交谈 业务室繁忙的景象 库房内盘货的场面	天龙大厦在发挥国营主渠道和个营经济拾遗补阙中，把握了管与放的辩证关系，建立了一整套管理制度，把能够调动积极性的经营、分配等权力下放给基层，把容易出问题的物价、费用、乡镇企业进货等权力统起来，在群体意识中注入了"天龙即我，我即天龙"的企业精神，增强了职工的凝聚力。
顾客群中老者走来（插入画面）： 10月20日老人买东西 11月2日老人买东西	记者在天龙大厦二十九天的拍摄中，像这样的回头客司空见惯。
顾客填意见卡 名优产品意见书 名优产品展销场面	天龙大厦还从留利中拿二十万元向社会发下十万份意见卡，选定一百多位顾客监督员进行物价和质量监督。他们还在消费者和企业之间搭起桥梁，协同企业抓住时机，增加花色品种，生产适销对路的新产品，使大厦的商品达到六万多种，拓展了广阔的经营空间。
（6月5日资料）： 天龙大厦内红火的盘货场面	新星已成为昨夜星辰而天龙却实现了腾飞，从两座商厦的对比中，不难看出，天龙由于实行了以统放结合为龙头，售前服务、厂商结合为两翼的新格局，从而使经营步入了良性循环的轨道，商品的货台越搭越大，买卖也越做越红火。

要使声画能够吻合，在文稿的写作上就应"量体裁衣"，在撰写文稿各部分的内容时，必须结合已拍摄到的画面来考虑播音员播讲这些内容得花多少时间，可用于说明这些内容的画面能有多少。一般来说，解说所用的时间应比画面出现的时间要短一些，这样观众才不至于因忙于应付听解说而顾不上观看画面。

2. 解说的贴切

所谓解说贴切，就是要求解说词在对画面内容的讲解上，措词要贴切，分寸要恰当，宁可留有余地而切莫把话说过头，以免招致观众的反感。例如某台曾播出过一条关于某庆祝活动的新闻，解说词说的是"红旗如海，歌声如潮"，但在观众所看到的画面中，现场上有多少杆红旗都能数得出来；歌声虽有，但却并非"如潮"，这样一种夸大其词的解说，无异于是在观众面前当面吹牛或当众撒谎。

三、简洁

按当前各电视台的惯例，每条电视新闻一般只占一分钟，即使是比较长的消息，也不过是三分钟左右的时间。由于一条电视新闻的播出时间相当有限，因此它不可能塞进太多的内容，无论是解说词的写作上还是在画面运用的安排上，都应讲求简洁精当。

电视新闻解说词的播出速度，每分钟为300字左右。但开头，结尾和中间的间歇，一般要占去5秒钟，因而在解说词的写作上，1分钟长的消息，解说词可利用的时间只能按少于55秒来计，即一条新闻的解说词一般不得超过270字；若是3分钟长的长消息，可利用的时间也只能按少于175秒来计，最多也不应超过870字。而为了能空出时间来让观众看画面，在实际写作中还应尽可能比这更短一些。

由于电视新闻文稿的容量少，因而在写作上，应当考虑的是在这有限的篇幅中能够容纳多少内容和最应该包括进些什么内容而不应去考虑在叙述上要玩些什么花样。并且，一条消息的具体任务只是负责"报告一件事"，只要能将该事的5个"W"和1个"H"交代清楚让观众明白所报道的是什么事便算达到了目的。因而在对事实的叙述上，它不容许面面俱到，而应是题破得越窄、口子开得越小越好。另外，电视新闻文稿的解说词也不需要将新闻中的某个情节展开来讲或引发开去进行过多的议论，更不容许画蛇添足地去作什么抒情，只要能够把情况说清了就可马上结束。

例如下面这篇黑龙江电视台播出并在全国获奖的《检查团来了！走了！》消息，就写得很精练：

画　　面	解　说　词
清理街道	全国城市卫生检查团从九月十三日起，对哈尔滨市城市卫生情况进行全面检查，检查团到来前夕，哈尔滨市紧急行动起来。
	清理街道，清除闲杂人员，关闭有碍观瞻的小饭店，查封卫生不合格单位等。
检查团到达各处	九月十三日，哈尔滨市以美丽清洁的城市风貌迎来了检查团。记者到省京剧院工地、人和食品摊区、河沟市场、司徒街垃圾站、宣化街广场、儿童公园西门，拍下了一组镜头。
	全国城市卫生检查团在进行了为期5天的检查后，对哈尔滨城市卫生状况给予充分肯定，昨天离开哈尔滨市。

检查团检查过的地方	今天，当记者再次来到检查团曾经驻足查看过、记者拍下镜头的地方时，这里已是"新貌"换"旧颜"。这里的一组镜头，同样拍摄于省京剧院工地、人和食品摊区、河沟市场、司徒街垃圾站、宣化街广场、儿童公园西门。

这条消息，只用了 3 个画面，300 多个字的解说，播出的时长约为一分钟，但却能把作者想要说的全都说清楚了。

实际上，要把解说词写得简洁并不是很困难，因为电视新闻是以活动着的图像画面为主，播音员的解说及字幕说明为辅的方式来向受众传播信息的。既然图像画面和同期声已将许多内容信息交代了，字幕又可分担对部分信息的交代，因而解说词所承担的任务就比其他传播媒介的消息文稿承担的任务要轻得多。它无需全部包揽完对事实的交代，不必一定要叙事完整；而在文字语言的运用上，它也不必完全遵守书面语言的语法规范而只需要遵从电视语言的语法规范，例如解说词中的某些话，如果已经有画面把情况交代了，就不一定都需要主语谓语宾语都齐全而只说出个主语来也就够了。因为，在电视新闻中，解说词与画面的关系是相辅相成的关系而非争奇斗艳的关系，如果两者都竞相"纷呈异彩"，就会导致对同一内容的叙述出现重复而影响到整条新闻内容的简洁。

电视新闻文稿的写作要求简短精练，并不等于说电视新闻的写作就不需要技巧和没有技巧可言。事实上，正是由于电视新闻写作上要求高度的凝练，这就决定了从事电视新闻工作的记者在对各种事物的观察分析上应具有更强的洞察力，对事物的说明具有更强的概括力及在文字运用方面要有更娴熟的驾驭能力。例如上面所列举的《检查团来了！走了！》一稿，虽然所用的画面很少和所作的解说也不多，但由于作者很善于"以一当十"来用事实说话，因而尽管稿子很短，但却能使主题思想表达得很鲜明。

四、口语化

众收看电视，在遇到不好理解的句子时，不可能像阅读报纸那样可以停下来仔细琢磨直到弄懂为止；遇到不好理解的生僻字和同音字、多音字时也不可能像阅读报纸那样可以先把报纸放下，去找字典词典来把字音字义弄清。因此，要使观众能理解好所播的内容，电视新闻解说稿的写作，在句式的结构、句子的长短和句子的遣词造句方面，都不能照搬报刊稿件的那种写作方法而应按照电视媒介对信息的传播的独特规律来考虑语言的运用。一条电视新闻，就是要向观众报告一件事，解说词的写作，应围绕着怎样才能吸引观众来关注这件事，怎样才能让观众能更好地弄明白这件事，怎样才能让播音员便于把话说得顺口，让观众把话听得顺耳来考虑。

（一）口语化的原则要求

由于电视和广播这两种新闻媒介对新闻的传播，都是通过通信设备来实现的，因而电视新闻解说稿的写作要求，和广播新闻稿的写作要求也有许多相似之处，它们之间的相似点主要有以下几个方面：

（1）在篇章结构的安排方面，解说稿的写作原则是尽可能采用顺叙而不用倒叙。

（2）在语言句式的结构方面，原则上应使用顺叙句而不要使用倒装句；凡是能够用单句来表达的内容，都应尽量使用单句而不要使用复句来表达；在必须使用复句来表达时，凡是能用单重复句来表达的，也应尽量使用单重复句来表达而不应使用多重复句。

（3）在句子的长短方面，由于过长的句子容易使人听到后面而忘了前面，听完后半句时已忘掉了前半句，因此，所用句子应尽可能写得短些，以控制在 15 个字为宜。对于那些确需写得较长才能把话说明白的句子，也可不一定待意思表达完整了才停顿，只要不把句子中的成语、词组或单词拆散，在句中也可安排停顿，断句宜以便于表达为准而不必遵从句意。

（4）在句子的遣词造句方面，首要的问题是要尽可能把稿子写得口语化些，尽可能用通俗的语言，把每个句子都写得简短和富于节奏一些。这样，播音员在配音时才能播得朗朗上口，观众听起来也才能听懂和听得饶有兴致。如下面这篇吉林电视台播出，曾在全国获奖的电视新闻《"抠"书记——黄永州》，所用语言就很通俗，符合口语要求：

画　　面	解　说　词
播音员在演播室播报	吉林省长春市奋进乡上台子村，有个"抠"书记黄永州。"抠"，就是过于吝啬的意思。黄书记到底怎么抠法呢？据说乡里无论来了什么人，他从不大摆宴席，别人请他赴宴，他也不去。还是听听他自己是怎么说的吧。
右上黄永州抠像（图略）	
田头采访黄永州	（同期声） 请客吃饭我不去，我认为，大多数请客吃饭都用公款，花这些钱我感到心痛。再说，吃喝多了就会把党的威信喝没了，把清正廉洁喝丢了，把党和群众的关系喝远了。所以，别人请我我不去，我也不请别人。为这事村里人给我起名叫老"抠"。我觉得只要是给国家省点钱，我就算抠对了。
黄永州在车间内指导生产	不过，"抠书记"的抠法却很特别。平时乡亲们有病闹灾，手头缺钱，他拿个三百两百的从不算计。逢年过节看望五保户，他时常个人掏腰包。当国家建设急需资金时，他一甩手就买了好几万的国库券。可是，用公款就是一分钱他也得掂量，在村民中树立了威信。
会议室开会	
菜地采访老大爷	（同期声） 去年几名村干部欲背着他花十二万买一台进口小轿车。他知道后说，咱毛衣厂六十名职工汗巴流水儿地干一年，才给村里交八万元，我们哪能一屁股去坐十二万元的小汽车呢？到底没让买

菜地采访老大妈

小轿车。

（同期声）

黄书记是不是有点不近情理呢？不是，虽然我们都叫他老"抠"，可我们打心眼里敬佩他，他抠得对，抠得好。

（二）口语化的具体做法

电视新闻稿解说词的口语化要求和广播新闻稿的口语化要求完全相同。关于这方面的要求，拙著《广播新闻学》① 一书中有比较详尽的阐述，有兴趣者可参考因而在此就不再重复。

在英文中，由于清楚（Clear）、准确（Correct）、简洁（Concise）和口语（Conversational）这 4 个单词的头一个字母都是"C"。因此，为了便于记住，电视新闻文稿写作所要求要做到的清楚、准确、简洁和口语化，在西方电视新闻界中常常把它简称为"4 个C"。

第二节　电视新闻文稿写作的主题定位

电视新闻写作的主题定位，与报刊新闻、广播新闻写作的主题定位的原理是一样的。

在阶级社会里，任何新闻传媒的新闻宣传，都是要为一定的阶级或集团服务的。这种服务，就体现在对每一个新闻事件或事实的不同方式的报道中。电视台的新闻宣传报道也不例外，它所报道的各种新闻，其实际目的并不在于要让人知道该事而是借对该事的传播来体现某一种思想或观点。

一根木头，在炊事员那里，可以当成柴火来烧；在木工师傅那里，可以拿来打家具；在艺术家那里，可以拿来做工艺品；而在建筑工手上，也许它又能成为栋梁之材……同样，同是一件事情，在不同的传媒机构，其所用来体现的思想观点也是不一样的。如美国前总统克林顿因与莱温斯基间的桃色事件而被法庭传讯，有的新闻媒介对此进行报道，目的是借对此事的传播来说明克林顿的生活作风有问题；而有的新闻媒介对此进行报道，目的却是要借对此事的传播来说明美国社会在"法律面前人人平等"。航空公司的飞机票卖不出去，有的传媒机构用它来说明票太贵没多少人坐得起飞机；有的传媒机构则用它来说明乘坐飞机太危险没多少人敢坐；有的传媒机构却用它来说明航空公司的服务质量太差没多少人愿意乘坐；有的传媒机构还可用它来说明现在通信方便，不用出门也能办通许多事情而出远门的人越来越少。某地群众上访和写的告状信多，有的新闻媒介用它来说明当地党风不正，而有的新闻媒介却用它来说明由于当地党风端正群众有什么意见都乐于向上反映……可见，同是一件事情，它在用来说明传播者的思想观点上所能作为的用途也各不一样。记者在采访到一个事件或事实时，首先就得先分析该事到底分别可以用来说明哪几个方面的问题，其中哪些属于其从本质上所真正能够说明得了的问题，然后根据党和国家的

---

① 武汉大学出版社 2014 年 10 月出版。

大政方针及本台当前的宣传需要,在其所能真正说明得了的诸方面的问题中,确定出将其用来说明什么问题,也即确定出对它进行报道所要达到的目的是什么来。这一分析思考的过程,就叫做题材的主题定位过程。把题材的主题定位好了以后,便可根据主题表现的需要来确定哪些材料应当使用、哪些材料应当舍弃了。

值得注意的是,尽管同是一件事儿,能够拿来说明的问题可以有多种多样,但其中必定有些是它确实能够说明得了的问题;而另有一些问题,用它来作证明,虽然表面上看似乎也能说得过去,但实际上却未必符合实际情况。如某地农村不产花生,可以把它用来说明该地气候不适宜种植花生,可以把它用来说明该地的土质不适宜种植花生;可以把它用来说明该地农民不懂得花生的栽培技术,也可以把它用来说明该地农民认为种植花生不合算而不愿意种,还可以把它用来说明该地的人不喜欢吃花生,等等。但真正原因是什么呢?这几种说法中肯定有一部分不符合事实,新闻报道虽然可以根据宣传需要来进行主题定位,但却不允许违背事实的真实来任取所需。一件事情到底真正能够用来体现些什么样的思想或观点,还得由其本质来决定,需要经过深入的采访,把情况弄清楚后才能根据其真实情况来定。

主题的定位,往往不易一步到位,有时需要经过反复比较、苦苦思索才能找到最佳点。如有位记者获知某少数民族女学生由于学习勤奋而考上了大学的消息后前往采访报道,确也采访到了该生如何克服各种困难搞好学习的动人事迹。该记者最先对这题材报道的思路,是定位在"梅花香自苦寒来"上。围绕着这一主题,记者在再次深入采访中,又挖掘出了能说明该生勤奋学习的许多典型事例。把这一题材报道好,应该说已是瓜熟蒂落了,但在对写出的稿件进行反复修改推敲的过程中,该记者却发现这样的稿件写得再感人意义也不大,因为诸如"梅花香自苦寒来"之类的报道,各级各类新闻媒介都已发过。文章可以写得感人,但却难以写出新意来,于是只好重新对该题材进行审视,通过把它放到全国的大局上来认真进行思考分析。该记者忽然想到该少数民族人数极少且全都集中聚居在当地,该生考上了大学,实际上也就是结束了该民族从来没有出过大学生的历史。发现了这一情况以后,记者眼睛一亮,因为他已经找到了这个题材的最大价值。于是便把主题改为定位在报道该民族有了第一个大学生上,另起炉灶重新进行采访,结果虽然只发了一条简短的消息,尽管内容远不如原稿那么生动感人,但却由于写出了新意,新闻价值就大得多了。这样一个对题材的主题进行反复思考推敲的过程,也就是对主题的提炼过程。在电视新闻文稿的写作中,也先要对题材的主题进行反复的推敲提炼,才能使所报道的新闻能够发挥出更大的作用,能够更好地体现出作者的思想或观点。

第三节　电视新闻文稿写作的角度选取

电视新闻,也和其他各种媒介的新闻一样,都是借向受众"报告一件事"来表达作者的某一种思想或观点的;而要想把作者的思想或观点表达好,除了必须用事实来说话外,如何来向受众报告这件事,也很值得研究。这也和给人照相一样,因为世上本来就不存在十全十美的人,同是一个人,从不同的角度对其进行拍摄,拍出的照片所能给人的感受也各不相同。如某人右面颊上的鼻梁边有一个疤,拍摄者若想说明此人长得丑陋,可通过对其进行正面拍摄或从右侧对其进行拍摄，使其右面颊上的疤痕受到突出，自然就能使人感觉出其相貌确实很丑；若拍摄者想要说明此人长得漂亮，可从左侧对其进行拍摄，这样不但可借助鼻梁来将其右面颊上的疤痕进行遮挡以掩盖其缺陷，而且还能使其的人体曲线得到突出，让人感受出其水灵与秀美来。由此可见，角度的选择对于思想观点的表达，确实能起到十分关键的作用。

在日常生活中，也许每个人都有过这么一种体会，要把一件事情告诉别人，叙说的方式和所用的语气不同，其效果也就大不一样甚至截然相反。

新闻报道也是一样，同是一件事情，所取的角度和所用的报道方式的不同，其宣传的效果也大有不同甚至会截然相反。因此，在对所要报道的题材进行主题定位并提炼好了主题以后，还需讲求选择好写作的角度，艺术地表现好所要表现的主题，这样才有可能更好地实现宣传所要达到的目的。例如下面这条吉林电视台 1986 年播出，且获得第五届全国优秀广播电视节目奖的电视新闻《罐头瓶的启示》：

画　面	解　说　词
堆积如山的罐头瓶	记者到长春物资回收公司采访看到这个公司废旧物资储存库内回收的罐头瓶堆积如山。其中红烧牛肉、红烧鱼等高档食品罐头占很大比例。
罐头瓶商标特写 记者在成垛的罐头瓶前现场采访 街道回收废品的场面	废品储存库的负责同志对记者说：（同期声）这几年我们回收工作一年比一年忙了。全市十九个废品收购点，一百多个体商贩收购还是忙不过来，回收的旧罐头瓶越来越多了。这个不起眼的事实足以说明人民生活水平越来越高。我们国家的政治经济形势的确越来越好了。
商店卖罐头的柜台 挑选罐头的顾客 商店商品琳琅满目	记者在采访时翻看了几年来公司回收罐头瓶的数字：一九八〇年回收三十万个，一九八一年回收四十万个，一九八二年回收一百一十二万个，一九八三年回收一百七十万个，一九八四年回收一百八十一万个，一九八五年回收两百五十多万个。一九八五年比一九八〇年增长了七倍多。

这条新闻写得就很艺术，它不是直接去说出当前形势如何大好，而是借废品收购站回收到的废罐头瓶一年比一年多这样一个事实来反映出人民群众的消费水平不断有所提高，作者从罐头瓶入手来歌颂改革开放后出现的新面貌，取材的角度就很新，真可谓匠心独运。

角度的选择最能体现出一个记者在新闻报道技艺方面的水平之高低。有的题材，如果只是平平淡淡地对其的发生发展变化情况进行报道，许多与该事无关的观众就会觉得事不关己而不感兴趣。但若从该事与大家有什么关联的角度来进行报道，许多观众就会饶有兴味地观看它；要是所取的角度能出人意料别开生面，则其新闻价值还会价值倍增。如国家决定对野生动物进行保护的消息，许多记者都会把它写成：

> 今天上午，第×届全国人大常委会第×次会议通过了《中华人民共和国野生动物保护法》……

这样来写，就没多少人感兴趣，但若换一个角度，把它写成下面这样，效果就大不一样了：

> 尽管现在各种野生动物都已十分稀少、濒临灭绝，但也许，今后我们的子孙后代想要认识老虎、熊猫等野生动物，就不至于像今天我们想要知道恐龙到底是个什么样子那样，得靠考古学家来研究推测那么困难了，这是记者在采访了今天在京召开的第×届全国人大常委会第×次会议后的最大感想，（出画面）在今天上午举行的全国人大会议上……

这样来写，就较能激起观众的兴趣，让更多的观众乐于往下观看。又如要对某地乡镇企业办得过多已对环境造成了严重污染的问题进行报道，若只罗列出该地环境污染已经十分严重的事实，居高临下地批评各个企业在生产经营中不该污染环境，被批评者就不高兴，旁人也会因这样的报道说教味太浓而有被"陪训"之感。但若能从该地环境污染严重，已经对当地人民群众造成了多大的危害，出现了什么样的严重后果，当地的人民群众有些什么样的强烈愿望和要求的角度来进行报道；旁人看了就会有"电视台说出了咱的心里话"的亲近感而饶有兴味地进行观看；被批评者也会因为自己的过失已给广大群众造成了严重的危害并且连自己也是被害者而感到不安。这样来写，其宣传效果就大不一样。

对不同题材的报道，应采用的报道方式也各不相同，因为只有内容与形式的完美结合，才能收到良好的宣传效果。如有的题材所表现的场景较美，能给人以愉悦之感，可以采用图像加解说的形式来进行报道；而有的题材所表现的场景不大雅观，就应以只出播音员口播而不出图像的方式来进行报道。有的题材不很重要或所包含的信息量不多，可采取消息的形式来进行报道；而有的题材比较重要或所包含的信息量较多，则可采取专题报道、连续报道、系列报道等形式来进行报道。有的题材其所能说明的问题比较外露、直观，可只作报道而不加任何议论而只用事实来说话；但也有的题材其所能说明的问题比较含蓄、模糊，则应以人物访谈或新闻述评的方式来进行报道。有的题材能给人以较深的印象或并不需要观众能留下太深的印象，可采取画外解说的方式来进行报道；而有的题材难给人以深刻的印象但又需要能给观众留下较深的印象，就应采取记者出面进行解说的方式来进行报道。有的题材观众看了会深信不疑或普遍都能相信，可采取第三人称即旁观者所见所闻的方式来进行报道；而有的题材观众看了会将信将疑甚至有可能产生各种各样的疑问，则应采取人物现身说法的方式来进行报道……总之，只有内容与形式相协调，才有可能收到更好的宣传效果。

电视台每天都要播出新闻，而在现实的社会生活中，却非天天都有爆炸性的重大新闻事件发生，因而电视新闻的写作，对平淡的题材，就需要设法于平中觅奇，尽可能从人所未见的角度或以新颖的手法来把观众吸引住。如报道一位少年老成的儿童书法家的情况，若按部就班地先逐一交代各个新闻要素，就会显得平淡乏味，而以下这个开篇，就比较容易吸引观众：

画　面	解　说　词
毛笔的笔锋在纸上笔走龙蛇 　画面拉开，现出小书法家在书写的全景 　镜头推近，突出小书法家的头部特写 　书法展的各种照片、奖状	也许，观众朋友不太可能想象得到吧，这些笔力刚健的书法作品，竟是出自一位才上了三年小学、年龄还不足十周岁的小朋友的手吧？ 　这位小朋友名叫×××，是我市××小学××班的学生，别看他小小年纪，但至今已在市文化宫举办过两次书法艺术展，并有一幅书法作品荣获了……

会议报道，很多记者搞得十分平淡，基本如同背书："今天上午，市委市政府在市府礼堂召开了有市直各单位正副职领导参加的××会议，·×书记在会上作了题为"×××××××××"的报告，×市长就如何贯彻落实好×书记的报告作了重要讲话，×市长说……他指出……他要求……他希望……与会同志在讨论中一致认为，×书记的报告……大家决心，一定要以做好……的实际行动来贯彻落实好×书记报告的精神，真抓实干，为实现市委、市政府的……目标而奋斗。"

这样的新闻，虽然5个"W"俱全，符合新闻写作规范，语句也流畅，文字也还简洁，但观众对这类报道早已听得耳朵都起了茧，实在没有这份耐心。

同样是会议报道，下面这种写法就更能赢得观众：

画　面	解　说　词
市区各处坑坑洼洼的路面，雨天骑车的人摔倒，由于路面积水，许多行人车辆绕道而行，交通堵塞 　书记在主席台上作报告的近景 　镜头拉开，会场听众席上群情振奋	我市市区内的许多路段近年来到处一片坑坑洼洼，市民普遍抱怨行路难。这个问题现已引起了市委市政府的高度重视。 　今天上午，市委书记×××在有市直各单位正副职领导参加的××会议宣布：市委市政府日前已作出决定，拨出××万元经费来用于翻修全市各条街道的路面，×书记说：（切出实况录音）"……整个工程必须在年底完工！"（同期声）

这样的会议新闻，新闻信息量大，报道角度较新，它剔除了许多不为广大人民所关注的会议内容，抓住了人们日常生活中所关心的热点了作为报道的突破口，因而观众看起来

才有兴味，都希望能对此事有更多的了解；哪怕就是播得长些，观众也不会厌烦。

第四节　电视新闻文稿各个部分的写作

电视新闻文稿的写作，在内容的安排上，需要结合已拍摄到的画面实际来考虑；而在文稿的表现形式上，为了便于制作部的编辑人员制作节目，在有条件的情况下（即在有写作电视新闻稿的专用稿纸或在电脑上写时有写作电视新闻稿规范格式的模板的情况下），就应当在专用稿纸上或在模板里写。这样，不但由于文稿比较直观而更便于制作部的人制作节目，而且由于在专用稿纸上或在模板里写的文稿，也有利于制作人员把节目制作得更合乎文稿作者的写作构想。

无论把电视新闻文稿写成规范的格式还是写为简便格式，尽管两种格式的表现形式在外观上大不一样，但从文稿内容的篇章结构上来看，规范格式和简便格式的电视新闻文稿，其篇章的构成却是相同的。

一、电视新闻文稿的篇章构成

电视新闻文稿的篇章结构，也和报纸、广播上的消息稿一样，大致由消息头、导语、背景、主体和结尾等部分来组成。其中的导语和主体属于文稿的基本部分。消息头、背景和结尾，则是视所报道的内容，有时需要用到，有时也可以省略；而在一些报道一个较大范围内的情况的新闻中，有时还会带上例证（即举一两个具体的例子来说明问题）。也有的电视新闻文稿甚至连主体也可以不写而用同期声和画面来替代。例如前面第三章第二节所列举过的东莞电视台 2012 年 8 月 30 日播出的《东莞首创"四方联网" 3 天业务 20 分钟搞掂》一稿，就是只有一个导语部分，而后面的主体就全是用现场画面和同期声来替代的。

尽管一篇电视新闻稿也大致由消息头、导语、背景、主体和结尾这几个部分所组成，但却很少有这么多个部分都全是由解说词来构成的。一般来说，除了消息头是由播音员来播讲之外，后面的几个组成部分，往往都不完全由解说词来构成而是或者由是解说和画面来构成，或者由解说加记者的现场播报或记者与采访对象交谈的同期声来构成。例如陕西横山电视台于 2012 年 8 月 15 日播出的《撂荒地里出了个"全国种粮大户"》一稿就是这样：

> 当农村兴起外出打工、经商热的时候，横山县吴家沟村二道峁组的何玉招却固执地坚守着家乡的土地，硬是让撂荒地变成了高产稻田，也让自己获得了国务院颁发的"全国种粮大户"荣誉称号。
>
> 【记者现场】横山电视台记者王芳：大家看到，我身后这一片土地原是一片撂荒地，而如今变成了一片绿油油的稻田，也正是这一片稻田让种植户何玉招成为了一名"全国种粮大户"。
>
> 在 20 世纪八九十年代，有着塞上"小江南"之称的吴家沟村，地理条件优越，交通便捷，土地肥沃，水源充沛，发展水稻产业有着得天独厚的自然资源条件。随着

经济的发展，种植水稻这个劳动强度大、效益低的产业被村民们认为很不划算，大量的种植户放弃耕种进城务工，大面积的稻田变成了撂荒地。一直以来以种植水稻为生的何玉招，看着渐渐荒芜的稻田，心痛不已。

【同期】全国种粮大户何玉招：由于粮食价格偏低，从 2005 年大部分稻田陆续荒芜，从 2009 年我看到这么好的稻田人们都不种，心里就有这个打算，然后到银川考察，觉得银川的技术可以，种起来也好照料，劳动强度又低，所以从 2010 年开始进行土地流转四千亩，开始种植水稻。

自从有了承包了撂荒地的想法后，老何意识到传统的耕作方式显然无法适应现在的情形，如何规模经营、机械作业、应用良种、科学种植等问题的解决迫在眉睫。为了支持老何的撂荒地复耕的做法，县农业部门及时给予了帮助。

【同期】横山县农技站副站长、农业专家王久国：我们农业部门通过多次调研，把石马洼玉招水稻合作社作为重点，（今年）从宁夏引进水稻直播简易栽培技术，在这里进行示范，我们农业部门今后在技术上更加完善相关的技术规程，使这个成本降下去，效益能够提上来。

【同期】横山县农机局局长毕永生：我认为我们要恢复和发展我县的水稻生产，其根本出路在于机械化，今年我们重点对合作社和水稻种植大户扶持购买农业机械和动力机械，拖拉机五台，联合收割机三台，平地仪五台，这样就很好地解决了种稻的劳力问题，对恢复和发展我县水稻生产起到了积极地促进作用。

在 2011 年，何玉招刚刚开始种植了 800 亩水稻，总产稻谷 380 多吨，平均亩产 450 公斤，成为全国种粮大户。尝到了甜头的何玉招，信心倍增，进一步加大了资金投入，将种植面积扩大到如今的 6000 亩。

【同期】全国种粮大户何玉招：我们周边还有近五六千亩水地，今年正陆续在和人家洽谈流转的过程，如果能流转过来，明年打算都种上，争取达到万亩水稻种植规模。

这条新闻的开头第一段就是"导语"，属于"简要地报告有什么事（何玉招因让撂荒地变成了高产稻田而成了'全国种粮大户'）"，第三段（即从"在 20 世纪八九十年代……"起到该段结束止）就是"背景"，属于"交代这事是在什么情况下发生的"（即何玉招是在大量村民们放弃耕种进城务工导致大面积的稻田变成了撂荒地而感到心痛不已的情况下而决定留在村里种粮的），其余各段就是"主体"，属于"把主体中所报告的事展开来说清楚"（即介绍他是怎样坚持种粮和把粮种好的）。而这个"主体"部分的内容，就不是全由解说词来构成，有的内容是由播音员按文稿中的解说词来播讲，还有的是由记者在现场上进行介绍，有的是由现场上的同期声来交代。

同样，以规范格式来写的电视新闻文稿，尽管其外在的表现形式与简便格式大不相同，但其内容的篇章结构也是一样的，也大致由消息头、导语、背景、主体和结尾等部分来组成，例如广西梧州电视台 2006 年 6 月 8 日播出的下面这条题为"高考考场遭遇泥石流，千名考生紧急大转移"的电视新闻：

画　面	解　说　词
主持人演播	从昨晚开始的特大暴雨引发了泥石流，凌晨，位于第四中学的文科考场毁于一摊泥潭。此时开考在即，如得不到妥善处理，一千多名考生的前途将会被贻误。
大雨，四中内一片泥潭	瓢泼的特大暴雨从昨晚八点一直持续到早上九点，凌晨，第四中学后山山体终于不堪重负，倾泻而下，设在该学校的三十四个文科考场顿时陷于泥石流当中。
四中门口考生焦虑的神情	早上七点，考场外考生陆续到达，此时离开考时间已经不到三个小时了。面对突如其来的变故，许多考生变得焦虑起来。
	有关部门当机立断，请示国家教育部以及广西考试院同意，将考生紧急转移到第一中学备用考场。
现场工作人员用喇叭喊	同期声："工作人员，高考人员，现在立即转移到一中考点！"
公交车，考生有序上车	七点三十分，从公交公司调来的十五辆巴士赶到现场，开始有序地转送考生。与此同时，在第一中学，一百多名老师马上紧急展开考场布置工作，并引导考生迅速找到考场，清点人数。
	时间一秒秒过去，八点四十九分，最后一批考生到达一中考场。
	出于稳定考生情绪考虑，征得国家教育部以及广西考试院同意，考试推迟半个小时。
一中考点，工作人员发试卷	九点半新考场开考，没有一名考生因灾而耽误考试。

在这条新闻中，第1~3段解说词和第1~2个画面就是"导语"，属于"简要地报告有什么事"（因特大暴雨引发的泥石流，使位于市第四中学的文科考场已不能使用，引起了考生的不安），第四段解说词是"背景"，属于"交代'千名考生紧急大转移'这事是在什么情况下发生的"（即是在"有关部门请示了国家教育部以及广西考试院得到同意"后才转移的），而从第三段起到结束的解说词及同期声及第3~5个画面，就是"主体"（即交代"千名考生紧急大转移"这件事的详细经过）。

报纸上的消息文章，有一种叫做"华尔街日报体"的写法，即在写作上先从局部切入再向整体拓展，先将读者最容易获得具体感受的局部展现出来以使读者获得直观的印象，然后才由个别引向一般，由具体引出抽象，例如：

本报讯 我市远郊南湾乡平垌村孤寡老人陈月娥昨晚第一次用上了沼气灯和吃上了用沼气做的饭。她喜气洋洋地告诉记者说，在全村 37 户人家中，虽然她最后用上了沼气，但建沼气池所花的钱，全是政府和村里给的。

像这样的开头，用的就是"华尔街日报体"的写法。电视新闻文稿的写作，也有采用类似于"华尔街日报体"的写法的。例如江西电视台 2009 年 10 月 30 日播出的下面这条题为《江西：伏秋连旱凸显水利工程缺失》的消息：

【出镜记者 温俊】这里是奉新县的牛脚须水库，那么在三个月以前，我所处的位置还是一片水面，经过三个月的持续干旱，这座六百亩的小一型水库已经完全干涸，变成了一片旱地。

【解说】在水库下游，罗塘村村民熊尾根菜地里的辣椒几乎全部干死。

【同期】奉新县罗塘村村民熊尾根：上面水库全干掉了，一点水都不得下来。

【解说】从九月初到现在，江西一半以上的县没有出现有效降雨，二十二万亩农作物因旱绝收。江西有九千多座水库，是全国第二水利大省，为什么遇到持续干旱，水利大省就没水可用了呢？

【同期】江西省水利规划设计院副总工程师胡永林：江西省大部分水库是在"大跃进"时期修建的，由于平时缺乏管护，到二十一世纪有三分之二的水库成为病险水库。在汛期渗漏严重，提心吊胆，而在干旱季节又留不住水。

【解说】由此可见，除了降雨减少外，缺乏健康稳定的水利工程，是导致江西这个南方省份出现重度干旱的主要原因。那么，既然明知运行起来有缺陷，为什么不对现有水库加紧改造？记者调查发现，农村生产生活用水主要依靠当地的小型水库，而近几年中央财政安排的水利建设资金则指定用于大中型水库。

【同期】江西省水利厅建设管理处处长周放平：（江西）大量的是一些小二型以下的水库，包括一些小型的山塘，我们关于这块工作的整个投入微乎其微。

【解说】中小水库存在隐患，从水库到农田的水渠末端也不好使。渠道不通畅，引水工程变成了"卡脖子"工程。

【同期】江西省水利科学研究院副院长吕祖云：最近几年以来，我们国家对大中型灌区的干支渠投入比较大，目前整治的效果也比较好，但是目前末级渠系的整治这方面的投入还不多。

【解说】其实，即使资金有保障，江西水利工程也还存在问题。地处江西西部的丰城市，现在已经有七十个村的一万八千人要靠政府送水维持日常生活。作为农村水利工程的重要组成部分，早在 2006 年，丰城市就投入数千万元打下了饮用水井。不过遇到持续干旱，这些花大钱修建的水井都成了摆设。

【同期】丰城市谭城村村民：这个里面全是沙子，不能吃。

【解说】水井变沙井，归根结底还是因为对旱情估计不足。

【同期】丰城市梅林镇水管站站长饶文锋：按照原来的农饮设计标准，十到十二米就可以取到水，像今年这个年份，有的地方即使打到一百米也取不到水。

【解说】抗旱意识薄弱是南方省份普遍存在的问题，正是这种意识的薄弱，导致各地水利建设也存在重视防洪、疏于抗旱的通病。资金投向不合理、工程设计标准不高，重主干建设轻末级配套，今年的伏秋连旱凸显了水利工程存在的缺失。如果这些问题不能引起重视，一旦遇到类似的情况，南方各省的抗旱形势将变得更为严峻。

这条消息，采用的就是"华尔街日报体"的写法，一开头先交代具体的例证——"奉新县的牛脚须水库这座六百亩的小一型水库已经完全干涸，变成了一片旱地"，"水库下游罗塘村村民熊尾根菜地里的辣椒几乎全部干死"，然后才向整体拓展——报告"全国第二水利大省江西从九月初到现在有一半以上的县没有出现有效降雨，二十二万亩农作物因旱绝收"这么一件事。

第五自然段（即江西省水利规划设计院副总工程师胡永林说话的同期声："江西省大部分水库都是在……"）就是这条新闻"凸显水利工程缺失"的"背景"；最后一个段落的解说（即"抗旱意识薄弱是南方省份普遍存在的问题……"），是这条新闻的"结尾"；而其余的各段，则是这条新闻的"主体"部分。

二、电视新闻文稿的各个组成部分的写作

电视新闻文稿中的各个组成部分的写作要求如下：

（一）消息头

电视新闻稿消息头的写法，与报纸新闻稿的消息头尤其是与广播新闻稿的消息头的写法基本一样，也是不单独成段而是附在新闻导语的前面，用于交代新闻的来源、新闻事件发生的时间、地点，发稿的时间、地点及作者是谁等情况。

电视新闻的消息头，在时间的使用上要视新闻的重要程度及其与时间的关系密切程度而定，有时可以忽略，有时可以是"近日"，有时必须是"今天"，有时则须具体到某个小时甚至某一分钟，也有时是用"刚刚收到"来体现时效性。

消息头的写作并非可以随心所欲，它既要遵循电视新闻稿消息头写作的一般规范，又要因台而异，体现出用稿台的节目风格。在实际写作中，还要根据播出台的常用写法来写，以使其能适合用稿台的播出习惯。

（二）导语

导语是一篇新闻稿的开头部分，它的职能一是交代新闻要素，二是介绍消息的内容提要，三是吸引观众往下把整条消息看完。

电视新闻导语的写作，除和其他媒体的消息导语一样，要求要尽可能以最富诱惑力的语言来把观众的注意力吸引过来；并通过新颖别致的结构形式来把观众的注意力稳住，使其能饶有兴味地把节目看完。

电视新闻导语的写作，除要遵循一般媒体中消息文章导语写作的大致原则以外，还应注意如下遵守如下几点：

1. 应把标题中所交代过的新闻事实写进导语

电视新闻文稿，虽然记者写作时都安上了标题，但到了编辑手上，就已把标题删了，标题中所交代的一些新闻事实也就已被删掉。因此在写导语时，还要把标题上已有的内容

写进导语，以使观众在播音员不播报标题的情况下，也能完整地知道该消息所要报道的全部新闻事实。当然，这也不是绝对的，近年来有一些台在播出的新闻节目中虽然没有播报新闻的标题，但在播报每一条新闻的时候都叠上标题字幕，甚至有的台每条新闻的标题字幕都是从开始播报该条新闻时起到播完时止自始至终都出现标题字幕，若所采拍的新闻是在这样的电视台播出，则导语就可以不重复标题所提及的内容。

2. "摊子"不宜一下子铺得太大

报刊新闻因读者阅读时文章在手，对文章的内容可仔细阅读、慢慢分析细心琢磨，因而在报刊新闻的导语写作上，报刊新闻采取先高度概括，后详细叙说，即先总后分的手法，将详细情况留到后面的主体中再逐一展开介绍。例如：

> **本报讯** 在刚刚过去的一年中，我市汽车产业、船舶制造、机械设备制造和日用化工产品生产等工业生产发展势头强劲，工业生产总值比前年同期增长了 37.8%，是建市以来效益最好的一年。

如果电视新闻的导语也用这样一种先总后分的写法来写的话，不但不便于观众理解所报道的情况；而且由于在给这样的导语配画面的时候，在说到汽车产业的时候就得出现汽车制造厂的生产画面，在说到船舶制造时就得出现船厂的造船画面，在说到机械设备制造和日用化工产品生产时又得出现机械厂和化工厂的生产画面，而等到主体部分将这几个方面的生产情况展开了细说的时候，又还要重新逐一展现出这么多个方面的生产情况来，这样观众就会觉得节目在叙事上很零乱而感到不好理解。因而，电视新闻的写作，是不宜使用先总后分的结构的。像上面这条报刊新闻，如果要在电视上报道，在导语中就不宜一下子点出那么多个方面的情况而应是只提其中的某一个方面，然后接着展开来先把该方面的情况说清楚，然后再说另一个方面，只有这样，观众才觉得条理清晰，易于理解。

3. 最重要的内容不要放在最前面

报刊新闻的导语，在许多情况下都要求把最重要、最能吸引人、读者最关心的事实放在最前面借以引起读者的关注。但在电视的宣传中，由于新闻节目刚开始时，因为观众还不知道这一新闻值不值得收看而尚未集中精力来观看，多数观众是以一种心不在焉的心态来收看的，若把最重要的内容写得过于靠前，待观众在无意中察觉到该新闻的重要性而想仔细收看时，最重要的内容已播过去再也看不到了。因此，电视新闻的导语，开头一句应是为后面将要说的重要内容作铺垫，待观众对该则消息有所关注之后，再把最重要的事实播出。例如：

画　面	解　说　词
彩旗飘扬的深圳北站 停靠在 2 站台的挂着"深圳北—厦门北"牌子的 D2286 次列车 列车启动，缓缓驶离站台	本台消息闽粤两省人民期待已久的深圳至厦门的高铁列车，已经开始投入营运。深厦高铁线路上的首趟旅客列车已于今天上午 9 点 55 分从深圳北站发往厦门北站。

导语先用"闽粤两省人们期待已久的深圳至厦门的高铁列车，已经开始投入营运"来开头，然后才带出这条新闻的核心信息——"深厦高铁线路上的首趟旅客列车已于今天上午深圳北站发往厦门北站"。这样，就可使那些节目刚开始时还没认真收看节目的观众也不至于漏掉"深厦高铁已于今天上午开始投入营运"这一最重要的信息了。

（三）背景

任何一个事件，都是在一定的条件下才会发生的；任何一种现象，也都是存在于一定的环境之中的，这种条件或环境，就是该事件发生或该现象存在的背景。

许多新闻，如果只向人报告发生了一件什么事而不说明其背景，读者就不容易理解这么一件事情到底有什么意义或不易理解好其之深刻意义。如 2005 年某报有一篇关于广州至深圳的铁路第四条线路已经动工修建的报道，在导语中报告了已经动工修建的消息后，由于作者在文中没写上为什么要修建第四条线路的背景，读者看了就会产生疑问，广深线已有三条线路就已经很多了，为什么还要修第四条线路？这是不是多此一举？是政府有钱没地方花了吗？要是作者在导语之后写上一段介绍广深铁路客流量和物流量很大，运输十分繁忙，尽管现在已经有了三条线路，但还是忙不过来，许多旅客还坐不上车，许多货物还运不出去，这样读者就能够理解为什么还要修第四条线路了。

新闻报道文章的背景部分，就是用来"交代这事是在什么情况下发生的"或"该地（或该单位、该事）过去是怎样的"或"该单位（或该人）的基本情况如何"等相关情况的。

背景部分的写作，要针对导语所报道的情况而定。如前面所列举的《高考考场遭遇泥石流，千名考生紧急大转移》一稿，尽管导语已经交代了考场已因泥石流掩埋而不能用了，但由于高考是一项制度和纪律都十分严格而不能随意变更场地、时间的考试，因而背景部分，就有针对性地交代了"千名考生紧急大转移"这事是在请示了教育厅和教育部并得到了同意的情况下发生的，这样读者就不会质疑更换考场是否违反高考纪律了。又如有一篇题为《我县一万一千多农民"解商归田"搞种养》的消息。导语报告了近一两年已有一万多外出经商的农民已回乡经营种养业之后，背景就有针对性地交代了他们之所以不再继续在外经商，是因为做生意的人太多、生意越来越难做，而在外租房、吃用等花销又很大，不但很难赚到钱甚至有的还亏了血本，这样受众就能知道他们为什么会回乡重操旧业了。而有一篇介绍某地推广水稻旱育抛秧种植技术深受农民群众欢迎的报道，在导语中报告了该地现在种植水稻全都用上了这项新技术之后，即在背景中交代了过去当地在用传统的水播移植方式来种植水稻时，不但人很苦很累，而且由于弯腰插秧工效太低，很多人家累死累活地拼命干也还赶不上季节。这样，交代了"该事（水稻种植方式）过去是怎样的"，受众就能理解这项新技术为什么能深受群众欢迎了。也有的新闻，所报道的是什么人做出了什么或取得了什么成就，看到这样的新闻，受众自然就会产生要多了解一些关于该人的情况的欲望。例如 2013 年 8 月《科技日报》和中央电视台科教频道报道了湖南岳阳人周红灯发明了一种样式很像电吹风，重量仅有 620 克左右的"棉花采摘器"，看了导语报道的这一消息，受众自然就想知道这个周红灯是个什么人，他是怎么想到要发明这个"棉花采摘器"的和他的人生经历怎样等情况，因而在导语之后，就应当是交代这些方面的背景情况。

总之，背景部分的写作，需要针对受众在看了导语之后想要知道什么或最想要知道什么来写，这样才能满足受众的需要。

（四）主体

电视新闻的主体部分，是整条消息的核心，其职能是对导语已提及的新闻进行展开叙述，以使新闻报道具有广度和深度；同时，也借助对新闻事件或事实的具有适度的广度和深度的展开来融进作者的思想和观点，以实现"借对该事的传播来体现某一种思想或观点"的目的。

主体部分的写作内容，就是要补充交代好导语（含画面，下同）中尚未交代的新闻要素和把导语中虽然已经交代但却尚未交代清楚的新闻要素补充交代清楚。例如前面已列举过的《高考考场遭遇泥石流，千名考生紧急大转移》一稿，导语虽然已经交代了因为泥石流而考场已不能使用而需要紧急转移到备用考场去考试，但这么多的考生是怎么样转移的？他们能赶在开考时间之前到达备用考场吗？诸多情况，导语都还没说到，因而在主体部分就要把这些情况补充介绍清楚。而后，作者在主体部分，就将导语所没说到的"7点30分开始转移"、"是从公交公司调来的15辆巴士将考生转移的"、"转移工作的进行是有序的"、"最后一批考生是8点49分到达备用考场的"、"出于稳定考生情绪，经征得国家教育部以及广西考试院同意，考试是推迟了半个小时才开始的"、"当天的考试没有一名考生因灾而耽误考试的"等情况，通过解说词和画面来补充说明清楚。这样来安排主体部分的内容，就能让观众清楚地了解了该条新闻所报道的事了。

在电视新闻的主体部分中，有时也可适当发表一些议论，但作为以"报告一件事"为职能的电视新闻节目，一般不宜进行抒情。

（五）结尾

电视新闻文稿的结尾，主要用于对所报道的新闻事件或事实进行议论、归纳、总结、点题或展望，例如前面所列举过的《江西：伏秋连旱凸显水利工程缺失》一稿的结尾，说"抗旱意识薄弱和重视防洪而疏于抗旱"，"重主干建设轻末级配套"等，是"南方省份普遍存在的问题"，就是对所报道的事所发的议论。

由于新闻主要是要靠"用事实来说话"的，把事实交代清楚了，作者的见解、思想和观点也就在无形中转达给观众了。因此，多数情况下的新闻文稿，不必专门写上一段结尾来"画蛇添足"，而是"有啥说啥，说完即完"；只有在不写不足以使受众正确理解好所报道的事或不写不足以使受众理解得了作者的思想观点的情况下，才有必要带上结尾部分。

本章复习与思考

1. 电视新闻文稿的写作有些什么基本要求？
2. 电视新闻文稿一般由哪几个部分组成？各个部分的写作内容分别是什么？
3. 在写作电视新闻文稿时，应怎样来给所要报道的新闻进行主题定位？
4. 利用课余时间看一看近期电视台播出的新闻，分析其在报道角度选取上的得失。

第十一章　电视专题节目

文稿的写作

第一节　电视专题节目的特点与分类

对于一些比较大的事件，若以消息（即前面所说的电视新闻节目）的形式来报道，会很难让观众对其有一个比较全面的了解而又有必要让观众比较全面地了解它时，就需要用到专题节目的形式来对其进行报道，例如党的全国代表大会、全国人民代表大会、奥运会、亚运会、全国体育运动会、重大工程建设及诸如抗洪救灾、抗震救灾、美伊战争、印度洋海啸、马来西亚航班失联等人们特别关注的国内外重大事件，这样重大的事件虽然在新闻节目中已经以消息的形式报道过了，但由于观众并不满足于消息所提供的十分有限的信息而想要知道更细一些的情况和想获知更多一些的信息，因而在新闻节目报道过了之后，往往还要再以专题节目来进行更为详尽的报道。

一、电视专题节目的特点

电视专题节目是以较大分量来对事件或事实进行集中报道的，它就像是一份较为详尽、篇幅较长的情况汇报文章，它只是通过全面、完整、翔实地记录事件或事实，让观众对所报道的事件或事实的全貌或某一个局部能够获得更全面和更充分的了解即可，在表现手法上，不很讲究艺术。

在电视节目中，新闻专题节目由于是较大型的新闻节目，因而编辑部常是临时辟出特定的时间段来对它进行播出或把它放到某一相关的栏目里播出。

二、电视专题节目的分类

电视新闻专题节目，按内容来分，又可分专题新闻和专题报道两种类型。

（一）专题新闻

专题新闻多用于时效性较强的题材，一般报道的多是事件，如全国性的党代会、人代会，新近开展的大规模的群众性活动，召开的大型会议，举行的大型运动会或重大工程的开工典礼、竣工庆祝会，国家领导人出访，某项持续时间较长的大型活动和党委政府部署的各种中心工作的实施等，为使观众能够更全面更详尽地了解这些事件的过程和意义，通常需采用这种形式来对进行报道。

专题新闻注重的是时效性而不是艺术性，因而它使用的表现手法并不很多，只要能够及时拍摄制作完成、尽快播出即可；但其对新闻时效性的要求却比较高，与电视新闻节目中的消息等同或者甚至更高一些，多是在新闻事件发生的当天晚上就要与观众见面。如全国性的党代会、人代会等重要会议，中央电视台常每天晚上都要临时安排该会议的专题新闻，以让观众能尽快了解大会当天的会议情况。而一些大型体育运动会，有时还用上现场直播的形式来播出新闻专题节目，以使远在千里万里之外的观众也能和在场者一样，能同步观看到运动场上的赛事情况。

（二）专题报道

较之专题新闻而言，专题报道在时效上要求不那么高，它不但不一定要赶在事情发生的当天播出，有时还可以是时隔十天半月乃至数月后才播出。如 2002 年 4 月 26 日湖南省益阳市赫山区龙光桥镇南塘中学教师李尚平被不法分子枪击身亡一事，中央电视台直到时隔近一年的 2003 年 4 月 19 日才播出了关于此案的专题报道——《一个教师的意外死亡》。由于专题报道不急于抢时效，这就有利于把情况了解得更全面、更清楚。由于拍摄和制作时间比较从容，很有利于把报道内容采拍得更为全面、翔实，把事实交代得更为准确和清楚。

专题报道的适用题材就比较广，既可以用来报道硬新闻（即事件性新闻），如新发生的某一事件，刚召开的某个会议或刚举办的某项活动等；也可以用来报道软新闻（非事件性新闻），即报道某地、某单位的工作状况或存在的某一现象或报道某人的某方面情况等，有时也用于对某一既往事件的追踪报道和适用于针对社会热点问题来进行深层次的发掘等。因而它的运用比起专题新闻来说要广泛得多。

三、电视专题节目与电视新闻（电视消息）节目的不同之处

电视专题节目与狭义的电视新闻节目（即电视消息，下同）的不同之处主要表现在篇幅的大小不同和对所报道的事所作的揭示程度的差异上。

在篇幅的大小方面，电视新闻节目的篇幅一般很短小，一条新闻大多只有一分多钟，长一点的也不过三五分钟；而一个电视专题节目至少有十分钟，甚至有的还可以长达三四十分钟或一个小时以上。

在对所报道的事所作的揭示方面，电视专题节目中的专题新闻在报道新闻上所涉及的面比新闻节目要广得多，能让观众了解到所报道的事的更多细节（如党代表、人大会的专题新闻，不但可以让观众看到哪位代表说了什么，而且还能看到开会时其是和谁坐在一起和其在说每一句话的时候的表情和所做的各种手势等）；而电视专题节目中的专题报道则是在对所报道的事的发掘较具深度，它不但要把所报道的事交代清楚，而且往往还要交代与该事有关的各种情况，揭示该事之所以会发生或该种状况之所以会存在的原因，分析其对社会所造成的影响等。由于这种节目在对事件或事实的报道上发掘得深，因而也有人把它叫做"电视深度报道"节目或"电视新闻深度报道"节目。

在播出的安排上，电视台对专题新闻和专题报道的安排也不同，专题新闻的报道题材由于多是新发生的事，即使是像党代表和人大会那样的例会，也是每几年或每年才有一次，因而对这种不可能常态化的节目，就不可能设有固定的专门栏目来进行播出而只能是在有这种题材的报道的时候，才临时开辟栏目来播出；而专题报道由于所报道的题材比较广泛，能包罗进比较多的题材内容，因而一般不用临时开辟栏目来播出而可以是把它放到某些常设栏目去播出，如中央电视台的《焦点访谈》、《东方时空》、《今日说法》、《寰宇视野》、《人文地理》、《真相》、《发现》等栏目，还有各地方台办的许多栏目，都可以用来播专题报道而不需要临时开辟栏目来播出。

第二节　电视专题节目文稿的表现形式

电视专题节目文稿的表现形式与电视新闻文稿的表现形式一样，既可以是写成规范格式的，也可以是写成简便格式的，例如下面这篇云南电视台 2010 年 12 月 19 日播出的专题节目《漂泊的种子》（作者：马垠、杨纪星）的文稿就是规范格式的文稿（因文稿太长，这里只节录该文稿的首尾部分）：

画　面	解　说　词
演播室，播音员在播讲	【播音员导语】"民二代"，这是一个近年来出现的新词，它与"富二代"、"官二代"一起，作为当今社会中存在的一个独特群体，受到大家的广泛关注。顾名思义，"民二代"指的就是第一代进城务工者的子女。与他们的父母一样，"民二代"告别土地，离开家乡，进入了完全陌生的城市。他们中年龄小的，还在读书；年龄稍大的，则在十五六岁时就草草结束了学业，开始打工生活。他们像四处漂泊的种子，一旦离开了出生地就难以回去，渴望能够找到一个合适的地方，扎下根来，发芽，长大。
红香学校上课	【画外音】这是位于昆明市福德村福发路上的红香学校。每天，都会有一千多名学生到这里

上课，学校设有七个年级十九个班，主要面对的就是居住在附近的外来人口子女。十一岁的雷玲已经在红香学校读到了六年级。

学生雷玲

【同期声】早上起来去读书，读书放学回家后，吃完饭，然后又来读书。又来中心参加绘画班，然后再回家，吃饭，然后写作业，看一会儿电视，有些时候我会练毛笔字，然后就睡觉。

【画外解说】小学生雷玲的日常生活听起来和其他任何一个正在读六年级的孩子没有太大区别。但拥挤的教室和简易的教学环境，还是显示出民办学校的办学窘境。在整个福德村，共有5所类似的民办小学，近五千名适龄的外来人口子女分散在这五所学校中就读。这些孩子来自于省内各州市，甚至全国各地，他们的父母都是在昆明打工的外来务工者。他们也就是我们所说的"民二代"。

雷玲的母亲在缝纫合作社工作

【画外解说】雷玲一家来自昭通，她的妈妈陶银在一家缝纫合作社工作，爸爸则长期在楚雄的一个工地上班。缝纫合作社就在雷玲家租住的房间对面，在工作之余，妈妈也能够更方便地照顾好孩子。

工长向陶银交代工作

【同期声】因为它分着倒毛顺毛，如果你放在头上打，毛是相反的，这个是横的，这个是直的，相反的打出来效果就不好了。

记者采访陶银

【同期声】

记者：做这个活多长时间了？

陶银：一年了，刚好一年。

记者：收入怎么样？

陶银：收入要看一个月做多少了，打多少就有多少。一个月八九百吧，现在。主要是带着娃娃，也做不了多少，没时间做多少。

福德村，红香学校

【画外解说】在福德村，类似于雷玲家这样的家庭还有很多。

福德村是昆明市外来人口最为密集的地区之一，那里靠近机场、火车站等交通枢纽，批发市场与劳动力市场也相对集中，在此落脚的外来务工家庭，时间最长的已经待了十多年。如今，城中村改造进行得如火如荼，可供外来人口租住的社区越来越少，而尚未展开改造的福德村也就成了昆明市区内一个稳定的外来人口聚居区。据设在福德村内的民间公益组织——云南省携手困难群体创业服务中心工作人员介绍，福德村范围内外来人口与本地居民的人口比例已经达到了十比一。

　　记者采访红香学校的学生，学生七嘴八舌地回答

【同期声】
　　记者：你老家是哪里的？
　　学生分别回答：贵州凯里的、富民的、重庆的、河南的、会泽的、江西的、贵州的……

　　记者问其中一名学生

【同期声】
　　记者：你来昆明多长时间了？
　　学生分别回答：九年了。我一生下来我妈妈就带我来昆明了。

【画外解说】在学校里，这些来自不同地方的孩子统一说着普通话，相同的语言消除了各自身份出处的差异，老家或者说是故乡，对他们而言已经成了一个遥远而又陌生的地方。

……

　　携手中心组织学生们参观讲武堂，携手中心的工作人员在给学生们讲解

【同期声】各位同学，今天我带你们来这边，感受一下爱国主义教育，这里叫"万众一心"，是今年抗日战争胜利六十五周年的一个活动。

【画外解说】十月中旬的一个周末，雷玲和其他十几个孩子在携手中心老师的带领下，来到云南陆军讲武堂参观。这是携手中心举办的免费活动，目的是让孩子们更多的接触、了解自己所生活的这个城市。

　　学生们和老师边参观边交流

【同期声】
　　老师：这个呢？
　　一学生：这个不知道是什么箱子。
　　另一学生：保险箱。

　　云南大学校门
　　门外贴着的关于学校临时有活动谢绝外人进校参观的通告

【画外解说】按照原先的计划，在参观完讲武堂之后，孩子们将到云南大学参观。但是由于云南大学临时有活动安排，孩子们被拦在了校门外，参观也被迫取消了。
　　由于一个小小的意外，这次雷玲没能亲身走进大学，但最终能考上一所大学却是她和爸爸

	雷洪钊共同的梦想。
记者采访学生雷玲的爸爸雷洪钊	【同期声】雷洪钊：最终希望……为什么我说只要读书读得走（好），拼命地都要让她读，就是希望她成为真正的城市人。
闪白 记者采访学生雷玲	【同期声】 雷玲：我想考上大学，当舞蹈家。 记者：为什么要做舞蹈家？ 雷玲：因为我很喜欢跳舞，我对舞蹈有很大的兴趣。 记者：除此而外呢？ 雷玲：让我的父母他们过上好日子。
闪白 学生彭友华回答记者的采访提问	【同期声】想卖摩托，应该是公司，卖摩托的公司，因为我对摩托这方面很感兴趣（开一个摩托店）。不卖一般的摩托，要卖跑车型的。
闪白 携手中心助理主任邓恒凌回答记者的采访提问	【同期声】我觉得对于这些孩子来讲，他一定要清楚他自身的社会价值，不管你的户口在哪里，不管你生在哪里，是哪人，我相信每一个人身上都是有价值的，每一个人都有闪光点，每一个人都是独一无二的。所以每一个孩子都要知道自己的价值，在知道自己价值的同时，都要通过努力，来实现自己心中的梦想。每一个孩子都是有梦想的，不管这个梦是大是小，是黑白的还是彩色的。我相信每个孩子都有梦，我们就鼓励他们听从自己心中的声音。
演播室，播音员在播讲	【播音员结束语】随着城市的发展，将会有越来越多的孩子以打工者或者打工者子女的身份进入城市，服务我们的生活，影响我们的生活。当他们选择在我们身边落下脚、扎下根的时候，请给予他们更多的空间和关注。让这些漂泊的种子可以发芽，让他们的梦想有机会实现。

电视专题节目的文稿，也有用简便格式来撰写的，例如海南电视台2009年3月20日播出的下面这篇题为《“电子眼”下的交易》的电视专题节目的文稿，就是采用简便格式来撰写的：

【口播】很多开车的朋友都有过被交通电子眼拍到违章驾驶的经历，在路上超速行驶、闯红灯等行为都逃不过精准的电子眼，而被拍到之后，司机朋友都会收到交警部门寄出的罚款通知单，然后再到相应的部门去缴纳罚款。但是，在琼中县乌石农场前往儋州那大的一条省级公路上，被电子眼拍到的车辆，不仅可以现场就缴纳罚款，而且这罚款数额还可以享受一个非常优惠的折扣价。

车来车往的路段画面，字幕打出当地地点

【配音】2009 年 1 月 12 日，儋州的司机张先生开车从乌石农场返回那大，车刚开出十公里左右，张先生就突然发现，路边的树林里竟停着一辆交警部门的流动测速车。

（白闪）

【同期】司机张先生：我就问他你们这里限速是多少，他说开四十，我说那我不是超速了。

【配音】超速了？对方这样的回答让张先生很纳闷，张先生回忆说，自己平时也很注意遵守交通规则，那天自己从乌石开车过来时，一路上也没看到有任何限速标志，怎么就会超速了呢？

【同期】张先生：他说是啊，超百分之五十，他说罚。

【配音】看来啊这罚款还确实挺重的，张先生说，自己跑一趟生意才赚个百来块钱，这一下子按对方的说法罚款就要一千块，那不是还倒亏了好几百块钱吗？不过，郁闷归郁闷，人家交警说了，超速达到百分之五十就该罚这么多，而且很多司机都碰到过他这样的情况。

【同期】司机张先生：进入这个路口要开多少？

【交警】这个路口是五十，以前是定四十，后来群众意见多了，后来就改过来换成五十。

【配音】不过，张先生也有些疑问，既然这里是限速路段，那为什么从乌石过来，一路都看不到有限速牌呢？

【同期】司机张先生：这里是乌石的路口，这里有个牌子说是雷达测速区，但是没有标明限速开多少。

【交警】有啊，不知道谁把它锯断了。

【配音】被人锯掉了？这样的答复让我们有些想不明白，一块简单的限速牌，为什么被人锯掉了一个多月的时间都没有重新竖起来呢？而且，这没有限速牌，交警部门又怎么会选择在这里抓拍超速车辆呢？

【同期】交警：这里限速五十是因为这里交通事故非常多的，那个桥那里经常翻车、死人的。

【配音】这样的说法倒也还有些道理，不过，这不知者无罪，既然你在路口的限速牌都还没有竖起来，那司机在这一路段超速行驶了又该怎样处理呢？张先生说，自己曾经要求他们消除自己被拍到的超速记录，却遭到了对方的拒绝。

（转场）

【配音】二月十六号，距离张先生的车被拍到超速行驶已经有一个月的时间了，记者和张先生一起来到了当时他所经过的乌石路段时，这里依然看不到有任何限速牌，而当我们行驶到十公里左右的时候，张先生发现，当初拍下他超速驾驶的流动测速车又停在了旁边的树林里。

（特效，突出测速车）

【同期】

【司机】您好，刚才我们那个车超速了？开多少，也不知道，这里开七十不会超吧？

交警：七十超了。

司机：这里限速多少？

交警：这里限五十。

【配音】在这辆牌号为琼01499警的测速车里，两名光着膀子的工作人员正在休息，其中一人告诉我们，这一路段的限速现在为每小时五十公里，我们刚才开到七十多，已经超过了限制速度的百分之五十，按照规定也是需要罚款一千块钱。

【同期】交警：这个，我在这里不能给你删除掉的，删除可以删除，不过领导查得比较紧，你删除了，他就少了一个编号，比如五十，删除了就是五十到五十二。

【配音】据这名测速车上的工作人员介绍，由于所有抓拍到的超速记录都是按顺序排列的，如果从中间删除掉一个，就会出现一个空缺，这样一来，当这些拍摄的资料拿回去，领导检查起来很容易就能发现问题，自己也不好交差。

【同期】交警：就说我回去以后，这个当天的必须录入电脑，不是我录的了，是另外一个人录的，按照程序是一个一个来，我们的任务就是来这里拍摄，回去把电脑就交给别人了。

【配音】说到这，我们和张先生一样都觉得十分为难，这路上没有限速牌，自己一不小心就超速了百分之五十，还要罚款一千块，这不是吃了哑巴亏吗？可是，人家交警部门也得照章办事，既然拍到了你超速的行为，那就肯定要进行处罚。没办法，张先生只好先回去再想别的办法，而让他没想到的是，自己回去一打听才知道，不仅是他一个，自己的很多司机朋友也都碰到了他这样的情况。

【同期】小货车司机：那里是乱的，他没有路标他也拍你，没有限速标志也拍你。这边的司机谁都倒霉完了。

小货车司机：（以前）限速四十，而且它那里又没有牌，现在限五十了，现在限五十了，他那四十的那个牌被人给丢了，他也没安个牌上去啊。

【配音】听说这么多司机都有过自己这样的遭遇，张先生心里也平衡了不少，不过这么多人都被拍到过超速，那大家是不是都按规定交纳了罚款呢？

【同期】小货车司机：很多人都是当场在那里交的。

【配音】在现场交罚款？朋友的一句话让张先生有些想不明白了，按照《道路交通安全法》的规定，对于在驾驶途中出现违法行为的当事人，都应当在收到罚款的行政处罚决定书之日起至十五日内，到指定的银行交纳罚款，在这里怎么就能现场交罚款了呢？于是，当天张先生又开车赶回到了测速车拍照的现场，决心问个明白。

【后口】从朋友那里得到的信息让张先生很吃惊，超速罚款居然在现场就可以交，到底是真是假呢？广告之后请继续关注第一先锋《"电子眼"下的交易》。

【口播】前面我们说到了司机张先生因为超速要被罚款一千块钱的事情，张先生从朋友那里听说这罚款可以在现场交，而且还可以打折，于是张先生又赶到了测速点去问个明白，到底事情进展得如何呢？一起来看下面的报道。

【同期】张先生：我说那怎么样处理，他说那你当场给两百块钱，他们两个人，我就给了两百块钱，说你把那个电脑销掉（违章记录）。

（转场）

【同期】小货车司机：很多人都是当场在那里交的，他就帮你销掉，就当场他拍到你，你停车下来，交五十给他，他就帮你销掉。

他说，你（开到）四十五了，（罚）两百，我讲给五十块钱你好不，他说最少要给一百，我拿百八十块钱给他，他就帮我销掉。

【配音】说出来也许有些让人难以相信，但是事实的确如此，张先生很快与现场的两名测速人员达成了交易，张先生出两百块钱，他们负责将张先生的超速记录清除掉，有了上一次成功的经验，这回，记者也试着探了探对方的口气，没想到，问题同样解决得十分顺利。

【同期】交警：我回去就找他们，说是亲戚朋友的，这个车就不用录入，就这种情况，我现在给你删除了，领导一查就知道了。这样咯，我也不想要你给太多，反正你以后也是经常要跑这边的，给两百块钱，我就帮你搞掉，我回去就帮你搞掉，我绝对负责不让他寄单给你，我在这里不能给你搞，我回去叫我那帮兄弟，也是经常一起上班的兄弟。

【配音】对方竟然作出了这样的保证，于是记者拿出两百块钱交给了这名测速车上的工作人员，对方也一再许诺，交警队不会给我们寄处罚通知单的，只不过，这交上去的两百块钱可是没有任何发票凭证的。这让我们心里还是存在一些担心，在现场交钱消除交通违法记录这本身就是违法的事，会不会是对方在骗我们呢？于是我们又找到了躺在旁边的另一名负责测速的工作人员了解情况。

【同期】

记者：我们的车超速了，现场可以交钱吗？

交警：这个你找他，他帮你们办。

【配音】对于我们的问题，这名工作人员显得有些警惕，不过他也告诉我们，在测速现场确实可以对自己的超速记录进行处理，不过每个人的处理次数不能太多。

【同期】

交警：帮个亲戚朋友一趟两趟还可以，太多了也不行的。

交警：这个帮你搞了以后，回去就不要乱说。

【配音】看得出来，对于自己在现场收钱就能替别人消除超速记录的能力，这两人也是不愿意过多声张，不过，这两名工作人员还表示，如果司机在这里被拍了照没有及时处理，收到处罚通知单之后，找他们也同样可以搞定。以超速百分之五十以上的为例，罚款代号为1603，正常的罚款数为一千块钱，还要扣六分，如果当时在现场处理只需两百块钱，不扣分，而在收到处罚通知单后再找他们，价钱就要更高一些。

【同期】

交警：我查了电脑是1603，1603罚一千块。

记者：那给他处理大概要多少钱？

交警：他跟领导说最少要五百块，罚一千的最少要五百才能处理，交五百就可以处理。

记者：一般不扣分吧？

交警：按正常的是要扣。

记者：那我们交给你还要扣分吗？

交警：我们去办一般很少扣分的。

【配音】按照这两人的说法，尽管这超速的违法纪录管理比较严，但是他们要在私底下做做手脚也并不是那么难的事，而且甚至还能通过领导来对罚款打折扣，到底是这名工作人员对我们吹牛撒谎呢？还是事情真的就如他们所说的那样简单？尽管心存怀疑，但是有了那么多司机成功的经历，我们还是不得不佩服这些测速车上工作人员的神通广大。

（白闪）

【同期】

小货车司机：他有部面包车在那里，罚过我三趟，收了一百五十，一趟是五十。

小货车司机：我拿八十块钱给他，他就帮我销掉。

小货车司机：很多人都是当场在那里交的，他就帮你销掉，就当场他拍到你，你停车下来，交五十给他，他就帮你洗掉。

【配音】据司机们反映，事发的那个路段没有限速牌已经有很长一段时间了，而且那个十公里路段附近时正好是一个下坡路，往往车子从乌石农场方向开过来都会比较快，加上以前那里限速是每小时四十公里，稍不注意就会超速，还幸好可以在现场少交点钱消除记录。

（转场）

【同期】交警：我也不想要你给太多，反正你以后也是经常要跑这边的，给两百块钱，我就帮你搞掉，我回去就帮你搞掉，我绝对负责不让他寄单给你。

交警：罚一千的最少要五百才能处理，交五百就可以处理。我们去办一般很少扣分的。

【配音】根据采访了解到的情况，记者也对乌那线上这个流动测速点的罚款标准有了一个大概的了解：对于超速百分之五十以上的，政府规定罚款为一千，现场交钱只需要两百，收到处罚单之后交五百块钱也能处理，这一笔笔违法的交易，至今依然在当地不停上演。

【后口】一段没有限速标志的限速路段，却屡屡上演着这种违法交易，在这里我们不禁要问：如果说在这一路段进行限速是为了更好地保障大家的安全，那这限速额究竟是以什么为制定标准？而且，司机超速被拍了在现场就可以交钱了事，那这限速又还有什么意义呢？这个没有限速标志的限速路段已经成了琼中县交警部门一个变相敛财的"聚宝盆"。

从以上两篇文稿可以看出，电视专题节目文稿的写作格式其实也和狭义的电视新闻

（即电视消息，下同）文稿的写作格式一样也可有规范格式和简易格式两种形式，只是它在篇幅的大小上要比电视新闻要长得多，而在对所报道的事的介绍上也比电视新闻要细得多。

第三节　电视专题节目文稿的篇章构成与文稿写作的步骤

在探讨电视专题节目文稿的写作方法之前，有必要先了解一下电视专题节目文稿的篇章构成与文稿写作的一般步骤等一些常识性的问题。

一、电视专题节目文稿的篇章构成

从内容和功用方面看，电视专题节目内容的篇章构成，大致包括导语、正文、结尾和责任者名单等几个部分。但由于专题节目中各个部分的名称迄今为止尚无统一的规范叫法，因而在文稿中，作者多是觉得写作什么恰当就写作什么。

（一）导语

由于报纸上的消息文章，多是把整条新闻中最重要或最精彩的内容写进导语里去，或者是在导语部分先将整条新闻的主要内容概括交代出来然后才在主体部分逐一展开。据此，在专题节目文稿的写作上，有的作者就把导语的名称叫做"宣传片"，即整个节目中最重要的内容都集中在这个开头部分来简要向大家进行宣传意思；也有的作者把它叫做"精彩看点"，意思是说这个开头所展现的，就是整个节目中最精彩的内容；还有的作者把它叫做"推进词"，即通过这些叙说，来把节目"推进"到所要报道的内容去。当然，见得较多的还是把它叫做"导语"或什么名称都不叫而直接把要说的说和要展现的画面直接写上。此外，也有一些作者把它写为"口导"，即这一部分内容是由播音员口播的导语之意。

其实，专题节目文稿写作的目的，最主要就是要写来给节目制作人员按照文稿所设计的节目进程来进行节目制作的，因而，文稿中的各个部分叫什么名称都无所谓，只要节目制作人员能够看得懂作者的意图，能制作出合乎作者所意图的节目来就行。

（二）正文

专题节目文稿的正文，在叫法上比较一致，大多数作者把它写为"正文"或什么名称都不叫而直接把要交代的情况交代出来。

而在正文部分中，有的专题节目由于主要是以展现画面和通过现场上的同期声来交代所要报道的新闻的，当偶然需要安排一些播音员口播的解说时，也有的作者为了将解说词与现场上的同期声区分开来而在解说词的前面冠以"后口"的名称。所谓"后口"，言下之意就是说这是播音员不出镜，只在后台口播的解说。此外，也有的作者是把这种播音员不出镜，只在后台口播的解说写作"画外解说"的。

（三）结尾

专题节目在正文把所要报道的事交代完后，一般还要带上一个结尾，结尾的内容有的是对所报道的事发表议论或抒发感慨或抒情；也有的是对所报道的事现在已经怎么样了或又出现了什么新情况等进行补充交代。而有的节目由于在正文中已有可以用作结尾的同期声（如人物的讲话声或歌声等），也可以是正文一完就完而不专门写上一段结尾的。

专题节目中如带上结尾，则结尾部分一般是由播音员来播讲或由记者出镜来说的，但也有的节目虽然是由播音员来播讲但播音员并不出镜，这种播音员并不出镜而在画外播讲的结束语，也有的作者是在其前面冠以"后口"的名称的。

（四）责任者名单

一个专题节目由什么单位采制，在这个或这些单位中具体又是由谁负责采拍，由谁进行播讲解说，由谁来把它制作出来，这些作为作者的单位及个人，就是节目的责任者。在电视节目中，责任者名单都是以字幕的形式来出现的。专题节目尽管有的篇幅也有长达几十分钟甚至一个小时以上的，但由于它只是一种比较大型的新闻节目而已而不像电视专题片、纪录片和艺术片或电视剧那样属于比较动用了较多的人参与或用上了较多的技术技巧来摄制，由于它的责任人比较少和节目也没那么"正式"，因而其责任者名单通常不是集中到一起而是分散出现在节目的各个部分中去的，只有摄制单位的名称是在结束后才打出或直接叠到末尾的画面上。

二、电视专题节目文稿写作的前提与步骤

（一）电视专题节目文稿写作的前提

电视专题节目文稿的写作，主要根据已有的画面来考虑，因而这种节目文稿写作的成败，很大程度上取决于画面的采拍是否成功，即能说明问题尤其是最能说明问题的典型画面是否拍摄得到；是否拍摄得好，以及节目构思中想要用到的画面是否拍摄有。因为只有具备了这两个前提，才好考虑文稿写作的内容选用和结构安排。因此，当打算要把一个题材以专题节目的形式来报道时，在画面的采拍中，就应要考虑拟做的节目有可能需要用到什么样的画面，哪些画面最能体现拟做节目的思想主题，这样有意识地来开展采拍，到文稿写作时就会顺利得多。还有，由于在文稿写作中有些地方有可能要做较长的解说，因而在画面的拍摄中，应尽量多拍些长镜头，尤其是那些最能体现拟做节目的思想主题的画面，都应当拍成长镜头；此外，由于观众对事件发展过程中的关键场景往往都想能够看得更细更清楚些，因而对于事件发展过程中的那些关键时刻的画面拍摄，一般应有特写。

（二）电视专题节目文稿写作的步骤

电视专题节目文稿写作的步骤，也与电视消息文稿的写作步骤一样，在考虑解说词的写作之前，应先结合已拍摄有的素材画面来先考虑看打算要用哪些画面，这些画面的先后顺序应怎样排列才好，在把画面的使用和顺序安排都考虑好后，才结合各个画面的实际情况来考虑看应给它们分别配上什么内容的解说。

第四节　电视专题节目文稿导语部分的写作

由于电视专题节目的播出时长都比较长，一个专题节目一般都有一二十分钟甚至一个小时以上，因而它的导语部分就可以做得比电视消息的导语长些；一般的专题新闻，导语长达二三十秒钟也不为过，而如果是专题报道，连同栏目名的播报或栏目刊头的推出在内，导语甚至一分多钟都属正常。另外，也正是由于专题节目的导语可以做得长些，这就

可以给作者在写作中有着较大的自由发挥的空间，也有利于让作者可以用上各种各样的表现形式来把节目做得丰富多彩一些。

电视专题节目文稿导语的写作，比较常见的写法主要有：

一、直接切入的写法

就是直接将所要报道的事说出来，如四川广播电视台 2009 年 2 月 8 日播出的专题节目《铁骨柔情——追记巴中市南江县原纪委书记王瑛》的导语：

> 【导语】巴中市南江县原纪委书记王瑛在工作期间虽身患癌症，但仍长期坚持战斗在纪检监察工作第一线，直到生命的最后一刻。王瑛始终牢记党的宗旨，两袖清风，一身正气，她的先进事迹集中体现了新时期党员领导干部无私奉献的高尚情操和精神风貌，激励和鼓舞着广大干部群众。

又如湖南电视台 2009 年 12 月 4 日播出的专题节目《谁来教我的孩子们》的导语：

> 【导语】这里是播报多看点，大家好，我是杨铱，今天我们希望大伙都来帮助这样一位代课老师，他叫赵鹏，是贵州大方县油杉小学的代课老师。两个多星期前赵老师突然病倒了，油杉小学 114 个学生也因此被迫停课。赵老师很着急，不是因为自己的病，而是放心不下自己的学生们。他希望能有志愿者去帮他代课，照顾山村小学那114 名孩子。

这种直接切入式的写法，就是有什么说什么，把想要报道的事直接说出来即可。

以直接切入的方式来引出节目所要报道的内容，这种写法多用于一些比较严肃、庄重的题材上，如报道党代表、人大会的专题新闻，以这种朴实无华的方式来把新闻引出就很恰当。

二、以议论来引出的写法

福建电视台 2009 年 12 月 31 日播出的专题节目《你，准备好了吗？——2009 招工找工难的思索》的导语：

> 如果说，城市化是每个国家经济发展的趋势，那么，我们是否可以说，农民进城则是城市化的必然规律？按"十一五"规划，2050 年我国将达到中等发达国家的水平，那时候，农村人口将低于全部人口的 20%。也就是说，未来的 40 多年，每年农村将向城镇转移 1400 万人口，可是：我们的农民准备好了吗？我们的企业准备好了吗？我们的城市准备好了吗？我们的社会准备好了吗？……

又如甘肃电视台 2010 年 5 月 5 日播出的专题节目《水愿》的导语：

主持人：直面事实，记录历程，大家好，欢迎收看本期的《直面》节目。自2009 年秋季以来，中国西南地区遭遇百年不遇的大旱，至今年 5 月初一直没有有效降雨。曾经是雨水充沛、万物葱郁的中国西南大地，现如今已经是塘坝干涸，河溪断流，农田龟裂，人畜饮用水告急。按照国土资源部的部署，2010 年 4 月 1 日，甘肃省政府指示甘肃国土资源系统，组织最精干的队伍和精良设备，赶赴西南地区，支援云南省抗旱打井。本期《直面》节目，我们跟随两位深入抗旱一线的《甘肃省地质矿产报》记者，以他们的视角来为大家讲述我省支援云南抗旱打井的真实情况。

这两个导语，就是先发表议论，然后再引出所要报道的新闻来的。但用议论的方式来开头，这两个例文的议论都显得长了些，要是能把议论写得精练一些，尽快把观众"带"进新闻中去就更好一些。如果想要发的议论比较多，可以把议论分开来发，导语部分可以先发一两句议论后就"报告"所要报道的事，然后再在适合的地方穿插发别的议论，这样让观众能够更快一些接触到所要报道的新闻，才更有利于满足观众的愿望。

三、以"内容概要"来引出的写法

一些播出时长较长的专题节目，考虑到有的观众不一定能有时间从头到尾把节目看完，为了使这些没有时间把节目从头到尾全部看完的观众也能知道节目里所报道的基本内容，可以通过报告"内容概要"的方式，先提纲挈领地将整个节目里的主要内容作个概括性的介绍，然后再把所要报道的事引出来。例如山东电视台 2009 年 7 月 28 日播出的该台和潍坊电视台联合采制的专题节目《爱洒北川》的开头：

【推进词】
【解说】他是第一批援川干部，到达灾区后却一改过去的领导作风。
【同期】每天晚上都盯在现场，每天晚上都朝我们发脾气。
【解说】离开北川 9 个月，他仍然不断被人记起，并受到国家领导人的关注。
【同期】胡总书记让我代表他来看看你。
【解说】他是一个强者，但强者的背后又隐藏着多少鲜为人知的事？
【同期】
（1）他让我向老人撒谎，你说我心里能行吗？
（2）我们的恩人为什么不见了？我们的家人不见了。
解说：在灾区的一百个日夜，他的名字如何让北川铭记——
【标题】爱洒北川
……

这个开头部分，在节目标题"爱洒北川"出来之前的全部内容都属于导语，作者把这个导语部分内容叫做"推进词"，言下之意就是说要通过这些片断来把节目"推进"到所要报道的内容去的意思。

又如青岛电视台 2010 年 12 月 31 日播出的专题报道《深潜——中国载人深潜海上试

验纪实》的开头：

> 【现场】（字幕：2010 年 7 月，南中国海）
> 海试现场。
> 海底回传的潜水器工作声音。
> 【正文】
> 这是一场事先并不张扬的深潜试验。三名潜航员驾驶着我国第一台自行设计、自主集成创新的"蛟龙号"载人潜水器，正在缓缓下潜。
> 【同期声】
> 叶聪（"蛟龙号"主驾驶、深潜部门长）报告指挥部，本次下潜最大深度，3757 米。
> 【正文】
> 这场深潜试验旋即震惊世界。
> 在幽暗的深海中，中国迈出了坚实的一步。（隐黑）
> 【标题字幕】
>
> 深　潜
> ——中国载人深潜海上试验纪实

这个导语，也是抽取节目中若干个主要片断来构成的，以这种方式来把所要报道的内容引出来的写法，就是"以'内容概要'来引出"的写法。

"以'内容概要'来引出"的导语的写作，其实就是将整个节目中最精彩或属于关键性的片断、重要的片断抽取出来集中到一起，再辅以必要的字幕或解说来让它与栏目名的播报及正文的衔接能够连接顺畅即可。例如《爱洒北川》导语末尾的解说："在灾区的一百个日夜，他的名字如何让北川铭记——"和《深潜——中国载人深潜海上试验纪实》导语末尾的"这场深潜试验旋即震惊世界。在幽暗的深海中，中国迈出了坚实的一步"及其后面的黑屏，就是为使前面的零散片断能与后面所推出的节目标题字幕连接得顺畅而安排的。

另外，写作"以'内容概要'来引出"的导语，应注意不能把它写得太长，写得长了，弄得太久都没进入正题，观众不但会不耐烦，而且还会被各种各样的零散画面和同期声弄得眼花缭乱而不知所云。

四、用节目中最重要或最精彩的内容来引出的写法

用节目中最重要的内容来引出的写法，就是为了吸引观众的注意，在节目的导语部分先展现出整个节目中最重要或最精彩的片断，然后再把所要报道的新闻引出来。例如辽宁电视台 2012 年 12 月 24 日播出的专题节目《魂系海天》的导语：

> 宣传片：
> 舰载机成功起降，圆了中国航母梦。

歼 15 呼啸起飞的一刻，却倒下了一个英雄！

远离绚丽前台，他在幕后默默书写着奉献。

他不是驾鹤西去，而是和他钟爱一生的飞机共游天堂。

中国好人——《魂系海天》即将播出。

中央电视台记者现场报道同期声：这里是渤海中西部水域 我现在是在我国首艘航空母舰辽宁舰的飞行甲板上 那么这是辽宁舰交付海军后的第二次出海试验，这次出海的主要任务是舰载机的着舰和起飞……

【解说词】 这是一个让所有中国人振奋的消息。刚刚服役两个月的中国第一艘航母"辽宁号"，成功完成了舰载战斗机的首次降落和起飞试验，被命名为歼 15 的舰载机完全由我国自主研发、设计、制造。这意味着，中国的航空母舰已经不再是一座工程平台，中国的航母梦成真了……

（留白）

【解说词】 当晚，就在无数国人欢呼雀跃、举杯欢庆的时候，一只车队缓缓驶入了歼 15 战机的诞生地——沈阳飞机制造公司。厂区里，数百辆汽车排列成行，数千人站立在路的两旁。人们在迎接英雄的凯旋，然而，此时此刻，却看不到笑脸，听不到欢笑，我们看到的是人们手中黑色的横幅，听到的是寒风中笛声的长鸣……

这个导语，所交代的就是这个专题节目中最重要的内容，即在中央电视台报道我国"舰载机成功起降，圆了中国航母梦"这一振奋人心的好消息的时候，在歼 15 战机的诞生地——沈阳飞机制造公司的厂区里，人们的心情却很沉重，这是因为在歼 15 呼啸起飞的那一刻，研制这一飞机的英雄已经倒下了。节目的导语这样来写，用的就是"用节目中最重要的内容来把所要报道的事引出来"的写法。

又如新疆生产建设兵团电视台 2011 年 8 月 15 日播出的专题报道《共和国不会忘记——兵团老战士北京行》的导语：

【宣传词】 他们来自一支有着悠长革命历史的英雄部队，响应党中央、毛主席的号召，从四面八方奔赴新疆，积极投身于解放新疆的战斗中，以大无畏精神开创了屯垦戍边事业；他们是兵团的一群普通战士，在天山南北一手握枪、一手拿镐，以忠诚为根，青春作犁，在戈壁荒漠浇灌出片片绿洲，建起座座新城，创造了一个又一个人间奇迹：60 年，一个甲子。昔日生龙活虎的青春少年如今已成双鬓如雪的耄耋老人。壮士暮年，雄心不已。在建党 90 周年之际，这些平均年龄 82 岁的老兵们应邀齐聚北京，亲身感受祖国翻天覆地的发展变化。在革命战斗中，他们是英雄；在生产建设中，他们是拓荒牛；在维护稳定中，他们就是中流砥柱。老兵已老，但精神不老，传奇不老！

字幕：

2011 年 6 月 26 日下午 3 点 30 分 新疆乌鲁木齐国际机场

【解说】 在中国共产党成立 90 周年之际，按照中央领导的重要指示，北京市委、市政府专门邀请来自兵团各师直属机构以及曾经在兵团工作过的 31 位老战士赴京参加北京市委庆祝建党 90 周年系列活动。

这个导语，所交代的也是这个专题节目中最重要的内容，即在中国共产党成立 90 周年之际，北京市委、市政府遵照中央领导的指示，专门邀请来自兵团各师直属机构以及曾经在兵团工作过的 31 位老战士赴京参加北京市委举行的庆祝建党 90 周年的系列活动。这些老兵之所以能受邀赴京，是因为他们在过去的"革命战斗中是英雄"，在后来的"生产建设中是拓荒牛"，而在新时期的"维护稳定中又是中流砥柱"。节目的导语这样来写，用的也是"用节目中最重要的内容来把所要报道的事引出来"的写法。

再如湘西电视台 2012 年 3 月 29 日播出，后被中央电视台新闻频道转发的专题节目《矮寨大桥"蜘蛛人"》（作者：邓玉、李特生、向华、田欢）的导语①：

画　面	解　说　词
播音员在演播室播讲 横跨江面的矮寨大桥远景 镜头摇过江岸边上的山峰，阳光从山头上投来眩光 唱歌人背着背篓赶着牛走过 镜头摇回横贯空中的大桥 朝阳下的白广春行走的剪影 白广春在桥上背对镜头向工作岗位走去	矮寨特大钢桁梁悬索桥距离地面超过三百米，在这上面作业其难度可想而知，而大桥涂装工靠一根安全绳，游走在高空，像"蜘蛛人"一样，忙着为大桥进行最后的涂装扫尾工作，确保大桥在本月底通车。 　（画外传来山歌声：苗家山寨木叶多，吹起木叶唱颂歌、唱颂歌，颂歌献给架桥人……） 　（叠出栏目名《走基层　在岗位》和节目标题"矮寨大桥'蜘蛛人'"字幕） 　（山歌声在继续……） 　今天距离矮寨大桥正式通车还有最后的几天，也是涂装工白广春和他的工友忙活的第 506 天。早上七点，白广春一天的工作就开始了。今年 42 岁的白广春，做了十多年的涂装，曾参与过中国许多大桥的涂装，是工地上的老师傅。

这个导语所交代的，就是节目中最精彩的内容，即解说词中的"大桥涂装工靠一根安全绳，游走在高空，像'蜘蛛人'一样，忙着为大桥做涂装工作"。画面上飞架江面上方高空的大桥，以及初升的太阳从山头上投射过来的美丽眩光等，意境令人感到愉悦。节目的导语这样来安排，用的就是"用节目中最精彩的内容来把所要报道的事引出来"的写法。

用节目中最重要的内容来引出所要报道的内容的写法，就是要从整个节目所报道的内容中提取出其中最为重要的内容来，通过解说词的解说和画面的展现，或者是通过解说词

---

① 这个片断的文稿为笔者根据电视节目的视频文件整理记录而得，与作者的原稿可能会有较大的出入。

与画面的相互配合来"报告"给观众，让观众先知道这一节目所要报道的主要是些什么内容。

在用节目中最重要的内容来引出所要报道的内容时，所交代的"重要内容"应当具体而不应笼统，如前面所列举的《共和国不会忘记——兵团老战士北京行》的导语中，所交代的情况就很具体：这些赴京参加北京市委举行的庆祝建党 90 周年的系列活动的老兵共 31 人，平均年龄 82 岁，是北京市委、市政府邀请去的，而北京市委、市政府之所以邀请他们去北京，又是因为中央领导指示他们邀请的……这样来交代情况，就交代得很实，可以使观众能够从中真正获知整个节目中的各种最重要的新闻信息。

而用节目中最重要或最精彩的内容来引出的写法，所挑选的并非"最重要"而是"最具看点"或"最好看"的东西来安排到导语中去。例如前面所列举的《矮寨大桥"蜘蛛人"》的导语，解说词中所介绍的"靠一根安全绳，游走在高空"就是"最具看点"的内容，而在介绍这一情况时所配的各个画面，也基本上是整个节目中"最好看"的镜头。

在以最重要或最精彩的内容来引出节目所要报道的事时，最重要或最精彩的内容也同样是既可以通过解说词来说，也可以通过画面来交代或解说与画面共同配合来交代。

也与"用节目中最重要的内容来把所要报道的事引出来"的写法一样，在采用"节目中最精彩的内容来把所要报道的事引出来"的写法来作为导语时，所交代的"最精彩的内容"也应具体翔实而不能笼统、朦胧，如上面这篇《矮寨大桥"蜘蛛人"》的导语所交代的"靠一根安全绳，游走在高空"虽然话说的不多，但内容却很"实"，能让人知道有多难和有多危险了。

第五节　电视专题节目文稿正文部分的写作

电视专题节目文稿的正文部分就相当于狭义的电视新闻（即电视消息）文稿的主体部分。由于正文部分就是整个节目的主要部分，因而正文部分的写作，除了要把所要报道的事说清之外，还要突出节目的主题思想。但由于新闻报道的主题思想的突出，在前面的有关章节里已有介绍，因而在此不再重复而只说文稿篇章结构的安排和内容的层间过渡等技术层面上的问题。

而在文稿篇章结构的安排和内容的层间过渡等技术层面上，专题新闻与专题报道的正文部分的写作，做法并不相同。

一、专题新闻正文部分的写作

前面已经说过，专题新闻主要是用于对最新发生的事的报道，并且一般在事发当天就要播出，而一个专题节目的播出时长通常都在二十分钟以上甚至一个小时以上，尤其是像党代会、人代会等重要会议，开会的时间多达五六天甚至十几天，会议期间电视台每天晚上都要播出关于会议报道的专题节目，每次的节目又那么长，记者白天上午和下午都在现场采拍，晚上就要把节目播出来，是不可能有那么多的时间来撰写文稿的，因而对于这种题材的专题节目，作者并不一定都要写出完整的文稿来，而是在把与节目的主题思想关系比较密切的拟用画面初步选出来后，再根据各个画面的内容来考虑看在其前后应当辅以什么解说，把需要作的解说词写出来后给播音员播讲，然后将播讲录音和画面一并交给制作室制作即可（也有的台是记者自己制作）。

二、专题报道正文部分的写作

专题报道不像专题新闻那么讲究时效，能有较充裕的时间来撰写文稿和把节目"打磨"得好一些，因而其正文部分的文稿，一般应比较细地写出来，这样制作部的节目制作人员才好理解作者的意图，把节目制作得更合乎作者的预想。

（一）正文部分的篇章构成

专题报道是一种将所要报道的事详细展现出来以让观众能对其有着较为全面的了解的大型的新闻节目，它在内容的取舍上，应围绕着"把所要报道的事的各种相关情况说清楚"来考虑。为了能够更好地"把所要报道的事的各种相关情况说清楚"，不同题材的专题节目，在篇章构成的安排上也有所不同。

1. 故事性较强的题材的节目

故事性比较强的题材的专题节目，其正文部分就应是以讲故事的形式来安排篇章结构，即要有"起"有"承"有"转"有"合"，如北京市房山区广播电视中心 2012 年 7 月 26 日播出的专题报道《7.21 生命大救援》的开头部分：

> 灾情就是命令！市委市政府紧急部署，市委书记郭金龙、代市长王安顺亲临房山指挥抢险。房山区迅速进入一级战备状态。把保证人民群众生命安全放在首位，第一时间发布灾害预警预报，第一时间组织群众转移，第一时间组织力量抢救受困群众。随着一道道救援指令的发出，一场拯救生命、抗击暴风雨的战斗全面展开。

这就是"生命大救援"这一件事的"起"，即交代救援工作已经"全面展开"了。

接着，作者以分述的手法来分别交代了全区各地的基层政府在接到上级的指令后如何努力做好救援工作的，其中，城关街道街道有人被困的报警后"迅速组织人员施救，在车辆无法靠近的情况下，救援人员利用大吨位装载机救人，用铲车斗子装人、运送被困群众"；十渡镇有一万多名游客和部分村民被困，干部们也"迅速组织人力紧急疏导：十二渡龙岗山庄有 70 多辆车和 200 多名游客被困，镇里又组织了 50 多名抢险队员趟过齐腰深的洪水，在湍急的水流中组成人链来扶助游客慢慢穿过激流"……这些介绍救援的内容就是"承"，即通过介绍各地的救援情况来体现救援工作确实是"全面展开"了并告诉观众到底是怎样来"全面展开"的。

电视专题报道也和报纸上的报道文章一样，在交代情况时也应有详有略而无需把所有的情况都一点不漏地记录清楚，因而这个专题报道在列举了好几个地方的救援情况之后，马上进行"转场"，即把画面由救援现场转回电视台演播室里，这一个"转场"，就是节目内容的"转"，即为了结束节目而把进行着的叙述转到准备收尾上来。

在以"转场"来将画面和话题由各地如何开展救援转到电视台的演播室之后，播音员所播报的"据统计……共转移撤离群众 6 万 5 千多人，转移安置被困游客 1 万 6 千人，无一名群众因转移不及时而出现伤亡"就是"合",即可了结节目对该次"生命大救援"的情况的介绍,将这个话题"合"起来而不再说了的意思。

2. 题材为反映某单位或个人的某方面情况的节目

若节目所报道的是某一个单位或一个人的某一方面的情况,正文部分的内容就应通过若干件事来反映该单位或该人是好是坏,如甘肃电视台 2010 年 5 月 5 日播出的专题报道《水愿》,由于节目的主题是要反映当年在云南省遭遇了严重旱灾的时候,甘肃省国土资源系统如何按国土资源部的部署,组织打井队伍前往云南打井,以实际行动来支援云南的抗旱救灾的。因而在这一个节目的正文部分,作者就是通过交代甘肃省打井队伍怎样克服山道弯多坡陡的困难把设备运到现场,又怎样通过研究当地的地质特点来寻找可以打井的地方,在接连打了几口井都没有水的情况下又如何经得起失败的严峻考验和怎样总结经验教训改进工作,最后终于打出有水的井来的曲折"故事"来反映甘肃省的打井队伍为了给云南灾区的群众找水而怎样不辞劳苦和怎样不懈努力的。而四川电视台 2009 年 2 月 8 日播出的专题报道《铁骨柔情——追记巴中市南江县原纪委书记王瑛》,则是通过给观众"讲述"南江县纪委书记王瑛在办案中如何顶住压力,坚持原则,敢于碰硬的"故事"来体现她的"铁骨";然后又通过"讲述"她了解上两乡的洋滩村群众下地干活需要蹚水过河的情况后到处奔走争取资金最后给该村群众架起了一座"连心桥",在知道那些给人搬运东西的农民工没地方住而露宿街头时又积极争取县委给他们盖起了每晚只收五毛钱住宿费的"背二哥"宾馆和平价餐厅等"故事"来体现她的"柔情",这样,节目的主题思想就得到了很好的突出。

3. 题材为揭露或批评某一不良现象的节目

若节目的内容是要揭露或批评某一不良现象,其正文部分就应是要进行充分的"说理",即通过具体的事例来说明该不良现象怎样"不良"及"不良"到了什么程度。例如黑龙江电视台 2012 年 3 月 15 日播出的专题报道《如此烧烤》,就是揭露了碰撒的洗衣粉落到了生肉串上店家也还拿来卖给顾客吃,把顾客吃剩的肉串、面包片和汤料"回收"利用,通过用添加剂来把猪肉变成"牛肉"或"羊肉"来欺骗顾客等不法行为,这样通过店家的服务人员透露内情的话和记者偷拍到的画面来"用事实说话",不但能让观众信服,而且被揭露者也不得不服。又如海口电视台 2011 年 11 月 20 日播出的专题报道《外"紧"内"松"的南海大道施工》,因节目的主题是批评南海大道施工方把道路围起来后使得围栏外的交通十分拥挤时时堵车,而长达两三公里的围栏里却只有三三两两的少数几个工人在干活,记者先后 12 次前往探访每次见到的情景都是这样,而想要找承建单位又因工程是层层转包的而到底是什么单位承建的都没人知道等具体事实来"说话",这就使得节目在批评工程建设中所存在的问题上就很有说服力。

4. 内容为反映人们尚未达成共识的问题的节目

若节目所报道的是一件有争议的事或一个很难达成共识的问题,正文部分的内容就应是将争议各方的观点及其理由都摆出来或通过把争议现场上的争议展现出来,让观众在充分了解到了各方的观点和理由的前提下,自己去进行分析判断。因这道理不难理解,因而在此就不再列举。

总之,专题节目正文部分的写作,就是要根据节目的标题所蕴含着的主题思想及题材内容的类型等实际情况来考虑，有针对性地来安排解说词的内容和画面的选用，只有这样，节目的主题思想才有可能得到突出。

（二）正文中各种不同内容之间的过渡

正文中各种不同内容之间的过渡，可用的办法有很多，其中比较常见的做法主要有：

1. 通过转场来过渡

通过转场来过渡，就是在说完了一个内容，想要说另一个内容的时候，就把画面切换到准备要说的新内容上。

转场的方法主要有淡入淡出转场、黑场转场等方式。例如前面列举的《漂泊的种子》中，就使用了淡入淡出的方式来转场：

【画面】雷玲给妈妈买礼物

【画外音】因为今天是妈妈的生日，携手中心的国画课结束后，雷玲在回家路上要给妈妈买份礼物。

【画外音】虽然不满 33 岁，雷洪钊已经为自己的打工生涯谋划好了退路：等到儿女长大成人，自己在外干得差不多时，他就回家继续务农。这可以说是第一代打工者普遍具有的一个想法，同时他们也都知道，在退回农村之前还有一段很艰难的路要走。

（淡入／淡出）

【画面】晋宁县上蒜乡宝兴小村李金芝家

在这个片断中，因前面所说的是雷玲家的事而后面说的又是李金芝家的事，前后两个内容不连贯，作者就采用了淡入淡出的方式来实现转场。

而在青岛电视台 2010 年 12 月 31 日播出的《深潜——中国载人深潜海上试验纪实》中，就用了黑场来实现转场：

【同期声】叶聪"蛟龙"号主驾驶、深潜部门长：

那个时候我们真的很紧张，我们每一个操作，都要观察潜器会发生什么样的变化，舱内的三个试航员精神注意力高度集中。我记得从两千多米到三千米，可能是半个小时，现在回想起来，感觉真的很漫长。

（黑场转场）

（字幕：2010 年 7 月 12 日，南中国海，第 36 次下潜试验　目标：3700 米）

这个片断，前面是"蛟龙"号主驾驶、深潜部门长叶聪在介绍他们过去的一次深潜的经历，而后面将要说的却是 2010 年 7 月 12 日进行的第 36 次下潜试验，为把这两次的深潜区分开来，作者所采用的就是黑场转场的方式来实现转场。

黑场转场，有时并非突然黑掉和忽然亮起而是采用"隐黑"的方式来黑和采用"黑场淡出"（即由黑渐亮，新的场景淡出）来转场的。例如同是在《深潜——中国载人深潜海上试验纪实》中，也有以"隐黑"的方式来转场的：

【正文】

深潜 3700 米，这标志着我国继美国、俄罗斯、法国、日本之后，成为第五个掌握 3500 米以上大深度载人深潜技术的国家。

【现场声】

潜航员出舱空镜　展示国旗（隐黑）

（字幕：2010 年 6 月 22 日，为载人潜水器提供地面保障的国家深海基地也通过国务院审批，开始在青岛沿海建设）

而在四川电视台播出的《铁骨柔情——追记巴中市南江县原纪委书记王瑛》中，则以"黑场淡出"来带出新场景：

【画面】王瑛生前系红纱巾的照片

【字幕+解说】王瑛，原县委常委、巴中市南江县纪委书记，曾被中纪委、国家人事部、监察部等部门表彰为"全国纪检监察系统先进工作者标兵"。2008 年 11 月 27 日，王瑛累倒在岗位上，在送往医院抢救途中不幸逝世，年仅 47 岁。（黑场淡出）

【画面】南江县有关人员座谈回顾王瑛的生前事迹。

【解说】作为县纪委书记，王瑛最鲜明的特点是坚持原则，敢于碰硬……

这个片断，在将话题由对人物身份和基本情况的介绍转到座谈会现场的过渡上，采用的就是先黑场然后屏幕逐渐亮起，淡出新的场面的办法来实现转场的，即用的是"黑场淡出"的方式来转场。

2. 通过出小标题来转场

有的专题节目，由于所包含的内容较杂，为了区分不同的内容，也有在正文中用上若干个小标题来分别进行交代的，而这些小标题在节目中的出现，就起到了实现不同内容的转场的作用。例如贵州黔南电视台 2011 年 11 月 5 日播出的专题节目《瓮安之变》，由于节目要说的内容较多，节目就先后用了"痛定思痛，化解矛盾释民怨"、"以人为本，民生优先解民忧"、"转变作风，凝聚民心构和谐"、"浴火重生，和谐稳定促发展"4 个小标题来实现不同内容之间的转场。

3. 通过重出节目标题来转场

对于内容较杂而又不用上小标题的专题节目，也有是以重出标题的方式来转场的，例如在山东电视台和潍坊电视台联合采制并于 2009 年 7 月 28 日播出的专题节目《爱洒北川》中就用了这样的方式来实现转场：

……

【解说】2008 年 6 月底，崔学选带领工程队仅用了一个半月的时间，就在桂溪乡建设板房 3369 套，学校三所。崔学选率领的援建队伍创造了全国援建四川地震灾区的多个第一：第一支展开施工的队伍、第一个交付使用的板房小区、第一所复课的板房学校……

2008 年 9 月 24 日，特大暴雨袭击北川，山洪暴发，山体滑坡，但桂溪乡的板房没有一处倒塌！

【第二次出标题】爱洒北川

【解说】当潍坊援建队伍跋山涉水进入大山深处的时候，落入他们眼里的不仅有倒塌的房屋，更有灾区群众急切痛苦的眼神。只有这时，崔学选会突然放慢脚步。

……

4. 通过重出导语或栏目刊头来过渡

一些播出时长较长的节目的转场，还常有以重出导语或栏目的刊头来转场的，例如在广东电视台 2012 年 5 月 31 日播出的专题节目《老兵，回家》的正文中，当讲述到远征军老兵邱联远在回国探亲之前去看望妻子坟墓的时候，为了把"故事"的交代转入下一个内容，用的就是重出导语的办法：

……

【一版字幕】

2012 年 5 月 24 日上午 10 点

云南盈江县昔马镇黄伞坡村邱联远妻子墓碑

【同期声】远征军老兵邱联远：你要好好保佑我，回家平平安安的，过几天我就回来了。

【精彩看点】

70 多年前，一次偶然的外出，他加入远征队伍。

【同期声】为了抗日救国，保护老百姓，数十年坎坷飘零、颠沛流离，却割不断对故乡的思念。

【同期声】我要回去找点我家乡顺德的美食。

【同期声】一个抗日英雄 95 岁的时候，一身伤疤，还住在那个透风的房子里，难道你会不心疼吗？耄耋之年，95 岁远征兵落叶寻根，这归家的路，会牵出怎样的人间冷暖？

《老兵，回家》，《社会纵横》正在播出。

【一版字幕】2012 年 5 月 24 日下午 4 点

【旁述】

老人想要回家的消息在几天前就传到了顺德龙江镇的南坑村。村里人商量，要让老人体体面面地回来，他们派出了邱氏族人的代表来接他回家。

……

这个片断，前面的场景是云南盈江县昔马镇黄伞坡村远征军老兵邱联远妻子的坟墓，而后面的场景却是远征军老兵邱联远的故乡广东佛山市顺德区龙江镇南坑村，节目通过重出导语来实现转场，转得就很自然、顺畅了。

通过重出导语或栏目的刊头，不但可以使转场转得自然、顺畅，而且在节目的正文中适当地重出导语或栏目的刊头，也可让观众有个放松注意力和调节一下精神的间隙时间，这对于一些播出时长比较长的专题节目来说，也是很有必要这样来安排的。

（三）语种应用的主次

由于电视节目主要是给人看的而非给人听的，因而在电视语言应用的语种主次的关系上，应是以画面语言为主而以作为声响语言的解说为辅。即对各种情况的交代，能用画面来交代的就尽量要用画面来交代，用画面实在交代不了的才考虑用解说词来交代。

在解说词的使用上，也要把握好使用的"量"。在节目中，不要把解说词堆得太满，应尽量多腾出点不带解说的空闲时间来让观众把注意力集中到画面上。具体而言，就是在节目的每一个片断中，画面的长度都应比解说词的长度要长。若要交代的情况太多，也可以将一些情况改用字幕来交代，让字幕来分担一些情况的交代，这样，往往能省去许多解说词。

第六节　电视专题节目文稿结尾部分的写作

电视专题节目结尾部分的写作，不同类型的结尾又有不同的写法。

一、专题节目结尾部分的常见类型

（一）从内容上来分

专题节目的结尾，从内容上来分，比较常见的主要有补充式结尾、总结式结尾、议论式结尾、发问式结尾、呼吁式结尾等几种类型。

1. 补充式结尾

有的专题节目，在把需要报告的内容报告完后，如果还有属于受众所想知道的某些相关情况，则在结尾时也可将这种相关情况进行补充交代。这种以补充相关情况为内容的结尾，就是补充式的结尾。例如重庆万州电视台 2009 年 7 月 14 日播出的专题节目《高山上的村小》的结尾：

【后配】暑假又到了，这一批三年级的学生也即将离开村小，到山下的中心小学去继续读书。陈老师不知道再过几年自己退休后，村小的命运到底会怎样。他现在唯一能做的就是让学校的钟声每天按时敲响，红旗能在蓝天下高高地升起在山梁上。

这个结尾，就是补充式的结尾，即补充告诉观众，主人翁陈老师现在"对学校未来的命运也很迷茫，每天所能做的只是干好自己的本职工作"这一导语和正文里都没说到的情况。

2. 总结式结尾

有的专题节目，在把事件或事实交代完了之后，为了让受众能够对所报道的情况了解得更为清晰，往往以总结来作结尾。例如贵州黔南电视台 2011 年 11 月 5 日播出的《瓮安之变》的结尾就是这种类型的结尾：

当前，瓮安新一轮城镇建设又迈开了矫健的步伐。按照"城乡统筹"的要求，正集中力量推进县城及周边乡镇同城化，培育各具特色的小城镇，以村庄整治为龙头，打造具有瓮安特色的新农村。并以"185"工程为抓手，加快农业产业结构调整的步伐，真正使群众增收致富。

如今的瓮安政通人和，民心舒畅，经济社会发展势头喜人。在党中央、国务院，省委、省政府、州委、州政府的正确领导下，在各级各部门的大力支持下，瓮安人民正励精图治，豪情满怀地迈向新的征程，走向新的跨越。

3. 议论式结尾

有的专题节目，在报道了一件事后，为了能让读者更好地了解该事的意义或明确对该事所应持的态度，在叙述完该事之后，往往要带上一段议论才结束全文，这种以议论来收束全文的结尾就是议论式的结尾。例如广东电视台 2012 年 5 月 31 日播出的专题节目《老兵，回家》的结尾就是这种类型：

【主持】关键词：为了忘却的纪念

虽然顺德家乡亲人们希望他能在故乡养老，也表示愿意承担他的生活，但是邱联远老人说，他还是要回到云南，回到黄伞坡村。那里，不仅是他洒下热血的地方，更长眠着他的妻子。待自己百年之后，他要与妻子合葬在一起，生死相守。虽说落叶归根，但是他乡已是故乡。邱老的归乡之路，坎坷却也温暖，这已不仅仅是他一个人的回家，更代表着现在还活着的远征老兵的心愿。我们需要铭记的，也不仅仅是他们个人命运的悲欢离合，更有那些不能忘却的历史。让我们欣慰的是：现在有越来越多人，加入到关爱老兵的行动中。在此，我们祝福所有的老兵能够安度晚年，健康平安。

4. 发问式结尾

发问式的结尾，就是在节目把所要报道的事介绍完后，再用一两个句子向被报道方或向观众发出提问作为节目的收束。例如新疆电视台 2011 年 6 月 2 日播出的专题节目《凡人的慈善情怀》的结尾，就是在介绍完了主人公阿里木的事迹之后，以向人们发问的形式来收尾的：

【同期】阿里木

我还是以前的那个阿里木，也最喜欢别人叫我"卖羊肉串的阿里木"，以前是这样，现在是这样，以后还是这样。

【解说】

一个人没有一种精神不行，一个社会没有一种精神不行，一个时代没有一种精神更不行。阿里木宽容、仁厚、感恩助贫、助人为乐的事迹，不正是"爱国爱疆、团结奉献、勤劳互助、开放进取"的新疆精神的最好诠释吗？

5. 呼吁式结尾

有的专题节目，在报道了某一事件或事实的状况，强调了问题的严重性之后，为了让有关方面或为了使全社会能对该报道中所反映的问题的严重性能够引起重视，文章在将所要报道的事件或事实说完之后，最后便以呼吁的话语来收束全文，这样的结尾就是呼吁式的结尾。例如云南电视台 2010 年 12 月 19 日播出的专题节目《漂泊的种子》的结尾就是这种类型：

【解说】随着城市的发展，将会有越来越多的孩子以打工者，或者打工者子女的身份进入城市，服务我们的生活，影响我们的生活。当他们选择在我们身边落下脚、扎下根的时候，请给予他们更多的空间和关注。让这些漂泊的种子可以发芽，让他们的梦想有机会实现。

这个结尾，就是以呼吁人们要"给予他们更多的空间和关注"，"让这些漂泊的种子可以发芽"，"让他们的梦想有机会实现"来收束节目的。

（二）从形式上来分

从形式上来分，专题节目的结尾，也有多种的类型。

1. 以画面和解说词结合来结尾

以画面和解说词结合来结尾，就是解说一结束，画面也就结束。例如前面所列举过《"电子眼"下的交易》、《漂泊的种子》等议论性较强的节目，就是说采用这种形式来结尾的。

2. 以带同期声的画面来结尾

以带同期声的画面来结尾，有的是用带有人声的现场画面来结尾，也有的是用带有物声的现场画面来结尾，例如青海格尔木电视台 2012 年 10 月 24 日播出的专题节目《营救两名被困可可西里澳大利亚探险者》的结尾，就是获救者说话声的现场画面来结尾的：

【解说】二十三日凌晨，获救两名探险者在搜救队员的帮助下平安返回格尔木市，其中一名右肘部的伤是在可可西里骑车探险时不慎摔的，搜救队的医生在两天前找到他时已经进行了简单的包扎，在格尔木市人民医院经过仔细检查后，医生诊断他的伤势并无大碍，至此，六天六夜的搜救活动成功结束。

【同期】被困澳大利亚探险者：非常感谢这些来救我们的警官，他们的工作非常艰辛。我们非常感谢。

3. 以单纯的画面来结尾

以单纯的画面来结尾，指的就是用那种没有同期声（既现场上没有什么响声）的画面来作为节目的结尾，例如湖南电视台 2009 年 12 月 4 日播出的专题节目《谁来教我的孩子们》的结尾：

【字幕+音乐+画面】
【字幕】油杉小学收到全国各地寄去的学习和体育用品几百余件
【同期】
赵鹏：为了我的孩子们，我会坚强起来。
【字幕+音乐+画面】
【字幕】赵老师说：只要病一好，他还想回村里给孩子们上课
（学校飘扬的国旗，完）

这个节目的最后结尾，最后一个画面就是学校里飘扬着的国旗而没有什么声响，像这样的结尾，就是以单纯的画面来结尾。

4. 以字幕和解说相配合来结尾

以字幕和解说相配合来结尾，就是在节目的最后不出画面而是出现伴有播音员的播讲声的字幕来作为节目的结尾。例如辽宁电视台 2009 年 4 月 23 日播出的专题节目《拯救"斑海豹"》的结尾：

【结束语】（解说、字幕）
1983 年　斑海豹被列为省级三类保护动物　禁止捕杀
1988 年　斑海豹被列为国家二级重点保护野生动物
1992 年　大连设立斑海豹自然保护区
1997 年　经国务院批准　晋升为国家级大连斑海豹自然保护区
1998 年　成立辽宁双台河口国家自然保护区
2001 年　山东省建立庙岛群岛斑海豹自然保护区
目前　斑海豹正在申请国家一级保护动物

5. 以单纯的字幕来结尾

以单纯的字幕来结尾，指的是在节目的末尾只出字幕而不带解说也没有同期声的结尾方式。例如上海电视台 2010 年 9 月 12 日播出的专题节目《世博不眠夜》的结尾就是这种形式的结尾：

【结束画面】远景的世博会标志是实的　前面巡逻的人是虚的　缓缓走向镜头
【字幕】世博有你更精彩

二、结尾部分的写作

专题节目结尾部分的写作，在内容的选用上，要结合整个节目的内容和主题思想的实际来考虑，看在把所要报道的事说完之后，若是还有某些情况很有必要让观众知道的，就应把结尾写为补充式的结尾；如果没有什么需要补充说明的情况而是觉得很有必要让观众准确理解好所报道的事的，就应把结尾写为总结式的结尾；如果觉得既没有什么需要补充

说明，在所报道的事也没有什么需要总结的成就或经验，但却很有必要对所报道的事作些评价或发些议论的，就应把结尾写为议论式的结尾；要是在所报道的事中有着某些需要人们注意或警醒的问题时，就应把结尾写为发问式的结尾；而要是在所报道的事中有着某些需要引起全社会重视和关注而当前人们又还没有重视和关注的问题时，就应当采用呼吁式的结尾。

在形式的选用上，也同样是要结合整个节目的内容和主题思想的实际来考虑，这样节目的格调才有可能与节目的内容和主题思想相协调，如所报道的是一些比较严肃的题材，一般应采用解说—结束画面也跟着结束的"干脆利索"的结尾方式，而要是所报道的是一些带有煽情意味的题材，则应采用"带同期声的画面来结尾"或采用"单纯的画面来结尾"、"单纯的字幕来结尾"等一些比较抒情的方式来结束。

第七节　电视专题节目实用文稿的写法

前面已经说过，专题节目文稿写作的目的，最主要的就是要写给节目制作人员，以便于其按照文稿所设计的节目进程来进行节目制作，只要节目制作人员能够看得懂作者的意图，能制作出合乎作者所意图的节目来就行。因而，在电视台，实际应用的专题节目的文稿，无论是专题新闻或专题报道的文稿，其实都并不像我们在专业书上或在各种档案资料中所看到的文稿那么完整，如现场上的各个人物所说的话，记者是不会花费时间去把它逐字逐句记录下来的，各个画面的内容，在制作人员能够理解得了的情况下，记者也不会对每个画面的内容再作具体的描述的。

在记者写给节目制作人员的文稿中，对于所要用到的各个画面，只要在列镜头表的时候给拟要采用的每一个画面都标上了编号或标明画面在素材里的起止时间，在写文稿的时候就不用去描述画面的内容和记录出人物所说的话而只要写上素材画面的编号就可以了。例如前面已经列举过的专题节目《漂泊的种子》中的片断：

画　　面	解　说　词
雷玲的母亲在缝纫合作社工作	【画外解说】雷玲一家来自昭通，她的妈妈陶银在一家缝纫合作社工作，爸爸则长期在楚雄的一个工地上班。缝纫合作社就在雷玲家租住的房间对面，在工作之余，妈妈也能够更方便地照顾好孩子。新闻述评
工长向陶银交代工作	【同期声】因为它分着倒毛顺毛，如果你放在头上打，毛是相反的，这个是横的，这个是直的，相反的打出来效果就不好了。
记者采访陶银	【同期声】 记者：做这个活多长时间了？ 陶银：一年了，刚好一年。 记者：收入怎么样？

陶银：收入要看一个月做多少了，打多少就有多少。一个月八九百吧，现在。主要是带着娃娃，也做不了多少，没时间做多少。

福德村，红香学校

【画外解说】在福德村，类似于雷玲家这样的家庭还有很多。

……

……

这个片断，如果在整理素材的时候填写有镜头表，记者在写给制作人员的文稿时就可以进行如下表述（其中的画面编号为假定）：

画　面	解　说　词
画面（1）	【画外解说】雷玲一家来自昭通，她的妈妈陶银在一家缝纫合作社工作，爸爸则长期在楚雄的一个工地上班。缝纫合作社就在雷玲家租住的房间对面，在工作之余，妈妈也能够更方便地照顾好孩子。
画面（2）	【同期声】
画面（3）	【同期声】
画面（4）	【画外解说】在福德村，类似于雷玲家这样的家庭还有很多。
……	……

这样来写，就比前面所列举的简略多了。而要是记者在整理素材的时候没填写有镜头表而只是记录每个拟用画面的起止时间，在写给制作人员的文稿时，则可进行如下表述（其中各个画面的起止时间为假定）：

画　面	解　说　词
素材 30′28″—30′49″	【画外解说】雷玲一家来自昭通，她的妈妈陶银在一家缝纫合作社工作，爸爸则长期在楚雄的一个工地上班。缝纫合作社就在雷玲家租住的房间对面，在工作之余，妈妈也能够更方便地照顾好孩子。
素材 39′03″—39′16″	【同期声】
素材 52′26″—53′01″	【同期声】
素材 23′09″—23′34″	【画外解说】在福德村，类似于雷玲家这样的家庭还有很多。
……	……

这样，只要标出每个画面处于素材上的具体位置，即从几分几秒到几分几秒，节目制作人员就能知道记者想要的是哪一个画面和该画面的持续时间是要多长了，而由于同期声又是附在画面上的，因而各个片段的同期声的内容虽然不写出来，但节目制作人员也是不会搞错的。

平时我们在专业书或档案资料上所看到的各种电视节目文稿之所以都是写得比较细，既描述了每一个镜头的内容甚至拍摄该镜头所用的景别或技巧，又把各个人物在现场上所说的每一句话的内容都详尽地原原本本写上，其实那样的文稿并非电视台做节目时用的文稿而是事后根据成品节目整理记录出来的稿子。这种事后才根据成品节目整理记录出来的稿子，有的是出于文稿存档的需要或出于要与同行交流的需要，也有的是出于写作节目介绍、节目评析的书籍或文章的需要，或者是出于要把作品拿去参加评奖的需要等，才在事后根据成品节目来把一个个画面，一句句解说和将同期声中的每一句话或每一个声响都详细地记录出来的，作为电视台的记者，每天都有需要赶去采拍的题材，每采拍回一个题材又要尽快地把文稿写出以便能够尽快播出；此外还要通过观察思考分析来发现题材和考虑采拍计划的制订等，是不可能有那么多的空闲时间来把文稿写得那么细的。再说，写作文稿的目的，也就是为了能让节目制作人员理解记者的意图，从而能把节目制作得合乎记者的预想而已，因而完全没有必要把太多的时间和精力耗费把文稿的每一个画面和每一个片段的同期声都一一细列出来。

此外需要说明的是，电视专题报道节目，有时也并不是有计划地去采拍和制作而是在平时采拍新闻的时候拍有了较多的素材画面和掌握到了较多的情况，记者在发现现有的素材画面和已掌握到的情况已经足够制作一个专题报道节目的时候，若觉得确有必要，也可以是将现有的材料拿来制作专题节目的。

本章复习与思考

1. 电视专题节目的特点是什么？
2. 电视专题节目的类型有哪几种？它们在适用题材与文稿写作和播出时效等方面有什么不同？
3. 试述电视专题节目文稿的篇章构成及文稿写作的步骤。
4. 电视专题节目文稿各个组成部分的写作要求各是怎样？
5. 电视专题节目文稿中不同内容之间的过渡，常用的办法主要有哪些？
6. 制作节目用的电视专题节目文稿与专业书上所收录的电视专题节目文稿有什么不同？
7. 自找题材，进行电视专题节目的采拍和文稿写作的练习。

第十二章　电视连续报道、系列报道和

组合报道节目文稿的写作

第一节　电视连续报道节目文稿的写作

对于一些重大事件、一些大规模的工程建设、一些比较典型的先进人物或先进单位、一些重要的经验性消息、一些持续时间较长的活动，单靠一个专题节目来报道，往往难以反映出其全貌和整个发展变化的过程。尤其是对那些正在进行并且还将持续进行下去很长时间的事件，要是等到该事件全部结束后才对其进行报道，不但到时候需要交代的情况太多而难以交代得完，而且全都留到事件结束之后才做报道，也会影响到新闻的时效性。并且，由于观众对这种正在发展和变化着的事件，往往也想能够及时了解它的最新进展或最新状况，因而对于这样一种比较大型、持续时间比较漫长的事件或事态，就应把它分为多次来进行报道。

把一个题材的新闻分为多次来进行适时跟进报道的电视新闻报道节目，就叫做电视连续报道节目。

电视连续报道节目由于是针对同一报道对象在不同阶段的情况来分集进行报道，它既可化整为零，及时地让观众了解到事件或事态在各阶段的进程，又能让观众完整地了解到所报道的对象的全部发展变化轨迹和整体全貌，因而这种节目很受对时局比较关心且有时间按时收看电视的观众欢迎。

一、电视连续报道的表现形式

所谓电视连续报道节目，其实就是多个电视专题报道节目连在一起的新闻报道节目，只是由于这些节目相互间有着很密切的联系，这种联系就是在前后两个节目之间存在着顺承关系和递进关系。例如在一个对某一工程建设的连续报道中，一般来说，第一集所报道的内容就是开工典礼和破土动工；第二集所报道的内容就是工程早期施工的情况；第三集所报道的内容可能是工程施工到了某个阶段时遇到了什么问题，工程队尽了很大的努力也没能解决；第四集所报道的内容可能就是怎样来想办法，终于使所遇到的问题得到了解决；第五集所报道的内容可能是在该问题解决了之后，施工进度明显加快，形势喜人；第六集所报道的内容可能又是当工程建设到了什么阶段的时候，又遇到了什么困难，也同样是想了很多办法都解决不了；第七集所报道的内容又是通过怎样的集思广益和经过了多少次的顽强攻坚，终于克服了这一困难；第八集所报道的内容则可能是工程施工已经进入了"黄金时代"，进展顺利，相继完成了哪些项目的施工，进度不断刷新；第九集所报道的内容可能就是工程建设已经进入关键环节，施工队伍怎样齐心协力、团结拼搏，终于使工程建设顺利完成；第十集所报道的内容就是工程施工的扫尾阶段，施工单位怎样善始善终做好施工并保证工程质量，在工程全部完工之后质检部门在验收中又怎么严格，因检验结果工程质量完全合格而通过了验收和交付使用；第十一集所报道的内容就是竣工典礼，剪彩之后投入使用。

这样，从各集的内容安排来看，不难看出，连续报道中的每一个节目（即其中的每一集），都不是孤立存在而是与其前后的节目（即前后集）有着密切的联系的，并且这种联系，又都属于顺承关系和递进关系。

也正是由于连续报道中的每一个节目都与其前后的节目之间存在着顺承和递进的关系，因而其中的每一集在整个连续报道中的位置都只能是固定的，不仅不能互换，而且其中的任何一集，也必须齐全而不可或缺。

而在篇幅的大小方面，连续报道中的每一集的长度都不会很长，一般为一二十分钟而很少一个小时以上的，有的连续报道中每一集的长度只有五六分钟甚至更短的。

二、电视连续报道节目的特点

电视连续报道节目的特点主要是：

节目由多集组成，每一集的长度都相等或大致相等，并且，每一集的播出，电视台都是把它放在同一个时段里或放在同一个栏目里来播出。

除了首集之外，每一集节目的导语或导语的开头部分的内容都基本相同，都会简单提及前一集已播出过的内容然后才带出本集的内容；除了末集之外，每一集节目结尾部分或结尾部分的最后几句话的内容也基本相同，一般先简单交代下一集的大致内容并向观众通报下一集的播出时间，然后表示欢迎观众届时继续收看，等等。

而在节目所报道的新闻内容方面，连续报道节目的每一集虽然都是一个独立的节目，但每集所反映的又只是整个题材中的一个片段，只有全部节目的整体，才能反映出整个题材的全貌。由于其中的每一集只能反映出整个题材的一个阶段内的情况而反映不了全貌，因而各集与其前后集之间都存在着环环相扣、承上启下的关联关系。

此外，在一个电视连续报道节目中，每一集的片头、片尾的字幕内容和表现形式，以及节目的风格等也都相同。

三、电视连续报道节目文稿的写作

一个电视连续报道节目的每一集，虽然电视台都是把它们安排在同一个栏目里播出的，但集与集之间的播出时间的间隔却不均等，之所以是这样，这是因为专题节目的采制要视所要报道的事物的发展变化情况而定，在所要报道的事物接连有新的情况出现时，节目集与集之间的间隔时间就可以短些，有时可以是每天一集甚至每天早晚各有一集，例如在 2008 年的四川"5.12"地震期间，宝成铁路 109 隧道发生塌方、起火，导致该线路交通中断之后，陕西电视台在报道工程建设单位抢修该隧道的新闻时，就是以连续报道的形式，接连 12 天每天都对该隧道的抢修情况进行连续报道直到恢复通车为止；而当的所要报道的事物持续较长时间都没出现什么新变化或新情况时，集与集之间的间隔时间就需要长一些，有时要隔两三天或四五天才有一集。但连续报道的间隔时间也不能太长，不然隔得太久了，观众都已经把该事忘了才接着报道，节目就会失去"连续"的意义。一般来说，连续报道的集与集之间的时间间隔，应是控制在一个星期左右或十天之内。

电视连续报道节目文稿的写作，在内容上应是每一集都有新情况、新内容和新"看点"，这样才有可能吸引得了观众。之所以有的连续报道节目会间隔较长时间才有续集，就是因为要等到有新情况出现的时候才好采制。

电视连续报道节目除了有一个总的标题之外，每一集还可以另有自己的标题；也有的连续报道节目中的各集不另起标题而是写为"某某某某连续报道之一"、"某某某某连续报道之二"、"某某某某连续报道之三……"或"某某某某连续报道（1）"、"某某某某连续报道（2）"、"某某某某连续报道（3）"等形式的。

电视连续报道节目文稿的写作，在文稿的格式和篇章结构的安排及节目的表现形式等方面都与专题节目文稿的写作方法基本相同，所不同的只是在导语和结尾部分的写作上，要注意与整个连续报道节目中的各集的导语和结尾部分的写法相同；每一集的风格也要与整个连续报道节目的风格保持一致；并且每一集的开头和结尾，还要注意做好与前后集内容的承上启下。

电视连续报道节目中各集文稿的写作，篇幅比较大的节目的写法与电视专题节目文稿的写作方法基本一样；而篇幅比较短小的节目的写法，则是与电视消息文稿的写法大致相同，而电视专题节目和电视消息这两种体裁的节目文稿的写法，因在前面的有关章节中已有过比较详细的介绍，在此就不再重复。

第二节　电视系列报道节目文稿的写作

电视新闻系列报道是围绕着同一主题，以不同的报道对象的情况为题材，从不同的方位、角度和侧面来表现某一共同主题的大型报道。

电视新闻由于受节目时间的限制，每条短消息所占用的播出时间多为 1 分钟，其解说词在 300 个字左右；即使是长消息，每条消息所占用的播出时间一般也只有 3~5 分钟，其解说词的容量通常也得限制在 1000 来字。

由于每条新闻所占用的播出时间都很有限，其所能展现的画面和所能讲述的内容也就很有限。而电视新闻专题节目虽然容量较大，能对某一事件或某项事实作较全面、较完整和较充分的报道，但由于每个专题节目的容量也是有限的，一个专题节目也只能是集中对某一个事件或某一个事实进行报道。当所想要报道的某个题材中需要报道的对象不止一个时，单靠一个专题节目，就无法把每个对象都逐一详细报道了。

例如，对评上劳模或获得先进工作者、三八红旗手、新长征突击手等荣誉称号的一批先进人物或对在某项工作中取得突出成就的一批先进单位或个人的报道、对大型运动会中的各个竞赛项目的报道等，往往需要把这些同等的对象一一向观众进行详细地介绍。遇上这种情况，要是把众多的先进典型的事迹或众多的竞赛项目的竞赛过程都堆砌到一个专题节目里，不但节目容纳不下，而且即使能够堆砌得下，也会因内容过于杂乱而致使节目的主题思想难以突出得了。遇上这种情形，那就要用到另外一种电视节目体裁来报道了。能够胜任这种情形的题材的报道的节目体裁，就是电视新闻系列报道节目。

再如：某地有着多个风光美丽的景点或多种独特的民俗，或者某位新闻人物有着多方面的特长或在很多方面都很优秀，如果把这类有着多个方面需要报道的情况都集中在一个节目里来介绍，不但节目容纳不下，而且即使能够堆砌得下，也会因内容过于杂乱而致使节目的主题思想难以突出得了。遇上这种情形，也应把这些诸多的情况分作多个节目（即分为多集）来报道，每个节目（即每一集）只介绍其中的一个景点或其中的一个民俗，一个特长或一个优秀的方面，这样一种分为多集来报道同一个对象的节目，也是电视新闻系列报道节目。

一、电视新闻系列报道节目的表现形式

顾名思义，电视新闻系列报道节目就是由多个节目来构成的系列节目。在节目所报道的内容方面，它既有表现为所有各集的主题思想都相同但所报道的对象却不一样的，也有表现为所有各集所报道的都是同一个对象但每集的主题思想却不一样的；在节目文稿的篇章构成方面，系列报道节目文稿的篇章构成，与专题节目文稿的篇章构成也基本相同；而在节目的篇幅大小方面，系列报道节目的每一集的长度一般多为一二十分钟而很少有三四十分钟以上的，有的系列节目，每集的时长只有五六分钟甚至更短。

二、电视系列报道节目与电视连续报道节目异同

系列报道与连续报道，有同也有异。

（一）系列报道与连续报道的相同之处
系列报道与连续报道的相同之处主要有：
（1）两者都是由多集节目所构成的整组的报道；
（2）各集报道都是围绕着同一个主题来进行；
（3）每一集的报道都是独立成篇，但各集之间在内容或思想主题上又互有联系；
（4）各集的篇幅大小基本相同且风格也一样；

（5）都是分集，在相对比较集中的一个不很长的时期内陆续进行播出，各集播出的时间段也相同或基本相同，并且都是在同一个栏目里播出。

（二）系列报道与连续报道的不同之处

系列报道与连续报道的不同之处主要有：

（1）连续报道所报道的题材都是动态新闻方面的题材，而系列报道所报道的题材则多是静态新闻方面的题材，因而连续报道节目各集的播出都得讲求时效，而系列报道节目各集的播出，对时效性则不甚讲究。

（2）系列报道是在所报道的主题相同而所报道的对象不同，或所报道的对象相同而所报道的主题不同的时候使用；而连续报道则是不但所报道的主题相同而且所报道的对象也相同，只是所报道的是事件或事实的发展变化进程中的不同时间点或不同时间段里的情况而已。

（3）系列报道是把每个报道对象或同一报道对象的不同方面的情况分开来独立成篇单独进行报道，而连续报道则是把事件或事实进程的各个不同阶段分开来，单独成篇地进行报道。

（4）系列报道的各集间的关系是横向的并列关系，而连续报道的各集间的关系是纵向的承接关系。

（5）各集系列报道之间，是以节目的主题思想、所报道的对象的相同和以作品的结构形式、风格、长度的相同或相似来维系，而连续报道各集之间的联系，除了以节目的主题思想和篇章的结构形式、风格、长度的相同来维系之外，在前后集之间还有着承上启下的联系。

三、电视系列报道节目的特点

由于电视新闻系列报道节目集与集之间的内容大多不存在承接关系，因而导语和结尾部分，一般不带有承上启下的内容。并且由于集与集之间的内容大多不存在承接关系，因而其中各集的排列顺序也就不存在着哪一集必须在前哪一集必须在后的问题，集与集之间的播出顺序大多是可以互换的。

由于电视新闻系列报道节目所报道的多是静态新闻，它的采制和播出无需等候事件的发生或事态出现了什么新情况而是所要报道的都是记者已知的事，并且，由于它所报道的多是静态新闻，记者也可以等把所有各集全都采制完毕以后才开始播出，因而在播出时间的安排上，可以提前把所有各集的播出时间都安排好并可把播出安排提前告知观众。同时，由于这种节目可以在把所有各集全都采制完毕以后才开始播出，因而集与集之间的播出周期一般能保持一致。

此外，由于系列报道节目对时效性的要求不像连续报道节目对时效性的要求那么急，作者能有较充裕的时间来对其进行精心的构思和认真的"打磨"，因而比起连续报道来，在画面的选取、组接技巧的运用和解说词内容的写作等方面，一般做得比电视连续报道节目更具艺术性。

四、电视系列报道节目的写作

电视系列报道节目文稿的写作，由于节目所报道的是不同的报道对象在某一个相同的方面的情况或是同一个报道对象在各个方面的情况，因而在写作上，要注意避免集与集之间出现内容重复的问题，以免观众看了觉得单调乏味。

在前面的第一节中已经说过，电视连续报道节目所报道的是动态新闻，因而它的文稿的写作，每一集都应有新情况、新内容和新"看点"。而由于电视系列报道节目所报道的多是静态新闻，它一般不会有什么新情况发生，因而写作电视系列报道节目的文稿，就不像写作连续报道节目的文稿那样每一集都要有新情况。但由于系列报道节目是要展现出不同的报道对象在某一个相同的方面的情况或同一个报道对象在各个方面的情况，为了使观众乐于收看，在写作上就应是每一集都有新的"亮点"和自身的"卖点"。例如在邯郸电视台2011年11月7—9日播出的3集系列节目《"文化低保"普惠农家》中，第一集里有村民们在唱平调，还有村民敲打着锣鼓和跳秧歌等群众文化生活的场面，并且提到了该村的村歌被评上了"中国十佳优秀村歌"等"亮点"和"卖点"；第二集里有服饰统一的农民老年模特队拿着以核桃、花椒、大蒜、辣椒等当地农家果蔬产品为原型的道具出演的模特表演，又有在刘营乡朱庄村村民文化广场上举办的"乡村大舞台——永年县首届群众艺术节"开幕式及开幕式上精彩的文艺演出的热烈场面等"亮点"和"卖点"；而在第三集里，则有"成安县诗词楹联创作基地的揭牌现场"和"草根社团"的情况介绍，全市文艺战线的名人名家在肥乡县屯庄营乡的文化广场上举行的下乡演出，此外还有肥乡县为防止民间传统技艺失传而在乡下创办的传统工艺学习基地以及张庄的老人在现场进行的纺纱织布技艺表演等"亮点"和"卖点"。并且，每一集的"亮点"和"卖点"都不与别集的"亮点"和"卖点"重复，这样"精彩连连"，观众看起来才会饶有兴趣。

一个电视系列报道节目除了有一个总的标题之外，由于各集所报道的对象或所反映的层面都各不相同，因而每一集都还另有自己的标题，例如前面所列举的系列报道节目《"文化低保"普惠农家》，3集节目就是分别以"从'物质富足'到'精神渴望'"、"从'场下观众'到'台上主角'"和"从'文化下乡'到'文化扎根'"为本集的标题的；青岛电视台12月22—24日播出的3集系列报道节目《入世十年 青岛名企"舞"出一片新天地》，各集的标题分别为"青岛名企'舞'姿优美"、"与狼共舞，十年磨一剑"和"与世界共舞舞出中国奇迹"；而四川电视台第四频道2011年4月6—21日播出的6集系列报道节目《我们的家园》，各集的标题则分别为"新北川，我们从这里起飞"、"青川三年巨变"、"萝卜寨的承诺"、"温情映秀，魅力水磨"、"多彩年画，幸福绵竹"、"以爱的名义相约三生"，这样，每一集除了与整个电视系列报道节目共有一个总标题之外还另有属于本集的标题，这就使得节目中的每一集更像一个独立的电视新闻节目，而又由于所有各集又有着一个共同的总标题，这又标志着每一集的节目又都并非独立的节目而是与别的节目相互关联的。

电视系列报道节目中各集文稿的写作也和电视连续报道中各集文稿的写作一样，也是与电视专题节目或与电视新闻节目（即电视消息）文稿的写法大致相同，在此就不再重复。

第三节　电视组合报道节目文稿的写作

在电视台播出的新闻类的大型节目中，有一种也是由多个节目组成，但其中的各个小节目的体裁并不统一，篇幅长短也不一致，甚至风格也大相径庭的新闻报道节目，这种节目，就叫做电视组合报道节目。

一、电视组合报道节目的分类

电视组合报道节目大致可以分为两种类型，一种是在内容上表现为多层面的报道，另一种是在体裁上表现为多种体裁并用。

(一) 多层面内容的组合报道节目

多层面内容的组合报道节目，就是在节目中对所要报道的事的方方面面（即各个侧面）分别用一个小节目来进行展现，将所报道的事件/物的一个侧面的小节目组合到一起的节目，就是一种多层面内容的组合报道节目。由于这种节目对所要报道的事的方方面面都作了展现，因而更能满足观众想要全方位了解节目所报道的事的需要。

(二) 多体裁并用的组合报道节目

多体裁并用的组合报道节目是一种集电视消息、专题节目、新闻述评、人物访谈、相关报道的"新闻链接"，甚至还包括图表、动画演示画面于一体的组合报道节目。这种节目由于把多种体裁的小节目汇集到一起，不但能让对所报道的事了解得更全面，而且还可让人能从中获知的社会各方对该事的看法等。例如在播出新发生的某一个事件的时候，先是以电视消息的形式来"报告"发生了该事，接着用动画演示画面来演示出该事发生和发展的经过，然后又以电视专题新闻节目来展现出方方面面的人对所报道的事的描述。此外，还可以"链接"上一个类似事件的相关资料，最后再以新闻述评节目来对该事作评论。像这样一种集多种体裁的小节目于一体的大型新闻报道节目，就称为电视组合报道节目。

二、电视组合报道节目与连续报道节目、电视系列报道节目的异同

电视组合报道节目与电视连续报道节目和电视系列报道节目虽然都是大型的新闻报道节目，但它们之间却有同也有异。

(一) 电视组合报道节目与连续报道节目、电视系列报道节目的相同之处

电视组合报道节目与电视连续报道节目和电视系列报道节目的相同之处是，这几种节目都是由多个小节目组成的大型的新闻报道节目，并且都是用于比较重大的题材或社会公众普遍都比较关注的事的报道。

(二) 电视组合报道节目与连续报道节目、系列报道节目的不同之处

电视组合报道节目与电视连续报道节目、电视系列报道节目的不同之处主要有：

(1) 电视连续报道节目和电视系列报道节目中的每一个小节目（即每一集），都分别向观众报道出新的信息；而在电视组合报道节目中，所报道的事就只有一件，然后便是围绕着该事来进行多角度或多层面的展示，或将别的类似的事拿来跟该事作比照并对该事进

行评论等。

（2）电视连续报道节目和电视系列报道节目中的每一个小节目（即每一集）的篇幅大小（即播出时长）都相同或基本相同，而电视组合报道节目中的各个小节目的篇幅大小则各不相同甚至相差甚远。

（3）电视台对于电视连续报道节目和电视系列报道节目的播出，都是以"连载"的形式来分期播出的；而对于电视组合报道节目，则是以"专版"或"专栏"的形式集中在一起进行一次性地接连播出。

三、电视组合报道节目的写作

电视组合报道节目的写作，重在确定要将什么体裁的节目"组合"到节目中来。

一个组合报道节目应当用到哪些题材的小节目来"组合"呢？这个问题，应是结合节目所报道的事的实际来考虑，如所报道的事中有很多层面的情况都是观众所想了解的事，例如 2014 年 3 月 8 日马来西亚飞北京的"MH370"航班飞机失联后，关于该飞机失联一事，世界各国的各家媒体都有报道并且各家媒体的报道中所包含的信息又各不相同，如要就这事做组合报道，就应当把世界各国的各家媒体的报道"组合"到节目里来，这样观众才好进行相互比照；若节目所报道的事中有单靠画面和解说无法说清的情况，例如关于"MH370"航班飞机失联后的去向分析的组合报道，该飞机在什么地方开始失联，失联之后有可能是飞向何方，为了能让观众理解好专家们的分析与猜测，就应当配上动画模拟演示，这样观众才能一目了然。而对于一些牵涉面比较大和各方反响都比较大的事件的报道，若以组合报道节目来报道，就应"组合"进与其相关的更多的信息和各方的反应。如 2014 年 3 月 23 日国外媒体披露了美国政府长期以来对我国和我国领导人进行监听、监控和窃密的消息后，我国外交部当天即向美国政府提出交涉，要求美方就此作出清楚的解释和停止这种非法行为，电视台要是就此事开展组合报道，就可以在发了消息之后，再配上斯诺登出走，向多国提出避难申请，外国对美国监听、监控他国问题的谴责和抗议，记者对法律界人士和国际问题专家的访谈，资深评论员就此事的评论等相关的小节目，这样节目才会具有广度和深度。

在确定好将何种体裁的小节目"组合"到组合报道节目中来之后，接着要考虑的就是各个小节目在整个组合报道节目中的顺序排列问题，然后才考虑怎样在这些所要用到的各个小节目的前后加上串联词来把它们有机地串联到一起的问题。

至于组合报道节目中的各个小节目的文稿的写作，由于电视组合报道节目是一种将多个不同体裁的节目集中到一起来"组合"而成的节目，因而这种节目文稿的写作方法，其实也就是和所集合进来的各个小节目所属体裁的文稿的写作方法一样。而由于用于"组合"的电视消息、专题节目等节目体裁的文稿写作在前面的有关章节中已经说过，而"人物访谈"和"新闻述评"节目文稿的写作方法虽然在前面的所有章节中都没说过，但这两种体裁的节目的文稿的写作方法因在后面的有关章节中都将另有介绍，这里就先不展开。

本章复习与思考

1. 试述电视系列报道节目与电视连续报道节目的异同。

2. 电视连续报道节目中每一集的内容都应当有什么？电视系列报道节目中每一集的内容又应当有什么？

3. 试述电视组合报道节目与电视连续报道节目、电视系列报道节目的异同。

4. 在采用电视组合报道节目来开展对一件事进行报道时，应怎样来确定并将何种体裁的节目"组合"到节目中来？

5. 通过对近期内本地所发生的一件事的了解和关注，试写出对该事进行电视连续报道的文稿。

第十三章 电视专访节目

文稿的写作

电视记者平时所遇到的各种新闻题材，一般可以用电视消息或专题节目来对它进行报道，但由于电视消息对新闻事件或事实的报道比较简略，专题节目对新闻事件或事实的报道又比较庞杂，观众若想了解某人对某事的比较详尽的介绍或评论，电视消息和专题节目就无法满足得了观众的这种需要，遇上这种情形，就需要采用专访节目来报道了。

第一节 电视专访节目的种类、构成与采拍的选题

电视专访节目是一种将记者在采访中与受访人谈话的现场场景与谈话过程如实地展现给观众的节目，这种节目，也是电视节目中比较常见的一种节目。

一、电视专访节目的分类

电视专访节目有多种分类方法。

从所访问的内容方面来分，大致可以分为人物专访、事件专访、问题专访和科学专访等；

从访问对象的身份方面来分，大致可以分为党政要员专访、社会名流专访、新闻人物专访、事件或事实的当事人专访、事件或事实的知情人专访等；

从访问的题材的属性方面来分，大致可以分为政策法规解读类题材专访、事件事实"揭秘"类题材专访、人物情况类题材专访和知识求解类题材专访节目等。

二、电视专访节目的篇章构成

电视专访节目的篇章构成，大致包括标题、引言、主体和结尾4个部分。

电视专访节目的标题比较简单，一般多是直接说明是关于某某人或关于某某事的专访，让观众一看就能知道节目所展现的是关于什么人物或什么问题的专访。但也有的专访节目的标题在揭示内容上不那么直接，例如《大爱广博、真情演绎》（辽宁电视台2011年9月7日播出）、《兑现承诺　优化环境——2011十个突出问题整改电视问政》（武汉电视台2011年11月23日播出）、《打击"酒驾"两岸如何互相借鉴》（福建电视台2011年5月22日播出）等。

三、电视专访节目的采拍选题

(一) 选题的原则

电视专访节目的选题，大致应从如下几个方面来考量：

1. 题材本身应有足以吸引读者关注的"亮点"或"卖点"

观众收看电视节目，不像开会或政治学习那样有纪律约束而是完全出于自愿，尤其是像专访这样一种比较大型的节目，如果没有一些足以吸引得了观众的"亮点"或"卖点"，就很难使得观众愿意看下去。

所谓"亮点"，就是出人意料的东西。自古以来，人们都说"民不与官斗"，老百姓一般不敢与官府相抗衡，但在2006年间，浙江奉化一位名叫张召良的农民却打赢了一场状告省政府的官司，这样一种在全国都从来没有过的新鲜事就是"亮点"。因为它太出乎人们的意料了，以至于中央电视台新闻频道《新闻会客厅》栏目2007年4月11日播出关于他的专访节目《浙江12位农民状告省长胜诉　称用法律为政府纠错》时，引起了观众的极大兴趣，获得了较高的收视率和较好的评价。

考量一个新闻题材有无"卖点"，一是要从拟要访问的对象的情况来考虑，即从该人的身份是否显赫、其身份在拟谈话题中是否特殊或其在某一事件或事实中的所处的地位是否关键等方面考虑，因为只有属于这样的人物，观众才会关注其言行；二是要从所拟要访问的话题方面来考虑，看所拟要访谈的话题是否为当前的"焦点"或"热点"，因为只有属于当前的"焦点"或"热点"的话题，才有可能吸引观众；三是从拟要访问的人的过往言论中分析推测看其在接受访问时是否能够说出一些比较"前卫"、"另类"的观点来，要是拟要访问的人物能有一些比较新鲜的观点，那就更能吸引观众。

2. 对社会无不良影响

电视专访节目作为一种新闻报道节目，也与电视消息和专题节目的选材一样，在采制选题上要考虑文章的社会影响，若所选的题材能予社会以积极的影响则更好，实在不行，那至少也要确保所选的题材在舆论导向方面无不良影响。

3. 比用别的节目形式来报道的效果明显要好

由于专访节目是展现记者对受访者的整个采访过程的节目，其"节奏"比电视消息和专题节目明显要慢得多，它既需要观众在收看时能有足够的耐心来跟着节目的进程慢慢看下去，也需要节目中能始终都有足以把观众稳住的精彩内容，因而使用这样一种节目形式来开展新闻报道时，就要考虑用这种形式来报道比起用电视消息和专题节目来报道效果是否明显要好。只有效果比起用电视消息和专题节目来报道明显要好时，才有必要采用这样一种节目形式。

（二）获得选题的方法

在电视台从事采编工作，领导一般只对新闻节目的采拍进行安排布置，而对于专访节目的采拍，就多是由采编人员自己去考虑和张罗了。那么，怎样才能找到适合于电视专访的题材呢？

其实，只要多观察，多分析和多思考，就不难找到适合作为电视专访的题材。

1. 从平时所获得的各种信息中挖掘题材

从平时所获得的各种信息中挖掘题材，就是当获知有某个事件发生或有某种情况存在时，就先了解人们对该事件的关注程度或分析该事件对人们今后的生产和生活将有什么影响。若人们对该事比较关注或该事将会对人们今后的生产和生活产生较大的影响的，那么，去做当事人或其他的相关人的专访，把访问到的情况或当事人、相关人对问题的看法通过专访节目来告诉观众、观众就有可能会感兴趣。

例如某位地方党委或政府的新领导刚上任，人们对他到底打算怎样施政，在任内计划要做什么和要解决什么问题，他对原任所拟定的各种计划和制度是否还会执行，原任所遗留下来的各种问题，他是否打算解决和打算怎样解决等，这些都是广大社会公众所普遍关心的问题，若记者能针对这样一些问题去访问他，让他"当面"来向观众谈谈自己的打算，这样的专访就很有价值。

又如某位名人来到本地或本地某位名人从外地回来时，人们或许原先仅仅知道他的成就和获得过的荣誉；而并一定都知道他是怎样通过努力而成名，也不一定知道他今后有点什么打算，他除了在所在领域成就卓著之外还有些什么兴趣爱好和特长，更不知道其在日常生活中有什么独特的生活习惯及其家庭情况等。要是记者能针对这样一些问题去访问他，让他"当面"来向观众介绍自己在这些方面的情况或讲出一点关于自己的"故事"来，这样的专访节目，观众也是想看的。

再如某位过去曾经在某个方面声名显赫的人物，由于已长时间没有媒体光顾而沉寂了甚至已逐渐让人们觉得陌生了，如果记者能去给他做个专访，让观众了解其这些年来是怎么样走过来的，他目前的生活状况如何及今后还有些什么打算，等等，这样的专访节目，观众也是会关注的。

又再如，外地某位与某要员、名人有着密切联系的人士来到本地，或在外工作、生活的与某要员、名人有着密切联系的本地籍人士回到本地，由于其在与某要员、名人的交往中的种种秘闻轶事，广大观众也是有兴趣了解的，因而对这样的人士进行专访，也是很有必要的。

而要是本地近期内刚发生过了什么较大的事件，尽管报纸以消息或通讯的形式作过了报道，但要是记者能够找到事件中的当事人、亲历者或某位关键性的知情人，再去对其做个专访，通过访问来向其挖出一些鲜为人知的"内幕"情况来，或者是就该事去采访党政机关或有关部门的领导，请他们谈谈对该事的看法及打算怎样应对该事，这样的专访，也是观众很想看的。

还有，要是本地上马了某项重大工程，记者马上找政府的要员或相关部门的领导做个专访，让这方面的权威人士来向观众谈谈该项目建设的有关情况及建成后将会给本地带来什么改变，这样的专访，也是很有价值的。

2. 从对外地动向的分析思考中发现题材

当媒体报道了什么地方发生了什么事或出现了什么情况时，如果对其进行分析思考，往往也能发现很有价值的专访题材。

例如 2011 年 3 月 11 日日本福岛第一核电站 1 号反应堆所在建筑物爆炸后发生了高温核燃料泄漏事故，很快就引发了我国许多地方出现了抢购食盐的风潮，遇上这种情况，记者就应当去走访当地相关部门及有关专家，了解日本的核泄漏是否会污染到我们本地的食盐，如果真会污染到，那么本地盐业部门现在还有多少食盐储存，能够满足本地人食用多长时间，等等；如果不会污染到，也请他们解释一下为什么不会影响到本地。开展这样的专访，及时给群众解答好他们心中的种种疑问，这样也有利于让本地群众心里踏实。

又比如 2013 年 3 月底媒体关于上海和安徽因 H7N9 禽流感死了人的报道，由于我国是世界上最先出现这种病的国家，目前尚无针对该病的治疗和预防药物，媒体报道了这事之后，要是记者能够马上联系当地的卫生防疫部门或有关专家，让他们谈谈现在还能不能吃鸡鸭肉。应怎样预防这种病，万一感染上了这种病又该怎么办，或者是找本地政府或本地的卫生主管部门、本地医院的领导做个专访，让他们谈谈本地是打算如何来应对这一传染病的，这样的专访，就会很受观众的欢迎。

总之，只要多留心平时所获得的各种信息，并对所获得的各种信息加以分析思考，那么，专访节目写作的题材，其实几乎随时随地都能找到。

第二节　电视专访节目采拍的前期准备工作

在选定了题材和访问对象后，接着就可以着手采拍的前期准备工作了。

一、了解拟访对象的基本概况

要开展好对一个人物的采访，事先必须先对对方各方面的情况有个基本的了解，不然，对对方的情况一无所知，在采访中就不但无法掌握采访的主动权，甚至还有可能因所说的话不"靠谱"使对方反感而无法将采访进行下去。

为做专访节目而开展的采访，因整个访谈过程中都需要对方配合才行，因而事前对拟访者的情况就要比一般的采访了解得更多、更深，这样在拟写采访提纲时就能更有针对性地来设计所要提问的问题，在制订采访计划时也能更有针对性地来考虑采访的方案。

了解拟访对象的情况，应从渠道来进行，除了应向该人的领导、同事、下属，亲友、客户等熟悉其情况的人打听外，还可以通过网络查询和到图书馆、档案馆去查证等多方面来了解。

了解拟访对象，除了了解其人生经历、事业上的成就、所获得过的荣誉等工作或专业方面的情况之外，还应尽可能多地了解一些其个人情况，如家庭状况，社会关系、个人爱好、特长、生活习惯、性格特点等，就连吃饭所喜欢的是什么口味，春夏秋冬各穿的是什么样的衣服，每天的作息时间，与谁常有来往，到过什么地方，等等，要是能把这些方方面面的情况都摸清了的话，采访起来就更能有的放矢。

二、拟写采访提纲

在了解了拟访对象的方方面面情况之后，接着就可以拟写采访提纲和制订采访计划了。

（一）采访提纲的拟写原则

采访提纲的拟写是一项很费脑筋的工作，需认真对待，因为只有把问什么不问什么，先问什么后问什么，怎样问而不怎样问等问题考虑得周全、科学，才有可能把采访开展得出色。许多名记者之所以能让被采访者"乖乖地"配合自己的采访，想要被采访者说出什么方面的情况来被采访者就得给他说出什么方面的情况来，甚至还能让连被采访者将自己内心深处的一些很隐秘的想法和观点都向记者和盘托出，靠的就是善于发问。而这些名记者之所以能把问题提得恰当而有效，其实很大程度上也是与他们的准备工作做得扎实有关。如曾采访过许多国家政要的意大利著名女记者奥琳埃娜·法拉奇就说她的"每一次采访，事前都要准备几个星期的时间"，并且在准备过程中都是高度集中精力来思考分析，"紧张程度简直就像学生准备考大学一样"；而"每采访 1 分钟，至少要准备 10 分钟"的说法，更是西方新闻界早就形成的共识，很多名记者在拟写采访提纲时，往往是"先列出 100 个问题，然后再浓缩到或筛选出 50 个问题"，然后又从中"最后确定十到二十个最重要的非问不可的问题"。由此可见，那些世界级的名记者之所以能成名，其实也是靠肯下苦功才能获得成功的。

采访提纲的拟写，应把握好如下几个原则：

1. 要结合拟访对象的实际情况来考虑

拟写采访提纲，应结合拟访对象的实际情况来考虑，如事先我们已经了解到了拟访对象的时间十分宝贵，那么在拟写采访提纲时就要把问题安排得紧凑些，争取尽快结束采访；若事先我们已经了解到了拟访对象有什么兴趣爱好，那么在拟写采访提纲时就可以考虑先从他们的兴趣爱好方面谈起，然后考虑在谈当中如何把话题扭回正题来；而要是事先已了解到该人忌讳什么方面的话题，在考虑所提问题时就应注意避开该话题或考虑换用什么方式来向对方作提问，这样结合对方的实际情况来拟订提纲，采访的效果就会好得多。

2. 要紧紧围绕着报道的主题来进行

采访提纲的拟写，光是考虑好有一个拉近双方情感的开头是不够的，之所以要拟写采访提纲，就是为了能使采访有条不紊地开展，能把所要了解的情况了解到，能使对方回答好我们想要他回答的问题来，因而采访提纲的拟写，就应是紧紧地围绕着这一目的来考虑。也就是说，采访提纲的拟写，应紧紧围绕着报道的主题来进行。

拉近双方情感，营造融洽氛围，都只是做好采访所需采用的手段，而把想要提问的问题提出来并要对方回答好记者所提的问题，才是采访提纲拟写所要实现的目的。因而在采访提纲的拟写中，重点应是考虑要问哪些问题，各个问题分别打算怎样来问，若有某个问题对方不愿意回答或答非所问时又该怎样来应对等。

3. 要能引导对方说出有价值的话来

一篇专访节目，必须能给读者点新鲜的东西，这样读者读后才能有所收获。因而在拟写采访提纲时，仅仅让受访者回答完所有的问题是不够的，所拟写出的提纲，还应是确实能够引导对方说出些有价值的话来。

所谓有价值的话，就是：

(1) 在本文主题范围内观众所想知道的情况；

(2) 在本文主题范围内受访人所想要告诉观众的情况；

(3) 能真实反映受访人思想观点的话；

(4) 能体现出受访人独特个性的话；

(5) 属于受访人所特有的观点。

由于只有能促使对方说出这样的真话、实话来的专访，才是成功的专访，因而也只有能促使对方说出这样的真话实话来的采访提纲，才是写得成功的采访提纲。

(二) 采访提纲的拟写步骤

拟写采访提纲的具体步骤如下：

(1) 先把想到要问的问题全部列出来；

(2) 分析所列出的每一个问题是否都确有必要问；

(3) 检查还有没有漏列的问题；

(4) 仔细推敲各个问题该用什么样的措辞才好（即考虑怎样问对方才不至于理解错记者的意思）和考虑怎样问才更得体（即考虑怎样问对方才更乐于回答）；

(5) 根据对方的实际来安排好各个问题的提问顺序；

(6) 最后再分析这样的提纲是否能突出得了报道的主题，若没能突出主题或没能把主题突出好，那就需要再作调整，直到理想为止。

三、制订采访计划

把采访提纲拟写好后，接着还要制订采访计划，即考虑在什么时间和地点与拟访人访谈。一般来说，出于对对方的尊重和为了少耽误些对方的时间，如有条件，最好是记者亲自上门到对方的单位或家里去访问；当然，要是实在不方便到对方的单位或家里去访问，也可以将拟访人约到台里的演播室里进行。

访谈的时间和地点的选择也有讲究，要是能选好最佳时机和最佳地点，所收到的访谈效果或许就会比随时随地进行要好得多。

时间的选择，若条件允许，就应是选择较有利于做好专访报道的时机来进行，如选在对方刚刚参加过什么与访谈主题有关的重大活动、刚刚取得某项新的成就，刚刚受到了表彰嘉奖，刚刚做了一件什么较有影响的事，等等。这时候，一方面社会公众对其比较关注，采制出的专访节目会更受观众欢迎；另一方面，在这种时候，拟访人的感受也比较强烈，期望将自己的喜悦与人分享，趁着对方正在兴头上的时候做专访，因对方更有激情而效果也会更好。此外，抓住这种时机来开展专访，拟访者的这些最新动向，也是最好的报道由头。

而要是所要采访的对象刚受到什么挫折，比如说拟访人最近本来是做了好事的但却被人栽赃陷害，拟访人近期内是见义勇为者却被当做肇事者而遭索赔或吃了官司，拟访人最近在某一问题上遭受到了什么不公平的待遇，拟访人最近在对某事有着很正确的见解或在某个问题上提出了很好的主张却被人曲解，等等，在这样的时候，也就是拟访人最渴望获得关怀和支持，最希望能有机会说明情况和辩解的时候，若选择这样一种时机去做该人的专访，也有利于扶正祛邪，伸张正义。

许多记者或节目主持人做访谈节目，总是把拟访人叫到电视台的演播室来进行，虽然在演播室里做的专访，对于做节目的人来说比较便利，演播室里的光照和隔音等条件好，又有电缆可以把拍摄到的画面信号直接送到制作室等，这些有利条件，都有利于把画面拍摄和把对话声录制得更好；但除此而外，在演播室里所进行的访谈，很多时候效果都不如到有利于激发对方激情的地方去谈得好。

访谈地点的选择，若条件允许，则最好是选取与所访事件有关的现场或与所谈问题有关的场合来进行。如要就某一历史事件来访问某位亲历者，要是能到现场上去，就更有利于唤起受访者的记忆。由于触景生情，说起当时的情况来就会更真切，甚至到了那样的地方，对方还有可能会边说边指指点点和演示出当时的情景来，访谈的效果就会比在办公室里、家里或在电视台的演播室里谈要好得多。如果所要做的专访是反映某位科研人员如何开展科研而取得了非凡成就的话题，那访谈地点最好就是该人的实验室，这样，对方在接受采访的时候，要给记者做点什么演示就很方便。而如果所要访谈的对象是个种植能手，那就最好到他的地里去，这样他能很方便地指着各种庄稼来给记者介绍他的经验，访谈的效果也就好多了。若所要访谈的对象是个作家，则访谈的最佳地点就是他的书房，这样记者既可以看到其书房里的陈设和各种藏书，还可以让其边谈边能把相关的材料拿出来给记者看，这样记者对其的感受就会更深和更真切。而要是拟访人是一名领导干部，因领导干部大多能从容面对记者的采访，并且在采访中他们一般也没什么东西需要演示的记者看，为了避免在访谈过程中其下属来请示问题或各种来电的干扰，最好就是把他们约到电视台的演播室来进行。当然，如果所要采访的领导干部正在负责某一工程建设的工作的话，也可把访谈地点定在该工程建设的工地上，让他带着记者边看工地上的施工情况边接受记者的采访，这样效果也会比在演播室里进行要好。

此外，为了使拟访者能更好地接受采访，无论是地点或时间的确定上，都应事先与拟访人商量好，这既是对对方的尊重，并且也只有在对方方便的时候和乐意的场合，才有可能使采访工作开展得好。

采访计划的制订，除了要考虑时间地点的安排外，如果拟访人是在外地而又需要到对方所在的地方去采访的话，则还应考虑好往返的路线和交通工具、记者路途中的食宿的安排等问题。

另外，由于任何题材的新闻报道都有一个时机的选取问题，在制订专访的采访计划时，若拟访人是在本地或在附近不远的地方随时都可以对其进行专访的话，则在制订去采访该人的计划时，也可结合当前台里宣传工作的需要来考虑，看该题材的专访应配合什么方面的报道来进行效果更好。

四、落实好搭档和联系拟访对象，商定访谈的时间地点

因做电视专访需要拍摄画面，因而在拟写好采访提纲和制订好采访计划之后，若访谈是打算要在演播室里进行，就应与台里的有关人员通好气；要是打算到外面什么地方去进行，也应先落实好帮做拍摄的合作者，然后才联系拟访对象。

联系拟访对象时，若彼此之间并不相识，则应先作自我介绍，然后说明采访意图和请对方予以支持配合，待对方同意接受采访后，再和其商定访谈的具体的见面时间和地点。

此外，为使访谈能够顺利进行，在和对方商定了具体的见面时间和地点后，还应将拟要对方回答的各个问题通报对方，让对方能提前做好准备，这样到开展访谈时，就可以避免因问题提得太突然而导致对方回答不了或还没考虑成熟就乱回答等措手不及的尴尬。

第三节　电视专访节目的访问

专访节目的采访与电视消息、专题节目的采访是不一样的。

电视消息、专题节目的采访可以进行多次，可以在不同的时间地点分别采访多个不同的对象；而专访节目的采访，一般只有唯一的一次，访问的对象也只是选定的唯一的某个人或因采访的需要而同时约请到场的某几个人而不是过后还另找他人来采访。

由于专访节目的访问大多只有唯一的一次和只采访所选定的唯一的一个人或只采访自己请来的某几个人，并且在这时间和接触面都有限的采访中，又要访出一些属于"亮点"的东西来，因而这种采访，就要比采拍电视消息、专题节目的采访要更投入，更得讲求采访的成效。

为做专访节目而开展的采访，应掌握的原则和方法并注意一些事项。

一、开展访问的原则

由于一个专访节目，总是要体现某一个主题思想的，因而在访问中，必须紧紧把握好访谈的方向，围绕着报道的主题思想来开展对受访者的访问。

另外，由于在拟写采访提纲的时候已经投入了很多时间和精力来考虑了拟要提问的问题和排列好了各个问题的提问顺序，因而在开展访问时，原则上应按提纲所列的提问顺序来进行，但由于在拟写提纲时对拟访者的情况只是记者凭着对该人的了解、分析、理解和推断来考虑的，而真实的拟访者其实并不一定就和记者所预想的那样而有可能相去甚远。另外，记者在考虑提纲时所想象到的见面时的情境，也有可能不一定和见面后的实际情境相符，因而在实际的访问中，也不能完全拘泥于事先拟好的提纲，而要灵活把握，根据是时是境来随机进行相应的调整。

二、开展访问的方法

开展访谈，应围绕着"让对方能说，说的是真心话，说得对路，能说得出新鲜的东西或属于其所特有的见解来"来开展。

（一）"让对方能说"

所谓"让对方能说"，就是所提的问题要具体而不要抽象，并且还要切合对方的实际。如访问的是一个从海外回来的寻根问祖的华侨，若问他在侨居国过的日子好不好，他可能感到无从说起，而要是问他在侨居国的衣食住行等具体情况，他随口就能说出吃得怎样、住得怎样，自己有没有小车；要是想问他对故国的印象和感受，他可能也觉得不知该从何说起，但如果问他回到这边感觉打车方不方便，餐馆的饭菜好不好吃，酒店客房的卫生怎样和服务员对人的态度好不好，在街上遇到的人对人怎样等具体问题，对方就很容易回答了。而要是访问的是一位见义勇为勇斗歹徒的英雄，要是问他是什么动机促使他挺身而出，他可能就觉得不知道该怎么说，而要是问他觉得那干坏事的人怎样？他可能就会随口而出说那人很可恶，要是问他当时为什么想到要帮被欺负的人，他可能也会随口就说出看到那人被抢了东西或被打了真可怜，等等。总之，只有所问的问题小而具体，对方才有可能"能说"。

（二）"让对方说的是真心话"

所谓"让对方说的是真心话"，就是在提问时，所问的话的句式应是"开放式"而不应是"闭合式"。如问一个小孩最喜欢吃的水果是苹果还是雪梨，由于他只能在这两种水果当中选取一个，那么无论他回答的是苹果还是雪梨都不一定是真心话。因为实际上，或许他最喜欢吃的水果是葡萄、哈密瓜或别的什么水果也不一定，但因所提的是"闭合式"的问题限制了他的选择，他所作出的回答就不一定是真心话了。而要是以"开放式"的提问来问他"最喜欢吃的水果是什么"，那他就可以按照实际情况来回答了。

要"让对方说的是真心话"，除了所提的问题应是"开放式"的问题外，所问的话还应是客观、不带个人倾向和不含任何提示、诱导、胁迫成分的询问，让对方感到情况怎样就可以说是怎样才好。

（三）"让对方说得对路"

所谓让"对方说得对路"，就是要让对方的回答能扣紧拟做的专访节目的主题，而不是任由其信马由缰，说到哪算哪。而要避免受访人离题，除了所问的问题要提得具体准确而不含歧义外，若在对方回答问题中出现了偏离所问的问题时，就要设法把话题"扭"回到所问的话题上来。例如如果记者想问一个事故亲历者事发时他看见了怎样的情况及当时还有谁在现场，他在回答看见了怎样的情况之后可能还会接着说他当时又怎样害怕，又怎样急忙逃离现场，在逃离现场的路上又遇到了谁，那人又向他询问了什么等，如果让对方这样没完没了地说下去，就会因离题了而让观众不满。遇上这种情况时，要把话题"扭"回到所问的话题上来。如，在其说完某一句话时稍有停顿的间隙，马上接过话题向其提问："在你还没跑走之前，还看到有谁在那里?"这样对方就不能不回答说都有谁也在现场了，于是话题就能顺利地"扭"回到所问的话题上来了。另外，出镜记者还要注意把握好节目时间，若被访者的话太啰嗦，应礼貌地予以提醒；要是被访者的话既啰嗦且老是没能说到点子上，也可帮其提炼归纳，然后以商量的口气问其要说的是不是这个意思，这样时刻围绕着访谈的主题来发挥好自己的主导作用，才能确保预定要对方谈的所有内容都能谈到和能说清楚。不然，有的被访者东拉西扯，要说的很多问题都还没来得及说到或说清就到了节目结束时间，这样的节目就达不到预期的目的。

要"对方说得对路",还包括要让对方说的能"对"得上观众对问题的思考的"路",如前面所说到过的专访《浙江 12 位农民状告省长胜诉 称用法律为政府纠错》,中央电视台的出镜记者李小萌对访问的全过程就把握得很好,这一节目的开头是(限于篇幅,以下所举片断略掉了部分内容):

> 李小萌:您好观众朋友,欢迎来到《新闻会客厅》。通常说到民告官,我们最常用的一个比喻就是鸡蛋碰石头,不过不久前,在浙江有一位农民就是通过诉讼纠正了省政府的一次行政行为,我们来了解一下是怎么回事。
>
> 这是一份比较少见的判决书:在这份由浙江省高级人民法院宣判的判决书中,被上诉人是浙江省人民政府,被上诉的法人代表是浙江省省长;而上诉人则是浙江奉化市的 12 位农民。判决结果……上诉省政府的 12 位农民胜诉。
>
> 今年 39 岁的张召良就是这 12 位农民中的一位,也是 12 个诉讼代表里最为坚定的一位。张召良家在浙江奉化市长汀村,2004 年 5 月,按照当地一个地方规定,长汀村所在的地段被划拨给市土地流转中心……这一项目获得了省政府等各级部门的批准。
>
> 而张召良和其他村民认为,在这项工程中政府不但补偿不足,而且省政府批准的这一项目不符合国家相关规定。在起诉当地政府部门败诉后,2005 年 8 月,张召良向省人民政府提出行政复议申请,请求撤销省政府的决定。在申请不予受理的情况下,2006 年 2 月,张召良等人向省高级人民法院提出上诉,获得胜诉。……至此,张召良们历时三年的上诉终于有了令他们满意的结果。这份判决书也被张召良珍藏了起来。
>
> 李小萌:今天我们节目请到的就是张召良,欢迎你。当你知道最终判决的结果下来……这样的结果的时候,你的心情是什么?

这样,开头处先通过出镜记者的介绍,让观众知道所访的是什么人和要访的是个什么话题,然后再把被访者介绍给观众,就完成了节目的开篇。

开篇中说这场官司历时三年才结束,可见当事人要告赢省政府并不容易,是出于什么原因使当事人能够坚持把这场官司打到底呢?记者也意识到这是观众想要知道的问题,必须揭示,于是在交谈中的适当时候,他就有意地把话题引到了这一问题上:

> 李小萌:所以你就是为了赌一口气?
> 张召良:对。
> 李小萌:真的?可是你要核算一下你的投入和产出的比例,为了赌一口气,这样值吗?
> 张召良:……不是为了钱的问题,是一个公道问题,一个说法问题。假如说我不打这个官司……老百姓的损失更加大……

在交代好了当事人为什么要打这官司之后,记者又通过顺理成章的提问,让当事人说出了在打这场官司中为了不至于连累亲人而已与妻子离婚一事，这样，就很有力地突出了当事人为讨回公道而义无反顾的大无畏精神。

为了体现出当事人坚持要打赢这场官司的坚强决心，记者还问了这样一个问题：

> 李小萌：三年的时间不短，一直保着一口气没有丧失勇气，不太容易。
>
> 张召良：有时候……自己也在背地里哭……本来这种事情，政府部门把这个老百姓一有矛盾发生的时候，能够在前期和村民多沟通、多交流，把事情解决在萌芽状态，那该有多好，现在这样一告，老百姓也损失，老百姓的每一分钱也都是血汗钱……政府官员为了应对诉讼，也要花出人力、财力，他们花的是纳税人的钱，如果把这个宝贵的行政资源花到国家最需要的地方去，把矛盾解决在萌芽状态，那不是更好吗。
>
> 李小萌：最难最委屈的时候自己背着人哭，哭过之后有没有想过说算了？
>
> 张召良：有时候也犹豫，但是最终还是想想。自己还是坚定地抱着一种信念，就是相信国家政府会依法办事的。

而在访问的结尾处，记者提出了这么一个问题：

> 李小萌：以后再碰到类似的事情你还会选择去告状吗？
>
> 张召良：……老百姓天生不是告状的，也没有一个老百姓天生就喜欢告状。其实像我这几年告状，大部分时间投入到学习法律政策上去了，其实对我这样一个人不是从事这方面的事情，其实也是浪费，要是我能够投入到种地上去，投入到其他行业上去，那不是更好吗？

当事人以一个普通农民的身份，坚持不懈打了3年官司，直到把省政府告赢为止，对这样一件事，或许有人会以为当事人太好斗，因而记者在节目结束时特意向被访者提出了今后要是再碰到类似情况是否还要告状的问题，通过提出这一问题来把被访者的肺腑之言引出，而记者所问的这些问题，其实也都是电视机前的观众所想问的问题，问得很"对"观众对问题的思考的"路"，因而也就能够解开观众心中的种种疑问。

（四）"让对方能说得出新鲜的东西或属于其所特有的见解来"

一个专访节目，只有能给观众点新鲜的东西，才会赢得观众，记者之所以要做受访人的专访，就是因为看准了受访人能说得出鲜为人知的情况或对问题有着某种独特的见解才决定要对其进行访问的。因而在访问中，就应当设法通过恰当的提问来让对方把那些鲜为人知的情况或其所特有的独到见解说出来。

想要让对方说出属于"鲜为人知的情况"，可以"单刀直入"地告诉受访人自己已经知道了什么什么，然后问其除了记者已经知道的这些情况之外还有什么情况，这样对方就很容易把那些记者（其实也就是广大社会公众）尚未知道的情况说出来了。

而要想让对方说出属于"其所特有的独到见解"来，可以采取"激将法"来提问。如，可对其说，"在我看来，您在这事上的看法其实也和大家的看法没什么两样呀"？这样来说，对方就会很着急，巴不得尽快地把自己的看法与别人的看法有哪些不同说清楚；这样经其一解释，观众也就能知道其见解有什么地方是与众不同的了。

第四节 电视专访节目文稿的写作与送审

访谈结束之后，就可以进入文稿的写作了。

一、专访节目文稿的写作

专访节目文稿的写作又分为素材的整理剪裁、引言和结尾的撰写及在谈话过程中适当的地方穿插进必要的情况介绍和议论等几个环节。

（一）素材的整理剪裁

专访节目文稿的主体部分，基本上不用记者写什么，只要将所拍摄到的素材中的内容进行审读，然后根据节目主题表现的需要来作些剪裁就可以了。

剪裁，就是将访谈记录中各方说话内容有重复的地方或某些与专访的主题没有关系或关系不密切的内容去掉，例如刚见面时彼此之间的问好、寒暄，还有在外出开展的访谈中忽然来了个什么人时受访人向记者介绍其身份之类与访谈主题没什么关系的话，就应该删去。

如果访谈中所涉及的问题不太多或内容比较单一，或者访谈中记者所提的问题的排列顺序很有条理，则只要将整理出来的访谈记录原原本本地拿来作为节目的主体即可。而要是访谈中记者所提的问题种类较多且所作的提问的条理性不很强，要是将整理出来的访谈记录原原本本用上节目内容就有可能会显得杂乱，若属于这种情况时，也可以对拍摄到的素材内容进行归类和对某些内容的次序进行调整以增强节目的条理性，甚至在按内容的属性来进行归类之后，还可以给每个不同内容的话题起上小标题以作区分。

（二）引言和结尾的撰写

专访节目的文稿，大多只需要作者写上一个文章的引言和结尾，而中间的主体部分只是将整理好的素材接上即可，因而真正需要作者撰写的，一般多为前面的引言和末尾的结尾而已。

1. 引言部分的写作

引言部分的写作，可以是直来直去地交代记者在何时何地访问了谁，把情况说完就完；也可以是先简单地交代受访人的相关情况之后，接着说某月某日记者在什么地方采访了这位名叫什么的人士；还可以是先引用他人的原话或先就某事发上几句议论，然后说就什么问题记者在何时何地访问了谁，等等。总之，引言部分的写作是没有什么统一的要求的，作者要怎么开头都行，但如果前面用上描写、议论或引用他人的原话等来开头，所作的描写、议论或引用都不宜过长，并且末尾的一两句话都应回到主题上来，交代出记者何时何地访问了什么人。

2. 结尾部分的写作

结尾部分的写作，通常是就受访人所叙述的情况或所表明的观点等内容来发表议论，或者是将访谈中没有提到的某些又有必要让观众知道的相关情况或"内幕"情况补充交代，也可以是议论和补充两种内容都兼而有之。

由于观众在主体部分已经了解到了整个访谈的内容，还需要播音员来说的话已经不多，因而结尾部分就应写得简短一些，说上三言两语也就够了。

(三) 情况介绍和议论的穿插

主体部分，既可以纯粹是访谈过程中双方对话的记录，也可以是在交谈中的某些必要之处插进一些相关情况的介绍或记者（或播音员）的议论。

在一个专访节目中，情况介绍和议论的穿插，也可以不止一处，只要确有必要和穿插得当就行。

二、专访节目的送审

专访节目虽然所记录的是记者与受访人的谈话实录，但在访谈中，受访人常因要仓促应对记者的提问而有些问题是在未经考虑成熟的情况下就随口作答的，那样的回答，受访人或许过后也觉得其中有某一句话或某些措辞用得不很恰当，因而记者在节目制作出来后，还应先给受访人审阅。

另外，在外出开展的访谈中，受访人往往还会由于没有外人在场而把访谈看作是只是自己和记者之间的私下交谈，出于对记者的信赖，也有可能会在回答问题时并不很在意所说的话的措辞分寸是否得当，甚至还会将某些本来并不想让外人知道的心里话也向记者说了。若记者在节目中把这样一些受访人并不情愿公开的话也播出来，就有可能会给受访人带来麻烦或会引起受访人的不快。因此，尽管节目所展现的都是记者与受访人谈话的实况记录，但出于对受访人的尊重，在节目发播前，还是应当先将制作出来的节目拿给受访人审看过了再发播。

本章复习与思考

1. 试述怎样才能获得电视专访节目的选题。
2. 电视专访节目采拍的前期准备工作主要有哪些？
3. 电视专访节目的内容都是记者与受访人谈话的真实记录，为什么在节目制作出来后还要先给受访人审看过才能发播？
4. 针对当前的某个"热点"问题，物色一个适合的对象来对其进行专访，制作出一个专访节目来。

第十四章　电视新闻部分特殊品种

文稿的写作

广义上的电视新闻节目，除了包括前面各章所说到过的电视消息、电视专题节目、电视连续报道节目、电视系列报道节目和电视专访等之外，还有口播新闻、字幕快讯、新闻述评、新闻调查和谈话节目等一些比较特殊的节目形式。之所以说这些节目形式比较特殊，是因为它们与一般的电视新闻节目不一样，一般的电视新闻节目是用解说配合画面的形式来报告新闻的，而这些节目，要么没有画面，要么不是带解说，要么不是纯粹地报道新闻而是在报道中还夹带着许多评论等内容，属于同一般的新闻节目不一样的比较特殊的新闻节目形式。

第一节　电视口播新闻文稿与字幕快讯的写作

电视口播新闻文稿与字幕快讯，是电视台的新闻节目中几乎每天都会出现的节目形式。

一、口播新闻的写作

口播新闻指的是没有现场画面而由播音员直接面向观众按照文稿进行口头播报的一种节目形式。之所以把口播新闻列为电视新闻中的特殊品种，是因为电视是声画结合的传播媒介，而口播新闻却是只有播音员的播讲声而无现场画面来展现给观众，没有现场画面展现的电视新闻，就是一种不完全具备电视新闻特性的新闻体裁，因而我们把它列入电视新闻特殊品种的范畴。

各电视台每晚的新闻节目，几乎都必不可少地会夹杂几条口播新闻，这就说明了口播新闻这种报道形式，在电视新闻报道中运用得相当广泛。之所以口播新闻这种报道形式，在电视新闻报道中必不可少，那是因为：

（1）并非每个新闻工作者和业余通讯员都有摄像机，遇上值得报道的事时因无法拍下画面而只能是以文字稿的形式来报道；

（2）有的事件或事实是发生在远离电视台的基层单位或边远地区，由于当地没有摄像机而无法对其进行拍摄，因而也就不可能有画面来用于播出；

（3）电视台的专职记者，也并非每时每刻都把摄像机携带在身，出门在外临时遇上什么新闻，那就只好通过采写文字稿来进行报道；

（4）有的事件或事实发生得比较突然，记者、通讯员来不及带上摄像机便前往现场拍摄；

（5）由于交通和通信条件所限，记者或通讯员在新闻事件或事实发生的现场即使能拍摄到画面，也不一定有条件把素材马上送回台里，也无法通过微波把信号或其他途径来传回台里，但却可通过电话或短信等方式来向台里先发文字稿；

（6）有些事情，把它写成文字稿来进行报道虽然很有新闻价值，但若要拍成图像新闻来进行报道，却有没有什么值得拍摄的画面，这样也就没有画面来用于播出。

遇到上述情况，作者只好采取文字稿的方式来对事件或事实进行报道。

由于上述诸多原因，因而无论在任何发达国家，也无论今后的科学如何发达和摄像器材如何普及，在电视台的新闻节目中，口播新闻这种特殊的品种形式都将永远存在。

口播新闻稿的写作方法及其在语言运用方面的各种要求，与广播新闻稿的写作方法和语言运用要求基本一致，但所不同的是，电视口播新闻稿的文字要求要比广播新闻稿更短一些。只要能说清五个"W"即可，因为没有画面，要是播音员坐在那里没完没了地说，观众就会厌烦。

口播新闻稿要求写得简短，而有些题材如果写得太简短了又很难说得清楚，遇上这种情形时，可以采用化整为零的办法，分作几次来报道或者暂时先以口播的方式来把大致情况向观众简单播报，过后再通过图像新闻来进行补充报道。

二、字幕快讯的写作

字幕快讯又称字幕新闻，它一般不单独出现在新闻节目中而是游离于新闻节目之外。

有的时候，电视台的新闻节目播出时间已过，才临时得到某方面的最新消息，而这一消息又是广大观众普遍关心、时效性很强、非得尽快发布不可的重要新闻，遇到这样一种情况时，电视台要临时调整栏目又不方便或不可能，加上这种最新消息的内容也没有多少，不必单独作为一个栏目，因而最恰当的办法就是采用字幕快讯的形式马上播出。

字幕快讯，就是把消息的内容打成字幕，穿插到正在播出的文艺、影视剧、专题、体育、综艺等节目当中，在不影响正在进行的节目正常播出的前提下，穿插将该消息播出。

字幕快讯的播出，为了不影响其他节目的正常播出，它既不得出现播音员，也不使用画外音，而是以将字幕游过正在播出的其他节目的画面的下方这样一种方式来对新闻进行播报。由于只出一行字，要是内容太长了观众就不容易看完，并且要是太长了，观众看到后面也容易忘掉前面，因而字幕快讯的文稿写作，应当是尽量写得简洁。一般来说，应尽量控制在三十个字以内，只要能将什么时候在哪里发生了什么事、该事现已怎么样了等基本情况交代清楚即可。否则如果文字写得太长，不但会影响正在进行的节目的正常播出，而且内容多了观众也难领会得了，也难以记得住。

另外，由于以字幕快讯这种形式来播出的新闻往往都是比较重要、为较多的观众所关心的最新发生或记者刚刚知道的比较重要的事，为了使更多的观众能够及时知道这样一种最新消息，让更多的观众能领会和记住该消息，字幕快讯往往会反复播出。这样，一些来不及在第一次播出的时候收看或在第一次播出的时候没能看清的观众还有机会收看，这样就更有利于使最新获得的消息能尽快地让更多的观众知道。

第二节　电视新闻述评文稿的写作

新闻述评这种体裁，在电视节目上也常用到，它的特点是在对一些较重要的事件或事实进行报道时，同时还通过评论来把作者、电视台乃至党委政府对该事件或事实的观点及态度也一并表明，以引导观众乃至引导舆论来正确对待该事。

一、电视新闻述评节目的表现形式

电视新闻述评节目是一种既报道新闻又对所报道的新闻进行评论的节目形式，它的样式大致有"单纯由播音员出镜来述评"和"播音员结合现场画面来述评"两种形式。

顾名思义，单纯由播音员出镜来述评的电视新闻述评节目，就是像口播新闻那样直接让播音员来面对观众进行讲述和评论，这种述评节目其实也和报纸上的新闻述评文章一样，只不过是将书面形式的述评文章以播音员播讲的方式来在电视上发表罢了。

而结合现场画面来述评的电视新闻述评节目，就是有时候出现画面，有时候出播音员，画面用于报道新闻，评论则是由播音员出镜来叙说。而在这种样式的述评节目中，又有纯粹是由记者（或播音员）来结合画面进行的述评和用记者向人采访的画面、播音员出镜（或与受邀嘉宾在演播室的访谈）来与新闻现场画面相结合的述评。目前电视台播出的新闻述评节目，大多属于这种类型的节目。例如天津电视台 2011 年 12 月 29 日播出的新闻述评《是市场搅局，还是正当竞争？》，就是这种类型的新闻述评：

画　　面	解　说　词
演播室	【导语】李向东是河西区彩虹菜市场卖菜最便宜的一个商贩，但是最近他却遇到了烦心事儿，市场管理方拒绝和他续约，让他搬出去，这是怎么回事呢？
彩虹菜市场李向东的摊位	【同期声】李向东：白菜一块钱两斤，白萝卜一块钱两斤，黄瓜九毛一斤。

<table>
<tr><td>记者采访排队买菜的顾客</td><td>【解说】在河西区彩虹菜市场里李向东的菜摊前，天天排着长队。

【同期声】
顾客：像黄瓜才九毛，外边卖两块。
顾客：他这里大葱卖八毛一斤，别人那里一块五到两块一斤，差价太大，所以他比较贴近老百姓。

【解说】李向东哥俩是本市静海独流镇人，今年4月13号来到彩虹菜市场租下摊位卖菜，到9月份租约就到期了，可市场管理方却拒绝和他们续约。</td></tr>
<tr><td>记者采访李向东</td><td>【同期声】李向东：去了之后他说不和我签合同，让我走，嫌我在这里卖菜卖得太便宜。

【解说】李向东说的他，指的是市场管理者——河西区挂甲寺街道办事处商业办公室科长王树起。9月27号，记者就此事采访了王树起。</td></tr>
<tr><td>记者采访河西区挂甲寺街道办事处商业办科长王树起</td><td>【同期声】王树起：他到我市场以后，他的经营方式有居民反映他在卖菜过程中，比如他一块钱进的菜，他敢卖八毛，本来他是经营蔬菜的，他现在不仅经营蔬菜，水果、杂粮，很多东西他都捎带着卖，他这一带呢，通过他的这种经营方式冲击了市场别的商贩，比如卖粮食的他冲击人家。</td></tr>
<tr><td>河西区挂甲寺街道办事处商业办召开的部分商户会议</td><td>【同期声】
商户：那几个摊位费多少钱，他的油钱，如果不弄花账他能用这样方式卖菜吗？
王树起：你说这话有没有证据？

【解说】9月27号下午市场管理者王树起专门召集了市场商户开会，就与李向东续约一事，征求其他商户的意见。

【同期声】
商户：我来市场两年了，这两年市场特别平稳，自从这哥俩来了市场就乱套了。
商户：就是哥俩一进来，给菜贩二子、老九都给挤走了，弄得下午，记者可以去看，没顾客，我们全睡大觉。</td></tr>
<tr><td>演播室</td><td>【解说】在管理者和众多的商贩眼中，李向东无疑是市场的搅局者。那么李向东卖菜为什么</td></tr>
</table>

能这么便宜，九月二十七号凌晨一点多，记者跟随李向东哥俩儿来到了西青区当城农产品批发市场。

【同期声】 顾客：白菜多少钱？

李向东：白菜，三毛五。

彩虹菜市场李向东的摊位

【解说】 每天凌晨一点多，李向东哥俩都会到这里批发蔬菜。采购持续到凌晨四点，哥俩装满一车三千多斤的菜，五点多钟来到彩虹菜市场卖菜，大量居民早早就来排队买菜。哥俩在批发价格的基础上加价五分到两毛钱的利润卖给居民。中午十二点多，哥俩卖完菜就收摊，每天如此。记者算了一下，如果按每斤利润一毛钱计算，哥俩一天的收益三百多元，每个摊位每月租金三百元，哥俩一共租了六个摊位，算下来，每月收入至少为七千两百元。居民买到了便宜、新鲜的蔬菜，哥俩也获得了一定的收入。然而，市场管理方对这种经营方式并不认同。

演播室

记者采访河西区挂甲寺街道
办事处商业办科长王树起

【同期声】 王树起：我管市场十多年了，我从来没遇到过像他这种经营方式的商户，在经营方式上他采取了一些不正当竞争的手段，而且从目前他在市场经营的效果看，对我们市场今后的发展只会带来不利。

演播室

【解说】 那么管理者的这种说法到底有没有道理呢？

记者采访清华大学教授李楯

【叠出字幕】 清华大学教授　李楯

【同期声】 李楯：这里首先有一个问题什么是不正当竞争，不正当竞争就是比如我们说低于成本价销售，目的是把别人挤垮了之后我再涨价，那么如果不是不正当竞争，只是市场行为中的一种方式，比如就是由于我经营好，就是我微利，就是我的服务好，我卖的价钱低，你就没有权力在市场中排斥我。

记者采访河西区挂甲寺街道
办事处商业办科长王树起

【解说】 十一月中旬，街道办事处负责人再次接受记者采访时表示，已经为李向东在菜市场附近找了一间房子，等房子腾出来，便要求他搬过去。

【同期声】 王树起：把那间房子腾出来以后，我们会按他经营的模式，比如窗口、柜台，

	我们给它改造一下，把那间房子尽量收拾得好一点儿，然后做他的工作，毕竟我们合同到期了，跟他到期了，不再跟他续租了。
记者采访附近居民	【同期声】 居民：你要是时间短，几天几个月可以，时间长了扰民问题就出现了，如果群众举报，或者其他原因，他哥俩必须离开那个地方，相当于是从菜市场给驱逐了。 居民：为嘛要把卖低价菜的人把他取缔，卖高价菜的人让他留这？
记者采访天津财经大学市场营销系主任刘玉斌	【叠出字幕】天津财经大学市场营销系主任　刘玉斌 【同期声】刘玉斌：一个低价的，我们说叫搅局者吧，能带来一种新的环境、新的结构格局。我认为经营管理者正好可以利用这样一个机会，可以把市场结构调整一下，比如这哥俩只是卖蔬菜而已，而且品种可能就这五六种、七八种；与其把他驱走还不如说利用他带来的人气，吸引足够的消费者人流，比如说我引入更多的水产、肉类、调料类把品种丰富起来，能够让消费者进行一站式购物，我买完蔬菜之后还可以买别的。这样的话，很多人都受益。
记者走访和平区新兴菜市场	【叠出字幕】和平区新兴菜市场 【解说】在调查中，记者也走访了另外一个菜市场和平区的新兴菜市场，记者也发现了和李向东哥俩一样的商贩李庆振夫妇。
和平区新兴菜市场商贩李庆振夫妇在自己的摊位上做生意	【叠出字幕】新兴菜市场商贩李庆振夫妇 【同期声】 李庆振妻子：六毛加一块七，两块三。 居民：来四根黄瓜。
购买蔬菜的顾客在摊位前排着长队	【解说】李庆振夫妇在和平区新兴街菜市场经营两个摊位，由于薄利多销每天一大早就有很多居民排队买菜。
记者采访排队的顾客	【同期声】 居民：这么说吧，有的菜你要是去王顶堤（批发）市场，可能都比他这贵。 居民：他就是不让挑，跟着拿，西红柿一样的，都不烂，西红柿无论大小就是用来做菜做汤，

无所谓。

【解说】李庆振告诉记者，从新兴菜市场建立起自己就在这儿干，每天就卖一上午，把一车三千多斤菜卖完就回家。记者观察到，除了李庆振夫妇的两个摊位，其他摊位的蔬菜很少有人买，但这里的蔬菜商贩却没有抱怨，他们又是如何找到市场生存空间的呢？

记者采访和平区新兴菜市场其他商户

【同期声】

商户：咱这里都是细菜，比他那多少贵点，他那是粗菜便宜一点。

记者：咱这什么时间来买菜的比较多？

商户：下班时间五点到五点半。

记者采访天津财经大学市场营销系系主任刘玉斌

【叠出字幕】天津财经大学市场营销系系主任　刘玉斌

【同期声】刘玉斌：作为经营者而言，第一你看你卖的产品是不是有冲突了，如果冲突我怎么去调节自己，第一个我可以考虑为什么他卖得这么便宜，我卖不到，你的进货渠道是什么，你的利润空间有多大，你从这方面考虑问题，去重新认识这个市场。

演播室

【解说】新的经营方式的出现，必然会给原来的市场格局带来冲击。这个时候，是选择把新的竞争者清除出去？还是改变经营策略，重新进行市场布局？在这当中管理者又该做些什么，哪些是该管的，哪些是不该管的？

记者采访清华大学教授李楯

【叠出字幕】清华大学教授　李楯

【同期声】李楯：因为市场中所有的参与者，就是所有在市场中卖菜的人应该是平等地位来竞争，那么如果我们采取一种行政的方式或者采取一种市场掌控的方式，说由于你价格低了，我就要把你清除出去，或者说我说得客气一点我就不跟你续约了，使你实际上没有能力在这卖下去，我认为都是不恰当的。我觉得这里面恐怕有了过多的旧的管理的习惯和思维方式，影响了解决问题的办法，我想我们进入市场经济社会和走向法治国家，在这个过程中，我们应该学更多的解决问题协调利益冲突化解矛盾的办法，使每一个市场的参与者，都能够在这里参与竞争。

演播室　　　　　　　　　　　　【解说】市场参与者如何应对新的挑战，管
理者如何协调利益关系，创造公平的竞争环境，
小市场带给我们的是大思考。

这个新闻述评节目，就是以播音员的解说和记者采访到的画面和同期声为"述"，以专家所说的话为"评"的。其实，在新闻述评节目中，也不一定都需要请专家、名人或权威人士之类的嘉宾来评，根据所报道的事件或事实的实际需要，也可以由当事人、知情人、目击者或记者、播音员来"评"。

二、电视新闻述评节目写作的选题

新闻述评的选题，应具有时新性、针对性、典型性、必要性。

之所以要求具有时新性，是因为这种体裁的报道毕竟属于新闻报道的范畴，既然是属于新闻的范畴，那么所述所评的就应当是新近发生或新近才有可能获悉其发生的事。

之所以要求具有针对性，是由新闻述评这种节目本身所具有的"说理性"和"攻击性"所决定的。电视台之所以要播出一个新闻述评节目，并不仅仅是为了报道一件事和说明某一个道理，更重要的是要借对节目中所报道的事来宣传某一种思想观点或批判某一种错误的思想观点或不良行为，而要宣传或要批判，就应是具有明确的针对性，即针对当前某一个比较突出的问题或某一种比较时兴或时髦的错误观点来进行述评。

之所以要求具有典型性，是因为在社会生活中，应当倡导的思想观点或应当批判的错误观点或不良行为很多，而电视台需要播出的节目很多，不可能把想要宣传的每一种思想观点或需要批判的每一种错误言行等都拿到电视节目上来"述"与"评"，因而就只能是挑些较有代表性、较典型的事来进行"述"与"评"。并且，也只有挑比较典型的事来进行"述"与"评"，观众才会关心，才有可能乐于收看。

由于新闻述评节目是在对一些较重要或较有影响的事进行报道的同时，还对节目所报道的事发表评论，通过评论来引导人们来正确看待该事的。因而这种节目，应当是在报道一些人们看不出它到底是好事还是坏事，到底对它是该赞成还是该反对的题材时才使用。如果所报道的事是好是坏，该赞成还是该反对，人们一眼就能看得出来的，那就没有必要再作引导，即也就没有必要去评论了。也就是说，新闻述评的选题，除了要讲究题材的时新性、针对性和典型性之外，在这种体裁的使用上也还应当具有必要性。

三、电视新闻述评节目文稿的写作

新闻述评节目文稿的写作，在内容的取舍和篇章结构的安排上也和报刊上的述评文章的写作原理基本相同，所不同的是电视新闻述评节目不单纯是用作者的话来进行"述"与"评"，而是由画面、同期声、出镜记者的叙说和播音主持人的播讲解说及字幕文字等多种语言相互配合来进行"述"与"评"的。这样，在写作这种节目的文稿时，就应对这画面、同期声、出镜记者的叙说、播音主持人的播讲解说及字幕文字等做好恰当的"分工"，看哪些内容该用画面和同期声来承担，哪些内容该由记者的叙说来承担，哪些内容该由解说词来承担等，要做好规划。打算要"述"和"评"的内容，既不应遗漏也

不能重复。

新闻述评节目文稿的写作，除了要准确地反映所述的事件或事实，确保所叙说的事在事实上不能有任何出入之外，在对事件或事实所作的评论方面，也必须十分慎重。

之所以说在开展评论的时候必须十分慎重，这是因为，在节目中无论是由播音员出面进行评论或者是由记者亲自出面来发表评论，在观众看来，其所表明的观点，都并非只是播音员或记者个人的观点，而是代表着电视台或当地党委政府乃至中央的观点。而事实上也是这样，电视传媒作为党和政府的喉舌这一角色属性，决定了它所发出的"声音"就是党和政府的"声音"而并非记者或播音员个人的"声音"。例如每当国际上发生了什么重大事件时，中央电视台除了以消息的形式进行报道之外，有时也以新闻述评的形式来进行报道，这些新闻述评节目的文稿虽然有的也是央视的记者或编辑人员撰写，节目中的评论也是央视播音主持人来出面播讲的，但节目中的观点和态度却并非记者、编辑和播音员的观点和态度，而是中央的观点和态度，电视台只不过是在代表我们的国家来对该事作表态罢了。

既然新闻述评节目中所表明的观点和态度并非记者、编辑和播音员的观点和态度，而是当地党委政府乃至中央的观点态度，那么，新闻述评节目中的"评"，就需要在理解好中央或本地党委政府的意图，吃透中央或本地党委政府的精神的前提下来开展评论。

为了确保在新闻述评节目中所作的评论的思想观点能与中央精神或与当地党委政府的观点态度相一致，作者在写作新闻述评节目的文稿时，每提一个观点或每表明一个态度，就必须严格将其与中央精神或与当地党委政府的观点态度相比照；编辑人员在编发新闻述评节目稿件时，也必须严格按照中央的精神或与当地党委政府的观点态度来对文中的各个观点进行仔细审查和认真推敲，拿不准时，务必将文稿提交有关领导审定，以防在思想政治观点方面出现差错而导致宣传事故的发生；而作为播音员，在对节目文稿进行播出尤其是在一些直播节目中进行述评时，也必须严格按照中央或地方党委政府的口径来作解说和评论而绝不允许在屏幕前信口开河、胡乱发挥。

第三节　电视新闻调查节目文稿的写作

新闻调查节目也叫调查性报道节目。

1968 年，美国哥伦比亚广播公司接受了著名制片人唐·休伊特的建议，于当年 9 月 24 日推出了一个由休伊特担任执行制作人的名叫"60 分钟"的电视栏目。该栏目的节目以报道政府行为、社会事件、司法案例、战争和各种灾难等"硬新闻"为主，用"讲故事"的形式来"讲述"所报道的事件"背后"的"故事"。栏目一推出，马上就引起了社会的广泛关注，不但很快成为全美收视率最高的电视节目之一，而且该栏目的节目形式后来还被世界各国的许多电视台所效仿。

休伊特创办的《60 分钟》这一电视栏目所播出的电视节目，就是世界电视界中最早出现的新闻调查节目。

1996 年 5 月 17 日，我国中央电视台新闻频道推出的《新闻调查》栏目就是借鉴了这种节目形式而创办的栏目。之后，在部分地方台也陆续出现了这样一种以"讲述"所报道的事件"背后"的"故事"为内容的节目,即通过深度调查来揭开某一为广大社会公众所关注的事件"背后"的"故事"或"内幕"的节目。于是,新闻调查节目这一深受国外观众欢迎的节目形式便越来越多地出现在了我国的电视荧屏上,并且很快为我国观众所青睐。

一、电视新闻调查节目的报道内容

纵观我国中央电视台所播出的新闻调查节目,所报道的内容多是以揭露犯罪行为、腐败现象和各种被掩盖起来了的阴暗面问题为主,例如 1998 年 9 月播出,后来被公认为调查节目范例的《透视运城渗灌工程》,所揭露的就是山西运城耗资两亿多元建成的所谓"渗灌工程",实际上是一个欺上瞒下的"形象工程";又如 2003 年 10 月播出的《派出所里的坠楼事件》,所揭露的就是关于湖南省益阳市一名公民被派出所传唤后离奇地死在了派出所楼下的"背后"的"故事"。

当然,新闻调查节目这一节目形式,也并不全是只适用于揭露而还可以是别的方面的调查。例如央视曾播出过的《大国的握手》、《保卫荆江》、《荆江:第六次洪峰》、《钢铁八连》、《重庆:中国第四直辖市》、《江总书记到安徽》等新闻调查,就不是揭露什么,而是属于"揭秘"——"揭"开所报道的事背后那些人们所不知道"秘密"。

二、电视新闻调查节目的选题

电视新闻调查节目的选题,"揭露"型题材与"揭秘"型题材是不一样的。

"揭露"型调查节目的选题,一般来说,应是属于失德、渎职、违法、犯罪等方面的问题,并且问题又是被隐瞒或被掩盖起来了的问题,这样才需要我们去"揭露";而"揭秘"型调查节目的选题,则大致应是一些极少有人能够知道,但广大社会公众又想知道的属于或曾经属于当事人或当事方从不公开并且也不大乐意公开的"秘密"情况。

三、电视新闻调查节目的调查

电视新闻调查节目文稿写作的前提,就是要对所要报道的事"背后"的各种"内幕"了如指掌,而要做到了如指掌,就必须通过深入细致的调查。

由于新闻调查节目所要报道的事,往往都是当事方或当事人并不愿意或并不很乐意给人知道的事,有的甚至还是当事方或当事人刻意隐瞒或遮掩的事,因而开展对这样一种情况的调查,比起一般的电视消息和专题报道等节目的采拍来难度要大得多,并且,又由于电视新闻调查节目是要通过画面来将所要报道的事向观众展现的,记者想要能获得属于"内幕"情况的画面,就更是难上加难。

开展调查节目的调查,为了能够把所需要了解到的各种情况弄清楚,记者就要根据所要报道的题材的实际来考虑开展调查的方式方法,在方式上,能公开进行时公开进行,不便公开进行时就秘密进行。而在画面的拍摄上,由于在节目中要展现出记者开展"调查"的过程和所遭遇到的各种情况,因而开展新闻调查节目的调查,通常应配有助手来帮助跟拍画面,而要跟拍画面,多数情况下又得是要隐蔽跟拍才行。因而一般来说,不但不能使用大型的摄像机,就连使用微型的 DV 机来拍摄,都还得设法把机子隐蔽起来秘密进行。

开展调查节目的调查，应以平和的心态来进行，尤应注意防止情绪化，更不能先入为主，在尚未调查清楚情况甚至尚未开展调查之前就先给所报道的事定性。过去，就曾有记者由于先入为主，在尚未开展调查之前就先给所报道的事件定性，去开展调查的目的只是为了要找到些能"印证"自己观点的例证而已。这样所得出的结论，往往就会与客观事实相去甚远甚至截然相反。这样做出的节目不但无助于问题的解决，甚至还会给社会添乱。一个有责任心和具有最起码的职业道德的记者，就应当能够对自己所作的报道负得起责任。

在开展调查节目的调查中，记者除了不能情绪化来开展工作之外，还应过细地开展工作，要善于倾听和能够听得进各方所说的情况，甚至还应听得出被访人的"弦外之音"；并且，对所调查到的情况还应多方核实和从多个方面来进行印证，这样才有可能把事实的本来面目真正弄清，使节目所揭露或揭示的情况符合客观实际。

此外，开展"揭露"型调查节目的调查，还应注意收集有关证据，确保节目所说的情况都言之有据，这样，也有利于避免节目播出之后可能会带来的各种麻烦。

四、电视新闻调查节目文稿的写作

由于电视新闻调查节目主要也是要靠画面和同期声来对所要报道的事进行"揭露"或"揭秘"的，因而电视新闻调查节目文稿的写作，需要写的东西其实也并不多，写作的步骤也是先选取好拟用的画面和把所选定的画面的先后顺序排列好，然后再考虑哪些地方需要用到什么样的解说词来解说，什么地方该打上什么内容的字幕等。

在篇章结构的安排上，为了便于观众能够看懂节目，一般应以顺叙为好；另外，在解说词的写作中，对问题的分析、议论和评价，应有理有据，把握好分寸，宁可留有余地也不要把话说过了头。

此外，写作电视新闻调查节目的文稿，应尽量少议论，多给观众留出思考问题和判断是非的空间。例如中央电视台 2003 年播出的调查节目《派出所里的坠楼事件》，作者就不说什么，而是把记者在调查中各种各样的有关人员是怎么说的如实地展现给观众，到底那被拘留的人是不是跳楼自尽，作者并不表态，而是让观众通过看了各人是怎么说的之后自己去思考和判断，这样，节目在对问题的揭示上才更为客观。

第四节　电视谈话节目文稿的写作

电视谈话节目，指的是电视台邀请党政要员、社会名流、某一领域内的专家学者、各行业的先进人物、与某一名人有着某种特殊关系的人物，或者是某一重大事件的当事人、知情人、目击者等嘉宾来跟观众谈话的节目。但它与专访节目有所不同，在专访节目中，不但应邀嘉宾要"谈"，而且还有出镜记者或节目主持人来对其作"访"，其的所有谈话，全是靠出镜记者或节目主持人"访"出来的；而谈话节目则是只"谈"而不"访"，最多只是在节目的开头对嘉宾的身份和基本情况及其本次的谈话的内容作些简要的介绍和在嘉宾讲完后作个简要的小结而已，其余时间，就全由嘉宾来谈论所要谈的内容。其所谈的内容，除了是在邀请的时候由台里给定话题之外，在节目当中，记者或节目主持人就不再作任何干预而是全由嘉宾自己去把握了。如中央电视台的《百家讲坛》栏目就是这种节目。

在电视谈话节目中，由于节目的主角就是所邀请的嘉宾，因而这种节目的文稿，"谈话"本身的稿子并不需要记者或主持人去写而是只要交代清楚需要嘉宾谈什么话题的内容，节目的播出时长有多少时间，在这么长的时间内能讲大约多少字的话，希望其在谈话中应重点说清什么问题等相关情况，让嘉宾自己去准备讲稿即可。

在嘉宾开讲之前和讲完之后，都需要主持人出面来介绍嘉宾的情况和对嘉宾所讲的内容作些简单的小结，记者或主持人需要写的，也就是开头的嘉宾的情况及其将要谈论的话题和内容的介绍，以及在嘉宾讲完后所作的小结的讲话内容。

虽然电视谈话节目中嘉宾讲话的讲稿是由嘉宾自己去准备的，但由于主持人在嘉宾开讲之前要对嘉宾的情况及其将要讲的内容作介绍和在嘉宾讲完后要对其的讲话作小结，因而在撰写嘉宾情况和其将要谈论的话题内容的介绍词及结束时的小结稿时，都应先与嘉宾沟通并看过其讲稿后才开始撰写，这样写出来的介绍词和小结语才能更切合嘉宾讲话内容的实际。

需要说明的是，近十多年来，由于电视节目中出现了一种把嘉宾请到演播室来，由主持人与其就某一事件、某一问题或某一话题来一起"聊天"的节目形式。在这种节目中，所邀请的嘉宾往往不止一人，所谈的内容往往也不一定具有"新闻"的属性，对于这种节目，也有人把它称为"谈话节目"。其实严格来说，它们并不属于"谈话节目"而是另有它属。如所谈的话题是就某一事件或事实而谈，那其实就是"专访节目"，而如果所谈的只是一些休闲、消遣性的话题，那其实就是"综艺节目"了。

本章复习与思考

1. 写作口播新闻稿件，若题材内容很多时，该如何处理？
2. 写作新闻述评节目中的"评"的部分，应注意什么问题？
3. 新闻调查节目文稿的写作，应注意些什么？
4. 电视谈话节目文稿的写作，应注意些什么？
5. 就当前的某一个"热点"问题进行采访，写出一个新闻述评节目的文稿来。

第十五章　电视新闻节目的编辑

第一节　电视新闻文稿的编辑

由于电视新闻是以画面为主、解说为辅来报道新闻的，因而其文稿编辑工作与报纸新闻、广播新闻的编辑工作也有所不同。

一、新闻文稿编辑岗位的工作内容

电视新闻文字编辑人员的工作，包括组织稿源、选择稿件、编发文稿、审听播音、指导制作、审读节目等。

（一）组织稿源

根据总编室、新闻部的宣传思想和宣传报道计划组织稿源，稿源的组织途径，一是从自发来稿中选取，二是有计划、有要求地向相关记者、通讯员或其他相关单位约稿。

（二）选择稿件

对约写、约拍的稿件及自发来稿进行粗阅，从中选出符合本台当前宣传需要的稿件，然后按宣传工作的需要来对已决定采用的稿子进行分量及先后缓急等方面的比较排队，据以确定对这些稿子审处的先后次序。

（三）编发文稿

对照作者（含记者和通讯员）拍摄到的画面素材来审读其所

附上的文字解说稿，从政治上来把关和对稿中所叙的事实、数据进行核对及对语言文字应用上的偏差进行修正。

（四）指导制作

根据对记者拍到的画面素材的审视和对文字解说词的审改，向播音员和节目制作人员提出解说词的播讲及图像画面剪辑的具体要求及有关的注意事项。

（五）审听播音

审听录音员录好的解说词，确认无误后交制作室与剪辑好的画面合成。

（六）审读节目

节目制作人员把节目制作出来后，文字编辑人员还要对照文稿来仔细审读。审读工作的内容有两个方面：一是看制作人员所用的画面是否恰当；二是看画面与解说、字幕的配合是否协调得当，确认无误后才发播。

二、稿件取舍的一般原则

电视新闻的选择稿件的原则，一是坚持政治标准；二是注重稿件的新闻价值和信息含量；三是看画面内容是否能与文稿相符；四是看是否适合本台采用。

（一）政治标准方面

政治标准，就是以中央精神来衡量，看稿子所报道的事是否适合报道，文稿内容在对各种问题的提法上是否与中央精神相一致，稿子所体现出来的思想观点是否正确，有无与中央精神和国家政策及国家的各种法律法规想抵触的问题。

（二）稿件的新闻价值方面

稿件的新闻价值的评判，一是看稿子所报道的事是否属于大多数人所关心或感兴趣的事，只有属于较多的人所关心或感兴趣的事，才考虑采用；二是看将该稿子播发出去以后，对社会所起的影响是好还是不好，只有对社会能起到积极的引导作用或至少不会产生消息作用的才考虑采用；三是看稿子所报道的事是否属于新近发生或新近才有可能获悉其发生的事，因为所谓新闻，所报道的就应当是"新"发生或新出现的事，因而只有属于刚发生不久或虽然发生已经比较久了但人们只有到最近才有可能知道的事，才有可能采用。

（三）稿件的新闻信息含量方面

一条新闻，除了应当报道有某一个新近发生的或新近才有可能获悉其发生的事之外，还应当具有一定的信息含量，这样才值得播发。例如某电视台在党的十八大闭幕之后收到通讯员发来的一条关于某县团委机关的干部到某校去向团员学生宣传党的十八大会议精神的电视新闻，这个稿子从政治标准来说是可取的，从时效性来看也是及时的，但由于稿件在对新闻要素的交代太简单，只说了某月某日某县团委机关的干部到了某校去向团员学生宣传党的十八大会议精神，但画面上所出现的宣讲十八大会议精神的人叫什么名字，他在团县委里担任的是什么职务，是他一个人还是有多少人一起去的，听他宣讲的人全部都是团员或者也包括非团学生？他是只作一场宣讲还是作了几场，每场宣讲有多长时间，他所宣讲的主要有哪些方面的具体内容等，这些基本的信息都不齐全，这样的稿子就很难被采用。

（四）稿件的适用性方面

由于每个电视台的隶属关系和所处区域及服务范围的不同，在对稿件的选择上也有所不同，例如在一个省会城市，既有省台也有市台，一条报道该省离省会城市很远的某县认真做好边远山区扶贫工作的新闻对于省台来说值得采用，但对于市台而言，因该县不属于省会所在市所管辖，这样的新闻就不适合采用；又如一条报道省会城市某区某居委会的干部积极调解好某小区住户邻里之间的矛盾纠纷的报道，虽然所报道的该居委会既在市台的服务范围之内也在省台的服务范围之内，但由于这样的事对于一个省来说就太小了，因而就不适合于在省台播出，但对于市台而言，则是值得采用的。

适用性的考量，就是看稿件所报道的事是否适合在本台报道。

三、文稿的编辑

文稿的编辑，包括细读稿件和文稿修改两个环节。

（一）细读稿件

对于初审选出来的拟用稿件，编辑在对其进行修改、编发之前，还要对其进行仔细的审读。由于记者、通讯员送给编辑的稿件并非制作过了的"成品"节目而只是文稿和画面素材，因而编辑在对稿件进行审处的时候，应结合作者所附来的素材画面来进行。在审读中，需审视的问题主要有：

（1）文稿中所说的事，在作者所附来的画面素材中，该有的画面是否齐全。

（2）稿件所叙事实是否真实可信。虽然电视新闻稿都配有画面，但有画面并不一定就是真的，例如有些作者为了能够上稿，某项工作因甲地没有开展，就用乙地的素材画面来冒充；某地今年的春耕生产还没开始，就用往年的画面来顶替等，这就需要编辑在对稿件进行审处的时候进行仔细甄别。

（3）文稿篇章结构的安排是否得当，解说文字写得是否通顺流畅，稿件的主题思想是否得到突出。

（4）文稿风格是否与所报道的题材，作者附来的素材画面相协调。

（5）稿件所报道的事时效性如何，是否还具有时效和是该急发或可以暂缓编发。

（二）文稿的修改

1. 文稿内容的修改

在对稿件进行上述几个方面的审视之后，就可以针对所存在的问题来对文稿进行修改了。如果文稿中存在着该有的画面在素材中却没有，或虽然有但画面却没拍好而难以使用的情况，因新闻报的画面无法补拍，那就只好考虑把文稿中的相应内容删掉；若将文稿中的相应内容删掉以后将会影响到整个稿件对所要报道的事的报道，会使整个稿件失去采用的价值的话，那就再考虑看所缺的画面能不能通过事件的当事人、目击者或别的什么知情人的叙说的办法来解决。要是通过用相关人员的叙说来顶替也能使节目成立的话，那就可以通知作者，让其去补拍上相关人员的叙说画面，这样就既能把稿件"救活"，又不影响到报道的真实；而要是通过使用相关人员的叙说的画面不能使得节目能够成立的话，那就只好将该稿件舍弃掉了。

要是在对稿件的审读中发现内容存在可疑之处，那就要向作者或有关方面进行核实。

如果在对稿件的审读中发现文稿的篇章结构安排不当，就应对其进行调整；若篇章结构的安排并无不妥之处而只是解说词的语句有问题，只需加以改正即可；要是文稿篇章的结构安排和解说词在语言的运用上都没有问题而仅仅是稿件的主题思想不突出，那就要得考虑通过对某些画面和解说进行改动、调序或删节来解决；而要是通过改动、调序或删节也无法使稿子的主题思想得到突出，那就要通知作者，看其是否能够补来所应有的相关内容的解说词和相应的画面。

要是在对稿件的审读中发现文稿的风格与所报道的题材或作者附来的素材画面不相协调，那就只好通过对文稿进行重新改写来解决。重新改写文稿，如果所花的时间和精力不是很多的话，也可以由编辑自己来进行，还可以通知作者让其按照要求来重新改写。

2. 文稿修改中文字应用的技术

因文稿改好之后是要交给播音员拿去录制解说词的，为防止播音员把稿子播错和为便于播音员播讲，编辑在改稿中，除了要将文稿的内容改好之外，在改稿中，还应对文稿进行一些必要的技术处理。需要进行的文字技术处理主要有：

（1）给易混的词语作标记。为方便播音员进行语句的连、断、抑扬顿挫的处理，人名、物名、地名、专有名词、术语一般不宜跨行跨页断开来写而应完整地出现在同一行中。若人名（尤其是少数民族人或外国人的名字）、物名、地名、专有名词、有关术语出现在句子中，其头一个字或最末一字与前文、后语相连字若能构成别的词语或易于共同表达另外的某种意义的话，编辑应在这些易与首尾语句结合造成歧义的人名、物名、地名、专有名词、有关术语的下面画上横线，以提醒播音员不能将这些连着的词断开。例如"刘荣三进山区收购药材"，播音员看到这样的句子时，就不知道到底是该读作"'刘荣三'进山区收购药材"还是读作"'刘荣'三进山区收购药材"了，因而编辑在改稿时，就应在这人名的下面画上横线，让播音员一看就知道是该怎么读才好。当然，要是这种易混的情形在文稿中有多次出现的，也可以是只在第一次出现时画上横线即可。

（2）把阿拉伯数字改为汉字。为使播音员在录播中能够顺利地播讲好各种数字，编辑在改稿时，对于各种阿拉伯数字尤其是位数较多的阿拉伯数字，应当把它改写为便于识读的汉字，如"10527 吨"应写为"一万零五百二十七吨"；"627856 平方米"应改为"六十二万七千八百五十六平方米"。

（3）简化过于繁杂的数字。对于过于繁杂的数字，虽然改为用汉字来表达时播音员播讲起来并不费力，但观众听了也不容易听得懂，即使听懂了也不容易记得住，因而如果不是非常有必要精确地将其播报出来的话，编辑在改稿时，就应当将其进行简化。例如"全年纯收入高达 4512354.76 元"，虽然改为"全年纯收入高达四百五十一万二千三百五十四元七角六分"后播音员不难播讲，但观众听起来却很费劲，对于这样带有繁杂的数字的语句，如果其中的数字不是很有必要精确交代的话，就应把它改为"全年纯收入高达四百五十多万元"，这样观众就既好懂也好记了。

（4）给多音字标明特定的读音。当人名、地名、物名、专有名词、术语中出现多音字时，为了保证播音员能正确播出，应在该多音字旁注明其在本文中的特定读音。

第二节　电视新闻的图像剪辑和声画的合成

图像剪辑和声画合成是电视节目制作中最主要的环节，一个节目的质量如何，很大程度上取决于这两个环节的工作做得怎样。

一、电视新闻节目制作中的图像剪辑

图像剪辑也叫图像编辑或图像编辑、画面编辑，电视新闻的图像剪辑，就是将现场采拍到的新闻素材中的画面，依照文稿内容和编辑意图来取舍和重新进行组接。

"剪辑"这一术语，是从电影界沿用而来，因为在十多年前还没有数码电影之前，电影片的画面编辑都是将拍到的电影胶片上一格格的电影画面用剪刀剪下来后，再依照影片内容表达的需要及创作的表现风格来重新组接起来的，"剪辑"一词，就是因此而得名。

（一）图像剪辑工艺

电视节目剪辑工艺，到目前为止，在技术应用上已经历了胶片剪辑、电子模拟编辑和非线性编辑3个时代。

1. 胶片剪辑

第一代剪辑工艺，是胶片剪辑。

早期的电视业，因电子摄录技术尚未问世或尚未成熟，电视台全都是使用电影摄影机来拍摄新闻的。当时电视台的图像编辑，也和电影制片厂一样是采用剪刀、胶水来取舍和组接画面的；甚至在录像机出现之后，由于初期的录像机构造较为复杂，操作也不便利，信号在复录中的衰减损耗又很大，因而许多新闻的拍摄也还是使用电影摄影机，图像的剪辑也还是采用电影制片的办法，用剪刀和胶水来进行。

虽然在新闻节目的制作上，胶片剪辑这一工艺在20世纪70年代就已全面淘汰了，但后来，人们却发现用摄像机拍摄的画面质量远不如用电影摄影机来拍摄的好，因而到了八九十年代，一些对画面质量比较讲究的电视剧，甚至就连一些对画面质量比较讲究的专题篇、纪录片，电视台也有重新使用电影摄影机来拍摄的，因而胶片剪辑的工艺又重新被应用。

2. 电子模拟编辑

20世纪60年代，由于摄像机、录像机的全面投入使用，电视台记录节目信号的介质已不再是胶片而是录像带了，因而使用剪刀和胶水来进行节目剪辑的办法也开始逐渐淘汰，代之而来的是通过复录的方式，将所拟用的画面逐一连接录下，即可得到所需要的节目成品。长期以来，业界都把这种剪辑方法叫电子剪辑或电子编辑。

电子编辑，主要通过一台放像机和录像机及对应于放像机和录像机的两台监视器来实现对图像的剪辑的，早期的电子编辑由于图像信号在复制中会出现严重衰减，因而效果比起胶片剪辑来要差很多。

20世纪七八十年代，录像技术日愈成熟，高品质的摄录像设备接连问世，录像信号在复录中的衰减损耗逐渐变小，以电子编辑方式来编出的节目质量才有了较大改善，这一时期，新闻节目的采拍基本上改用摄像机了，因而在新闻节目的画面的剪辑上，电子剪辑也基本上取代了原有的胶片剪辑技术。

最简单的电子编辑系统是由一台放像机和一台录像机及对应于放像机和录像机的两台监视器所组成，编辑时由放机播放素材画面，当播到有合适的画面时就用录像机把它录下，这样将许许多多分散于各本素材带中或分散于一本素材带的各个部位中的适用的画面一段段地录制到一起，就组成了一个连贯的节目。

较完善的电子编辑系统除有放像机、录像机及监视器外，还有用于集中控制放机和录机的编辑控制器、字幕机、特技机、切换器等一些附加设施。

由于电子编辑所处理的画面信号是属于模拟信号，20世纪90年代中后期出现了第三代编辑技术，为了与第三代编辑技术相区别，业界便把这种编辑方式改称为"模拟编辑"。

电子编辑方式对节目的编辑，就像将众多的画面逐一串到一根线上，串好之后，除非是推倒重来，否则其先后次序就再也不能改变。这种将众多画面串到一根线上去的编辑方式，也叫做"线性编辑"方式。

线性编辑工艺，是第二代剪辑工艺。

在线性编辑工艺中，又有组合编辑（LNSERT）和插入编辑（INSERT）两种工艺。

（1）组合编辑。就是把从各个素材带上选出来的各个画面逐一依次辑录到空白带上去来完成节目制作的编辑方式。在使用多机拍摄到的素材，画面较零碎的素材，杂乱无章的素材来编辑节目时，必须采用这种剪辑方式。

（2）插入编辑。就是只将某个或某些不如意的画面用别的画面来替换掉而对素材带上大部分的画面都予保留且不改变其顺序的编辑方式。在按照比较完善的构思来拍摄且所拍摄到的画面内容也基本符合节目的需要而无需作过多的改动时，可以采用这种编辑方式；在对编成了的节目进行修改时，也是采用这种编辑方式。

由于在拍摄中，画面和声音是分别录制在录像带的视频磁迹和音频磁迹上的，因而插入编辑方式不仅是可以对画面进行插入，而且也可以对声响（如解说、配音等）进行插入。

组合编辑编成的节目长度，相当于各个画面片断长度的总和；而插入编辑编成的节目长度，则是仍然保持所选素材带的原有长度，因为所更换上去的画面或声响，其长度都必须与所换下来的画面或声响的长度相等。

3. 非线性编辑

第三代剪辑工艺是硬盘编辑，也叫非线性编辑，简称"非编"。

"非编"所用的设备是计算机，通过计算机里的编辑软件（例如新奥特系统、大洋系统和Adobe premiere等）来将素材画面和声响进行剪辑。

"非编"又分有"模"转"数"的"非编"和纯数字式的"非编"两种编辑方式：

（1）"模"转"数"编辑方式。"模"转"数"编辑方式的工艺原理，是将摄像机拍摄到的画面用录像机播放出来送给计算机采集，然后再通过模数转换器将采集到的模拟信号转换成为数字信号，以电子文本的形式储存起来。到编辑时，再把它调出来据需进行重新组接，节目编辑好后，既可以通过模数转换器再把它转换为模拟信号输出给录像机录制用于播出，也可以将它拷贝到播出用的计算机上直接以数字信号的形式来播出。

（2）纯数字式编辑方式。近几年来新出的摄像机中，记录信号的介质已不再是传统的录像带而是 SD 卡、P2 卡或蓝光盘等，由于采用这种摄像机来拍摄到的素材是以数字方式来储存在 SD 卡、P2 卡或蓝光盘上的，由于其图像和声响信号已经属于以电子文档方式来储存的数字信号，因而在编辑时就不再需要进行转换，只要把信号从 SD 卡、P2 卡或蓝光盘上复制到非编主机的硬盘上储存下来便可据需对其进行编辑处理。这种不需经过"模"转"数"环节而直接以数字方式来进行编辑的编辑方式就是纯数字式的编辑方式。

无论是"模"转"数"编辑方式还是纯数字式的编辑方式，"非编"的编辑流程都是一样的，都是包括素材上载①，画面剪辑，配上想要配上的播讲解说和字幕，添加想要添加的附加技巧这几个环节。

由于"非编"是以电子文档的方式来进行编辑的，在编辑中无论将信号复制多少遍也不会出现信号衰减而导致画面失真，因而编辑好的节目，其画面的清晰度几乎等同于编辑前的素材中的画面的清晰度。

（二）节目制作中的图像剪辑

在开始剪辑之前，应当首先熟悉已有的素材。应先对照解说文稿及素材带或带盒上的镜头表来审看所需的画面是否齐全和是否合用，若反映同一内容的镜头在素材带中有较多的画面可供选择时，应根据作品创作需要从中找出最能体现主题、最符合需要的画面来拟予选用；若缺少反映某一内容的镜头时，应先考虑是否可用其他什么画面或从别的素材带上移植来取代（以别的画面来取代时只限于一些介绍环境介绍历史之类内容，不影响到新闻的真实性的画面），如在现有素材中均找不出适于代替的画面时，则应考虑是否可以补拍，若是条件不允许补拍或按新闻的真实性要求不允许进行补拍时，那就得考虑将文稿进行改动来处理。

在开始剪辑之前除了要看画面之外，还要对照文稿来审听播音员所录播的解说词是否合乎要求。在审听中，主要是要检查播音员的播讲有无错漏，感情色彩的运用处理是否恰当等。

在画面的组接中，应确保前后两个画面的接点处顺畅自然，如在连接人物动作的画面时，应注意时空的一致性和逻辑性。时空的一致性，指的是在交代环境的时候，背景环境要保持一致。记者在采拍新闻时遵循轴线规律进行画面拍摄，已为剪辑在保持环境的一致性提供了先决条件，在剪辑中还需注意的是在使环境的交代保持相对的连续性，如需改换环境，亦应有所过渡，以免转换得过于唐突而使观众莫名其妙。

在时间的交代上，表现情节的细节时，相连画面之间的时间关系亦应保持连续而不得胡乱变化甚至颠倒。如为加强节奏而采用跳跃方式来组接，所安排的跳跃亦应合乎情理，例如表现两个人在谈话时，无论采用远、全、中、近的景别，人物均应不出画，人物背后的环境均应同属一个背景；若是背景变换，就应是人物边走边谈而镜头跟拍，即要让观众知道场景之所以发生了变换，是由于人物走动离开了原来的环境而进入了新的环境所致。

---

① 其中"模"转"数"编辑方式的素材上载，是将录像带上的素材转录成电子文档存储到"非编"系统里的；而纯数字式的编辑方式，则是将 SD 卡、P2 卡或蓝光盘上的素材文件导入到"非编"系统的硬盘里的。

在时间的变换方面，若两个人是夜间在一起交谈，中间组接的画面就应同样保持是夜间，若是要插入他们白天交谈的画面，就得有所交代，让观众明白他们是从晚上谈到白天，由白天再谈到晚上，或交代他们不论白天或晚上都常在此进行交谈。

若是出于节奏表现上的需要而把两人交谈的背景环境频频变换，则应向观众进行必要的交代，让观众知道作者所要讲的是这两个人是时常在各种不同的环境、不同的场景、不同的时间中交谈。

若需采用蒙太奇手法进行画面组接，则应注意组接在逻辑上要合乎情理，如本书第五章第一节中说到的人端起盛着红色饮料的碗欲喝又止，接下来的画面是一汪鲜血，再接下来是节目中的人皱了皱眉而把盛有红色饮料的碗放下，这几个画面从表面上看是风马牛不相及，但因饮料与鲜血同是红色，逻辑上已有一定的内在联系，因而将其连在一起并非有悖情理，并且观众也很容易理解。

在进行画面剪辑时，前后两个镜头连接处也有讲究。前后两个画面的连接，首先需要注意的是运动着的主体（人、动物或车、船、飞机等活动着的物体）应始终留在画面上而不让其出画；其次是应注意内容连接的准确，即将前后两个不同内容的镜头画面连接到一起后，接口处前后两个镜头画面上的动作或表达的意思要能保持连贯，能够共同构成一个完整的意思而不致给人以割裂感。如要表现一个人物从室内走出房门坐上汽车的过程，中间的一些过程虽可省略，但关键的转折处就应保留并表现好。这一情节应该保留的画面可有：

①该人从沙发上站起身来向门口走去；
②该人出到门外回过头来关门；
③该人走到车前把车门打开；
④车子在路上行驶。

又如要表现一个人跑步的远景、全景、特写、近景的镜头时，如果上一个镜头的收尾处是该人的左脚落地，则下一个镜头无论是换成什么景别，画面都应当是以右脚抬起为起始，这样观众看起来才会感到自然顺畅。

电视画面，若是采用帧播放的方式来翻阅，就会发现人物的每一个连贯着的动作，其实都是由一个个静止的画面连在一起组成的，每个静止的画面就叫做"一帧"画面，当以正常速度播放带子时，每帧画面在屏幕上的持续时间为 1/25 秒，如我们对运动画面进行逐帧播放，便会发现在画面上每个连贯着的动作与下一个连贯着的动作之间都会有一个短暂的停顿，这个短暂的停顿之处，便是剪辑画面的最理想的剪接点，在这一点把画面剪断，再用另一个动作画面的起始点接上，这样看起来动作就连贯顺畅。考虑到人的眼睛在看东西时会有视觉暂留现象，在具体的剪辑中，前面一个动作结束后的停顿画面应当用足用完，而后一个镜头则应从画面开始动的地方接起，这样才能使前面两个运动画面中的运动保持完整、显得自然顺畅而不致使画面出现跳跃抖动。

在画面的剪接中，除了要注意画面的完整，连接的顺畅自然之外，还得顾及声响语言的完整、顺畅与协调。如节目有解说词，画外旁白、内心独白、伴乐、现场效果声之类声响，在剪辑中应使画面长度略长于声响长度，这样才能保证声响的完整和使声响之后尚有余韵，具体的做法是：当一个画面的声音结束后，再延续一两秒钟使声音与画面都留有一定的时空；而在下一个画面尚未出现之前，可让该画面中的声音提前出现。

根据内容表现的需要，有时也可以是声音一结束便立即切出画面；有时则需要声音一开始就同时将画面切入。如辩论场面，上一画面的声画同时切出，而下一画面的声画同时切入，可使观众获得更强的现场感；而盘问或审讯场面，在前一个画面的声音尚未结束时就先将画面切出而让后一个画面提前切入，这样声画错开来接录，能让观众在看清被盘问方或被审讯者在听到发问或质问时的表情反应，这样就更有利于让观众感受到节目中的现场气氛。

画面剪辑完了以后，在审视中，若发现有某些镜头连接不顺畅，或画面虽然顺畅但人物的言语、现场的音响或背景音乐等连接得不理想，或者是画面和音响虽已顺畅但整体效果还觉得不尽如人意的，则应再作修改直到满意为止。

关于图像的剪辑，这里说的只是一些最基本的常识，真正要把一个节目剪辑好尤其是要把一个专题片、纪录片、艺术片或电视剧剪辑好，还需要掌握许多专门的知识。关于这方面的技术技巧，若要说清楚需耗费很大的篇幅，而新闻节目的剪辑，技术要求并不高，只要掌握了有关设备和编辑软件的使用方法和画面剪辑组接的一些基本常识就能进行，因而这里就不再展开。

二、电视节目的声画合成

电视节目的声画合成，其实大多在剪辑图像的过程中就已同时进行了的。

无论是采用传统的线编方式还是采用现今的非线性编辑方式制作节目，都是先把解说词录制好后才剪辑画面的。过去采用线编方式来制作节目时，是先把解说词录制到空白录像带上，然后对着解说来把所选用的画面逐一录制到录像带的相应位置上即可实现声画的合成；而采用现今流行的非线性编辑方式来制作节目，则是将播音员播讲的解说词以电子文档的形式来保存到"非编"系统上，在制作节目时，再根据需要把相应的文稿录音拖动到"非编"界面的相应音轨上，然后对着解说的内容来把所选用的画面逐一填充到"非编"界面视频轨道的相应位置上即可实现声画的合成。

无论用的是过去的"线编"方式还是现今的"非编"方式来制作节目，在合成了的节目中如果发现有某些画面或解说效果不够理想时，都可以运用恰当的画面或解说录音来更换。因为如果是采用传统的"线编"方式来制作的节目，音视频信号是分别录制在录像带中不同的磁迹上的，换掉声音不会影响图像，改换图像也不会影响声音；而如果是采用现今的"非编"方式来制作的节目，由于在进行非线性编辑中音视频信号是分别置于不同的轨道上的，因而同样也是换掉声音不会影响图像，改换图像也不会影响声音。但如果所采用的是传统的"线编"方式来制作节目，要更换某一片段的画面或解说时，就只能是采用插入编辑的方式来进行，并且所要换上去的画面或声响录音的长度，也必须与拟要抽走的画面或声响的长度相等，这样才不影响到整个节目内容的连接顺畅。

第三节　电视画面的抠像

在电视节目中，我们有时候会看到有的音员背对蓝天白云、浩瀚大海乃至炮火纷飞的战场向观众播报新闻，在有的神话故事题材的电视剧中，我们还常看到有的人能腾云驾雾，其实这样的画面并非都是真的而多是通过"抠像"来合成的。

"抠像"的方式，有抠像机方式（也叫色键器方式）和虚拟演播室方式两种。

一、抠像机方式

抠像机方式是指由抠像机（或叫色键器）来进行，因现在的特技机都具备抠像功能，因而许多电视台已多改用特技机来进行抠像。抠像的方法如下：

（1）让演员或播音员在红色或蓝色或绿色的布幕前表演或播讲，用一台摄像机对着他们进行拍摄，拍下其表演或播讲的画面作为合成后的画面中的主体；

（2）同时，另用一台摄像机对着拟用来作为背景用的画面进行拍摄，所摄得的画面作为合成后的画面中的背景；

（3）两台摄像机所摄得的画面均同时由电缆传输给抠像机或带有抠像功能的特技机；

（4）由抠像机或带有抠像功能的特技机把主体背后的红色或蓝色或绿色的布幕抠掉，并将画面的主体叠加到另一台摄像机所摄得的背景画面上。

二、虚拟演播室方式

电视台的演播厅、室，都是用实物来搭建所需要的各种场景的，这种场景虽然真实自然，但造价较高且搭建场景既费工又费时，而虚拟演播室则是由电脑图像来虚拟场景，使用时将播音主持人背后的背景色抠掉，再将电脑里事先备好的虚拟场景画面作为背景来与之合成，这样便可以给观众以播音主持人是在现场上进行播讲的感觉。从这一点来看，虚拟演播室方式与抠像方式在图像处理的原理上是很相似的，但在"同"中也有"异"：

（一）虚拟演播室系统与抠像机在背景处理上的区别

所谓虚拟演播室，其实就是一套特殊的计算机系统，其中的虚拟场景生成部分具有功能非常强大的图像信号处理能力，使用该系统，可以根据需要做出或生成各种能够任意变化的十分复杂的三维画面，而抠像机却无法生成新的图像且无法改变图像的视角和透视关系。

具体而言，虚拟演播室方式在处理画面时虽然也同样要进行抠像，但效果却比抠像方式要好得多。用抠像机来处理的画面，可以将来自不同摄像机拍摄到的画面的前后景重组，但这种重组只是简单地叠加而不能使之相互融合，它给人的感觉是播音主持人只是"浮"在背景画面上而不是存在于现场场景之中；如果在拍摄中要边拍边改变摄像机的拍摄角度或进行推、拉、摇、移、升、降、仰、俯等的拍摄，细心的观众就有可能发现：在改变视角或进行推、拉、摇、移、升、降、仰、俯的拍摄所拍到的画面中，前景的视角、透视关系改变了，但背景的视角、透视关系却没有跟着出现相应的改变，于是便可知道该画面的前后景是合成的了。而在虚拟演播室中，由于另有一台负责"拍摄"后景的虚拟摄像机与拍摄前景的真实摄像机锁定到一起，虚拟的后景的光照效果也与真实的前景现场的光效锁定到一起，摄像师无论对拍摄前景的真实的摄像机作何操作，那台虚拟的摄像机的视角、焦距及前后景的光效等也都跟着出现同步变化。于是，虚拟摄像机所拍摄到的后景和真实摄像机所拍摄到的前景的视角、透视关系、现场光效等就始终都能保持一致，前后景相互"融合"，能给人以前后景是同一场景的感觉。因而用虚拟演播室来做出的画面，比起通过抠像机来做出的画面就显得更为真实自然。

（二）虚拟演播室的构成

尽管不同的厂家生产的虚拟演播室系统各不相同，但无论什么牌号什么型号的虚拟演播室系统的构成及其工作原理基本上是相同的，一般由摄像机跟踪部分、虚拟场景生成部分和视频合成部分3个部分所组成。

1. 摄像机跟踪部分

摄像机跟踪部分的作用，就是负责实现虚拟摄像机与真实摄像机的视角、焦距等的同步。不同厂家生产的虚拟演播室，其解决同步问题的方法各不相同，目前较常见的方法主要有传感驱动方式和图形识别方式两种：

（1）传感驱动方式。传感驱动方式也叫编码器参数方式，是将真实的摄像机安装在连接有编码器的专门支架上，当对该摄像机进行上下、左右、推拉和聚焦等各种操作时，这些操作便通过支架上的齿轮咬合来驱动编码器产生出相应的参数或通过光电扫描方式来控制编码器生成相应的参数，这些参数输入虚拟演播室的有关参数处理系统后，便会对虚拟演播室中的虚拟摄像机进行相应的控制操作，以使虚拟摄像机和真实摄像机的工作保持同步，于是虚拟摄像机和真实摄像机所拍摄到的景物，在拍摄的视角上就能保持一致了，画面上的人或物投射到地上的阴影也一致了。

（2）图形识别方式。图形识别方式是用较浅的色条将作为背景的色布分隔成一个个方格，拍摄中，当对摄像机进行推拉、摇移、升降、俯仰等操作时，因所拍摄到的背景方格的大小、倾斜度等会随着摄像师对真实摄像机的操作变化而变化，这些代表着真实摄像机拍摄视角、焦距等的变化情况，通过电脑的运算后自动对虚拟摄像机的"拍摄"进行调整，于是便实现了前后景在推拉、摇移、升降、俯仰等拍摄操作上的统一，使前后景浑然一体而避免了抠像方式所造成的相互游离。

除了传感驱动方式和图形识别方式这两种方式之外，还有红外线传感跟踪、超声波跟踪等方式，因这些方式在摄像机跟踪中用得较少，这里就不再逐一介绍。

2. 虚拟场景生成部分

虚拟演播室中用于替换播音主持人的背景画面，可以是从别的地方拍摄到的静止画面或活动图像，但更多的是由电脑创作的虚拟场景。

虚拟场景的制作，首先是对设想中现场上需要有的各种物体极其衬景逐一进行设计，即建立起所有各个物体的三维模型，这些三维模型要分解成许多个多边形并根据实际来对每一个多边形的表面进行材质、颜色处理，如用照片、图像上的相应材质、颜色来给房屋的墙面着上砖墙、水泥墙面、木头墙面或瓷砖贴面的效果等，把所有各个物体的三维模型全都做好之后，再用虚拟灯光来产生出各个视角、各种透视关系下该场景所应呈现的光效（如不同视角、透视关系下各个物体所应呈现的高光、阴影、反射、折射、漫射等光效），然后利用来自摄像机跟踪部分的同步信号来建立起虚拟摄像机，再通过虚拟摄像机来实时生成各种视角、透视关系下的场景，这样，才有可能使虚拟摄像机所"拍摄"到的后景画面能够与真实摄像机所拍摄到的前景在视角、焦距、光效等方面相吻合。

由于真实摄像机处在不同的位置，虚拟摄像机所应"拍摄"到的后景画面各不相同，要生成这些各不相同的虚拟场景，需要经过大量的数据运算，这就需要花费较多的时间，因而不能等到使用时才做而是要提前做好并以文件形式保存在电脑里，这样到用到时一调出来便可使用。

3. 视频合成部分

视频合成部分是由一台色键合成器构成，其作用是用于将真实摄像机所拍摄到的画面后面的背景抠掉后，再将剩下的前景画面叠加到虚拟摄像机所"拍摄"到的后景画面上去。

除了摄像机跟踪、虚拟场景生成和视频合成 3 个主要部分外，虚拟演播室系统还包括有输出延时器和外接切换台等其他附属部分，从以上所述的 3 个主要部分中已经能够了解到虚拟演播室系统的工作原理，因而对其余附属部分，在此就不再介绍。

第四节　电视画面的字幕叠加及附加技巧的运用

在节目制作中，除了要剪辑画面和要给剪好的画面加上解说及所需的某些配音外，在片头片尾乃至在节目中间，通常还需要叠上一些字幕；甚至有的节目，还需要对其中的某些画面进行某种附加技巧的处理。

一、字幕的叠加

在传统的模拟编辑中，字幕是由字幕机来产生，再通过编辑系统的录机把它压到空白带上或叠加到画面上的。而在当今流行的非线性编辑中，因"非编"系统本身就带有字幕功能，它可生成所需的字幕并能据需直接叠加到画面上，因而在节目的制作中，已不再需要用到字幕机了。

无论是用字幕机来产生字幕或由"非编"系统来生成字幕，都可以据需来任选字幕的字体、字的大小规格和字色。对于字幕的字体、字的大小规格和字色的设定，既可以是整屏全选，也可以是每一个字都单独进行设定。

字幕在屏幕上的出没方式，既可以是整屏字幕同时以扫换、翻页、翻飞或溶入溶出等方式来整屏同时出没，也可以是整屏字幕徐徐上滚或逐行依此在屏幕上显隐，还可以是逐字推出或以成行缓缓游过画面的底部等方式来出没。若是加上附加技巧的处理，还可让其产生渐变、畸变、跳跃、翻飞、扫换、旋转、它物化为或化为它物等特殊的效果。

从设备的功能来说，字幕的出没方式和字体、字色的运用虽然都可随心所欲，但由于电视节目是要传播新闻和借对新闻的传播来宣传某种思想观点的，字幕既然也是一种语言，那么在运用上就不能随意乱用而是要围绕着所要传播的新闻信息和所要表达的思想情感来恰当选用。也就是说，字幕的表现形式也要服务于节目的内容，如对重要的新闻，标题字的规格就可以做得大些；对严肃的题材，就应采用比较庄重的字体；而对于奇闻趣事，则可以采用一些活泼的字体，等等。

字幕在屏幕上出现的持续时间，也是可以任意设定的。但在实际运用上也有一定的规矩。一般来说，节目片头的字幕在屏幕上出现的持续时间为 5~6 秒，其他文字为 3~4 秒，要是叠印人物对话的内容或演唱的歌词时，则当与人物言语或歌唱所需的时间等长。

二、附加技巧的运用

在电影中，经常可以看到一些惊险场面：一辆汽车忽然加足马力向另一辆汽车撞去，"轰"的一声爆炸，接着便是火光冲天；某人在悬崖上纵身一跃，镜头拉开，观众看到的是他从高高的悬崖上摔落下来……这样的画面，其实都是通过"弄虚作假"而得到的。例如汽车相撞的镜头，"弄虚作假"的办法是先将两辆汽车的车头抵在一起，然后各自往后倒车，电影摄影机用慢速、倒拍的方式把这一过程拍摄下来以后，到放映时，由于电影放映机是以标准的放映速度来顺向放映的，因而出现在银幕上的两辆汽车就变成了以很快的速度迎面相撞了。这样一种采用特殊方式来拍摄而得的镜头，就叫做特技镜头。

在看电影电视时，我们还常可见到这样一种情形：当一个情节结束时，最后一个画面会越来越淡，与此同时，下一个情节的头一个画面开始出现并越来越清晰；有时还会看到，银幕或屏幕上的某一个画面自己发生左右旋转，然后变成了另外一个画面；还有的画面会忽然变成若干个一模一样的画面并列在一起……这种画面，就不是通过什么特技手段来拍摄而得而是在剪辑时通过对画面进行技术处理来实现的。这样一种在剪辑时通过对画面进行技术处理来取得的特殊效果的画面，就叫做附加技巧画面。

在传统的模拟编辑中，画面的附加技巧是通过特技机来获得的，而在当今流行的非线性编辑中，由于"非编"系统本身也带有附加技巧的生成功能，所需的附加技巧画面，就是用"非编"系统来生成的。

在尚未出现非线性编辑之前，由于画面的附加技巧都是由特技机来生成的，因而也常有人把附加技巧画面和特技画面混为一谈，但从上面所列举的情形可以看出，其实附加技巧画面和特技画面是两个不同的概念，附加技巧是通过特技机或"非编"软件来生成的，而特技画面则是通过调整和调节拍摄方式来获得的；附加技巧画面中的东西并非现实生活中客观存在东西，而特技画面中的情景则是现实生活中客观存在，摄影机或摄像机能够拍摄得到的东西。

常见的附加技巧画面主要有淡入淡出、隐显叠加、扫换、翻飞、畸变、旋转等，它是以素材带或素材文档上现有的素材画面为基础，通过特技机或"非编"中的特技功能部分来将多幅画面分别进行移位、转向、放大、缩小、快放、延时等，并根据需要将它们加以混合而成。当然，这移位、转向、放大、缩小、快放或延时等，都是通过对特技机或非编系统的操作，由特技机或非编系统来自动完成的。

随着科技的不断进步，线编中使用的特技机的功能和"非编"系统中所带的特技功能都越来越强大，凡是人们能够想得到的各种花样，特技机和"非编"系统几乎都能做出来，这就为电视台把节目做得更加丰富多彩创造了十分便利的条件。

但在实际运用中，和对字幕的运用一样，附加技巧的运用也要得体，除了必须在确有必要使用的时候才用之外，所采用的技巧形式，也必须切合节目内容的实际，切不可因为觉得附加技巧好玩而随意乱用和滥用。

第五节　电视新闻节目的串接

一张报纸的版面，一般有很多篇文章，每篇文章所在的位置，都是按内容的重要程度或编辑对该文的重视程度来决定的。一个电视新闻节目，也是由多条新闻串接而成的，在串接中，也同样需要按各条新闻的重要程度和编辑的宣传创作意图来安排节目的顺序。

电视新闻节目的串接编排，也和报纸版面编排需要考虑哪些内容该放在哪个版面、同一个版面中的各篇文章各应排在哪个位置一样，要考虑各条新闻各应排在什么栏目的什么节目中及其在该节目中应排在什么位置；但电视新闻中各条新闻排序又与报纸版面的新闻排序方法有所不同。

在报纸上，一般来说，从版序而言，排在版序越低的版面，文章就越重要（例如排在第一版的文章所报道的新闻就比排在第二版的文章所报道的新闻重要）；在同一个版面中，排在越靠近报头，即越靠近版面左上方的位置，文章就越重要；从标题用字而言，文章标题所用的字号越大，文章就越重要。

早期的电视新闻，节目串接中的顺序排列也是参照报纸版面的这种排序方法来排序，越重要的新闻就排在越前面，即按照各条新闻的内容重要程度来确定其在整个节目中的先后顺序。

按照内容重要程度来决定每一条新闻在节目中的顺序这样一种排序方式，业界把它叫做"常规排序法"。直至20世纪80年代中期，我国内地各电视台的节目编排，基本上是沿用这一方法。

用常规排序法来进行节目顺序的编排，有利于让观众知道哪条新闻重要哪条新闻不重要或哪条新闻不那么重要，这样，要是观众没时间把整个节目看完的话，也可以是只收看前面的几条新闻，知道最新发生了些什么事便可离开。

在国外，过去有的电视台在节目编排上，喜欢把主题相同或内容相近的新闻集中排在一起，播报完一个主题或一类内容的消息后再转到另一个主题或另一类内容上，这种节目排序方法，业界称之为"分类法"。

用分类法来进行节目顺序的编排，整组节目显得条理清晰，有利于宣传主题得到强化。

20世纪80年代后期，有人对电视新闻的传播效果进行了较大范围的抽样调查，结果发现：在电视台所播出的新闻节目中，除了那些能给观众以强烈刺激的消息、突发性重大事件、观众特意关注的有关事件之外，能给观众留下较深印象的新闻，多是那些紧接在刺激性强的消息之后的报道和排在整个新闻节目最后面的那一条消息。这种紧接在刺激性强的消息之后的消息和排在整个新闻节目最后面的消息，即使它们的内容很一般，观众大多也能把它记住或能在脑海中留下一些印象。同样一组电视新闻，如果以不同的排列顺序来进行串接，所能被观众记住的内容就大不一样。

有人对此现象作了研究，发现这种现象源于心理学上的记忆规律，为记忆规律中的边角效应所决定。

据此，自20世纪80年代末起，许多电视台的新闻节目编排都改为按人们的记忆规律来安排先后次序。这种按记忆规律来编排节目顺序的方式，业界称为"心理效应式"的节目编排方式。

按照心理学上的边角效应的特点，虽然新闻节目中的头条消息也能给观众留下较深的印象，但按心理效应式来编排的节目顺序，一般不把最重要的消息或最需要观众注意的消息排在最前面，而是先把那些不很重要或不大容易引起观众关注的普通新闻稿作为头条。这是因为在一组新闻节目中，能对观众起刺激作用的突发性重大事件、观众特别感兴趣或关注的新闻事件并不很多，为了使每条新闻都能深入人心，达到把各条新闻都传播好的目的，就得按新闻内容的分量轻重大小来进行分开搭配。

观众刚刚开始收看新闻，注意力还比较集中，因此，编辑在节目的串接编排时，就先把一两条不很重要或不大容易引起观众关注的普通新闻排在头前，这样，由于节目刚刚开始，即使头条新闻的内容平淡一些，观众这时也有耐心收看。并且，把这样一些不很重要或不大容易引起观众关注的内容排在头条二条，按照边角效应的特点，不但观众对它能够接受，而且看了也较易记得住，有利于使平淡的新闻也同样能够给人留下印象，这样就可以收到较好的传播效果。

安排了一两条较平淡的新闻在前面之后，观众或许会觉得这次的新闻节目没啥看头而开始不大耐烦，有的或许想离开或打算把电视机关掉，这时就应紧接着排上一条突发性消息或较重要的新闻来稳住观众。之后，又可以接上一两条较平淡的新闻，然后又再接上一条较重要或能给观众较大刺激的消息，而把最需要观众了解和记住的新闻放在最末一条。如此间隔来搭配，使整组节目都能相得益彰，就很有利于收到较好的传播效果。

如果在整组新闻中都没有那些能强烈刺激观众的突发性消息或重要的事件新闻，那就只好在本组新闻中"箩里选瓜"，选出那些比较容易引起观众关注的新闻来作为重要新闻，如那些涉及较多的社会公众的切身利益的消息，在没有比其更为重要的新闻时，也可将它作为骨干新闻，用它来把别的内容比较平淡的新闻带出。

在运用心理效应式节目串接编排法时，如果能把这种方法与分类法结合起来，即在遵循按新闻内容的分量轻重大小进行分开搭配来编排的原则基础上，也兼顾分类法的编排原则，尽量把那些主题相同或内容相近、相关、相反的新闻相对集中到一起来安排顺序，这样，更有利于加深各条新闻所留给观众的印象、使宣传的效果得到叠加，尤其是将那些题材相同而内容事实截然相反的消息排列在一起，所形成的鲜明对比所留给观众的印象就更深，宣传的效果也就更好。

报刊版面的上下左右不同位置，可以体现出各条新闻的不同重要程度。报纸上为了突出某条新闻，还可以通过文章加框或采用不同的字体字号来做标题，使重要文章得到强调突出。而电视新闻主要是通过画面和声响语言来实现对新闻的传播的，它既不便于通过先后顺序的排列来突出重要新闻，也不能够在解说中采取大声喊叫、声嘶力竭地进行咆哮的方法来对重要新闻进行强调，因而在对重要新闻的突出上，电视传媒明显不如报纸那么方便。

那么，在电视新闻节目中，对于一些需要着重突出、特别强调的新闻，有没有办法来对其进行突出处理呢？办法其实也是有的，如可以通过叠出字幕、加编前话、按语、编后话等办法来突出，或者是通过加长播出时间的办法来予以强调，如一般的电视新闻，每条短新闻的播出长度一般在一分钟左右，而对一些需要突出强调其重要性的新闻，则可把它制作得长一些；此外，对于那些需要特别突出的新闻，除了可以通过上述办法来突出之外，还可以通过反复播出来予以突出，例如每隔半小时或一小时又重播一次，这样频繁播出，也能起到对其进行突出，让观众的注意力和记忆力反复受到刺激，也能起到加深观众印象，迫使观众把它记住的作用。

观众收看电视，不像阅读报纸那样可以将整张报纸拿在手上反复阅读。电视传播具有一纵即逝的特点，而电视观众在收看电视新闻时，总是有许多观众不能把整个新闻节目从头到尾完整地看完，如有的观众因被别的事儿耽误而误过了新闻节目开始播出的时间才能收看电视；也有的观众虽能从头收看但却还来不及看完全部内容就得离开电视机去干别的事儿，等等。为了使新闻节目内容能让更多的观众知道，以期收到更好的传播效果，在新闻节目的串接编排上，最好还要在节目开始时先安排播报一下本次节目的内容提要；到节目结束时，再回报一下本次新闻节目的提要内容。这样，即使观众不能把整个新闻节目从头到尾完整地看完，也能大致知道本次节目都包括了些什么样的内容。

本章复习与思考

1. 电视新闻文字编辑人员的工作包括哪几个方面？
2. 编辑在改稿中，除了要将文稿的内容改好之外，在改稿中，还应对文稿进行些什么方面的技术处理？
3. 在画面剪辑中，怎样才能使前后画面的接点处能够连接得顺畅自然？
4. 在画面剪辑中，怎样才能保持人物动作在时空上的一致性和逻辑性？
5. 什么叫做心理效应式节目串接法？心理效应式节目串接法的客观依据是什么？它在新闻和信息的传播上有些什么优点？
6. 特技镜头与附加技巧画面有什么不同？
7. 利用课余时间，到实验室进行画面剪辑、字幕叠加、附加技巧运用、声画合成等方面的练习。

第十六章　电视新闻现场实况

转播与录播

第一节　电视新闻的现场实况转播

电视新闻现场实况转播也叫电视新闻现场直播，它是一种采编播同步的新闻报道形式，这种报道形式，通常用于党政机关组织开展的重大活动、规模较大的体育比赛活动、重大工程建设或其他能为较多的人所感兴趣或所关注的预知事件或事态的报道。

一、电视新闻现场实况转播节目的种类

电视新闻现场实况转播节目，可有多种不同的分类：

（一）从所转播的题材内容来分

从所转播的题材内容来分，大致可以分为突发性新闻事件的转播、重大会议的转播、庆典活动的转播、工程建设施工情况的转播、科技实验过程的转播、法庭审判现场的转播、体育运动会竞赛场面的转播、文艺演出的转播等。

（二）从转播的所在环境来分

从转播的所在环境来分，大致可以分为室内和室外两大类。其中，室内转播，又可以分为演播厅、室的转播和礼堂、剧院、各种会场等非专门场地的转播；而室外的转播，也可以分为广场、运动场、商场、市场、街道、小区等环境的转播和野外的工地现场、某

一事件发生的现场、某项活动开展的地方等场合的转播。

（三）从导播在转播中对现场情态有无干预权来分

从导播在转播中对现场情态有无干预权来分，大致可以分为被动表现型转播与可主导情态型转播两种类型。

被动表现型转播指的是导播只能被动地将现场上所发生和变化着的情况转播出去而不能干预其活动的转播，如重大会议的转播，主席台上的领导们坐哪里，谁说话，什么时候开始说，什么时候停止说，主席台下的与会者精力集中不集中，鼓掌不鼓掌，有没有人交头接耳或做别的事，导播都无权进行干预；又如对体育运动会的转播，赛场上什么时候开始比赛、谁和谁比，比什么项目和在比赛中有没有人摔倒受伤及后来是谁胜谁负等，也由不得导播去安排。类似这样一种情形的转播，就叫做被动表现型的转播。

主导情态型转播指的是转播过程中导播可以根据转播工作的实际需要，对现场上的人物或事态进行调度指挥的转播，如有一些文艺演出或综艺节目，为了能够将其表现得更好一些，在转播中，导播可以决定开始、结束的时间甚至还可对演出中演员进行表演的位置、表演活动的区域等进行干预。类似这样一种情形的转播，就叫做可主导情态型的转播。

（四）从转播的现场规模大小来分

从转播的现场规模大小来分，可以分为大型活动的转播、一般规模的转播和小型活动的转播等。

（五）从所采用的转播方式来分

从所采用的转播方式来分，大致可以分为现场播报型、记者连线型、现场播报与记者连线相结合型、记者访谈型和播收互动型等。

二、电视新闻现场实况转播工作的岗位设置

现场实况转播工作的岗位设置，因所转播的节目题材类型及转播现场场面的大小不同而有所不同。一般来说，需要设置的岗位有导播、摄像师、播音主持人、摄像机控制单元操作员、调音师、录像师、总工程师、照明师（如属白天在露天场合进行的转播，则此岗位可不设置）、效果师及负责设备安装、调试及检修等各种工作的相关工程师等。如属文艺演出类节目的转播，还要另设导演、效果师、音响师等岗位。

在只有"导播"的转播中，"导播"是整个转播活动的总指挥；而在既有"导播"又有"导演"的转播中，则"导演"为整个转播活动的总指挥。

三、现场实况转播所需的设备

开展现场实况转播所需用到的设备大致包括摄录器材及其辅助设备、指挥系统、照明系统、音视频信号处理设备、播出辅助设备和成品信号发送设备等。

（一）摄录器材及其辅助设备

开展现场实况转播所常用到的摄录器材主要有摄像机、录像机、摄控器等；而辅助设备主要有导轨、移动车、升降机和摇臂。其中，摄像机用于拍摄画面，录像机用于录制素材和转播中所播出的节目，摄控器用于对摄像机进行集中控制；导轨是移动车的轨道，移动车也叫轨道车，用于供摄像师坐在上面拍摄移动镜头；升降机用于供摄像师坐在上面拍摄升降镜头；而摇臂则是用来悬挂摄像机进行高空拍摄的，它既可用来拍摄移动镜头和升降镜头，还可用来拍摄俯镜头等。在使用到摇臂的转播中，一般不再用到升降机，但如果是在演播厅、室和剧院等室内转播场合，由于室内的空间比较狭小，无法使用大型的摇臂而只能是使用升降机或使用小型的简易摇臂。

（二）指挥系统

指挥系统的设备主要包括话筒、扩音机、耳机和信号传输的电缆或微波系统等，由于微波系统价格昂贵，因而通常使用的多是电缆传输。

（三）照明系统

照明系统也叫光效系统，一般由聚光灯、廻光灯、散光灯、追光灯、眼神光灯、闪电效果灯和调光台等构成（如属白天在露天场合下开展的转播，则不需要配备照明系统。另外，追光灯、眼神光灯、闪电效果灯在很多题材的转播中都用不到，只有在需要用到的转播中才配备）。

（四）音视频信号处理设备

用于音视频信号处理的设备主要有调音台、监听耳机、监视器、字幕机和切换台等。其中，调音台用于对来自现场的各路声音信号和来自各种放音设备的信号进行控制和调节；监听耳机用于对各路声响信号和经调音台处理过了的音频信号的监听；监视器用于监视各台摄像机所拍摄到的画面及监视导播所切出的画面；字幕机用于给画面叠加字幕、歌词或在转播过程中临时插播通知或消息预告等字幕；切换台则是用于对来自各台摄像机的画面和声响信号的切换。

（五）播出辅助设备

在节目转播当中，当遇上一些场面比较单调的时候或中途出现有空闲时间的时候（例如体育比赛中上半场和下半场之间的间隔），就需要临时穿插播出一些相关的资料或广告等，播出辅助设备就是供转播中穿插这些内容用的。播出辅助设备一般包括录音机、放像机、VCD 机或 DVD 机等。近十年来，由于电脑的普及，所需穿插播出的各种内容都是做成电子文档保存到电脑里，到用时从电脑里调出来就可以插播到节目中去了，因而开展现场实况转播，一般不再配有录音机、放像机、VCD 机或 DVD 机等而只用一台电脑来存储有可能要用到的各种相关资料或广告就行了。

如属演播厅、室的转播，所需用到的各种设备设施及各种线路本来就固定布设在导播室和在演播厅、室，转播前只需测试正常后即可使用。而到野外现场开展的转播，如属"摆地摊"式的转播，为了便于随时出动和便于运输，指挥系统的扩音机和各种音视频信号处理设备、播出辅助设备等，通常是集中固定到一两个飞行箱里的，摆飞行箱用的桌子，也是做成可折叠式的，这样要外出转播时，装起车来就很简便；如属采用转播车进行的转播，因车上本来就固定装有所要用到的各种设备，外出转播时只要把转播车开到现场，接通各种外接电缆后便可开始工作，因而使用起来更加方便。

（六）成品信号发送设备

成品信号发送设备，指的就是把经导播切换好的节目信号送往中控室的设备，如果是近距离的转播，可以用电缆传输而不必配备什么复杂的设备；而距离远的传播，则需要专门配有一套微波系统来发送信号。微波系统既有分立式的，也有装在转播车上或装在专门配备的卫星车上的。给台里发送节目信号，有的是在地面上直接向电视台的铁塔发送，也有的是通过地球卫星来向电视台转发的。

四、现场实况转播的导播

（一）现场布设与检测等准备工作

在转播开始前几个小时（也有的重大活动的转播为了慎重起见而提前一两天的），转播队伍就要进入现场，开展现场的布设及效果的检测等工作。

现场布设包括机位、导播台、调光调音系统和光照的布设及各种电缆的连接等，要按事先所设计好的方案进行。完成了现场布设之后，还要对所布设好的各种设备一一进行测试，以确保转播活动能够顺利开展。

当确认各种设备都能够正常工作之后，接下来，导播还要将事先准备好的各个片断资料、字幕及为了预防转播中万一发生各种变故而准备的应急节目等音像资料，按顺序或按便于取用的原则排好或和将分镜头台本或拍摄提纲摆放好，以迎接即将到来的紧张操作。

（二）现场导播的实际操作

在离预定的转播开始时间还有一两分钟的时候，导播就可以给台里切回现场信号并电话叫通中控室询问信号是否正常，切回去的信号可以是彩带、测试卡或节目预告的字幕，并以恰当的音乐来营造出相应的气氛。

离预定的转播开始时间还有一分或半分钟的时候，导播就要宣布："今天的××转播工作很快就要开始，请各个岗位的全体参转人员做好准备，现在，离预定的开始时间还有××秒钟。""请听倒数口令：十、九、八、七、六、五、四、准备、二、开始！"导播在进行倒数口令的时候，要边看时间边进行，以确保在发出"开始"命令的瞬间正好是预定的时间。

导播在进行倒数口令时，各个岗位上的摄像师就要开机开始进行拍摄、导播的眼睛也要开始对屏幕进行监视了。并且，导播在开始监视画面的同时，还应把右手的食指置于切换台的相应按键上，到"开始"命令一发出时就马上按下以确保电视机前的观众能够正点看到来自现场的节目。

转播开始以后，导播的工作就是一面监视各台摄机送来的画面并从中选取一个最能体现主题和拍摄得最好的画面来切换出去，一面对照分镜头台本（或拍摄提纲）来考虑下一步将要用到些什么样的画面。为了能够赢得主动，导播在切换好画面的同时，还要边操作边思考，根据经验及分析，从现场上正在出现的情景中推测出稍后将会出现什么场面，这些场面对突出主题能起什么作用，在预测出将会出现什么有价值的场面时，要及时通知相关的摄像师做好拍摄的准备。

另外，在给一台机子的指令下达了之后，就应接着给下一台机子以提示，这样才能保证想要用到的画面都能拍到。

导播对画面的切换，并非哪一个画面美就选哪一个，而是要以"有利于表现事物"、"有利于突出主题"及"属于观众所想看到和所想知道"为原则，这样才有利于转播目的实现。

在画面的切换上，最好还要根据内容表现的需要来考虑应怎样切（即是硬切还是软切）及在所切出的画面中要做些什么样的附加技巧的处理或需要加上什么字幕等。考虑这些问题的时间非常有限，从考虑到实施完毕，往往必须在一瞬间就完成而容不得犹豫。

除要切好画面外，导播还要兼顾声响，要根据现场上事态发展的进程和分镜头台本（或拍摄提纲）上的构想，在适当的时候向播音主持人发出播讲的指令并根据对声响的监听情况来给调音师下达有关音响调节方面的指令，以使声画配合得更为协调。

导播对摄影师的指挥和导演对导播、照明师、特技师等人的指挥，主要是通过通话系统来进行，而导演对演员的指挥，则是通过操纵各种指示灯或使用导播手语来进行。

由于现场上的情态变化很快，因而无论是导播还是导演，所作提示和所下达的各种指令，都应当简洁明了。如导播给摄影师发的指令：

"……2号机，2号机准备——开拍，左摇、右摇，推，上摇、下摇，置于中间，好，保持，保持。""……7号机，摇过全场。""……6号机，拉出中景，拉，升，再升，慢推，推，好！""……3号机，准备给出一个观众反应镜头，中–近–特。""4号机，请拍主人公的近景侧面镜头……一号机，注意把稳机子，不要晃动……2号机，请给出即将开始的造型画面……四号机，仰拍主人公左侧，再仰，好！稳定，稳定，推，拉，好！"

导播给播音主持人发的指令：

"主持人，播音主持人，准备播讲第二段解说词，等秧歌队进到广场中心时马上播讲。"

导播给音响师发的指令：

"音响师，准备播放第三段背景音乐，低起，逐渐上扬……准备，准备，播！"

导演给照明师发出的指令：

"照明师，照明师……主人公加轮廓光……调亮一点……再亮一点……好！""……照明师，照明师注意：女主角将有一段精彩的舞蹈，准备启动追光灯……快，……快，舞蹈马上就开始了……好，再调亮一点……再调……再调……好，跟上，跟上……好！""往下，即将出现闪电，闪电之后要黑场，请做好黑场的准备，雷声一响马上黑场。……准备准备，预备——黑！"

导演给效果师发出的指令：

"……效果师，施放雪花，雪花漫天飞舞，雪越下越大……再大一点，再大，好！""效果师，效果师，慢慢停止降雪……停，停！接下来是狐狸精要在烟雾中出场，请准备施放烟雾，快了……快了……哎……准备……预备——放！"

导演给导播下达的指令：

"……导播，导播，准备渐显1号——开显，准备3号横划……开划，准备淡入1

号……淡入 1 号,准备黑,变黑,好……交叉淡入 2 号,交叉淡入……"

尽管各台甚至各个导播或导演的习惯用语各不相同,但为了便于理解和执行,导播所作的提示和所下达的各种指令,都应当简洁明了,干脆利索,让人能够一听就懂而不至于费解、误解。

如果是初次合作,要是在转播中将要用到某些别人不易理解或容易产生歧义的指令用语,导播在事前就应当先与有关人员做好约定,并在转播前逐一进行确认,以确保大家能够准确地执行。

导演对演员的指挥,过去是用指示灯或导播手语来进行,近些年来,由于高灵敏度微型无线耳塞的出现,导演对演员的指挥基本上改为用语音来指挥了,在进行戏剧、文艺演出的转播时,让每个演员都在耳朵里塞上一个微型无线耳塞,这样,导演就可随时向任何一位演员发出各种指令了。

需要说明的是,由于电视现场实况转播事前无法进行演练,而且现场又随时都有可能会出现一些不可预料的情况,整个转播的过程,完全是靠在现场灵活把握来进行的,因而无论怎样细心,都不可能把转播做得十全十美,或多或少总会出现一些差错,如有时发出的指令有误、有时选错了画面、切晚了画面、按错了设备上的某些键等,也有时是由于某台机子出了些什么毛病、某台机子联系中断或由于某路电源保险丝熔断而致使信号中断、某台机器失掉了联系,某个摄像师的画面出现抖晃等。当出现了失误时,务必保持冷静,随机作出相应的补救,这样才能保证节目能够正常进行下去。而如果出了什么失误就惊慌失措或互相埋怨,那非但无济于事;相反,只会越急越乱,造成事态扩大,甚至还会导致转播失败而造成重大播出事故。

(三) 在开展野外转播时应注意的问题

在野外开展的转播情况比较复杂,作为导播,事前应注意考虑到如下一些问题:

(1) 演播厅、室的导播,导播人员是在导播间里的导播台上进行,导播间的室内空间较大,各种设备的分布摆设得比较合理和较便于操作,而新闻现场实况转播的导播工作是在转播车上进行或通过"摆地摊"来进行,由于车内空间狭小或为了便于运输,凡外出转播所用的各种设备都较小型化,习惯于导播室操作的导播到了转播车上或"地摊"前,往往不大习惯于这些微型设备的操作。同时,由于转播车上或"地摊"上的各种设备比较小型化,因此各种机子较之导播室里用的设备来说功能相对要少一些,如不经常进行车上或"地摊"前的操作,临时使用起来就不那么得心应手,因此若是初次进行车上或"地摊"前的导播工作,导播人员最好还要提前熟悉一下车上或"地摊"飞行箱前各种功能的操作键位及适应一下窄小空间的操作。

(2) 演播厅、室的转播照明和工作电源是现成布设好的,其信号是由电缆直接送达中控室对外发送的;而新闻现场实况转播的信号,是经微波传送回台里后再往中控室发送出去的。为了确保微波信号能如期顺利回传,在电视新闻实况转播中,工作人员应提前把转播车开到现场,以便电工及早准备好有关的照明和工作用电和让微波发送人员有充裕的时间来架设并调节好微波信号发送的抛物面天线和测试好回传信号。

(3) 演播厅、室的转播工作,记者的拍摄是在室内进行,无须考虑天气的变化,而新闻现场实况转播，除转播剧场演出、礼堂里的大型会议、体育场馆的室内竞赛项目之外，转播工作一般多为露天进行，并且各台机子的机位分得较散且流动较大，因此还要考虑到天气变化的因素，安排好遮阳及考虑好万一遭遇风雨雪突然袭击时的应变措施。

（4）演播厅、室的转播工作，由于室内观众较守规纪，秩序井然，转播人员的活动和操作一般不会受到妨碍或干扰，而新闻现场实况转播是在大众场合下进行，甚至有时还要在被围观群众挤得水泄不通的情况下流动进行（如转播盛大庆典、游行场面等）的，工作起来常会遇到阻碍和遭到各种各样的干扰，因此进入现场之前，应事先落实好各种相应的对策。

电视现场实况转播工作，是一项牵涉面较广、需要具备较多的专门知识才能做好的工作，关于这项工作的开展，笔者在《电视现场实况转播》（中国广播电视出版社 2012 年 3 月出版）一书中已有较全面的介绍，限于篇幅，在此就不再展开。

第二节　电视新闻的现场录播

在电视台，有时会遇到这样一些情况：有的重要活动需要进行现场报道，但由于地形条件或其他原因而无法将现场上的节目信号传回台里；而有的重要活动，虽然也能把现场上的节目信号传回台里，但因该时间段能收看节目的观众太少；也有的时候，由于导播工作经验不足，没有足够的把握能够把节目转播好，等等。遇上这样一些不便进行现场实况转播的情况时，可以改用现场录播的方式来进行。

现场录播工作除了不向台里传输节目信号之外，其余的所有工作分工、工作任务、操作办法等与现场实况转播的做法均完全相同，只是，导播所切出的画面并非像现场实况转播那样发回台里用于同步播出而是送到硬盘录像机里录制起来，转播结束后才带回台里，待到了预定播出的时候才用于播出。

现场录播的节目虽然也是在新闻现场即时完成，但由于并没有同步播出而是录制起来，因而回到台里后还可仔细检查，有不如意处还可再作修改，如因操作失误而出现的某些差错，可以将因失误而出现的各种不如意的画面剪掉而另用别的画面替上；包括对各种不如意的声响及播音主持人讲解中的口误，也可以剪掉重录或另用别的片段来替代。

当然，尽管开展现场实况录播时所做成的节目在播出之前还可以进行修改，但也不应当改动太多而应尽量保持现场录到的节目原貌。一般来说，所作的改动应是只有在某个画面出现抖晃，某个地方用错了画面或出现了空镜头等操作失误的情形下，才用相应内容的画面来把有问题的画面替换掉；而对于一些未尽善美之处，一般应保持原貌而不必改动，不然，改得太多，虽然能把节目改得更为完美，但太完美了，反而会让人觉得不是录播而是后期制作了。存在某些瑕疵，观众反倒觉得这样的节目还更真实。

现场录播，因为完全是按照现场实况转播的办法来进行，因而也是电视台用来培养导播人员的主要方式，尚无经验的导播，直接主持现场实况转播是很冒险的，弄不好很容易造成播出事故，因而刚开始练习做导播工作的新手，都应先从录播练起，这样即使在操作中出现什么差错也好补救，等积累起了一定的临场经验，把各种调度指挥操作练熟了才进行现场实况转播，才不至于出现各种意外或即使出了意外也能应对自如。

本章复习与思考

1. 在开展电视新闻现场实况转播中，导播要做的工作主要有哪些？怎样才能牢牢把握好转播中的主动权？
2. 在野外开展的电视新闻现场实况转播与在演播厅、室开展的转播，导播的工作有哪些不同？
3. 电视新闻现场的实况转播与录播有什么不同？
4. 自找机会，到学校操场去开展一次关于球赛的现场实况录播的练习。

第十七章　电视纪录片的摄制

1929 年，刚开始从事电影工作的英国电影导演约翰·格里尔逊摄制出了一部题为《飘网渔船》的电影，这部电影采用的是纪实的手法来反映渔民的捕鱼生涯。影片拍成后，他把这部以纪实的手法来拍摄而成的影片称为"纪录片"，于是，电影纪录片便因此而得名。电影拍摄上的这一做法，后来也被电视界所效仿，因而也就有了电视纪录片这样一种类似于电影纪录片的节目形式。

由于电视纪录片在拍摄，制作工艺上均比摄制电影纪录片省钱省时省事，且能较及时地反映新闻事件或事实的全过程，因而进入 20 世纪 90 年代以来，电视纪录片就已逐步取代了电影新闻纪录片，成为较为完整地记录和传播新闻事件或事实的常用片种。

第一节　电视纪录片的表现形式和分类

电视纪录片是一种比较全面、完整地来反映某一事件或事实的具有新闻报道属性的比较大型的电视节目，它与一般的电视新闻节目或电视专题片都既有相似之处但又有着明显的不同。

一、电视纪录片与电视新闻节目和电视专题片的异同

电视纪录片和一般的电视新闻节目一样，所报道的都是真实发生的事件或客观存在的事实，不同的是它能够较全面和较完整地反

映出事件的全过程或事实的全貌，使观众从中能得以对所报道的事件或事实有着较为全面的了解；而一般的电视新闻则仅仅是向观众"报告"哪里发生了一件什么事或什么地方存在着一种什么样的状况，而不对该事件或状况作更多的介绍。

电视纪录片与电视专题片也有相同之处，就是两者都是比较大型（播出时长一般都在 10 分钟以上），比较全面、完整地来反映某一事件或事实的具有新闻报道属性的电视节目；但电视纪录片在对事件或事实的反映上比电视专题片显得更客观，更少带有创作的痕迹而是尽可能按事物的本来面目来反映事物，即使是所反映出来的事物不那么尽善尽美也要坚持"不事雕琢"。而电视专题片的创作则较追求完美，为了完美，可以调动较多的艺术手段来突出主题和对节目进行美化。

二、电视纪录片的分类

电视纪录片的分类，可从题材的类型、内容表达的方式和片子的风格等方面来分，而从有利于研究这种节目形式的特点及有利于指导摄制的角度来考虑，则是从内容表达的方式上来分更有实际意义。而要是从内容表达的方式上来划分，电视纪录片的种类，大致可以分为画面加解说式、客观自然式、记者访谈式和人物追忆式等几种。

(一) 画面加解说式

这种模式的电视纪录片的特点是：画面和声响各成体系，互相配合，屏幕上出现什么画面时，播音员就在画外解说该画面的内容是什么。

以这种模式来拍摄纪录片的创始人就是英国电影导演约翰·格里尔逊，他自 1929 年开始从事电影导演工作的时候起，除了拍摄出《飘网渔船》之外，后来还拍摄出《工业的英国》、《格兰东号拖船》、《锡兰之歌》、《夜邮》、《我们生活在两个世界》等许多部纪录片。这些纪录片，都是以画面加解说的手法来报道新闻或反映社会生活的，由于以这种手法来拍摄的纪录片深受观众的喜爱，因而很快便在世界各国的电影界流行开来。并且，在随后相当长的历史时期内，这种画面加解说的形式，一直都被奉为纪录片创作的固定模式。

后来，由于人们日愈觉得以这种形式摄制出的纪录片说教味太浓，因而自 20 世纪 80 年代之后，人们就越来越少地采用这种形式。

(二) 客观自然式

当画面加解说式的电视纪录片越来越少地被人采用的时候，客观自然式的电视纪录片便应运而生。这种纪录片的主要特征是不用或极少采用解说词，而是充分利用和发挥好现场画面的说明作用，让画面来"说话"和让人物来"说话"，即通过画面上的真实情景来让观众获得感悟，让观众通过画面来领会新闻事件或事实的真相、作者的观点及思想倾向。

(三) 记者访谈式

客观自然式的电视纪录片的迅速崛起，给电视界拓开了一片崭新的天地。人们逐渐意识到，电视纪录片的创作方法并非只有唯一的一种模式，它同样也可"百花齐放"和"各显神通"。于是，从 20 世纪 80 年代起，又出现了让记者直接在屏幕上出现，通过将记者采访事件或事实的全过程或者与被采访对象的谈话过程客观地记录下来而成的电视纪录片，这种将记者采访事件或事实的全过程或者与被采访对象的谈话过程客观地记录下来而成的电视纪录片就叫做记者访谈式的纪录片。由于这种样式的纪录片所展现的是记者采访中的所见所闻所感所悟，因而能给人以更强的现场感和亲切感。在近一二十年来的电视屏幕上，这种样式的纪录片已很盛行。

(四) 人物追忆式

在客观自然式、记者访谈式的纪录片风行起来之时，还出现了以让主人翁对往事进行回忆的方式来展现事件或事实的片子样式，以这种方式来展现事件或事实的纪录片，就叫做人物追忆式纪录片。这种纪录片多以叙述故事的形式，将人物的亲身经历娓娓道来。

由于人物追忆式纪录片用的是追忆的形式、由主人翁进行现身说法来对故事进行叙述，它可以打破时空的顺序，将历史与现实打乱、糅合、交替组接，从而能够更大限度地增强艺术感染力，激起观众的共鸣。因而往往具有更强的感染力。

在各种样式的纪录片中，除了人物追忆式外，电视纪录片在对所反映的事件或事实进行反映时，一般应采取顺叙手法进行叙述而不得将时空打乱，在节目的剪辑上，为了便于观众理解和为了体现"纪录"，也不宜采用各种胡里花哨的蒙太奇组接手法。

电视纪录片虽也属电视新闻的范畴，但其重在纪实、重在揭示事件或事实的内蕴及其深层次的意义，而对于新闻价值和新闻的时效性要求，则可比一般的电视新闻略低。

由于电视纪录片具有真实反映事件或事实全貌及对新闻价值、新闻时效性要求不那么高等特点，因而对于一些播出时间要求不是很急，允许从容制作、推敲，需要进行深度报道的题材，采用这种体裁来报道还挺适宜。

第二节　电视纪录片的选题、采拍与文稿的写作

由于电视纪录片是一种比较大型的电视新闻节目，不但摄制成本较高，而且这种节目的新闻属性又决定了其在画面的拍摄上大多只能是一次性地完成而不可能有机会重拍，因而它的摄制，无论是在选题、采拍和文稿的写作等方面上，都需要有所讲究。

一、电视纪录片摄制的选题

电视纪录片虽然在新闻价值和新闻时效性方面要求不那么高，但也并非任何题材都可列为选题，因为每拍一个片子，都得耗费一定的人力物力，甚至相当大的财力；每播一个片子，也得讲求有无积极的宣传意义，能否收到良好的社会效益。因此，在纪录片摄制的选题上，需要从必要性和可行性两个方面来进行考量。

(一) 必要性方面的考量

必要性方面的考量，大致包括如下几个方面：

(1) 该题材的新闻价值及可欣赏性如何，是否够得上和适宜用纪录片这种形式来反映？

(2) 广大社会公众对该题材的关注或感兴趣的程度如何，大致能有多高的收视率？

(3) 题材的积极的意义有多大，摄制播出后可能会给社会带来些什么样的影响？

（二）可行性方面的考量

可行性方面的考量，大致包括如下几个方面：

（1）该题材拍摄的成本有多大，本台的人力物力能否承担得起？

（2）该题材拍摄的效益成本比的比值如何？

（3）该题材的拍摄、制作的时间周期要多长时间，能否赶在允许的时效期限内播出？

一个题材通过对上述诸方面的考量之后，如认为可以确定列为选题的，编导人员就应尽快着手开展采拍的各项准备工作，如了解与该题材相关的各种情况，查阅有关的文献资料，接触有关的当事人，对纪录片的内容构成及篇章结构的安排和作品的风格样式等进行初步构思。如属事先可以完全预知事件进程的题材，最好还应写出"文学脚本"或"拍摄提纲"（也叫"内容提纲"）或"分镜头台本"（也叫"工作台本"）的初稿来，这样在考虑采拍的准备工作上才能更有针对性。

二、电视纪录片摄制的采拍

纪录片的画面，在清晰度和构图方面，均比一般新闻节目的要求要高得多，因而拍摄纪录片时，除要采用多台机子分别从不同的角度进行不同景别的拍摄以外，在拍摄中，必要时还要对摄像机进行手动操作以保证画面的质量。此外，对所拍摄的各个场景，必要时还要进行人工布光。

电视纪录片的拍摄，其拍摄的过程与现场实况转播或现场录播的操作基本相似，即也需设有专门的导播（或导演）人员、音响控制人员和光照调控人员等。为使所拍摄到的画面能够更为理想，视内容表现和创作的需要，有的还要用上导轨和移动车、升降机、摇臂、减震器、先导车、飞猫等拍摄辅助设备来配合，甚至有的还需要调用直升飞机来进行航拍等。

三、电视纪录片的文稿写作

电视纪录片的文稿有"文学脚本"、"拍摄提纲"和"分镜头台本"3种形式。"文学脚本"的可读性强且文学色彩较浓，既可供拍摄时参考，又可供文学爱好者阅读欣赏；但其对拍摄的设计比较粗放，给拍摄者在拍摄中留下了较多的再创作的余地。"分镜头台本"是对每一个画面的拍摄和制作以及每一句解说说的是什么和在什么时候说都作了明确安排的"设计图"，侧重于技术性而不顾及可读性，留给拍摄者再创作的余地很少，因而能更准确地体现好编导人员的创作意图。而"拍摄提纲"则是介乎这两种文体之中的文体，它既具有一定的可读性和给摄制工作留出了较大的再创作的余地，又对整个片子的内容、结构和风格等作了比较具体的设计，因而留给摄制工作的再创作的空间就比"文学脚本"相对要小。

电视纪录片文稿的写作，是一项需要反复多次才能最后做好的工作。在采拍之前，为了便于在采拍中能有计划有目的地来做好素材的采拍，应当先预写出"文学脚本"或"拍摄提纲"或"分镜头台本"的初稿来，但等到采拍回来之后，还需要结合采拍到的实有画面的材料来对采拍前先写出的"文学脚本"或"拍摄提纲"或"分镜头台本"的初稿进行"削足适履"的修改才能定稿。

写作电视纪录片的文稿，若采用的是"文学脚本"的文本形式，则写作的格式也和一般文章的格式那样，没什么规范的要求；如果采用的是"拍摄提纲"或"分镜头台本"的文本形式，就需要在专用稿纸（或电脑上的专用模板）上来写。

这里所说的"拍摄提纲"，并非我们日常说的文章写作的那种"提纲"而是电视节目的一种专门的文体，这种文体，有着相对规范的写作格式而非写作一般文章之前所列出来的那种只有几点大致内容的"提纲"。

各电视台的"拍摄提纲"专用稿纸（或电脑上的专用模板）的样式不尽相同，但一般多有相似之处，如表 17-1 所示：

表 17-1　　　　　　　　　××电视台节目拍摄提纲专用稿纸

画面/音响	字幕/解说

在"拍摄提纲"的专用稿纸上进行文稿写作时，左栏如果写的是画面，就直接写明是什么样的画面，若写的是声响，则用括号或中括号括起；右栏若写的是解说，就直接把解说词写上，若写的是字幕，则用括号或中括号括起，这样在拍摄和在节目制作时，就不至于会弄混了。

各电视台的"分镜头台本"专用稿纸（或电脑上的专用模板）的样式也不尽相同，大致如表 17-2 所示：

表 17-2　　　　　　　　　××电视台节目分镜头台本专用稿纸

片名：_____ 片种：_____

摄制部门：_____　撰稿人：_____ 制片人：_____　编导：_____

镜号	景别	技巧	画面内容	解　说	效果/音乐	时长
1						
2						
3						
4						
5						
6						
...						

使用分镜头台本的专用稿纸来撰写节目文稿时，最好在专用稿纸上逐一将每个镜头的各项相关内容填写好，这样才便于拍摄者和节目制作人员进行摄制操作。

由于要把文稿写为"分镜头台本"工作量很大，因而在对摄制要求不是很高时，纪录片的文稿撰写，一般只用"拍摄提纲"或"文学脚本"即可。

由于电视是一种可由声光画字多种语言来作用于受众的媒体，并且又由于观众收看电视节目主要是想看而非想听，因而电视纪录片文稿的写作，应充分发挥电视的画面、声响、光照等语言的作用和优势，重在让画面来说话而力求尽可能少使用解说词，尽可能多地采用现场效果声而尽量少用人工制作声。凡属画面中的人物已经说出来了的话，只要画中人物所说的话不是观众难以听得懂的方言，就应尽可能采用其原话的同期声而不必以解说词来代替。

电视纪录片虽是要反映较完整的事件或事实的全部过程，但它并不等于一本记录某个事件或事实过程的流水账。也就是说，它并非完完整整，一点不漏地把事件或事实的全部经过反映出来，而是也要有所选择，有所概括，有所提炼，即也要经过创作而成。

电视纪录片文稿的写作，其实也就是对整个纪录片所要要到的画面、解说和声响素材的安排和调度，通过安排调度来使它们共同组成一个有机的整体——即组成一个完善的纪录片，因而在撰写文稿的时候，就应想象到所用到的每一个画面、所写上的每一句解说以及所用上的每一个声响片段出现在节目中时会是个什么样的情景，按这样来对各种素材的安排调度来做出的节目出现在屏幕上时将会是个怎么样的情景，只有这样从屏幕效果来考虑，在写作中才不至于迷失方向。

第三节　电视纪录片声响的配制及声画的剪辑合成

采拍回来根据实有画面和材料来将文稿改定之后，便可以将文稿交给播音员录制解说词的播讲录音，然后再将所采拍到的画面素材和文稿及解说词的播讲录音交给制作室进行节目制作了。

一、电视纪录片声响的配制

电视纪录片作为一种纪实性的片种，为了保证内容的真实，不仅要确保每一个画面都必须是来自现场的客观采拍，而且所用的全部声响，原则上同样也应来自新闻现场。

但是，由于在现实生活中有的声响比较微弱，有的甚至微弱得让人难以觉察，例如人或各种动物的呼吸声和喘息、呻吟声、手表的滴答声等，这种本来就很微弱的声响，记者在现场拍摄中就很难采录得到；即使采到了，播放出来时观众也不易觉察得到；就算是能让观众感受得到，但也因其过于微弱而难以把节目中的意境和氛围体现出来。因而在电视纪录片的摄制中，对于这一类的声响，有时也可在不违背真实的前提下适度地做些加工，只要所做的加工不违背本质上的真实和不为观众所觉察即可。

在学术界，也有人认为电视纪录片既然是一种纪实性的片种，则一切画面和声响都必须源于是时是境。事实上，要求电视纪录片中的所有音响都完全来自新闻现场的采录是不现实的，因为电视纪录片既然不是纯粹的新闻节目而是一种需要通过创造性的劳动才能生产出来的作品，就不可能不做加工。

电视纪录片的声响配制，主要是配上播音员的解说，以及为了表现主题、渲染气氛、体现意境而加上去的各种音乐，人物内心独白、旁白等画外音。

此外，有的纪录片还得配上一些由人工制作而成的现场效果摹拟声，如风声、雨声、雷声、车子行驶声、机器轰鸣声、钟表声、海浪声、松涛声、各种动物的叫声等。而钟表声、人物的喘息和呼吸声、呻吟声由于实际音量太低，在片子里要是需要出现这类声响，都需先经过夸张、渲染、变形等处理后，才能获得预期的音效。

在给电视纪录片配音时需要遵循的是，无论是要加上人物的内心独白、旁白等画外音还是配以各种现场效果的摹拟声，都必须给人以真实自然之感而不能因为是经过了夸张、渲染、变形等处理后而让人感到矫揉造作。

二、电视纪录片的剪辑合成

由于电视纪录片是纪实性的片种，因而它所叙述的事件或事实在内容上必须是完全真实的。

同样的素材，按不同的结构顺序来组接，所能反映的情况和所能表达的思想情感就大不一样甚至截然相反，如苏联莫斯科电影制片 1925 年摄制的故事影片《战舰波将金号》的内容本来是反映舰艇上的水兵因不堪忍受压迫而抗争，最后爆发起义的。因这部影片很叫座，被国外一个影片商看好，这位片商打算要买下它在欧洲其他国家的发行放映权；但由于社会制度不同，要把该片拿到别的国家发行放映，很难过得了审查关；因而该片商提出了一个要求，希望苏方允许他在完整保留该片内容的前提下对片子中一些画面的顺序进行调整。苏方觉得这要求也能接受，于是同意了。片商把片子买回去后，就把整部影片的画面全部打乱重新组接，结果，经他重新组接而成的片子不但故事情节面目全非，而且主题思想也变得与原来完全相反了。原作品是反映舰艇上的水兵因不堪忍受压迫而抗争，最后爆发起义的，而被改动过后的影片内容，却成了这些水兵是由于闹事而被惩处的。

由于同样的素材按不同的方式进行组接可以得出相去甚远甚至截然相反的效果，因而对于如实反映事件或事实的纪录片来说，要保证片中内容的真实，除了所用的画面必须全部来自新闻现场的采拍之外，在剪辑中，安排各个画面的前后顺序也要得当，不得因画面顺序的错位而产生歧义。

由于历史不可重演，因而电视纪录片的素材一般较珍贵，甚至有的纪录片的画面还是十分重要的史料文献；尽管有的素材内容在采拍时看来好像不怎么重要，但过了若干年后，也许就是很有价值的文献资料。因此，对于所拍摄到的纪录片素材必须要十分爱护和严加保护，拍回的素材，应及时做好备份并刻成光盘来妥善保存好。

电视纪录片的剪辑合成，由于方法与新闻节目的剪辑合成方法也基本相同，因而这里就不再展开细说了。

本章复习与思考

1. 电视纪录片从内容表达的方式上来分，大致可分为哪几种类型？
2. 各种类型的电视纪录片，各有些什么特点？
3. 电视纪录片在采拍上有何特殊要求？
4. 电视纪录片的文稿写作，有些什么基本要求？
5. 电视纪录片的声响配置，有些什么要求？

第十八章　电视专题片的创作

电视专题片和电视纪录片一样，也是一种具有新闻属性但对所报道的对象的情况展现得较多、对其实质揭示得较深的比较大型的节目形式，是电视台在对某一种/类题材进行深度报道的时候采用得比较多的一种节目形式。

第一节　电视专题片与类似节目的区别与分类

电视专题片与前面第十一章所说的电视新闻专题节目的名称很相似，因而常有人把它们混为一谈，但实际上，专题片与专题节目并非同属一个概念而是两种不同类型的节目形式。

电视专题片与前面第十七章所说的电视纪录片在所反映的内容和在节目的表现形式也很相似，并且也有不少人认为专题片就是纪录片，而只是它有两个名称而已；而实际上，专题片和纪录片也并非同属一个概念，它们各自都有着有别于对方的明显特征。

一、电视专题片与电视专题节目、电视艺术片的区别

（一）与专题节目的区别

电视专题片是以某一人物、某个事件或某地存在着的某种状况为题材，通过创作提炼加工使之成为更具艺术、更富感染力的既属新闻、又具文学性质的艺术作品；而电视新闻专题节目虽然也是以

某一人物、某个事件或某些事实作为题材，但却只是将同一题材的多方面的情况或将能体现同一主题的情况集中到一起来进行较大分量的突出报道，它对新闻题材几乎是未作提炼、未予雕琢、未作创作加工，而是"原汁原味"地表现事件或事实。

如果我们把电视专题片比作报刊上的"报告文学"的话，那么，新闻专题节目这种体裁就是只有"报告"而无"文学"。因为，新闻专题节目是以较大分量来对事件或事实进行集中报道的，它就像是一份较为详尽、篇幅较长的情况汇报文章或由反映同一题材的多篇文章集纳而成的一个专版或小册子；只是通过全面、完整、翔实地记录事件或事实，或者是通过将各有关方面对同一个事件或事实的介绍、议论或评价，集中到一起以使观众对该事的全貌或某一个局部能够获得更全面和更充分的了解。而专题片则是较为全面、系统地来介绍所报道的事的各方面的情况和对其实质进行较深层次的揭示。

在表现手法上，专题节目不很讲究艺术；而电视专题片则用上了较多的艺术手段来反映所要报道的事件，因而它具有较浓的文学色彩，在向人报道事件或事实的同时，还能给人以美的享受。

（二）与电视纪录片的区别

电视专题片与电视纪录片反映的都是真人真事，并且在反映真人真事上也都带有创作的成分，但在"反映"和"创作"上，两者之间却有着较大的差别。

电视专题片在反映人或事上，比较注重揭示人或事的本质，而在对各种具体情况的表现上，一般不很拘泥于生活中的时空关系；它在对各种具体情况的交代中，一般都调动了较多的艺术手段来交代，这除了是为了能把情况交代好之外，更主要的是为了"以情动人"，感染观众。

而纪录片在反映人或事时，注重的是遵循实际生活中的时空关系，注重客观地再现人物、事物、事件或事实的本来面目；之所以要如实表现，目的是为了"以实感人"。

电视专题片与电视纪录片都含有创作的成分，但纪录片的"创作"仅仅是对客观事实作些润色加工，以期能把所要报道的人或事展现好；而专题片的"创作"，则是要通过多种艺术手段来把所要报道的人或事表现好（即含有美化的成分），通过表现好来体现好节目的主题。

如果将这两者与报刊上的文章体裁相互比照的话，那么，电视纪录片的性质与"通讯"文章的性质就有着较多的共同点，而电视专题片则较类似于报刊上的"报告文学"。通讯文章所写的东西必须是绝对真实的，而报告文学所写的东西则可有所加工。

二、电视专题片的分类

电视专题片的类型，可从题材类型、内容的表现形式、作品功用、作品内容的表现形式、作品的风格和作品的集数多少等多个不同的层面来划分。

（一）从题材的类型来分

从题材的类型来分，电视专题片大致可以分为事件或事态类、人物类、知识类等几种类型。

1. 事件事态类

事件或事态类题材的专题片，主要是以表现某一事件的全过程或某一事实（如某单位的某项工作连续多年取得优异成绩、某企业连年来效益逐年提高、某地区农业生产连年获得丰收等）的形成、变化、发展经历为题材，让观众从该事件的发生、经过及结局或从某一事实的形成、变化和发展的趋向中受到警醒、获得启迪、开阔视野、得到借鉴或受到激励、鼓舞等作用，从而对社会进步起到推动和促进作用。

2. 人物类

人物类题材的专题片，就是以反映某一专家、名人所作的贡献或反映某一先进人物的先进事迹，在某个方面比较出众或有着什么奇特之处的人的情况等内容为题材的专题片。这种专题片的摄制目的，就是通过较全面地对某个人物和某方面情况进行较详细的介绍和较细致的展现来揭示人物的美好心灵、高尚情操或崇高精神等，让观众从该人物的事迹中受到感动，进而对观众以潜移默化的影响。

3. 知识类

知识类题材的专题片，就是以介绍历史、地理、民俗、风土人情、名胜古迹、旅游景点、人文景观或介绍某方面的生活常识、科学常识、科技知识等为题材，让观众通过对节目的欣赏、轻松地获得该方面的知识。

（二）从作品的功用来分

从作品的功用分明来分，电视专题片大致可以分为教育类、教学类、资料类和娱乐类等几种类型。

1. 教育类

教育类用途的专题片，就是以某一方面的政治理论或某些正反面的典型或某些具体案例作为题材，通过画面的形象展现来对观众进行理想、道德、世界观、党纪国法等方面的教育。

2. 教学类

教学类用途的专题片，就是以传授某一学科或某一方面的知识为内容，让有兴趣学习的观众在观看时能从中学到该方面的知识。

3. 资料类

资料类用途的专题片，就是以叙事为内容，将事件或事实全面、完整地记录下来的专题片。作者摄制这种专题片的主要目的并不在于要赢得观众而是为了保存文献史料，因而摄制这种用途的专题片，作者一般不怎么追求作品的艺术性而是致力于事实的完整性。

4. 娱乐类

娱乐类用途的专题片，就是以某一场文艺演出或以某一场体育竞赛为内容的专题片。作者摄制这种专题片的目的，就是让观众通过对节目的欣赏来从中获得美的享受并获得乐趣。

（三）从作品内容的表现形式上来分

从作品内容的表现形式方面来分，电视专题片大体可分画外解说类、作者（播音员或记者）出面类和人物现身说法类等几种类型。

1. 画外解说类

画外解说类的专题片是目前最常见的一种专题片样式，这种形式的专题片就是在展现各种画面的同时，边出现画面边由播音员进行画外解说以帮助观众理解画面的内容。

2. 作者出面类

作者出面类的专题片就是由广义的作者（即既可以是撰写文稿的作者本人，也可以是在现场上采访的记者或播音员）在屏幕上出现，通过对片中所反映的内容进行讲解或作为节目中的人之一来直接参与现场上的各种活动，从而让观众更感亲切和能够更好地理解所报道的内容。

3. 人物现身说法类

人物现身说法类的专题片就是无解说词，整个片子自始至终均由作品中的人物的言行来现身说法，通过客观地展现情节、事态，让观众通过观看节目来自己去感受出作品中的内容和理解到作品的意义。

（四）从作品的风格上来分

从作品的风格上来分，电视专题片大致又可分为简洁明快、轻松活泼、诙谐风趣、凝重深情、严肃庄重等多种格调。

作品的风格，既由作者的风格所决定，也受题材的内容和主题所制约。

（五）从作品的集数多少来分

在电视专题片这一片种刚出现的时候，业界考虑到这种专题片的内容不像电影、电视剧那样有着曲折动人的故事而能吸引观众，因而从人的注意力能够专注于某一事物上的持续时间方面来考虑，认为一个专题片节目的播出时长应控制在 12~20 分钟为宜。于是，12~20 分钟的长度，便成了专题片约定俗成的标准时长，各台在摄制专题片时，都尽量把片子的长度控制在这一范围内。

到了 20 世纪 80 年代以后，许多电视台陆续拍摄了一些比较重大的题材的专题片，由于这些题材的内容比较多，很难把要说的内容浓缩在 12~20 分钟，因而便出现将一个片子分为多集，以"连载"的形式来分期播出的专题片。于是便有了单集型和多集连载型的专题片之分。

第二节　电视专题片的创作选题

电视专题片的表现形式，适合社会生活的各个领域，几乎各种新闻事件或事实、各类人物的人生经历、各行各业的工作、生产情况、各个地域的风土人情、各个地方的山水风光，都可作为电视专题片的创作题材。

虽然能拍成电视专题片的题材很多，但却又并非什么题材都能列入创作选题，因为如果我们把一般的电视新闻节目（即电视消息）比作电视宣传的轻便武器的话；那么，电视专题片就是机枪或大炮，只有在需要深层次、全方位开展较大规模宣传的题材时，才有必要用上它。

一、电视台对题材的取舍标准

从电视台的角度而言，对于题材的取舍，一般从以下几个方面来考量：

（一）新颖

电视专题片对"新颖"的要求，不仅是事件或事实的时效应是新的，更重要的是事件或事实本身要能给人以新鲜感，如曾在全国引起较大反响的《湘西，昨天的回响》和《西藏的诱惑》等专题片，就是抓住这些地处边远地区且当地又有着许多鲜为人知的民风民俗，但外地人却很少知道的情况来作为拍摄选题的。这样的题材，观众就感到很新鲜，这样拍摄出来的片子才会赢得观众的欢迎。又如有部题为《百万富翁当村官》的专题片，说的是宁夏有个名叫石月斌的矿老板放下红红火火的生意不做而自告奋勇回村里当支书带领乡亲们脱贫致富。像这样的题材，观众一看就觉得很新鲜，都想知道这人怎么这么"傻"和想知道他这支书到底当得怎么样，因而就很乐意收看了。

（二）典型

由于可以用来说明某一个问题的题材往往不止一个，因而在选题时，就应从可选的题材中选出一些最突出、最能说明问题的题材来作为选题，这样拍摄出来的专题片才更有说服力和更能让人信服。例如在一些特别贫困的地区，由于村干部的工作既难开展，报酬又低，因而大家往往推来推去，谁都不愿意干。而在这种总选不出人愿意干的情况下，一些在外务工经商的人看不下去了，自告奋勇回乡当村干部带领大家脱贫致富的事也偶有出现；但能舍下每天都能赚到很多钱的红红火火的生意不做而甘愿回村里当个吃力不讨好的村干部的人，就比别的在外务工或能赚到的钱并不是很多的生意人要典型了，报道这样的人物，说他心肠好，就更能使观众信服。

（三）丰富

所谓丰富，就是题材本身应当具有较多可供讲述的"故事"和具有较多能够吸引人看的现场画面。因为，只有可供讲述的"故事"和能引人看的画面比较充足，才便于在采拍中进行比较分析，从中选取最精彩、最有说服力的"故事情节"和现场画面来用于节目，从而使所摄制出的专题片更能吸引观众和能够收到更好的传播效果。

（四）吸引人

单位开会，领导可以以纪律来强制人们必须参加，而电视台播出的节目，作者或编导却无法要求观众必须收看，而只能是靠节目自身的吸引力来吸引观众。而一个节目要想能够吸引得了观众，首先题材本身就应具有能够吸引得了人的内容。一般来说，能把观众吸引住的，要么是与他们的切身利益密切相关的事，要么就是能让他们感到新奇或符合他们兴趣爱好的事。据此，在考虑一个题材是否可以列为专题片的摄制选题时，除了要考虑上述几个方面之外，还应考虑其"是否关系到观众的切身利益"和"是否能给观众以新奇感或是否符合观众的兴趣爱好"。

（五）必要

由于拍摄一部电视专题片所要投入的人力、物力、财力都比拍摄一条电视消息要大得多，时间也长得多，电视台虽然属于事业单位而非企业；但同样也要考虑节目的成本。一个值得报道的题材，到底是以电视新闻的形式来报道还是以电视专题片的形式来报道好，那就要看把该题材拍成电视专题片来播出所能产生的社会效益到底比采用电视新闻的形式来播出的效果是否明显要好；只有明显以电视专题片的形式来报道所能产生的社会效益远比以电视新闻的形式来报道要好得多的才有必要列入选题，反之就没有必要考虑。

（六）可行

拍摄一部电视专题片，既涉及资金、设备方面的问题，也涉及创作人员知识素养和专业技能方面的问题，而不同题材的专题片对创作人员的素养要求又是不一样的，如涉及某些专业知识或行业知识比较多的题材，不熟悉该领域情况的作者，就很难把握得好它。因此，在决定一个题材是否可以列入选题时，既要考虑拍摄该题材所需的人力物力财力本台是否能够承受得起，也要考虑本台是否具有能够驾驭得了该题材创作的人才，即看本台是否拥有熟悉该领域、能够写出较高水准的工作台本来的创作人才。

二、作者对题材取舍问题的考量

在电视台，对电视专题片的选题，既有由台里制定选题计划，然后把创作、摄制任务下达给相关部门或下达给某些采编人员去完成的；也有采编人员自己发现了好的题材，报给领导审批后去采制的。

从作者的角度而言，在考虑一个专题片的选题是否适合自己去做时，需要考虑的问题主要有：

（一）要选自己熟悉或能够把握的题材

要创作出一部成功的专题片，作者首先必须熟悉该题材所反映的环境和生活，这样才有可能使作品让人感到真实。

当然，一个人的阅历终归有限，不可能对所有的领域都熟悉，因而很多作品的作者往往不是事先就对所要表现的对象很熟悉了才去表现的，而多是在需要的时候才去熟悉的。比如说要写作反映部队生活的作品，作者就需要到部队去深入生活、体验生活，这样才能够把作品写好。但每个人都有自己的所长和所短，比如说有的人对一首新歌只要听别人唱一两遍就会唱了，但一道不算太难的数学题，别人讲解了老半天他也还没能弄明白；而反过来，也有的人面对一道很难的数学题他轻而易举就能解答出来了，但一首新歌却教了十遍八遍他还不会唱。由于不同的人所具有的天赋各不相同，因而作者虽然可以通过努力来熟悉所要表现的题材，但也应是选择自己容易把握的题材。例如一个害怕下水的作者，要去熟悉山区人民的生活或许不是难事，但要他去熟悉渔民的生活就很困难。据此，作者在考虑一个选题是否适合自己去做时，需要"知己知彼"，只有选取自己容易的题材，才有可能把节目做得好。

（二）要选自己能够发掘得出些新意来的题材

一个作品，如果仅仅是能够告诉人们哪里发生了什么事及该事后来怎样了等相关情况是不够的，它还应当能够揭示出某些能给人以教益的哲理来。例如小学课文里的《狼来了》，文章虽然告诉读者的是一个不诚实的小孩屡屡以骗人来取乐最后被狼吃掉了的故事，但作者讲这个故事的目的却并不是想要人们知道有这么一个小孩被狼吃掉，而是借这个故事来教育读者做人要诚实。同样，一个电视专题片虽然也是在报道某一个单位或一个人或某一件事，但在片中也应蕴含有某些能给人以启迪、教益的东西。要是一个作品什么都没揭示而只是能够告诉人们哪里发生了什么事或哪里存在着什么现象，这样的作品就很难说得上能有多少价值。因此，一个题材，作者要是实在不能从中发掘得到什么有用的新鲜东西来，那就不如干脆把它舍弃。

（三）要选自己能够表现得好的题材

由于每个人都有所长和所短，例如在题材的类型上，有的作者擅长于表现人物，有的作者擅长于表现事件；在题材的领域方面，有的作者擅长于表现工业生产，有的作者擅长于表现农业生产，有的作者擅长于表现部队生活；在社会群体方面，有的作者擅长于表现上层建筑的专家学者，有的作者擅长于表现社会底层的平民生活，等等。作者在考虑选题的时候，应当根据自身的实际，选自己所能表现得好的题材来作为选题，这样才有可能能把节目做好。

第三节　电视专题片的采拍

电视专题片的采拍，除一些即时性、不可预见性的场面外，一般应分为采访和拍摄两个阶段来进行，即先进行采访，把情况摸清，并对拍摄工作做些准备。如与被摄对象约定好时间，在对拍摄场地的场景适当作些布置，对光照进行必要的布设好后再进行拍摄。

一、采访

电视专题片类似于报刊上的报告文学，它可以调动多种艺术手段来对所要反映的题材、所要表现的人物进行更全面的反映、更深层次的揭示和美化。因此，专题片的采访工作比起一般的电视新闻的采访，要求更深入、更扎实、更全面。

在进行电视专题片写作的采访时，如属反映事件或事实的题材，在采访中除了应当了解该事件或事实的全过程外，还应对其发生或形成的原因，其发生或形成的环境、背景、诱因等情况进行发掘并弄清。此外，还要将其与类似事件或事实进行纵向与横向比较，从纵向与横向的相互比较中辨明其在历史上和在现实社会生活中所处的坐标位置，这样才好把握对其进行表达及表现的分寸。同时，也只有将这些方方面面的相关情况都全面弄清以后，该作品需要用到些什么画面，能够拍摄到些什么画面，也就容易做到心中有数了。

如拟拍摄的专题片是以表现某一个人物的某个方面的情况为题材，在采访中，除了应了解该人在该方面的事迹外，该人的家庭情况、个人成长、世界观的形成及奋斗经历等过程也应尽可能全面摸清，而为了能够把这些所需的情况摸清，除了要接触其本人之外，还应向那些与其相处、与其共事和曾与其相处、与其共事过的人以及其上下级、亲朋好友等了解其情况的人采访，听这些人对其的介绍和评价。这样，能够把情况了解得更全面更客观；多找些熟悉其情况的人，了解到多一些的情况，对把节目做好就更有帮助。

如拟拍摄的专题片是以报道某一个单位的某一个方面的工作情况为题材，在采访中，除了要向该单位的领导，职工了解情况之外，还应向与该单位有业务往来的单位、该单位的上级领导部门、该单位的客户等了解情况，这样做出来的节目才有可能更符合客观实际。

如拟拍摄的专题片是以报道某一项重大活动为题材，在采访中，除了要把该项活动将要怎样开展的情况了解清楚外，对于将要参加该项活动的单位和个人，与该项活动相关的单位和个人等也应采访，请他们谈谈对即将要开展的该项活动的看法。这样，不但有助于把该项活动报道得更符合实际，而且，知道了该项活动将是怎样来开展的，也有利于事先把拍摄工作安排得更好。

如拟拍摄的专题片是以反映某一个地方的某一种状况为题材，在采访中，除了要了解该地所存在的这一状况的详细情况和各种相关数据之外，还应了解该地之所以会存在着这一状况的成因及其形成过程，在形成过程中有谁做了什么或出现了什么能促使该状况形成的事件等。这样，掌握到了更多的相关情况，不但有利于把解说词写得更好，而且也有利于在拍摄时有针对性地去组织好画面。

二、画面的拍摄

由于专题片对画面的质量要求比起一般的电视新闻节目来要高得多，它不但要把事件或事实叙述清楚，而且对事件或事实叙述还应尽可能富有艺术性。

电视专题片的画面，除了要求要做到构图平稳和造型美观之外，画面还应富有变化性，并且在影调上也应层次分明且富有质感。

要使画面造型美观，除了在取景上要进行精心的设计以外，有时候还要对场景进行一些必要的处理。例如拍摄人物在室内的活动时，若室内的陈设过于繁杂累赘，如在人物头部的上方墙上挂有衣物，或是脚下堆满各种杂物，这种在现实生活中人们见惯不怪的场面，要是把它拍进了画面里，观众看了就很不舒服，因而在拍摄前就应与拍摄对象商量，把多余的摆设予以清除和对零乱的物品进行整理以使画面简洁，这样才有利于突出人物。

要使画面富于变化，在拍摄中，就应尽可能采用摇臂、导轨和移动车、减震器等辅助设备来进行拍摄。

为使节目剪辑时能有更多不同角度、不同景别的画面以供选择搭配，在拍专题片时，应当采用多机合拍，并且在拍摄中，拍摄的角度、拍摄技巧的运用也要丰富多变。

要把画面拍得影调层次分明，在拍摄中，就不能单纯依靠机子的各种自动调节功能而要应多作手动调节，这样才能把画面的影调拍得更具层次。

要把画面拍得富有质感，必要时还需对所拍的人物、场面进行人工布光。这样才有可能使所拍摄的人物和场景表现得更富生气和更具立体感。

专题片画面素材的拍摄，当所要拍的是较具抒情意味的场面时，有时需要把人物拍成剪影，有时需要拍出带有光斑的场面，有时需要把人的脸色变得苍白或把山水变得青绿……而为了体现某种意图，有时需要把景色变得清新，有时需要给环境增添暮气，有时需要突出画面中的某一局部，有时需把焦点对准背景等，这些需要，在拍摄的时候就应事先考虑到。但在拍摄中所做的各种艺术处理，到节目制作时或许也不一定就能用到而有可能会觉得还是用正常的效果为好，因而画面素材的拍摄，一般应由多台机子同时进行，这样到节目制作的时候，才有更多的可供选择的余地。

此外，在音响的采录方面，为了能够获得更好的声响效果，在拍摄中，除了按常规使用机内话筒或外接话筒外，必要时还应采用专门的录音设备来进行，这样才有可能获得更为理想的效果。

第四节　电视专题片文稿的表现形式

电视专题片的文稿，有文学脚本（即电视文稿的简便格式）、内容提纲（也叫"拍摄提纲"）和分镜头台本（也叫"拍摄工作台本"或简称"工作台本"）3 种形式。

一、文学脚本

当文稿撰写者对节目的剪辑要求不是很高，允许节目制作人员在剪辑中进行较多的自由发挥，想要留给节目制作人员较大的再创作的余地时，可以把文稿写为文学脚本的形式。

为了阳光下的这方热土①

——射阳质监局法治建设工作掠影

　　[镜头：射阳县行政区划图，标志建筑、丹鹤起舞。质监局办公大楼，全国质检系统开门审案会议现场。解说词打印字幕，下同]

　　解说：这是一片充满生机的土地，这是一个流光溢彩的春天，这是一次别开生面的会议。全国质检系统"开门审案"试点单位现场交流研讨会在射阳召开。来自全国各省、市、自治区质监局、检验检疫局的负责人齐聚鹤乡，射阳质监局创新推出的"全程说理、执法普法"文明办案模式及开门审案现场，受到了与会领导的高度评价。

　　[镜头：质监局办公区设计分布图，办公场景，荣誉室扫描、奖牌奖杯特写]

　　解说：这仅仅是一个缩影。多年来，射阳质监局坚持创新执法理念，优化法治环境，规范执法行为，强化法制监督，着力打造"阳光质监、诚信质监、公正质监、文明质监、和谐质监"，整体工作一直勇立潮头，受到了上级局和党委、政府的表彰与奖励，以及人民群众的热情赞许。先后获得了江苏省依法行政工作示范点、江苏省文明行业、全省质监系统先进单位、盐城市执法打假工作先进集体、射阳县三个文明建设综合奖、依法行政先进单位，在全县万人评议机关活动中连续3年名列条管单位前4名，局稽查大队还获得了省级"青年文明号"殊荣。

　　让我们还是透过那一件件烫金的奖牌奖杯，去寻找射阳质监人在法治建设的征程上走过的那一串串闪光的脚印……

　　[叠印字幕：创新："法治"理念]

　　[镜头：各级领导到质监局视察、参加会议及活动场景，局领导会办及检查、服务企业场景，局成立法治建设领导小组文件特写]

　　解说：依法行政、忠诚履职是法律赋予行政执法部门的神圣使命。射阳质监局在依法履行监管、执法、服务等职能过程中，坚持法治先行，牢固确立法治理念，积极推行依法管理、依法决策、依法办事，始终做到政务公开和执法公开，成立了法治建设工作领导小组，由一把手局长任组长，两名副局长任副组长，各职能科室负责同志为成员，统筹协调和组织全局系统法治建设工作。领导小组下设办公室，具体负责法治建设的日常工作。

　　[镜头：全局职工大会场景，签订责任书特写及递交场景，局年度工作计划及

---

　　① 文稿出处：http：//www.ycsyzj.gov.cn/show.asp？id=279。

《质监文化建设手册》有关法制内容特写，局务会会办交流讨论场景]

解说：年初，该局出台了《2009年依法行政和法治质监工作计划》，按照"谁主管、谁负责"和部门职责挂钩的原则，层层签订法治创建责任书，明确细化目标任务和创建责任。切实将法治建设工作纳入质量兴县活动总体框架、纳入质量技术监督整体工作规划、纳入质监文化建设重要内容，置质量、标准、计量、安监等工作和监管、执法、服务等履职行为于法制化管理轨道，坚持实行法治建设季度例会制度，与行政执法季度检查会办并轨实施，及时交流、检查、督办法治建设有关事项及进程，会商解决存在问题，切实做到有计划、有落实、有检查、有成效。

[镜头：法治建设有关制度特写、扫描]

解说：法治建设的成效必须用制度来保证。该局秉承"用制度管态度、以规章促规范、靠程序保秩序"的法制管理理念，建立健全行政决策机制、行政执法机制和监督管理机制，先后制定和修订了重大事项决策前的法律咨询、调研论证、听证和公示制度、质量安全巡查检查督查办法、行政案件查办规程、行政自由裁量权指导规则、行政案件查办规程及审批制度、开门审案制度、行政过错责任追究制度等24项规章制度，使一切行政行为有法可依、有章可循、有据可查，确保所办案件和政策措施合法、合规、合理。

[叠印字幕：执法："阳光"效应]

[镜头：行政执法车辆、执法人员检查场景，12365举报投诉平台特写，专家法制讲座、培训场景，执法证、行政复议资格证书特写]

解说：以"透明"实现执法公正，靠"阳光"树立质监形象。射阳质监局把追求起点公开、基点公平、终点公正作为自己的职业理念。在实际工作中，注重营造依法治质环境，充分利用3·15维权日、安全月、质量月等活动契机，广泛宣传产品质量法、食品安全法等一系列质量安全法律法规，组织开展法制业务培训，使全局系统29名执法人员、4名行政复议应诉人员参训合格率、持证上岗率均达到100%。

[镜头：质监法制庭特写，开门审案现场，说理式执法文书特写]

解说：在法治建设工作实践中，该局积极探索和完善了"开门审案"制度，对范围、程序、决定、专家聘请和参与作出了明确规定，并建立了告知、票决、通报、督查检查、执法办案全程说理等配套规范，使整个执法过程做到把道理说清，以理服人；把法律说清，以法育人。从而既提升了社会效果，又扩大了法律效应。

[镜头：质监办案、部门联合执法场景，集中销毁假冒伪劣商品场景，重大案件案卷及内容特写，万人评议机关排名文件、射阳县服务经济十佳单位奖牌特写]

解说：该局积极创新执法打假机制，坚持行政执法与区域监管相结合，通过区域监管拓展打假领域；坚持专项打假与综合整治相结合，集中力量查处大案要案；坚持牵头单位与相关部门相结合，形成执法打假的强大合力。每年都坚持抓好重点产品、重点市场、重点区域的专项整治，严厉查处涉及国计民生的各类案件。2009年度，该局立案查处关于食品、农资、建材等案件53件，涉案金额1200余万元，端掉制假售假窝点3个，有效地维护了市场经济秩序，净化了全县产商品市场。通过阳光执法，做到了"自由有度、裁量有据"，实现了可喜的四大变化，即案件质量变高了、局企关系变顺了、队伍素质变强了、执法形象变好了。该局不仅在全县"万人语言机关"活动中位列条管部门前4名，而且还荣获全县"服务经济十佳单位"称号。

[叠印字幕：监管："源头"定律]

[镜头：卞松安局长等领导检查服务企业及与企业座谈的场景]

解说：质量从生产企业抓起，监管从产品抽检做起，安全从设施环节查起……这种从"头"抓起、从"头"抓紧、从"头"抓实的做法，被局长、党组书记卞松安称为"源头定律"，它已经成了开展质监工作的一种职业方式。

[镜头：各级领导服务检查食品企业场景，资料台账特写，食品监管交流材料特写]

解说：产品质量和食品安全，关系到经济增长方式的转变和人民群众的健康，甚至关系到科学发展观的落实和以为为本理念的贯彻。为此，射阳质监局按照产品质量法、食品安全法及国务院特别规定要求，创造性地开展工作，率先在全县建立三级食品监管网络，在全省首家推行食品分类分级分等监管新模式，并创新和推行"休克激活、集中托管、龙头带头、聚合发展、股份合作"五种小作坊监管方式，通过会议宣贯、发放告知书、上门指导等形式，确保食品企业100%获证生产。此举受到了国家质检总局和省、市质监局的充分肯定，并在全省推广了射阳的经验和做法。

[镜头：国务院特种设备安全监察条例特写，特种设备安全大检查场景，行政许可、集中培训场景，7项制度特写，安全隐患整改销号台账特写]

解说："百分之百管好、百分之百安全"，这是射阳质监局抓好安监工作的目标追求。他们按照国务院新修订的《特种设备安全监察条例》规定，突出关键单位、关键岗位、关键部位，坚持责任到人、包干到底、监督到位、服务到家，实现了特种设备安全监察网络地域上的全覆盖。进一步健全和完善长效监管7项制度，全面推行安全标准化监管，做到专管员和协管员有效配合，县、镇、企全面联网，对任何安全隐患进行及时登记、限期整改、逐一销号，有效地保证了特种设备安全运行，推动了"平安射阳"建设。

[镜头：质检所、测试所实验室扫描，检验检测技术人员工作场景，质检所标牌内容扫描、特写]

解说："用精心、保精准、出精品"是射阳质监局对技术机构的要求。因为他们知道，有效的监管离不开技术的支撑。近几年来，该局先后出台了技术机构"五不准"、"五严格"及规范服务行为十项规定，不断整合社会检测资源，做大做强质检机构，建立健全局企信息资源共享体系，依法开展监督检验、委托检验等业务，按规定出具科学、公正、准确的检验检测报告，为助推全县经济又好又快发展较好地构建起高质量的技术服务平台。

[叠印字幕：形象："满意"标准]

[镜头：文化墙内容扫描、特写]

解说："政府需要、企业欢迎、人民满意、社会赞誉"，这是射阳质监人对职业形象的准确定位，也是衡量自身工作的唯一标准。为此，他们多年来突出抓好"塑形、铸魂、育人"工程，用具有鲜明特色的活动诠释质监法治文化建设的理念。

[镜头：有关制度，行政许可、服务检查、案卷特写]

解说：特色之一，制度"塑形"。在推进法治建设工作中，该局不断创新载体和机制，依据法律法规和制度来规范行政许可、行政检查和行政处罚行为，坚持用信息化手段规范许可行政权力，实现行政权力阳光运行、透明操作；依据《质监行政检查管理规范》，有效规避重复检查、多头检查等不规范行为；依据《质监行政处罚裁量规则》，依据立案处罚裁量标准进行综合裁量，作出处罚决定。同时，明确规定，在行政执法中对24种轻微质量问题实行"首违不罚"，热情帮助指导企业进行整改，扩大了惠民利企措施的效果。

[镜头：学习、培训、开会、交流、座谈等场景]

解说：特色之二，教育"铸魂"。造就一支负有使命感的队伍，基础在教育，根本在法治。基于这一认识，该局切实将法制教育经常化、学习方式多样化。变灌输式为主动式、封闭式为开放式、分离式为结合式、过程式为结果式。一次次专题讲座、一份一份"学习套餐"像春风化雨，一点点在孕育法制观念、一滴滴在改变着行为，也一次次提升着全体员工的思想层次和法治水平。

[镜头：服务大厅8字字幕特写，检查、服务场景，与企业座谈扫描]

解说：特色之三，作风育人。好环境孕育好作风，好作风体现好队伍。射阳质监局恪守"科学、公正、廉洁、高效"的行为准则，不断强化员工依法行政、廉洁履职、清风正气的自律行为，广泛营造"同志同心、互敬互竞、共建共享、和睦和谐"的浓厚氛围。与此同时，切实加强外部监督，在各镇区建立"优化发展环境投诉站"，聘请行风监督员，主动邀请人大代表、政协委员视察工作，提批评意见、帮部门整风。从而使全局上下依法行政、廉洁从政蔚然成风。一位刚到射阳投资兴业的老板，收到被质监人员退回的礼金后，逢人便夸：这里的执法部门不收礼，射阳投资环境真不错；一位本地企业负责人被谢绝节日慰问金后一身轻松，因为他不再担心"吃拿卡要"了；还有一位因质量违法被查处后的行政相对人，本来打算送红包给执法人员，但参加了"开门审案"后，心悦诚服地接受了处罚……

[镜头：质监员工高唱《质量卫士之歌》场景，质监办公大楼、工作人员办公场景，执法人员办案场景，经济高速发展的场景，定格在飘扬的国旗上]

解说："头顶庄严的国徽，胸怀崇高的理想，肩佩银色的盾牌，铭记人民的期望……"一首雄浑有力的《质量卫士之歌》，唱出了射阳质监人的心声。在鲜花和掌声面前，他们没有陶醉，更没有停步。他们把法治建设工作和事业发展的鼠标，点击在又一个新的目标上，一路高歌，大步前行。

[叠印字幕]
总监：卞松安
编审：王立军　彭光荷
策划：彭光荷　姚　娟

撰稿：唐明清
摄像：夏正刚
制作：夏正刚
解说：夏丛松

二、内容提纲

当文稿撰写者对节目的拍摄和剪辑都有较为具体的要求，但要求又不是很高，即也允许节目制作人员在剪辑中进行一定程度的自由发挥，想要留给节目制作人员一定的再创作的余地时，就可以把文稿写为内容提纲的形式。

电视节目的内容提纲，有纯制作用的稿本和制作与欣赏兼用的稿本两种形式。顾名思义，纯制作用的稿本的写作，只要能保证撰稿人的创作意图能让节目生产的参与者准确理解即可，一般不怎么在乎有无可读性；而制作与欣赏兼用的稿本除了要用来作为节目制作的蓝本之外，由于还要计划用于发表以供读者欣赏，因而它的写作，既要确保作者的创作意图能让节目生产的参与者准确地理解，同时还要讲求可读性、文字应用方面的艺术性等，能让读者爱不释手。如笔者过去撰写的下面这个专题片的内容提纲（限于篇幅，已略去中间部分内容）就是兼顾了给读者阅读之用的写法：

画面/音响	字幕/解说
1. 彩带、音乐，伴随着渐强的音乐声，画面出现巍巍群山和山间田畴。车子行走在山间公路上时隐时现，以群山为背景。叠印出片头字幕。	［字幕］ 瑶 山 行 ——自治区人事厅部分干部赴都安 瑶山访贫问苦活动纪实
字幕出毕，音乐声止。解说。	今年9月4号，我们区人事厅各处室干部一行22人，遵照厅领导的指示，组成了赴都安瑶族自治县访贫问苦调查组，奔赴都安瑶山，进行了为期四天的访贫问苦调查活动。
2. 会议室，厅领导在给调查组的同志作下乡动员。镜头拉近，出现厅长讲话的特写镜头。 3. 音乐声起，厅领导在给调查组的同志送行。	出发之前，厅领导给我们介绍了都安县的基本情况，交代了下乡的注意事项，还阐述了这次抽调各处室干部深入瑶山访贫问苦的目的和意义。 厅长说： （出讲话实况录音）
4. 疾速后退的南宁街景，现出郊外沿途风光，然后是出现在国道上奔驰的车子，滔滔红河。	9月4日清晨，我们告别了繁华的首府，车子在210国道上疾驶了三个多小时，过了红河大桥，便进入了都安县境。

续表

画面/音响	字幕/解说
5. 镜头缓缓摇出都安县城全景，然后摇向远山，摇出贫穷的山村和贫瘠的土地。	都安，这个位于桂中偏西红水河畔的山区少数民族自治县，是集老、少、山、穷为一体，被国务院列为重点扶贫的贫困县。全县面积为四千零九十五平方公里，而山地面积就占去了三千六百四十五平方公里，山地面积占全县总面积的百分之八十九。这里居住着瑶、壮、汉、仫佬、毛南等九个民族，总人口为六十一万，而耕地总面积只有五十三万八千亩，平均人有耕地还不到九分。
6. 镜头摇过弄场和山坡、峡谷间狭小的耕地。	这些零星散布于岩溶发达的石灰岩山区的耕地，不但面积狭小、地块零星，而且土层浅薄，土壤稀少，储水性能极差，常常是大雨一来就发水灾，雨水一过又闹旱灾。
7. 画面出现古老山乡的村寨、弄场及盘山过坳的崎岖山道。	这是距县城仅十八公里的古山乡，这里山连着山，延绵不断。不但交通困难，缺电缺水，而且就连土地也很缺，全乡人均耕地仅有两分八厘，是一个曾被联合国调查组认定为"不具备人类生存条件的地区"。
	由于水土奇缺等自然因素的制约，这里的农业生产、经济建设困难重重。上级每年下拨的扶贫资金在这里只能是投放到储水、保土和修路等基础建设方面。然而，各级政府所能拿出的扶贫资金毕竟有限，杯水车薪，实难使这里的贫困面貌能有多大改观。
8. 镜头摇过干涸的河沟、污浊的池塘，然后摇出农户用于储存屋檐水的缸盆桶锅，最后推出铁丝将石缝中的渗水引出的特写镜头。	由于干旱严重，群众人畜饮水非常困难，每年一到秋季，经济状况稍好一些的村屯，农户就靠水柜把雨水储存起来饮用，而大部分买不起水泥来建水柜的贫困村屯和贫困户，就只好用这些缸盆锅桶把屋檐水接下来储存备用。小小的缸盆锅桶所盛的水，又能够吃多少天呢?
9. 村民用水洗米、洗菜后才洗脸洗脚再洗衣物，最后才将经过几用之后的脏水用于喂牛。	而这好几秒钟才能凝成为小小一滴的石缝水，竟也要用细铁丝伸进石缝里去才能把它引到盆里来。
	真是"滴水贵如油"啊! 如果不是身临其境，我们怎么也想象不出这话并非夸张; 如果光靠耳闻而不是亲眼目睹，我们怎么也体会不出我们的农民兄弟们的日子居然还过得如此艰辛!
10. 学校里的学生宿舍，学生们的木箱里锁着的是从家里带来的饮用水。	也许，锁头工厂的工人们做梦都不会想象得到吧，他们生产出来的产品，在这里不是用来锁什么金银财宝，这些锁头所锁住的，竟是孩子们星期天回家返校时，翻山过坳从几十里外的家中背来的屋檐水! 瑶族同胞们世世代代用水的艰辛，就是这样来传给了他们的下一辈。
11. 镜头摇出了正在山上放牛和在地里干活的瑶家孩童。	而在延绵数千平方公里的茫茫瑶山深处，这些能够背水上学的瑶家子女，其实已经是瑶山里的幸运儿了。
12. 德雅村唐其高的小孩在和父母一道下地劳动。	德雅村这位六十多岁的老人名叫唐其高，由于家境贫寒无钱送子女入学，孩子才十二岁的小小年纪，就不得不长年

续表

画面/音响	字幕/解说
	累月起早摸黑跟随父母一道上山下地操持生计。
13. 调查组的同志与唐的一家交谈。	当我们问他为什么不去上学时，孩子心酸地哭了，他的父母也在一旁掉下了伤心的眼泪。
14. 调查组的同志们纷纷掏钱捐款。	此情此景，我们不禁鼻子发酸，没有谁作指示，也不需要谁来动员，大家默默解囊，从随身带来的有限的下乡生活费用中，毅然掏出百十来元，满怀心酸地送到了这位瑶族同胞面前，一再叮咛两位老人，说什么也得把孩子送上学校去念书。 （出实况录音）
15. 镜头重现出衣衫褴褛，正在山上放牛和地里干活的失学儿童。	然而，在都安瑶山，村村寨寨都有许多因家境贫寒而上不起学的儿童，仅靠我们能够捐出的这几百块钱，又能救助得了几个人呢？
16. 镜头摇过贫穷的山寨，摇出村民们贫寒的家庭，低矮稀疏的山地作物和龟裂的土地。	都安瑶山的贫困，还不仅仅是村民们送不起小孩上学读书，而是还有相当多数的农民群众赖以生存的温饱问题也还有待于努力解决。由于这里缺水缺土，自然条件极差，农业生产受到了很大制约，大部分地方无水种植水稻，而在石头缝里种下的玉米、木薯和豆类，也因干旱严重而难得有好的收成。
……	……
27. 大定村的编织场，主人们在给调查组的同志介绍情况。	县城附近的地苏乡是都安有名的编织之乡。在地苏，我们参观了大定村莫加丰、莫加珠、韦润尤等编织大户的编织工场，主人自豪地告诉我们：党的十一届三中全会以后，乡党委、政府大力支持他们依靠自己的编织手艺走编织致富之路，在党委政府的支持下，他们的编织业发展很快，编织场越办越红火，为了拓展产品外销渠道，一九八〇年，他们斗胆闯进广交会去招揽外商获得了成功，一百二十多个品种的产品已畅销美国、加拿大、比利时和东南亚及非洲各国。现在，他们还在北海、深圳、广州等地设有自己的办事处。
28. 地苏乡领导向调查组作汇报。	地苏乡的领导告诉我们：现在全乡从事编织业的总人数已接近两万五千人，年产值达一千多万元，国家获税六十万元，实现利润一百多万元，农户总收入五百多万元，人均单项收入为四百二十元。编织大户莫加丰致富以后，投资一百二十万元办起了自来水厂，解决了乡亲们的吃水问题，现在，他又兴建了一个残疾人编织场，以拳拳爱心助残扶残，为残疾人谋求一条自食其力的生存出路。
29. 都安书画纸厂全景。镜头愈推愈近，突出堆积如山的产品画面特写，最后叠印出厂里获得的轻工部奖状及有关证书。	在都安县城，我们还了解到了该县书画纸厂的有关情况，这个建于一九八一年的县办纸厂以生产宣纸为主，现年产值已达六百万元，年获税利达九十万元，产品荣获国家轻工部的优质产品奖和夺得了第二届亚太博览会金奖，产品远

续表

画面/音响	字幕/解说
	销韩国、日本、泰国、马来西亚等许多国家。
30. 镜头拉开，复又摇出该厂全景，继而缓缓摇过整个县城，然后摇向县城之外的起伏群山，山民们在艰苦地劳作。	为期四天的调查活动很快就结束了，这次都安之行，我们亲眼目睹了贫困山区人民群众缺钱缺粮缺水缺土的艰辛，并深为他们那种为摆脱贫困而顽强发愤的自强不息精神所感动。这次都安之行，也使我们清楚地意识到了我区扶贫工作依然任重而道远，知道了应该怎样去努力工作为国分忧，知道了应该怎样才能当好一名人民的公仆。
31. 镜头推近，突出劳动者健壮的躯体、坚实的脊梁。	而从都安人民为摆脱贫困而与恶劣自然条件所作的不懈抗争中，我们也看到了我们伟大民族艰苦奋斗的传统美德，看到了我们中华民族的民族魂和民族脊梁，正是这些屹立于神州各地的千千万万的坚实脊梁，支撑着中华大地的昨天和今天，托起了我们民族的骄傲和华夏未来的光辉希望！
32. 音乐声起，镜头拉开，现出遥远地平线上一轮喷薄而出的火红太阳。	
33. 苍翠群山，滔滔红河。音乐声由低而高渐显激昂，在激昂的旋律之中，以瑶寨群山和山间田畴为背景，叠印出片末字幕。	
34. 音乐声止，彩带。（定格）	[字幕依次推出撰稿、解说、作曲、伴奏、摄像、剪辑人员名单，最后打出摄制单位名和摄制日期]

　　电视专题片的解说，大多是由播音员以第三人称的口气来对画面的内容作讲解的，但也可以用第一人称的口气，以画外旁白的方式来叙说"故事"；或用第一人称的口气，以内心独白的方式来叙说"故事"。以上这个内容提纲，采用的就是用第一人称的口气，以画外旁白的方式来叙说"故事"。

　　内容提纲这种稿本，既能让参与摄制的人员能够理解好撰稿人的创作意图，又具有较强的可读性，兼顾了供读者阅读之用的需要，因而在电视节目制作的稿本写作中，这种写法也很流行。

三、分镜头台本

　　分镜头台本是一种对节目中的每一个画面、画面中人物所说的每一句话或播音员的每一句解说及各种音响的出现和消失的起止时间等都一一作出具体、详尽的安排，甚至连各个画面的拍摄角度和所用的拍摄技巧等也逐一给予标明的稿本。

　　按照分镜头台本来进行节目制作，可避免节目制作中素材运用及内容结构安排上的盲目性和随意性，有利于使节目做得合乎预定的要求。因而写好分镜头台本，是制作出高质量的电视节目的前提。因而除了电视剧的摄制要撰写分镜头台本外，凡属对质量要求较高的专题片、艺术片，在摄制时也要撰写有分镜头台本。

专题片的分镜头台本可以由记者撰写，但由于并非每一个记者都会写这种稿本，因而也是由制片人、导演或节目制作人来写。

电视节目的分镜头台本与电影片的分镜头台本大致相同，只是所要设计的项目稍微少一些，技术性也没那么强。但在写作时，也同样需在专用的稿纸或电脑的专用模板上进行，其内容一般包括镜号、景别、拍摄技巧、画面内容、画面长度、解说词、效果或音乐等项。如：

镜号	景别	技巧	画面内容	解说词	效果/音乐
			（蓝彩底）		钢
1	特		握钢钎的手 凿石		钎 凿
2	特		刘焕章凿石	有人说他是石匠，有人说他	石
3	特		利斧劈树桩	是木匠，然而他不做家具，也不	声
4	特		凿石的手	砌墙。是啊，他从少年时代开始	的
5	特		刘焕章脸部	就同石头、木头打交道了。起	效
6	中近		斧劈树桩	初，大概是因为好玩，后来却成	果 声
7	大特		刘焕章脸部	了地拆不开、放不下，棒打不回	止
8	特		手握钢钎，凿石	头的爱好和职业了。	
9	中近	定格	刘焕章与他的作品 （叠出字幕）	……	第 一 段 音
			"雕刻家刘焕章" （字幕隐掉）		乐 声
10	全景 ↓ 近	推	北京市老式平房居民区。透过一条屋顶的夹缝，看到刘焕章在工作着。		起 ……
……	……	……	……		

这是中央电视台播出的专题片《雕刻家刘焕章》的分镜头台本开头部分的片断，从这一片断可以看出，电视节目的分镜头台本不但要设计出每一个画面的内容，而且该画面在拍摄中应如何取景、用上些什么样的拍摄技巧及配些什么解说词，也都逐一作了详尽的设计，让人仅从分镜头台本上就能清楚地知道了以该台本拍摄而成的作品是个什么样子。

第五节　电视专题片的文稿写作

电视专题片文稿的写作，在文稿形式的选用上，可根据对拟拍的片子的质量要求及写作时间充裕与否等实际情况来决定。

由于电视专题片的题材内容各有不同，一些可以完全预见作品内容情节发展过程的片子，可以先将文稿写好再按文稿去进行拍摄，这样可使每拍摄一个镜头时都有较强的目的性和针对性，省去在采拍中因盲目性而造成的许多无效劳动，有利于节省拍摄时间和拍摄所需的人力物力；但许多专题片的摄制，却往往遇上不可预见或不可完全预见事件的发展进程，无法先把文稿写好再去拍摄。甚至有时还要等到事件发生之后，我们在采拍中觉得该题材有摄制成专题片的价值，才将已有的素材画面拿来整理制作成专题片的。因而专题片文稿的写作，并不一定是确定了选题之后才去组织素材画面，也不一定是先写好文稿然后才去拍摄的。

无论是先写后拍或先拍后写的专题片文稿，在写作中均有个反复的过程。

先写后拍的文稿，文稿中设计用到的画面，在拍摄时有可能并未出现；或是该场面虽然出现，但由于各种原因未能拍到或未能拍好；也有时该场面虽然出现，但其的发展变化过程与预期的发展变化过程不一乃至相去甚远；而有的场面，我们在文稿写作中并未预料得到，但在拍摄时却突然出现了，并且这种临时出现的意外场面，有时其对表现题材的主题又很有价值。因此专题片的拍摄，往往不能完全按照事先写出的文稿来进行而需要根据现场上的情况来随机应变。

先写后拍的专题片，由于在拍摄时不一定能完全按照事先写出的文稿来进行而常有临时改变，因此事先写好的文稿，在拍摄结束之后也就需要进行相应的修改、删节或补充。

先拍后写的专题片，由于文稿写作是根据已有素材来进行的，一般多是素材里有什么画面，写作时才安排用到什么画面，所费的周折要少一些。但也有时某些画面并未拍到，而在表现主题上又需用到，这就得在文稿写作时先把它考虑进去，文稿写好后再设法去把它补拍。但到实地进行补拍时，往往又会发现事件或事实的发展变化情形与事先所估计到的状况不一致甚至相去甚远，这就又需要将文稿进行修改，以使之能与实有素材的内容相吻合。

有的时候，文稿写作时所设计要用到的画面虽然也已拍到，但在剪辑中由于思路的改变，甚至有时还可能要对作品内容结构作较大的改动而不再按原先写成的文稿来进行画面的组接，这也需要对文稿进行临时修改。因此，一般来说，电视专题片文稿的写作并不是一次性就可以完成，而是要几经反复才能写好的。

一、专题片文稿写作的一般要求

专题片文稿的写作，从不同的角度来看，就有不同的基本要求：

（一）不同题材的不同要求

从题材的类型来看，各种题材类型的电视专题片，其文稿写作的大体要求分别是：

1. 事件事态类题材专题片文稿写作的一般要求

事件事态类题材的专题片文稿的写作，除要多角度、深层次地反映好事件或事态的原貌外，更重要的是还要揭示出该事件或事态的本质，让观众不仅能知道这件事是怎么样，还能知道为什么会是这样，应当怎样来认识、评价之时应从中获取些什么教益等。

2. 人物类题材的专题片文稿写作的一般要求

人物类题材的专题片文稿的写作，应力求以小见大，通过将所要表现的人物在各种事件或场合中的言行举止的展现和刻画来揭示其人品和展现其精神风貌。

3. 知识类题材的专题片文稿写作的一般要求

知识类题材的专题片文稿的写作，宜以通俗的语言娓娓道来，如果涉及某些较难理解的术语、名词或典故时，应当解释清楚；如属介绍一些尚属鲜为人知的自然风光、名胜古迹、游览胜地之类题材的专题片，必要时还应通过出示地图来交代其地理位置；如属介绍科技知识、科研成果之类的专题片，在提到某些专业性较强，多数观众都不知道的概念术语时，还应通过一些形象的比喻来进行说明，这样观众才好理解。

(二) 不同功用的不同要求

1. 教育类用途的专题片文稿写作的一般要求

教育类用途的专题片文稿的写作，除了要结合具体的事实来把所要讲述的道理体现好之外，也可通过解说词或出镜记者来适当讲些道理；但所讲的道理不宜太多，应以把道理寓于事实的展现之中。

2. 教学类用途的专题片文稿写作的一般要求

教学类用途的专题片由于形式比较单调、内容比较枯燥而往往都较难吸引观众，因而在写作这种用途的专题片文稿前，应与内容主讲人商量，建议其尽可能多使用生动形象的语言，在讲授知识时最好能多辅以各种手势、动作等，以良好的教态来吸引观众。此外，撰稿时还应多动脑筋，精心设计好画面的构图和组接，在适当的地方穿插进一些与讲授内容有关的画面，在不影响观众领会讲授知识的前提下，也可考虑酌情配上些背景音乐，尽可能避免片子从头至尾都是主讲人站在讲台上说教而使观众感到过分枯燥。

3. 资料类用途的专题片文稿写作的一般要求

资料类用途的专题片主要是要通过画面和同期声来记载资料，因而这种用途的专题片需要配的解说词不多，只有那些观众不易看得懂的内容，才有必要通过解说词或字幕来把它解释清楚。由于资料类用途的专题片的摄制目的是为了保留历史资料，虽然片子里所说的事和该事发生的时间、地点、起因、经过和结局等情况人们或许都很清楚，但时间久了，当事人、目击者和知情人不在人世之后，后人就不一定能知道了，因而为了能使后人能够看得懂和理解得了片子的内容，对于片中一些重要的情况的交代，就应设身处地为后人着想，从后人所能理解的角度来考虑解说词该怎样写和哪些地方应打上拍摄时间和地点等方面的字幕，这样后人查阅起来，就不至于要通过"考古"来求解了。

4. 娱乐类用途的专题片文稿写作的一般要求

娱乐类用途的专题片是以某一场文艺演出或某一场体育竞赛为内容的专题片，这种专题片文稿的写作是在拍摄完画面之后才进行的，这样就可以结合所拍摄到的画面来进行。另外，由于摄制这种专题片的目的是让观众通过对演出或竞赛的欣赏或观赏来获得美的享受或获得乐趣的，因而这种片子的文稿的写作，需要写的东西并不很多，主要是要把画面的选用和剪辑的思路想好，突出其中那些比较精彩的片段或瞬间，并对观众有可能看不懂的内容进行解说或安排打上字幕来说明即可。

(三) 不同表现形式的不同要求

1. 画外解说类专题片文稿的写作

画外解说类专题片文稿的写作重点是写好解说词。由于电视的叙事主要是靠画面的展现来实现的，因而解说词的撰写也和一般的电视新闻节目的解说词写作一样，并不一定要像写报刊稿那样把所应交代的各个新闻要素都交代清楚，而是凡是画面已能交代了的内容，解说词都不必再去说明。

另外，在对许多情况的交代上，也可考虑通过采用画面接解说或解说接画面这样一种电视媒介所特有的便利条件来实现，例如：当解说词说了"这个工厂之所以连年来效益不断提高，是因为……"，在说了"是因为"之后便可立即打住而用可以说明得了问题的相关画面接上，待画面把问题说清后，解说词便可转到另一个内容的叙述去了。这样来叙事，尽管从文稿来看解说词的解说是不完整的，但由于有画面语言接着把解说词所没说到的情况补充说明清楚了，解说词也就可以省去对该部分情况的交代了。

2. 作者出面类专题片文稿的写作

作者出面类专题片文稿的写作可以分为采拍前的写作和采拍后的写作两种写法。若是在采拍前进行的写作，应写进文稿的内容包括两个方面，一是考虑到采拍时需要拍些什么画面和怎样拍，二是拟出在现场上打算什么时候或与谁接触时说些什么和怎样来说。而如果是要采拍后的写作，所要考虑的就是在节目中什么地方应用上什么画面，配上什么样的解说，叠上什么字幕。至于解说词的安排，主要就是要针对所拟用的画面来考虑，什么地方如果不配解说观众就不好理解或理解起来有可能会出现偏差的才配解说，若属观众通过画面或出镜记者与人的交谈的同期声就已经能够弄得清楚了的情况，就不必再配上解说来"画蛇添足"。

3. 人物现身说法类专题片文稿的写作

人物现身说法类专题片的写作也可以分为采拍前的写作和采拍后的写作两种写法。由于这种片子不需要作解说而是自始至终都是由所要报道的人物用其言行来现身说法，因而这种专题片文稿的写作，若是采拍前写，主要就是要对整个片子的框架构成进行大致的安排，考虑好在现场上将要怎样来引导所要表现的人物来开展现身说法；而如果是要采拍后的写作，所要考虑的就是怎样来对已有的画面素材进行取舍和剪裁及考虑在哪些地方要配上什么解说或要叠上什么字幕等。

（四）不同风格的作品的不同要求

各种不同风格的专题片，在文稿的写作上，原则上是要通过解说词的语言应用来体现出拟要体现出风格来，同时，画面素材的选用和剪裁，也要与解说词的文风风格相吻合，关于各种风格的片子文稿写作的具体要求，限于篇幅，在此就不再逐一分叙。

（五）单集作品与多集作品的不同要求

单集作品与多集作品文稿的写作，不同之处是单集的专题片必须做到有头有尾完整地叙说好片子所要报道的人或事；而多集的专题片则是每个分集都只是整组专题片中的一个组成部分，因而一个分集所包括的内容，就只是整组专题片所要报道的人或事中的一个局部。同时，由于在多集的专题片的每个分集都只是整组专题片中的一个组成部分，因而在每个分集的开头和结尾，一般应分别带上承前和启后的解说以将各个分集串联起来使它们共同构成一个有机的整体。另外，多集专题片中的各个分集，一般应用上相同的片头和片尾，这样既便于与别的节目相区分，也有利于体现出本片的风格。

在内容的安排上，多集构成的专题片中各个分集的内容还应具有一定的逻辑关系，如有的应当是并列的关系而有的则应当是递进的关系。在文稿的写作上，应根据内容表现的实际需要来安排好各个分集的内容布局，使每一集与其前后集之间的关系都具有应有的逻辑关系。

二、专题片文稿的结构形式

中国戏剧，讲究故事的起承转合环环相扣。电视专题片虽不属于戏剧，但它与戏剧也有相通之处。内容的构成也同样是包括起承转合4个部分。例如：

若反映的是某一个人物在某方面的情况的专题片，在开头先介绍有这么一个人，该人在哪一方面的情况怎样怎样，这就是"起"；接着通过展现较多的事例来证明该人确实是这么样的，这就是"承"；然后通过播音员的解说或通过展现出该人在该方面所赢得的各种美誉（如获奖证书或别人的评价、赞誉等）来对该党委在这方面的情况进行总结，这就是"转"；最后再用一两句解说来对节目进行收束，或者是通过表现该人怎样不满足于已有的成就继续不懈努力或怎样再接再厉决心把该方面的事做得更好来对节目进行收束，这就是"合"。

若反映的是某个单位在某方面的情况的专题片，在开头先介绍哪里有这么一个单位在哪一方面的情况怎样怎样，这就是"起"；接着通过展现较多的事例来证明该单位确实是这么样的，这就是"承"；然后通过播音员的解说或通过展现出该单位在该方面所赢得的各种美誉（如获奖证书或别人的评价、赞誉等）来对进行总结，这就是"转"；最后再有一两句播讲解说来对节目进行收束，或者是通过表现该单位的领导、员工等怎样不满足于已有的成就继续不懈努力或怎样再接再厉决心把该方面的事做得更好来对节目进行收束，这就是"合"。

若反映的是某一个刚发生不久的事件经过情况的专题片，开头一般是先"报告"什么时候在什么地方发生了一件什么事，这就是"起"；接着通过展现该事发生在现场上的各种情况来让观众能对该事有着较多的了解，这就是"承"；然后说有关方面现在已经怎样对待该事了，这就是"转"；最后再把该事现在的状况是怎样用一两句播讲解说来交代，或者是展现该事现在的状况或展现有关方面现在已经怎样来处置该事等来进行收束，这就是"合"。

若反映的是某个地方存在着某一比较奇特的现象的专题片，开头先"报告"在什么地方存在着一种什么样的现象，这就是"起"；接着通过展现出该事的各种奇特之处，这就是"承"；然后说该状况现在引起了什么方面的关注或造成了怎样的影响，这就是"转"；最后再用一两句播讲解说来交代该现象现在是怎样了或者是展现出该种现象的现状进行收束，这就是"合"。

三、"兴奋点"的设置

从心理学的角度来看，如果不是意志的支持，人们对各种平淡单调的演说或演出的兴趣和注意力，往往只能维持5~6分钟。这也就是我们平时经常看到许多人在上课、开会或观看一些缺乏吸引力的影片或演出时会走神或打瞌睡的原因。因此，一些有经验的演讲者和戏剧、影视的编导，都很注意将演说或将戏剧、影视作品中的内容安排得曲折多变、波澜起伏。节目情节中的这种曲折起伏的转折点，由于能够刺激观众想要知道随后会有什么出现的好奇心，从而促使观众加强对节目情节发展的关注，这种情节的转折点就是"激活"受众注意力的"兴奋点"。

节目中的兴奋点，能给听众或观众以突然而新奇的刺激，将听众或观众行将松懈的注意力重新绷紧，促使他们顺着演讲者或演出、播出的作品的情节发展的线索继续去探寻演讲或演出、播出作品的未知内容。因而在电影和电视剧中，一般是每隔 5 分钟就要设置一个兴奋点。

节目中的兴奋点，既可以是出现新的内容、情节，也可以是与前不同的某种声响（如忽然出现某人的喊叫、哭笑声或忽然从什么地方飘来的歌声等）或某个能给人以与前不同的感受画面，甚至也可以是重出栏目或片名的字幕或小标题字幕等。例如前面所列举过的《为了阳光下的这方热土》中的几个小标题，就起到了提醒观众注意的作用。

由于电视专题片的新闻属性决定了它的内容的故事性远不如影剧作品强，因而它对观众的吸引力显而易见要比影视剧要差得多，并且，专题片的长度也比影剧作品要短得多，一般每个片子的长度仅有十几二十分钟的时间，因而其兴奋点的设置就可比影视剧的密度大，一般每隔 3~4 分钟就应设置一次。

四、叙述的方法

电视专题片对事件或事实的叙述，也和一般地叙事文章的叙述一样，顺叙、倒叙、插叙、平述等手法均可运用，但出于电视传播的特点，在运用倒叙、插叙、平述等手法时，必须保证对内容叙述的条理清晰、脉络分明。

第六节　电视专题片解说词的播讲与字幕的运用

由于电视专题片是一种类似于报刊上的报告文学作品的电视节目形式，它除了具有新闻的属性外还具有文学的属性，因而在解说词的播讲和字幕的运用等方面，它与一般的电视新闻节目有所不同。

一、电视专题片解说词的播讲

一个电视台的新闻节目的播音，一般可以是一个相对固定的模式，如在播音员的安排上，可以多年一贯制地固定为某几个人或由固定的一男一女来配合播出。所有的新闻的播出速度大致相同，都是掌握在每分钟 180~300 字之间，只要是文章的内容和感情色彩一样，播出的速度和使用的风格就可以完全一样。而电视专题片由于需要具有更高的艺术水准和每个片子都应各有自己的风格特色，因而所配的播讲解说就得因片而异而不能出现雷同。例如在播讲语言的处理上，需根据不同片子的不同内容表达的实际需要，或匀速，或变速；或紧凑，或舒缓；或低沉，或高昂；或凝重，或洒脱；或含混模糊，或洪亮清丽；或铿锵有力，慷慨陈词，或柔情蜜意，娓娓道来……在音质音色的选用上，也要根据不同片子的不同内容表达的实际需要，或老成，或稚嫩；或圆润，或沙哑；或单薄，或雄浑……此外，专题片播音解说的风格，还应有别于本台的新闻节目，为了使片子的播讲解说的风格、音质和音色等能有别于本台的新闻节目，专题片解说词的播讲，最好是另请兄弟台的播音员帮忙或在台内外另找合适的人来播讲，这样，做出的专题片才能让本台的观众感到"耳目一新"而不带有本台的"台味"。不然，什么节目的播讲解说都由本台那几位播音员来包揽，即使是再有新意的节目，观众也会感到"似曾相识"。

此外，若片子中需要出现某个人的内心独白，为使独白的话语显得真实自然，原则上应由该人自己来说。如果实在非要由别人来替代不可的话，替代者的音质音色也应尽量能与被替代者的音质音色相似，并且所说的内心独白，在语气语调上还要尽可能像被替代者的语言习惯，这样，节目才有可能让人感到真实。

二、电视专题片字幕的运用

每一部电视专题片，都有它的片名和作者（含策划、撰稿、摄像、作曲、解说、演奏、歌唱、剪辑、摄制单位等）及片中的提示（含时间、地点、人物的姓名及身份，歌词、话语的内容等），这些均是以字幕的形式来向观众交代的。

专题片的字幕，其字体、颜色、字号大小、修饰与否及如何修饰、排列方式、在屏幕上出现的持续时间长短及出入方式等，都应与片子的内容和风格相协调。

就字幕的字体而言，一般来说，黑体字庄严凝重，宋体字严肃端庄；楷体字规矩练达，草书字飘逸潇洒；行书字独具风韵，美术字妙趣横生；童体字天真无邪，变异字神秘怪诞；魏碑字老成持重，舒体字玩世不恭……

在字幕的颜色方面，各种不同的颜色，其作用于人的视觉感官所能给人获得的感受也大不一样。如：黑色显得凝重肃穆，黄色显得庄重古朴，红色显得热烈庄严，白色显得醒目高雅，紫色显得阴森怪诞，绿色显得生机盎然，橙色显得光明温暖，蓝色显得清冷悲凉……

在字号大小方面，大字能让人感到庄严博大、肃穆凛然、气势磅礴、粗犷有力；小字则能让人觉得卑微渺小、单薄柔弱、安分规矩、绵软秀丽……

字幕的修饰与否，所给人的感觉也不一样，处理得当的修饰，可使字幕显得流光溢彩、容光焕发、熠熠生辉；而不作任何修饰，则也可让字幕显得光明磊落、清新练达、庄重自然、朴素淡雅……

据此，字幕的运用应结合片子的内容、风格和主题来考虑，尽可能使字幕在字体、颜色、字号及文字的修饰方面能与片子的内容、风格和主题配合协调。

在字幕的排列方式上，不同的排列方式所给人的感受也不一样：整齐排列，可使字幕显得雄壮有力、严肃端庄；参差排列，可使字幕显得错落有致、生动活泼；字幕横排，符合人们的视觉习惯，便于观众阅读；而字幕竖排，可以显得悠远古朴、能够唤起观众的怀旧遐想……目前比较流行的排列方式是：片名、摄制单位名称、出品日期、片中叠出的时间、地点、人物的身份及姓名，歌词和人物讲话的内容等用横排；而作者及各有关人员的名单，则既有横排的也有竖排的。字幕的排列走向，除了可以横排或竖排外，根据片子的风格需要或个人的喜好，还可以是斜排的。

字幕在屏幕上的位置，既可以居中，也可以置之于屏幕上的某一侧的；而字幕在屏幕上的对齐方式，横排的字幕，既可以居中或左对齐或右对齐，竖排的字幕，也可以上对齐或下对齐。对齐的方式，除了应结合片子的内容和风格来考虑之外，在多数情况下，也可以按作者的喜好来决定。

字幕在屏幕上的出没方式，常用到的有淡入淡出、化入化出、推拉甩切、扫换滚动、翻飞幻化、游动跳跃等形式。各种形式的运用，在不有悖于片子的内容和格调的前提下，可以由作者按自己的风格喜好来决定。

各种字幕在屏幕上出现的持续时长，应在前面的有关章节中已有过介绍，因而在此就不再重复。

第七节　电视专题片的配音与配乐

电视专题片虽是一种大型的新闻节目，但它除了所报道的人和事必须完全真实而不得有任何出入外，在片子里所出现的某些声响，就可以不完全是来自现场；甚至还有的声响在事件现场上并不存在，只是出于意境的体现或主题思想的突出的需要而由作者配上去的。作者给电视专题片配的声响，大致包括配音与配乐两大类。

一、专题片的配音

专题片的配音，包括效果声、创作声和意境声3种都有配上的。

专题片中所出现的各种声响，也是表现节目的情节内容、作者的思想情感及作品主题思想的重要组成部分。

专题片中的声响，除了能配合画面来再现所报道的新闻事件或事实外，如果用得恰当，还可以通过它来创造意境、营造氛围或揭示人物内心活动和思想情感及体现好作品的主题思想。

所谓恰当，一是对现场的实有声响的使用，并不一定是原原本本地使用采拍时所采录到的同期声而是据需对其进行音质的美化或劣化、音量的抑制或夸张等方面的处理；二是有些现场并不存在但在节目内容和主题的表现上又确有必要让其出现的声响，也可以通过移植或创作来添上。

（一）对现场的实有声响的加工处理

对现场的实有声响的加工处理大致包括如下几个方面：

1. 音质的美化和劣化

音质的美化指的是当从现场采录到的同期声的声音过于嘈杂，难以让人听清其中某一个声音时，通过将其他多余的声音剔除或将音量压低来使想要突出的声音得以突出以让观众能够听清；或者是当现场上的某些声音的音质过于单薄而让人感到缺乏厚度时，通过进行混响、延迟、叠加等方式来将其加厚使之雄浑等。

而音质的劣化，指的是在需要体现某一种思想意图时，故意将一些本来音效并不很差的声音变差，例如对某些反面人物的说话声、哭笑声或歌唱声，通过技术处理的方式来使之变得单薄、干涩或沙哑等。

2. 音量的放大与抑制

对现场上那些音量太低的声音进行音量的放大处理，除了可以让观众能够听到和听清之外，用得恰当，也有助于氛围的体现和意境的营造。例如，在现实生活中，挂钟和手表的滴答声因为太微弱而很难让人感觉得到它的存在，当需要用它来衬托出环境的寂静或表现时间的漫长、表现人物内心的寂寞或表现人物内心的紧张、表现重大事件爆发前时间的越来越有限或情势越来越紧迫等主观意图时，通过将它进行放大处理，就能把这种漫长、寂寞、紧张和时间的有限或紧迫等氛围体现出来。

音量的抑制就是将一些本来声势很大的声音的音量降低以让人感受不到它的凶猛甚至感觉不到它的存在。例如，大海汹涌的波涛，在近处听几乎震耳欲聋，但有时为了表现人物对现场上的一切均置若罔闻，或为了表现人物的内心另有所思，或为了营造出某种艺术意境等，而有意地将其音量降低甚至隐去。

对某些音量的抑制，有时还可以结合对画面的处理来进行，例如将波涛汹涌的大海画面放慢，让气势澎湃的波涛变得有如翩翩起舞一般柔和、平静，再加上声音的音量已经降低了，就可将本来骇人的场面变得美妙和富于诗情画意。

3. 对声响进行错位使用

有的时候，为了制造出强烈的反差以强调某种意境或揭示某种意蕴，作者故意将声响素材进行张冠李戴来错位配用，如画面上出现的是某人悲痛欲绝的痛哭场面时，画外配的却是反面人物得意的狂笑声，这样对声响进行与实际情形相悖的配用，若能用得恰当，观众非但不会觉得失实，反而还会觉得更真切和更动人。于是，作者对所要表现的人和事的思想情感和作者在节目创作上的主观意图，也就得到了更好的表达和体现。

（二）对现场上并不存在的声响的添加

电视专题片中有的声响，也并不全都是现场上的实有声响，例如播音员的播讲解说，人物发自内心的旁白，为了营造某种意境和氛围而配上的意境声和背景音乐等，这些声音都是现场上并不存在的声音，但在电视专题片的摄制中进行这种添加，只要配用得当，也是允许的。

（三）声响素材的采录与储备

1. 声响素材的采录

电视专题片对声响的质量要求较高，在进行画面采拍时，通过摄像机的机上话筒所能录到的同期声的质量往往不够理想，因而，对于一些采拍中所录到的并不理想的同期声，也可以在台里的录音车间进行重新录制；而对于一些很难采录到或很难采录得好的声响，还可以通过人工仿制和模拟的办法来获得。用重新录制或仿制和模拟而得的创作声、效果声来替换采拍中所同步录到的同期声，这在电视新闻节目中是不被允许的，但在电视专题片的摄制中，这种替换，只要替换得好而不露痕迹，则是被允许的。

2. 声响素材的储备

日常生活中的掌声、欢笑声、风雨声、雷声、锣鼓声、鞭炮声、爆炸声、波涛声、手扶拖拉机的响声、火车汽笛声和行驶声、房屋倒塌声、集市上的嘈杂声、婴儿啼哭声、猪马牛羊的叫声、狗吠声等，在专题片节目的制作中都比较常用。若等到需要用到的时候才去采集，有时又不一定能有这样的声音来可供采录，因而，声响素材的采集工作应从平时做起，遇上的时候就抓住时机把它采录下来储备好，这样，一旦需要用到的时候，便可信手拈来而不至于束手无策了。

二、专题片的配乐

为使作品更富诗意和更具艺术，许多作者都给所创作的电视专题片配上音乐，有的片子除了配上背景音乐外，甚至还要配上插曲或主题歌。因此，音乐的设计与制作往往也是电视专题片创作的重要内容之一。

电视专题片所配的音乐，只有与片子的内容有机地结合起来，使声画协调配合、浑为一体才能蓄势造境，强化作品的感染力。

电视专题片的音乐设计，必须是在熟悉文稿和画面内容、吃透作品的精神和把握准作品的风格基调的前提下来进行。

当确定了一个专题片要配音乐时，还要进一步考虑看是只要背景音乐或连同插曲、主题歌也一并需要（由于专题片一般多为十来分钟的长度，因而一般不必配插曲或主题歌），接着，根据文稿的内容风格，先定出全部音乐所应取的共同基调。然后再按照这一基调来拟出全片中的音乐的基本旋律（即主旋律）。

基本旋律确定好后，无论是背景音乐或插曲和主题歌，都应统一使用这同一的基本旋律，围绕着基本旋律来展开乐曲的变化起伏，派生出不同的节奏和旋律来，即整部作品的音乐旋律，既可有许多变化，但又是同属一个基调。

插曲和主题歌的写作，应是先作好词后才谱曲。乐曲的构思既要围绕基本旋律来展开，又要结合歌词的内容、句式的节奏特点来考虑。歌词的感情该用什么样的调式来体现、各个节奏应用什么样的乐汇来表达、哪些语句应用什么样的乐句、各个字词该配以什么样的乐谱……都应字斟句酌，反复吟唱，从中找出最能体现歌词的内容和感情色彩、最能为片子内容增色的乐句、乐段、乐章组合方案来。

一部专题片的播出时间一般只有 10 多分钟的长度，因此音乐不宜写得太长或太复杂。一部片子的背景音乐最好只用一个乐章，并且，乐章也不宜写得太长，乐章中的乐段应当控制在 3 个以内；每个乐段中的乐句也不宜多，有 4~8 个就很足够了。即使是那些长达三四十分钟的片子，每个乐段中所用的乐句，也不应超过 12 个。如果从演奏或演唱的时长来说，一部专题片所配的音乐的长度，应控制在三四分钟或五六分钟为好。

此外，专题片所配音乐的旋律格调，还应带上题材所属行业、所在地域的特点和所处时代的特点。

第八节　电视专题片的剪辑合成

一部片子，单是文稿写得好、素材拍得好和配音配乐准备得好还不行，要创作出一部好的专题片，剪辑合成环节也很重要，因为前面所做的一切努力，最后都要通过剪辑合成来体现。

专题片的剪辑与前面已提到过的新闻节目、纪录片的剪辑流程和要领基本上是一样的，由于现在"非编"早已全面普及，剪辑技术上的复杂操作已经变得简单多了，并且一个片子在剪辑完后如果觉得不满意，要重新再来也很容易，因而这里就不再论及设备操作方面的问题而只谈艺术手法方面的问题。

　　在电视专题片中，经常出现的画面除了有人物活动的画面、风光画面之外，还常有工程施工现场场面，各种集会游行、文体活动、庙会集市等场面的画面，表现这种场面，除了需要展现出现场上的场景之外，常常还要把现场上的热烈喜庆或激昂悲壮的气氛表现出来，这样才能更好地体现出作品的主题。

　　在画面、声响的运用上，要想体现出大场面的热烈、喜庆气氛，画面组接的办法可以：先从远景收回近景，然后接上特写镜头；也可以倒过来，先表现特写、近景，然后将镜头拉开，表现全景和远景，这样，再加上有足够力度和厚度的声响（尤其是音乐）的配合，就可使场面显得热烈或充满喜庆的气氛。

　　在表现大场面的热烈、喜庆气氛时，如果需要出现远景画面，则最好能有足够的摇镜头来辅助，这样，让俯瞰下的远景画面在雄浑的音响声中缓缓摇过，就能给观众以博大精深、气势恢弘之感。

　　在节目中，如果想要表现出场面的悲壮或悲凉，则应是采用先近后远的组接方式，再辅之以适当的背景音乐或贴切的现场效果的声响，便可给画面平添几分悲壮或悲凉。

　　在表现这种悲壮、悲凉的意境中，要是将所配的声响再经过恰当的夸张处理（如放慢、加快或变形等），甚至还有可能把场面表现得可歌可泣而黯然神伤。

　　在镜头的剪接上，当需要表现出喜庆场面的气氛的热烈时，剪辑的方法是排在前面的画面要留得长些而排在越后面的画面就剪得越短，这样，使连在一起的镜头一个比一个短，便可因节奏的不断加快而使场面显得热烈。而当需要表现场面的悲凉时，剪辑的方法则是相反，对排在前面的画面要剪得短些；越往后的画面就应留得越长，这样，画面的节奏就会显得越来越慢，场面气氛就会显得凝重与悲凉。

　　在电视专题片的剪辑中，对画面的运用，当以交错插接的方式来串联，这样不但能够使镜头的连接富于变化，同时也有利于在有限的时间内把事件或事实的发展变化过程表现得更为翔实准确，还有利于把作者的思想观点及寓意表现得更为充分和更富艺术。例如对人物演讲的画面，若用一个长镜头把整个过程完整地表现出来，那就会使场面显得十分单调；但若将该长镜头剪下只取头尾及中间的若干个较典型的画面（如挥手、站起、停顿等），而在那些剪掉了的地方则用与该人演讲内容相关的画面或听众的反应画面来换上，这样就不但可以避免画面的单调，并且又能使所要表现的内容和所要体现的主题思想能够得到更好的表现。

　　在剪辑中，有时会遇到有些活动场面由于现场上的事物本身的运动比较缓慢而我们又需要将其表现得比较紧凑的情形，遇上这种情形，解决的办法是可以将其中的部分持续画面剪掉以取得简洁紧凑乃至跳跃性的效果来。但在进行这样的处理时，要保证在将部分画面挖掉之后，前后画面的连接处的人物语言、动作等也能连接得上和连得顺畅自然。

　　而有的时候情形正好相反：有些事物的运动过程稍纵即逝十分短暂，因而摄像机所能拍到的素材也就很短，这种画面，不但很难让观众看得清它的过程，而且作者的思想情感和作者所想营造的意境更是无法体现出来。若遇上这种情形时，解决的办法就是对想要变得舒缓的画面进行"慢动作"处理来获得所需的效果。

　　在对画面的剪辑中，勿需结合声响来考虑，例如，若要把一个画面剪断，只能是在同期声中人物所说的话、所唱的歌或所发出的哭笑喊叫声或别的什么物体所发出的某一个响声已经告一段落了的地方剪开，而不得随意将其拦腰截断。只有这样，才有可能保证得了节目在声画的配合上的完美与和谐。

此外，由于人的耳朵在听各种声音时会产生余韵，因而在对片尾的处理上，最后一个画面一定要留长一些，要待各种声响全部结束若干秒后才能停止，这样才有利于舒缓观众的心情而不至于使人有"紧急刹车"之感。

本章复习与思考

1. 电视专题片与电视专题节目和电视纪录片相比，有什么异同？
2. 与报刊上的文章体裁相比照，电视专题片和电视纪录片各类似于报刊上哪种体裁的文章？
3. 电视专题片的拍摄选题，应从哪些方面来考虑？
4. 利用课余时间上图书馆，找出一些电视专题片的文稿来细读，从中领悟这种片子文稿的写作方法。
5. 自找题材，进行电视专题片三种文稿形式的写作练习。

第十九章　电视艺术片创作

第一节　电视艺术片概说

电视艺术片是一种融入文学、戏剧、音乐、舞蹈、美术、摄影等多种艺术手法来表达作者对某人或某事的独特感受和抒发作者情感的一种大型电视节目。

电视艺术片与电视专题片有着许多相似之处，因而常被人们混为一谈。其实，无论是从摄制目的、节目内容、作品功用、表现手法或作品风格等任意方面来看，两者之间都有着许多的不同。

在摄制目的方面，电视专题片的拍摄目的，是为了对某人某事进行较为全面的宣传；而电视艺术片的拍摄目的，则是为了表达作者对某人或某事的独特见解和抒发作者在该人该事上的情感。

由于摄制目的的不同，也就决定了电视艺术片与电视专题片的节目内容的不同。电视专题片的内容，可以是反映一个新近发生的事件，也可以是反映现实生活中或自然界中所存在的某一种状况；而电视艺术片虽然也要以某人或某事为题材，但对该人或该事的情况的交代却很有限而是把重心放在揭示出蕴含在该人或该事中的深刻内涵上以使观众对其的理解能更深刻。

电视专题片的表现手法类似于记叙文中的"叙述"或类似于绘画艺术中的素描，它对长镜头用得较多，在对事件或事态的交代上，不但内容完整而且脉络清晰，用现实主义的表现手法来反映生活。而电视艺术片的表现手法则类似于记叙文中的"抒情"或类似于绘画艺术中的"速写"，它只撷取少量的生活素材，然后运用各种象征手段来"借题发挥"，寓情于景，寓理于画，用的是浪漫主义的表现手法来反映生活。如山东电视台拍摄的艺术片《中华泰山》，就是通过"借题"来发挥的，这从以下所节录的这个解说词的片段中就不难看出来：

> 在中国，只有泰山才有这么一条从山下直通山顶的中轴线。这条中轴线长达九公里，三十四段自然景观，三十四处人工建筑，在六千八百一十一层天梯上，把天、地、人贯穿为一个完整的序列，创造了一条投入大自然的通天之路。通过人与自然合作的旋律，演奏出一部庄严、雄浑的朝天神曲。
>
> 中国没有第二座山，像泰山这样崇高、稳重、向上、永恒，深深地影响着中国人；而中国人的观念、追求、又恰恰与泰山的自然生态相契合。于是，充满了生机的泰山，便在中国人的心目中，成了一条人类走进大自然，寻求国泰民安的通道。这条通道突破了时代、地域、国界，伴随着人类文明的发展，奇迹般地得到了历代中国人的崇尚和爱护，得到了国际的认可，成为世界自然、文化遗产。
>
> 世界上也很少有第二座山，像泰山这样，将人和一切自然万物融为一体，完整地保存了一幅宏大的发端于太古，贯穿于原始社会文明，奴隶社会文明，封建社会文明和当代文明的自然、文化长卷。

这段解说，作者先是写实，介绍泰山的上山通道，然后转为写虚，借景观之题来生发出对中华民族民族精神的讴歌，以实托虚，以虚领实，将素材画面内容的作用发挥到了极致。

电视艺术片虽也具有一定的新闻属性，但它并不需要完整地表现某一个人或某一件事，而是以该人或该事来作为由头，将作品开了篇后就跳出对该人或该事的介绍而向该人或该事的前后左右、上下今昔等各个方向铺排开去，并借以抒发或宣泄作者的思想感情。例如上面这个《中华泰山》的解说词，就是在简单介绍了一些关于泰山的情况之后，马上就向中国的山、世界的山以及山的崇高、稳重、向上、永恒和中国人的观念、追求以及中华文明等方面铺排开去以实现以山写人和以写人来实现对中华民族的讴歌。

如果是把电视专题片比作文学作品中的报告文学的话，那么，电视艺术片就类似于文学作品中的散文或诗歌。

由于把电视艺术片与文学作品中的散文和诗歌在属性上有着相通之处，因而艺术片的创作，在材料的安排上像散文的写作那样，也是"贵散而又忌散"和"形散而神不散"；在表现手法的应用上，也像诗歌写作那样用上赋比兴等来使作品更具艺术。

艺术片的创作虽然也不排除纪实，但纪实的目的却是为了更好地写意。而如果把电视专题片比作一幅美丽的图画的话，那么电视艺术片就是一首动听的歌。既然它是一首动听的"歌"，就应像动听的歌那样主要是靠新奇美妙的旋律而不是靠歌词的内容来征服人。艺术片所"纪"的"实"，就是它这首"歌"的"歌词"，而它的"意"，则是这首"歌"的"旋律"，因而，把"意""写"好，就和把歌的旋律写好一样，只有写意写得成功，节目才有可能能像动听的歌那样让人在看的时候能够着迷和看过之后还会回味无穷。也就是说，电视艺术片的创作是重在写意，要"写"出尚未有人能够企及的深"意"来。

第二节　电视艺术片的种类及常见形式

电视艺术片是一种对题材和形式的适用性都比较广的电视节目形式，因而无论是在题材的种类还是在节目的样式上，它的种类都比较多。

一、电视艺术片的常见种类

电视艺术片的分类，也可以有多种不同的分法，如果从所表现的内容上来划分，大致可以分为风光、风情、民俗、专题和文献等几种类型。

（一）风光类题材艺术片

风光类题材艺术片指的是以介绍某地美丽的自然风光为内容的艺术片。它与同类题材的专题片的不同之处是，同类题材的专题片只是比较客观地对自然风光作介绍和赞美，而风光类题材艺术片不但要对美丽的自然风光进行介绍和赞美，而且还要通过对该风光的潜在意义进行发掘或赋予该风光以某种深刻的寓意，表达或宣泄出作者的某一思想感情来。同类题材的专题片对画面的要求是好看即可，而风光类题材艺术片对画面的要求则是不但要好看而且还要讲求具有某种意象，能对作者所发掘出的潜在意义予以佐证或能对作者所赋予的深刻寓意予以支撑。例如为了赞美某地的山水风光的多姿多彩美不胜收时，不但所选用的画面要美或还要带上光斑，而且还要将画面的色彩进行多种变换，明明是绿水青山，但却可以让其变为鲜红橘黄或粉红等。在解说词的写作上，同类题材的专题片对解说词的要求是能把情况说清即可，而风光类题材艺术片对解说词的要求则是不但要能把情况说清而且还要富于文采，能给人以强烈的感染和深刻的启迪，促使人的情感升华甚至还能给人以灵魂的洗礼。

（二）风情类题材艺术片

风情类题材的艺术片指的是以介绍某个地方、某个民族或某一民系的某种独特的风土人情为内容的艺术片。它与同类题材的专题片的不同之处是，同类题材的专题片只是比较客观地对该种风土人情作介绍，而风情类题材的艺术片则是除了介绍之外还要对其进行较深层次的发掘，即发掘出该种风土人情对于当地人的性格特点和观念意识的形成，对于该民族或民系人的民族文化和民族精神或民系文化和民系精神的形成有着什么样的内在联系来。

（三）民俗类题材艺术片

民俗类题材艺术片指的是以介绍某个地方、某个民族或某一民系在婚庆、丧葬、交际、节庆、衣着、饮食、信仰、图腾、禁忌等方面的习俗为内容的艺术片。它与同类题材的专题片的不同之处是，同类题材的专题片只是比较客观地对该种习俗进行介绍，而风情类题材的艺术片则是除了介绍之外，也和风情类题材的艺术片一样要对其进行较深层次的发掘，发掘出该种习俗与该群体的人的性格特点和观念意识、民族文化和民族精神或民系文化和民系精神的关系。此外，有的民俗类题材艺术片对于所介绍的民俗还要从审美的角度来对其进行评价，即评价在该民俗的背后所蕴含着的美学价值等。

（四）专题类题材艺术片

专题类题材艺术片指的是以介绍某人在某一方面的情况或介绍某事的情况为内容的艺术片。它与同类题材的专题片的不同之处是，同类题材的专题片只是带有观点来对所要表现的人或事的情况进行介绍，而专题类题材艺术片则是除了带着观点来进行介绍外，还要进行较深层次的发掘，即发掘出该人或该事对于社会或人们的观念意识会有着什么样的影响，所具有的是积极还是消极的意义。

（五）文献类题材艺术片

文献类题材艺术片指的是以展现某一方面的文献资料为内容的艺术片。它与资料类专题片的不同之处是，资料类专题片所集纳的是以后将会成为较有研究或考究价值的历史事件的某一事件的发生、过程的记录图像，例如某一重大会议或某一重大活动的全程录像，社会生活或自然界中的某一突发性事件发生与发展过程的全程录像等；而文献类题材艺术片则是既可以是集纳有上述的图像资料，也可以是集纳有与该人或该事相关的照片、画册、书刊等印刷品的摄影照片或图像资料。

在题材内容的适用性上，文献类题材艺术片与资料类专题片的另一个不同点是资料类专题片的内容是以当下发生的某一件事为题材，而文献类题材艺术片的内容则既可以是以当下发生的某一件事为题材，也可以是以过去发生的事或从资料上收集到的文献资料或历史画面为题材。

此外，文献类题材艺术片除了"展现"之外，还要对资料所记载的史实或资料本身的社会价值和历史价值进行发掘，而资料类专题片则是仅仅将资料集纳到一起以便后人查考而不作这方面的发掘。

二、电视艺术片的各种常见形式

电视艺术片的表现形式，比较常见的有画外解说式、音乐配画式、音画与解说结合式、舞蹈语言诠释式、纯素材表现式等几种。

（一）画外解说式

画外解说式的电视艺术片是一种比较传统的电视艺术片，它也和画外解说式的电视专题片一样，在展现各种画面的同时，边出现画面边由播音员进行画外解说，以帮助观众理解好画面的内容。但它与画外解说式的电视专题片也有所区别，一是它所展现的画面多是写意性的画面，而画外解说式的电视专题片所展现的画面多为纪实性的画面；二是它所配的画外解说因更富哲理、更具诗意，而更能给观众以美感和对观众更具震撼力。

（二）音乐配画式

音乐配画式的电视艺术片是不配解说而只配音乐的电视艺术片，这种片子除了画面多是写意性的以外，所配的音乐不但很美，而且在一定程度上还能对画面的内容起到诠释的作用，观众通过对音乐的欣赏，便能悟出画面的内涵和寓意来。

（三）音画与解说结合式

音画与解说结合式的电视艺术片，就是既配音乐又配解说的电视艺术片。这种片子，由于所配的音乐尽管很美但却不能对画面的内容起到诠释的作用，因而还要配上画外解说观众才能完全理解片子的内涵和寓意。

(四) 舞蹈语言诠释式

舞蹈语言诠释式的电视艺术片是不带解说，只通过舞蹈画面来表现所要表现的内容的艺术片，这种片子由于不带解说，所要告诉观众的内容都是通过舞蹈语言来诠释。例如一些芭蕾舞、秧歌舞，以及其他一些既具有独立的观赏价值，又是为了表现某一个统一并且完整的思想意念而精心设计的舞蹈节目，由于其舞蹈语言比较"通俗易懂"，观众从演员的舞台动作和舞姿上就已经能够感悟得到节目的内容了，因而就不用配解说了。如果还要配上解说来讲解，反而会认为觉得有失"艺术"。

(五) 纯素材表现式

顾名思义，纯素材表现式的电视艺术片就是在整部片子中都不配上任何音乐与解说，而只是由现场拍摄到的素材画面来剪辑而成。这种片子虽然不配上音乐和解说，但并不等于没有任何声响，因为构成这种片子的画面本身都带有同期声，且通过这些同期声与画面的结合，就已经足以让观众理解得了整部片子的内涵和寓意，因而就无需再配上解说而纯粹由素材画面来把所要说的内容表现出来了。例如一些反映民族风情、民间歌曲等内容的艺术片，画中就有着不少能够起到介绍情况、说明问题的人物对话或歌唱的同期声，只要剪辑得当，就已经能使片子声画并茂和富于诗意了，因而也就没有必要再另外配上音乐和解说了。

第三节 各种不同类型的电视艺术片的文稿写作概要

和纪录片、专题片的写作一样，电视艺术片文稿的写作也是要结合画面来进行。

一、各种不同题材内容的艺术片的写作

各种不同题材内容的艺术片，在文稿的写作上的要求也各有不同。

(一) 风光类题材艺术片文稿写作概要

风光类题材艺术片文稿的写作重在发掘出片子所要介绍的自然风光的潜在意义并给所要介绍的自然风光赋予某种深刻的寓意。风光类题材艺术片虽然介绍的是美丽的自然风光，但真正的目的并不在于介绍风光而是借对自然风光的介绍来抒发该风光给作者所带来的某种感悟，借对自然风光的介绍来推崇、赞美、讴歌某种高尚的情操或崇高的精神。而这种推崇、赞美和讴歌，又是在表现好风光的美的前提下才能进行的，因而这种片子的文稿的写作，不但要写出所要介绍的自然风光的"形"，而且更重要的是要写出它的"神"来。

艺术片文稿的写作要结合所拍摄有的画面素材来进行，而自然风光的画面拍摄的难度往往又比较大，有的画面要爬到很高很险的地方去才能拍摄得到，有的是在某一最佳时间段才能拍摄得好，甚至有的画面还要等到某一适宜的季节、某一理想的天气才有可能拍摄得到所想要的效果；而风光类题材的艺术片在介绍自然风光时往往又要注入作者的情感和给自然风光赋予某种寓意。由于这种片子对画面的要求往往比较特殊，需要精心组织和做

好充分准备才能拍摄得好，因而风光类题材艺术片的创作，最好是先把文稿写好再进行拍摄；这样按照创作意图来开展的拍摄，才有可能把画面拍摄得合乎片子创作的需要。

（二）风情类题材艺术片文稿写作概要

一部风情类题材的艺术片，就是观众了解一个陌生地方的地理特征、历史变迁或了解一个陌生群体生存的自然环境和社会环境及该群体的族群文化和族群精神的"窗口"，因而风情类题材艺术片文稿的写作，在写作前不但要把所要介绍的风情了解清楚，而且该种风情是何时开始形成，为什么会形成，其间经历过什么演变过程，该种风情的分布范围包括哪些地方等情况都应了解清楚，才有可能正确地对其进行介绍。另外，由于风情类题材艺术片不但要对某个地方、某个民族或某一民系的某种独特的风土人情进行介绍，而且还要揭示出这种风情跟该地该群体的人的思想观念、性格特点、民族文化和民族精神或民系文化和民系精神之间的关系。因而在写作前，就要先对该种风情及与该种风情相关的方方面面情况弄清才行。

在风情类题材艺术片文稿的写作中，既要通过解说词来把形成该种风情的原因和经过说清楚，而且要通过对素材画面的调度和组织来把该种风情展现好，尤其是其中某些最特别、最精彩或观众最想知道的情况，都应通过画面来向观众展现好。

由于艺术片是要通过对所要介绍的情况和通过艺术的手法来展现给观众的，因而在写作这种节目的文稿中，除了要考虑如何才能确保能把风情介绍清楚的情况下，还要考虑如何将自己对该种风情的独到见解和感受含而不露地表达出来，使观众在不知不觉中认同自己的见解而不是通过"说教"的方式来将自己的观点"灌输"给观众。

（三）民俗类题材艺术片文稿的写作

顾名思义，民俗类题材艺术片就是向观众介绍某一种在某个地方、某个民族或某一民系中所存在着的某一种鲜为人知或比较独特的民间习俗，因而民俗类题材艺术片的创作的首要任务，就是先把这种习俗到底是怎么一回事说清楚。至于是用解说词来说还是用画面来"说"，这既可以是根据题材的实际情况来定，也可以由作者的喜好而定。

为了能有"说"的资本，作者在开展民俗类题材艺术片的创作之前，对打算要介绍的民俗，必须先有一个全面的了解，这样才不至于会把情况"说"错或"说"漏。

由于各地、各民族或民系所特有的各种民俗的形成总有着其所特有的原因和演变过程，并且这些民俗对于该地、该民族或民系的人的性格特点和观念意识、民族文化和民族精神或民系文化和民系精神总会有着某种关联，因而在开展民俗类题材艺术片文稿的写作之前，除了应把该民俗到底是怎么一回事了解清楚之外，还应把该种民俗与该民族或民系的人的性格特点和观念意识、民族文化和民族精神或民系文化和民系精神等方面的关系弄清，这样，在写作时才好综合各种情况来考虑片子篇章结构的安排和画面的使用及解说词的撰写。

由于民俗类题材艺术片对民俗的介绍并非只是对民俗的真实记录和简单再现而是要对其进行艺术的表现来给观众以审美享受，同时还要通过对该民俗的介绍来揭示其所蕴含的文化内涵和社会意义；而为了能够做好这种揭示，民俗类题材艺术片对某些重要或关键性的画面，往往会有比较特殊的特定要求，而这种要求，往往又是在写作过程中才会发现或思路才会逐渐明晰，因而电视民俗艺术片的创作，也是应先写出了文稿后才开展拍摄较好，这样才好有意识地来对所需的各种有着特殊要求的画面的拍摄进行精心的组织和安排，这样，所创作出来的艺术片才有可能更为理想。

（四）专题类题材艺术片文稿写作概要

专题类题材的艺术片与电视专题片在所反映的题材内容上基本相同，但由于电视专题片创作是着眼于对片子所要介绍的人和事的展现，而专题类题材的艺术片的着眼点则是对所要介绍的人和事的文化内涵、社会意义进行深层次的发掘和揭示，因而在文稿的写作中，应把重心放在发掘和揭示上，并且，为了能够更好地进行发掘和揭示，所选的画面也应是能配合得了这种发掘和揭示。

（五）文献类题材艺术片文稿写作概要

一部电视文献纪录片就像历史博物馆中的某一个主题内容的展区，它展出了大量的历史文物和文献资料，但对于每一件展品，每一份文献资料，如果没有说明文字或没有讲解员的解说，观众就会因看不懂而对所展出的各种展品和历史文献有距离感和疏离感，感觉那些东西跟自己没什么关系。而在给各件展品和各种文献资料配上了说明文字或有讲解员来给观众作了解说之后，观众就不再觉得那些展品、文献不在与自己无关而是关系很可能是很密切了，因为知道了所展出的那些东西都与自己的祖先直接或间接有关，于是距离感和疏离感也就消除了。同样，电视文献纪录片也要借助于解说来让观众理解片中所展现出来的各种文献资料，让观众通过对文献资料的理解来消除距离感和疏离感。

由于电视文献纪录片中所展现出来的各种文献资料对于广大观众来说都比较陌生，并且，不同的观众在文化水平、历史知识，理解能力方面存在着较大的差异，因而这种片子文稿的写作，首先就要致力于让观众能够理解片子展示的文献资料的内容或价值，这样才有可能认同作者的思想观点。

前面已经说过，文献类题材艺术片的内容不单单是要将所介绍的文献资料向观众展现，更重要的是在展现的同时还要对资料中所记载的史实或资料本身的社会价值和历史价值进行发掘，因而这种题材的艺术片文稿的写作，应是在对所要介绍的文献资料的内容有着较为全面的了解和较深的理解，并且还要对该文献资料社会价值和历史价值有充分的认识的前提下开展。

二、各种不同表现形式的艺术片的写作

各种不同表现形式的艺术片，在文稿的写作上的要求也各有不同：

（一）画外解说式艺术片文稿的写作

一般来说，画外解说式的艺术片，给画面所配的解说应写得详尽些。但这里所说的详尽，并非是要把事情叙述得很具体而是指对屏幕上所出现的每一个画面几乎都要说到，并且所作的解说，也不局限于只对画面的内容进行讲解而应是在讲解之后还要生发开去，通过叙事现景、触景生情、联想比照来发掘出某一哲理或营造出某种意蕴来。例如著名电视编导刘郎创作的电视艺术片《西藏的诱惑》的结尾部分：

画　面	解　说　词
……	……
夕阳，渐渐落入湖面	（女）朝圣的道路，苍茫，高远。人们背负着行囊，跋涉在千里长途。那播种虔诚，那期待收获未来的千里长途啊……
旷野，道路通向远方	（男）落日，悲壮得有如英雄的感叹。面对此情此景，有人觉得迷茫，有人受到启悟，然而，却都感到心灵的震撼。
	（女）路啊，你来自何方，又通向何处？为了心中的信念，我愿付出千辛万苦；
高山上云雾缭绕	（男）路啊，你来自何方，又通向何处？为了心中的祈求，我愿日夜跋涉在漫漫长途……
	（女）西藏的诱惑，是一种境界；
鹰群、太阳	（男）西藏的诱惑，是一种精神。
	（女）因为诱惑的启示，让我们朝前走吧！
老年、中年、少年三代喇嘛背负行囊，行进在朝圣的路上 歌曲《朝圣的路》	（歌声） 我向你走来， 捧着一颗真心； 我向你走来， 捧着一路风尘； ……

　　这个结尾的解说词，就不是局限于对画面的内容进行讲解，甚至根本就不对画面的内容进行讲解而是从画面所展现的景象来触景生情，生发开去，从而营造出这么一种意境：神秘的西藏给人的诱惑实在太多太多，太强太强。

　　（二）音乐配画式艺术片文稿的写作

　　音乐配画式的艺术片虽然不带解说词，但并不等于不作"解说"，只不过是它所作的解说不是由解说词来进行而是由音乐来承担而已。因而，音乐配画式艺术片文稿的写作，虽然不用考虑怎样才能把解说词写好，但却需要考虑用什么样的音乐才能诠释好屏幕上所展现的各种画面。

　　为了避免会使观众有"似曾相识"之感，即使在已有的音乐作品中有能够诠释好屏幕上所展现的各种画面的现成作品也不宜使用，也就是说，在音乐配画式艺术片中所配的所有音乐，都应是为该片的摄制而专门创作的，这样在节目播出时，才有可能让观众感到"耳目一新"。

　　音乐配画式的艺术片所用音乐的写作，应是从片子的内容和主题思想的实际情况来考虑，所写出的每一个乐句，都应能够说明屏幕上的某一画面的内容或所蕴含的某一种思想。因而，这种形式的艺术片的创作，作者需要具备较强的音乐创作能力，尤其是要具备有较强的音乐语言应用能力，即知道什么样的乐句能够叙事，什么样的乐句能对事物进行描写，什么样的乐句能够发表"议论"，什么样的乐句能够抒发作者的思想感情。

(三) 音画与解说结合式艺术片文稿的写作

在音画与解说结合式的艺术片中，由于已有解说词来分担解说，因而在这种片子中，音乐的作用就只是营造气氛、抒发情感和美化节目而不用负责对画面的内容进行讲解和对节目所介绍的人或事发表"议论"了，因而这种节目对配乐的写作要求就没那么高，音乐的写作比起音乐配画式的艺术片的音乐写作相对要容易很多。

在音画与解说结合式的艺术片中，由于要让观众能有时间来跟随着音乐去了解屏幕上的画面内容和要留出时间让观众欣赏画面并回味音乐，因而在文稿的写作上，给画面所配的解说就比较少，通常只是在音乐间歇时才出现一些承上启下性的解说，但也有的时候将音乐压低后将解说混上。

也就是说，音画与解说结合式艺术片文稿的写作，需要写的解说词并不很多，但需要写的不多并不等于不费力气，因为这种片子的艺术片属性也决定了它不仅仅是对某一个人或某一件事进行介绍，而更重要的是要以所提到的人或事为由头来借题发挥生发开去，因而它的写作，在对情况的了解和对题材内容的发掘上，与画外解说式的艺术片的写作要求也是一样的。

(四) 舞蹈语言诠释式艺术片文稿的写作

舞蹈语言诠释式的艺术片由于不带解说，对情况的介绍和作者观点的"阐述"等都全是要通过舞蹈语言来实现的，因而这种形式的艺术片编舞的过程也就是文稿"写作"的过程，作者在片中想要介绍什么情况，发表什么议论和抒发什么思想感情，都是要通过舞蹈语言来表达的。例如在一些秧歌舞中，在反映农民群众种植粮食的艰辛及粮食获得丰收时心情的喜悦时，从播种、耕耘、收割、扬场、晒谷到入库等一系列的生产环节，都是通过舞蹈语言来"叙述"的，尽管这种节目自始至终都没用上任何解说，但由于所用的舞蹈语言（即舞蹈动作）形象生动，观众一看也就能知道说的是什么了。

由于舞蹈语言诠释式的艺术片对所要叙说的内容要发表的议论及所要抒发的感情都是要靠舞蹈语言来诠释的，因而这类节目的编舞人员，需要对舞蹈语言十分精通，能娴熟地通过舞蹈语言来把所想要介绍的情况及所想要表达的意思准确地表达好。

(五) 纯素材表现式艺术片文稿的写作

当所拍摄到的素材画面中有着较多包含有时间、地点、人物身份和姓名等方面信息的画面或同期声，只要将它们组接得当就能把许多需要交代的情况交代清楚时，也可以把片子做成纯素材表现式的艺术片，不用任何解说而单纯只用素材就能把所要说的人和事说清楚，这样的艺术片就更艺术。

纯素材表现式艺术片的创作，应是及早就有把片子做成这种类型的打算，在有了这样一种打算之后，在进行拍摄前的实地考察时，就要有目的地对现场上的各种场景进行多角度的细致观察，想好各个画面在拍摄时应取什么角度和通过对摄像机进行怎样的操作来进行拍摄，如想要借助画面来交代地点，就应考虑要把具有当地特征的某一座山某一座桥或某一个标志性的建筑物拍进画面；想要借助画面来交代一个单位的名称时，就应考虑要把该单位门口边的单位牌匾或墙上的锦旗、奖状之类带有单位名称信息的东西拍进画面；而想要借助画面来交代日期和时间时，就应考虑要把快要落山的夕阳、空中的明月，墙上的日历、挂钟等拍进画面；甚至，借助月亮的盈亏程度，还可以交代农历的具体日期来……总之，只要仔细观察和多作思考，作者想要说的很多内容，都是可以通过画面来交代的。

纯素材表现式艺术片文稿的写作，应是在进行了这样的考察并将想要表现的内容应如何来进行表现的问题作了深入的分析研究之后才进行。而文稿的写作，目的只是为了用于指导拍摄和剪辑，而为了能使画面的拍摄和剪辑能够更准确地体现好作者的创作意图，这种片子的文稿写作最好是能写成分镜头台本的形式，这样，虽然在文稿写作上花的工夫多些，但却可以使拍摄和制作环节更省事。

第四节　电视纪录片创作中写意手法的运用

在城市的广场或某些公园里，常可看到有些人物雕塑作品所刻画的人物形象因略去了许多细节而显得很粗放，并且对人物的某些部位又做了夸张处理，这样一种雕塑形象虽然与真人的实际形象有着很大的差异，但由于抓住了最能体现人物气质的某些特征来进行突出而塑出了人物的神韵，因而不但能被人认可，甚至比起那些把人的形象塑造得与真人一模一样的雕塑来还更受欢迎。之所以人们对这种与原样有着很大差异的雕塑的喜爱胜于那些把人物形象塑得很逼真的雕塑，那是因为这种形象粗放的雕塑在造型的设计上直奔主题，抓住了最能反映出一个人物的精神面貌的神韵来作了突出表现。这样一种着眼点不在于每一个细节的表现上都与原型一致，而是把创作的重心放在表现人物气质或精神面貌上的雕塑，用的就是"写意"的艺术手法。

重写意而轻写实，是电视艺术片与纪录片、专题片的最大区别。而艺术片的写意，有的是通过情节的淡化或虚化来体现，有的是通过解说词的讲解或通过画面语言来实现，或者是通过光照语言或字幕语言来体现，等等。

一、通过淡化或虚化情节来写意

通过淡化或虚化情节来写意，就是在片子里没有曲折动人的"故事"，即使有"故事"也只是些很平淡、没什么"故事"情节的平常事。因为作者摄制这种片子的目的并不在于要通过讲述一个什么"故事"来给人以教益、启迪，而是要通过它来告诉观众世界上有着这么样的一种地方，有着这么样的一种人家或人群，有着这么样的一种情境，进而抒发自己对这样一种地方，这样一种人家、人群或这样一种情境的感受或情感。

二、通过解说词的讲解来进行的写意

通过解说词的讲解来进行的写意是艺术片最直接的写意，这种写意，就是通过解说词来发掘，借题发挥，生发开去的。如前面已经列举过的《西藏的诱惑》的那个片段，只有夕阳、旷野、高山、云雾、鹰群和背负行囊的喇嘛，这样的画面，如果配上别的解说，单靠画面，对观众是不可能有多大的影响力的；但由于作者对画面背后的意蕴发掘得深，所配的解说意境深远独到，因而能使观众深感震撼。

再如该作者创作的另一部题为《风骚之意》① 的纪录片解说词的片段：

……

一切文献，耐不住历史的岁月，都会蒙上尘埃，都要变得发黄，然而，你只要透过这些往昔的文献，去追踪诗人的脚步，必定会产生出关于红旗往事的联想。

从红旗跃过汀江，到风展红旗如画；从风卷红旗过大关，到不周山下红旗乱，一曲曲艰难困苦与诗意盎然的红旗颂，注入了诗人缔造红旗的生死之情。红旗高飘，从井冈飘扬到瑞金，从瑞金飘扬到红军长征所经过的第一座普通的桥梁，飘到西去的二万五千里坎坷之途，飘成被人称誉为地球上的红飘带。

红旗之所以鲜红，因为它染着诗人的心血！

……

在这个片断中，画面的内容也没有多少记人叙事的成分，但通过画外解说的写意，却能深深地打动观众，使观众能对作者的情感产生共鸣。而接下来的解说也同样是写意，因而也能产生同样的效果：

……

一首中国的七律，寥寥五十六个字。

中国有着无数首七律，但任何一首七律的创作难度，都无法与之相比。

创作它，曾经有许多英魂爬冰卧雪，用生命去攻克险隘雄关。

一群士兵自瑞金走来，衣衫褴褛，意志坚决，马蹄声碎，喇叭声咽，每当人们吟诵起诗人的那一行行诗句，便会抬头望见那一轮艰难的"霜晨月"。

……

与来自瑞金的士兵相反，一队大雁向南方飞去，它们是不堪塞北的严寒而展翅高翔，南来北往，会于六盘高山。

六盘山，是长征途中的最后一座崇山峻岭。而前程之路，几多曲折，何止六盘？

路，何其渺远，远得使人望断南飞雁；

路，何其艰难，却难不倒要去伏虎降龙的英雄好汉。在历来是诗人们悲秋的季节，长征路上的诗人写出了别一种高爽的秋天。

诗人的诗篇啊，多哼成于颠簸的马背，很少用书斋的桌案。其实，行军途中，他也有一方写诗的桌案——这方桌案非常高广，那该是：巍巍井冈，茫茫乌蒙，绵绵六盘……

后面的这个片断，也同样没有什么"故事情节"而只是用上了红军长征的资料画面镜头、空中的飞雁和摇出六盘山、井冈山、乌蒙山等几个画面，但由于画面镜头和解说词的写意和抒情，就显得意境十分深邃幽远。

① 该文全篇见《风骚——刘郎电视艺术片解说词集》，青海人民出版社 1993 年版。

三、通过其他声响语言来实现的写意

艺术片的写意，除了通过解说词来进行之外，也有的是通过所配的背景音乐来抒"写"出某种意境；通过对画面上的某一同期声的声响进行混响、回响、延迟或通过将声响与画面进行错位搭配来营造出某种意境来；给画面配以某种怪诞的声响或让声响留白（即静音）来实现写意，等等。

四、通过画面语言来实现的写意

通过画面语言来实现的写意，常见的手法主要有通过镜头虚化来写意和通过画面黑场来写意两种方式。

镜头虚化就是将本来清晰的画面逐渐变得模糊，例如在表现某些对往事的追忆的镜头中，刚开始画面上的景物都很清晰，后来却渐渐变得模糊，这样的处理，往往是用来说明过去的事已经远去，成了越来越遥远的记忆；或者是用来说明人物视力或神智忽然变得模糊了，什么都看不清或记不清了，等等。这样让画面变虚，就能让人感受得出一种悠远或伤感的意境来。

黑场，就是本来明亮的画面渐渐变黑到什么都看不见，持续片刻之后重又慢慢亮起，但重新亮起来了的画面上的人和物一不再是画面黑下去前的人和物，这种手法除了常用于不同内容之间的转场外，也能起到写意的作用，即抒写出令人感慨的物是人非或今非昔比的沧桑变化来。

五、通过光照语言来体现的写意

在前面的第六章第二节中已经说过，光照的颜色也有冷暖之分，因而，通过光照语言来体现的写意，其实就是通过给画面打上不同色彩和色调的光来体现作者的情感和营造出带有某种感情色彩的意境来，例如在电影《摇啊摇，摇到外婆桥》中，从头到尾的画面几乎全都是用阴冷的蓝色调，这其实就是用色彩来写意，"写"出了一个冷酷阴森，令人感到十分压抑的意境来。

六、通过字幕语言来实现的写意

艺术片的写意，也可以通过字幕语言来"写"，例如，片名、片头字幕、片子中的一些说明文字等，如果统一采用同一种风格的字体、字色、排列形式、对齐方式、修饰方式和所有各屏字幕都出现在屏幕上的同一个区域或同一侧时，能让人感受得出一种与别的片子不同的意境来。例如，如果用的全是斜体、绿色的字幕，又全是左对齐或右对齐，靠屏幕的左侧或右侧来横排，或靠屏幕的上侧或下侧来竖排，这样就能给人一种很富诗情画意古朴隽永之感；如果用的是行书、粉红色的字幕来按上述情形来使用，就能给人一种温馨、诗情画意之感；而要是所有字幕用的都是黑体字并且居中横排，就会因为过于严肃庄重和刻板而没有什么意境。

本章复习与思考

1. 试述电视艺术片与纪录片、专题片的异同。
2. 电视艺术片在表现形式上有哪些样式？它们各自的特点是什么？
3. 利用课余时间上图书馆，找出一些电视艺术片的文稿来细读，从中领悟这种片子文稿的写作方法。
4. 自找题材，练习写作一部电视艺术片文稿，注意用上写意的艺术手法。

第二十章 电视拍摄中的光照运用

人类在白天能看清周围的景物，而在夜晚无光照的情况下就无法把景物看清。而有些动物不但白天能看清周围的景物，在无光的夜间也同样能把景物看清。这是因为人和某些动物的眼睛在对光线的适应能力方面有别，这些动物对光的适应范围大于人类的缘故。

照相机在清晨和黄昏时，如无人工光源就很难进行拍摄，但摄像机的拍摄却能照常进行；夜间朦胧的星光下人能分辨出周围的景物，但摄像机却不能拍摄，这是因为电视摄像机对光的适应能力比照相机强而比人眼差。

在日常生活中，我们刚从室外走进电影院或走进山洞时会觉得眼前一片漆黑，但稍过片刻之后却可慢慢看清里面的环境；夜里我们一觉醒来打开电灯时会觉得灯光十分刺眼，不但什么都看不清，甚至连睁开眼睛也有困难，但过了一会儿却能慢慢地适应了；有时我们刚开始看某一物体时感到模糊不清，待我们集中注意力来注视它后，该物体就会渐渐地由模糊变得清晰。之所以会有这样的变化，那是由于人眼对光照的适应性和对景物的聚焦具有自动调节能力的缘故。

电视摄像机也具有类似于人眼的这种功能，当拍摄环境的光照亮度和镜头与所摄对象的距离发生变化时，机子也会自动进行调光和对焦。但摄像机的这种自动调节的范围和能力毕竟有限，目前各类机子的这种功能还远不及人眼灵活，其所能自动调节的范围还比较狭小。

因此，在电视拍摄中，除白天进行室外拍摄或在采光充足的室内进行拍摄时可借助自然光来进行拍摄外，对于夜间拍摄或白天在光照不足的室内、矿井下、山洞中或隧道里进行拍摄，还需依靠布设人工光照来解决光源不足的问题。

另外，由于光照语言也是重要的电视语言之一，因此，有时即使自然光照充足，但为使所摄画面能体现出某种创作意图或为了取得某种艺术效果，还需要对已有的光照进行部分调节或修正，以使作者的创作构想得到实现。

第一节　电视拍摄中的光照分类

对光照的分类，可有多种多样的分法，而与探讨电视拍摄用光问题关系比较密切的分类，主要有以下几种：

一、按拍摄中光线的投射方向来分

按拍摄中光线的投射方向来分，光可分为直射光和散射光两类：

（一）直射光

直射光指的是光线从光源出发，直线向前，直接到达被照物的光。

直射光也称硬光，它在拍摄中多作照明的主光用。其特点是光束显得坚挺且具有明确的方向性，能在被照物上形成明显的受光面、背光面和能使之背后形成明显的阴影。

在拍摄中运用直射光，有利于表现出被照物的轮廓、质地和形体结构及立体形态。

（二）散射光

散射光指的是光线从光源出发后，在行进途中因受到波折、离散而改变了方向和密度的光。

散射光又可分为漫反射光和漫透射光两种：

漫反射光指的是光线从光源出发后不直接到达被照物，而是先行到达某一表面粗糙的物体，再由该物体的反射到达被照物的光线；

漫透射光指的是光线从光源出发后也未直接到达被照物，而是途中需要穿越过某些半透明物体（如气体、烟雾、盛在玻璃容器中的液体、乳色玻璃等）然后才到达被照物的光线。

散射光又称软光，它的特点是光线显得柔弱而无方向性，在被照物上不形成明显的受光面、背光面，在被照物的背后不形成阴影或不形成明显的阴影。

散射光可使被照物受光全面、均匀、体现地出丰富的色彩、质感和层次，使影调显得细腻、柔和，在拍摄照明中多作副光、底子光、修饰光之类来使用。

二、按光源与被照物的方位关系来分

按光源与被照物的方位关系来分，光可分为顺光、逆光、侧光、顶光、脚光、斜侧光和侧逆光7种。

（一）顺光

顺光也叫正面光或平光，其光源相对于被摄物而言，与摄像机处于同一方位，也即从摄像机的方向照向被摄物。

顺光的特点是在被照物上能形成受光和背光两个面，而因阴影正好被被照物自身挡住而未看到阴影，在它的受光面中仅能分出亮面和次亮面。

顺光有利于让人看清被照物的正面面貌，但由于其在被照物的受光面上只形成亮面和次亮面，表现不出被照物表面的凹凸和质感，层次显得比较平淡，因而用它来给拍摄照明，所拍摄到的画面显不出物体的立体感和环境的空间感来。

（二）逆光

逆光也叫迎面光，这种光的光源位于被照物的后面（即被照物处于摄像机的镜头与光源之间），光照的投向与摄像机的镜头指向正好相对。

逆光的特点是能增强大气的透视效果而让观众感出明显的空间感，能使被摄物从背景中分离出来而被突出，并且由于其位于被摄物的背后，能给被摄物的形体轮廓勾勒出一圈亮丽的光环来。如能恰当地运用好这一效果，可以使被摄物得到美化，但由于逆光时被照物的正面成了背光面，使人只能看清被照物的轮廓而无法看清其正面，甚至会使所拍摄到的被照物形成剪影，因而使用逆光照明，被照物也同样缺乏立体感。

（三）侧光

侧光也叫侧面光，这种光的光照投向与摄像机的镜头指向互相垂直或近似垂直，它可使被摄物的影调显得明晰而富有层次，能体现出较强的质感和立体感，有利于表现被摄物的结构和造型；但它也会给被照物的正面留下较多的阴影而让人难以清被照物的正面面貌。

（四）顶光

顶光的光源位于被摄物的上空，居高临下地照射到被摄物的上方，其光效是可使人物的头顶、眉弓骨、鼻梁、颚骨、上颧骨等部分明亮；而在这些部位的下部出现阴影，会使人脸貌似骷髅。

顶光一般是在要实现某种特定的光效或要对人物进行丑化处理时才使用。

（五）脚光

脚光的光源位于被摄物的下方，其光效也会给人物面部形成诸多阴影而使人物形象受到歪曲，因而一般也是在要对人物进行丑化处理或为实现某种特定的光效时才使用。

（六）斜侧光

斜侧光的光源投向与摄像机的镜头指向所形成的夹角小于90°，即位于被摄物的前侧方。因此，斜侧光又称前侧光。

斜侧光的特点是可使被照物的受光面大而背光面小、明暗分明，且能使被摄物的影调分明和富于层次，既有利于让人看清被摄物的面貌，又能体现出较强的质感和立体感来。

（七）侧逆光

侧逆光的光源投向与摄像机的镜头指向所形成的夹角大于90°，即位于被射物的后侧方，因此，侧逆光也叫后侧光。

侧逆光的特点是可使被照物的受光面小而背光面大，有利于把被摄物从背景中分离出来而使画面具有较强的空间感，并且，由于它还能勾勒出被摄物的形态和轮廓，使画面显得层次分明和立体感强，因而可使被摄物得到美化而更显示出生气。

三、按在拍摄中的地位来分

按在拍摄中的地位来分，光可分为底光、主光、副光、修饰光和效果光 5 种。

(一) 底光

底光又称环境光或基本光，是被摄场面中光效的基本光源，它表现出环境中所有的景和物，决定着画面的影调和色调及体现出节目中的环境，是未加修饰即未注入作者创作意图和感情色彩的原始地表现现场场景的光照。

底光纯粹是用于让观众看清画面中的场景，而除它以外，其余所有各种造型用的光照均夹带有作者的创作意图和注入有作者的感情色彩。

(二) 主光

主光是拍摄现场上的主要光源，在画面上的表现是较为明亮且能起到决定现场光照特征的作用。

主光是人物形体塑造和画面造型的主要用光，它决定着画面的光效，体现出作者构思中对画面气氛色彩的定调，因而主光也是人工布光中的用光基调。

(三) 副光

副光又称辅助光，一般由散射光来组成，它的作用主要是对主光未照到的背光面进行照明或对主光未能体现好的光照效果进行辅助照明，以消除人物或景物的阴影，使被摄的人物或景物能体现出质感和层次来。

副光在消除阴影时，并非要把阴影完全消除掉，而是既要让它存在，又不让它过于明显，从而起到辅助主光来对人物或景物进行形体塑造的作用。

副光的亮度必须低于主光，如属直接向被摄物投射，光源的方位一般应位于主光所致产生阴影的摄像机的一侧；如属不直接投向被摄物，则可先投向墙壁或其他专设的反光板，再由墙壁或反光板把它反射到被摄物上，这样所获得的光效才更真实自然。当今的影视布光，多采用这种方式。

(四) 修饰光

修饰光一般由直射光组成，其光线的方向性较强且有明确的指向及特定的效应范围。

修饰光的作用是用于对人物或景物的某个局部细节进行光效色彩方面的润色加工，使之在造型、色彩、影调、层次上得以突出或使之能更好地体现出作者的创作构想，从而让所要表现的人物或景物的某些局部或细节表现得更为完美。

修饰光的光色可分为白光和色光两类，其强度以不产生光影、不为观众所觉察、不致破坏现场的整体光照效果为宜。

当把修饰光设在正面让其直射被摄物时，若所修饰的对象是红旗、鲜花或人物的服饰，目的是为了使之更为鲜艳；若所修饰的对象是绿叶，目的是为了使之更为苍翠；若所修饰的对象是流水，目的是为了使之产生出波光粼粼的效果；若所修饰的对象是人的眼神，则目的是为了要让人物显得目光炯炯、睿智练达和充满活力。

（五）效果光

效果光指的是能体现出某种环境气氛来的光效。由于摄像机对光的分辨和适应能力远不及人眼的分辨和适应能力的宽容度大，对于山洞里、矿井下的阴暗环境，对于日出日落、黎明黄昏等时刻的光线效果，对于星光惨淡、彩霞辉映、电闪雷鸣、弧光、油灯光、蜡烛光、炉火光、荧光灯光、火把光、月光等特定的光效，若用摄像机的镜头对着实景进行拍摄，并不一定能够拍摄得到，即使拍摄到了，也总是体现不出其特有的光效氛围来。因而要表现好这类光效，只能通过人工来进行布设模拟或对其的实际光效进行修正和强化，通过人为的辅助加工，才能在屏幕上获得自然逼真的光效来。这种布设模拟和修正强化的辅助加工所用的光源，就叫做效果光。

各种效果光的获得，需要通过反复实验、精心调节，才能取得预期的效果。

第二节　自然光在电视拍摄中的运用

一般来说，白天在室外进行拍摄，利用自然光即可满足光照的需要，但要想拍出理想的画面来，还要先弄清自然光照的基本特性，掌握好运用自然光照来进行拍摄的各种技巧。

一、影响拍摄光效的常见因素

在使用自然光拍摄中，会影响到拍摄光效的常见因素主要有经纬度、海拔高度、地域位置、季节、气候及时间等诸方面。

（一）经纬度和海拔高度、地域位置对自然光的影响

因各地的经纬度、海拔高度的不同，自然光照的光效也有差异。

1. 经纬度的不同而存在的差异

在天气条件相同的情况下，东经经度越大或西经经度越小，上午同一时间内的自然光照亮度就越强而在中午之后同一时间内的自然光照亮度就越弱。

在天气条件相同的情况下，纬度越低，在同一时间内的自然光照亮度就越强；而纬度越高，在同一时间内的自然光照亮度就越弱。

2. 海拔高度的不同而存在的差异

从海拔高度来看，在天气条件相同的情况下，海拔越高的地方，在同一时间内自然光照的光效就越强；反之，光效就越弱。

3. 地域位置的不同而存在的差异

在不同的地域位置，自然光照的光效也不同，沿海地区由于空气中的水分较多空气的湿度较大，自然光照的透视效果就较差而离海洋越远的内地光照的透视效果就越好。

（二）季节和气候对自然光的影响

在不同的季节，不同的气候条件下，自然光照的光效也不相同。

1. 季节的不同而存在的差异

从季节来看，在天气条件和时间均相同的情况下，一般来说夏季的光照最强；秋季的光照虽次于夏季，但秋高气爽而其光线透视效果却最好；春季的光照虽然景色清新，但因

空气湿度大而透视效果却略比夏秋两季稍差；而冬季则为四季中自然光效最差的季节。

2. 气候的不同而存在的差异

以气候而言，自然光照的光效强弱顺序为晴天→阴天→雨天。而在同一天时间当中，除白天的光照效果显然胜于夜间外，在白天则以中午为界，同一地点在天气条件相同的情况下，偏离中午的时间差越大，自然光照的光效就越差。

（三）在不同的时间段中自然光效的差异

在天气条件相同的情况下，在同一天中的不同时段里，自然光照的光效强弱差别也很大，各个不同时间段内的光效情况分别为：

1. 中午

中午指的是从上午太阳与地面的夹角为 60°时起至下午太阳与地面的夹角重又是 60°时止的这一个时间段。这一个时间段是一天中光效最强的一个时间段。

在这一段时间内，太阳垂直或近似垂直地照射着大地，自然光效最强。但由于光源位于被摄物的顶部，这时若在自然光照之下拍摄人物时，会产生顶光效果，即会使人物显得面部颧骨突出、眼窝和鼻子之下形成明显的阴影、人物形象被歪曲得形似骷髅。因而，此时不宜在阳光下进行人物拍摄；但若拍反面人物，此时正是最好时机。而在此时拍摄景物，如角度取得恰当，则很有利于把远景或全景镜头的场景表现得辽阔深远。

2. 上午和下午

上午和下午指的是太阳与地面的夹角为 15°~60°之间的先后两个与中午相连的时间段。上午和下午是一天中自然光效次强的两个时间内，在这两个时间段内，光线的强度平稳，照度与色温相对恒定，对景物的垂直面和水平面的照射相对比较均匀，便于表现出被摄物的线条和形状，同时又因天空的散射光和物体的反射光分布得均匀适宜，很有利于表现好景物的表体层次，从而使所摄画面能获得较为理想的造型效果及质感。因而这两个时间段，一般被视为一天当中最为理想的拍摄时段。

3. 日出和日落

日出和日落指的是太阳与地面的夹角为 0°~15°之间的先后两个与上午或下午相连的时间段。

日出和日落是一天中自然光效较弱的两个时间段，在这两个时间段内，自然光照柔弱，景物的垂直面与水平面受光差别明显，受光的层面显得暖和而背光面显得寒冷，在景物的背后会出现较长的光影。并且，由于在受光面中又有亮面、次亮面之分，这一差别的存在，可使得被照物呈现出较为丰富的色彩层次，加之在这两个时间段里空气中的水分较多和早晚有飘散的炊烟等因素的作用，能使景物间的空间透视感得到加强，也有利于对节目中环境氛围进行渲染和便于作者借光抒情，从而使画面平添几分诗情画意。

此外，这两个时间段也是拍摄人物剪影的最有利的时机和进行各种创意画面拍摄的最好时段，因而这两个时间段，向来被影视界奉为艺术摄影的"黄金拍摄时段"和进行外景拍摄的最佳时段。

日出和日落时的拍摄，因自然光的光强比上午或下午明显要弱得多，因而一般应以顺光或侧光拍摄为好；如果光照过于暗淡或逆光拍摄，还应打上人工光源来辅助。另外，在日出和日落时刻进行拍摄，由于这两个时间段中每一时刻的自然光的光强都各不相同变化得太快，如果纯粹使用自然光照来拍摄，在拍摄中则应及时进行抢拍，以确保能把需要在这一时间段中拍摄的所有画面都能一次性地全部抢拍到手。

4. 清晨和傍晚

清晨和傍晚是白天中光效最差的两个时间段。

在这两个时间段中，光照不足，被摄物只是依稀可见或虽能看得见但却不易看得清。如在此时进行拍摄，所拍到的画面缺乏影调层次，细节无从表现。因而这两个时段是一天当中外景拍摄的较难时段。

不过，在这两个时段中，由于没有阳光的直接照射而只有天空折射下来的漫射光，因而所摄物不会出现阴影而可使影调显得柔和，此时若能抓准霞光辉映的有利时机进行拍摄，不但适宜拍出人物剪影，而且很有利于拍出各种特殊效果的画面；若能抓住景物模糊之时适时抢拍，还可拍出夜景的朦胧效果来。

在清晨和傍晚这两个时间段内，由于自然光照的光效变化得特别快，因而若在傍晚时拍摄，一定要把握好恰当的时机进行适时的抢拍，否则稍有延误就会措手不及。

5. 夜间

夜间进行室外拍摄，一般所要表现的都是夜景。如漆黑的夜晚、景色依稀的月夜、灯火辉煌的不夜城、万籁俱寂的山乡之夜、灯光球场上热闹的球赛、露天举行的晚会、建设工地上的挑灯夜战等。

在表现漆黑的夜晚或景色依稀的月夜时，以现有摄像机对光的分辨能力，是无法在夜间拍出所需效果的。为了取得应有的画面效果，通常采用的办法是通过加滤色镜的办法，改在白天或晨昏时段进行。加上滤色镜后可将天空压暗，这样，在光照充足的白天，亦可拍出漆黑的夜景效果；并且将天空压暗后，耀眼的太阳便会被压成皎洁的月亮。

如要拍摄万籁俱寂的山乡之夜，一可采用加滤色镜的方法在白天或晨昏时段进行；二是当场景中有室内透出的灯光时，可采取加大室内灯光的亮度来强调夜色。这样便既可在晨昏时段拍摄，有时也可在夜间（尤其是有月光的夜间）进行拍摄。

如属拍摄城市夜景，摄像机的色温应调至3200°K的位置，在有条件的情况下，最好能采取更换现场灯具的办法来加强原有光源。

而对于夜间举行的球赛、露天文艺晚会和建设工地上的挑灯夜战之类，因拍的多是中近景，一般现场上的原有光源就已基本可供拍摄，即使光照略有不足，辅之以新闻灯照明也就能保证拍摄之需了。

二、自然光效的修正和补充

白天在室外进行拍摄，由于自然光的强度和光源所处的方位角度所限，光照效果未必能够如意，并且，由于自然光往往较难体现出作者的创作意图，不便表达出作者对节目中情境的主观感情色彩，因而利用自然光进行拍摄时，还常常需要对自然光源进行局部或细部的修正和补充。

对自然光的修正和补充，一般可用如下几种做法：

(一) 遮挡

当阳光太强或直射人物时，会使人物形象呈现影调分明的受光面和背光面及明晰的阴影，当这些层面或阴影会影响到节目中特定环境的艺术效果需要或会影响到作品意境所需的画面美感时，就得对这样一种强烈的光照或直射的光照进行遮挡，以取得较为柔和的光效。

（二）加辅助光

当节目需要表现烈日下的人物或景物时，在拍摄阳光下的人物和景物中，既要体现出强烈的光照或阳光的直射，又要保证在背光面的人物形象（尤其是面部细节及表情）能看得清，这就得把因过强的光照导致被摄物所形成的阴影予以冲淡。

要冲淡被摄物在强光下所形成的阴影，可通过加人工辅助光的办法来解决。如当人物面部处于背光面时，要想使观众能看清其面部的细节表情，就应给其背光的面部打上辅助光；当人在树下活动时，穿过树叶投射到人脸上的阳光会使人的面部形象变得斑驳怪诞，要消除这些叶子所造成的斑驳阴影，也是要通过往人脸上打辅助光的办法来把它消除。

在自然光照下加的辅助光，可以用人工光源，也可以用自然光源。若用人工光源，可以采用适当的灯具来给被摄物打光；若用自然光源，则可使用金属板（多为铝板）、木板、泡沫塑料板、吹塑纸或反光布等做成的反光板将自然光反射到所要打光的位置上。

反光板的表面有光滑和粗糙两种类型，使用时可根据光照的需要及现场调试的效果而定。

（三）加修饰光

由于白天室外的自然光较强，修饰光不易发挥作用，因而修饰光在白天的室外拍摄中不常用上，但如属清晨和傍晚拍摄，也可采用它来修饰人的眼神、服饰或强化一下红旗、鲜花、绿叶等的色泽；或用它来给江河湖海的水面产生波光粼粼的效果。

（四）淡化强光

如拍摄时的阳光照射过于强烈，而节目本身又不需要表现出这种强烈的阳光效果时，可通过在拍摄现场上空搭盖挡光纱或蚊帐布等挡光材料来削弱光效。

用搭盖挡光纱来削弱强光时，若所用的挡光材料过实，以至于阳光无法穿透挡光纱而在被摄物上形不成阴影时，则应通过加人工辅助光来作补救。

此外，对于一些单靠修正和补充无法实现得了的特殊光效，则应采取人工模拟的方式来实现。

第三节　照明灯具的种类及特点

人工光照的灯具种类很多，从灯具内部的构造上来分，目前常用的有白炽灯、碘钨灯、溴钨灯和卤钨灯等几种；从所发出的光线的温度来分，有热光灯和冷光灯两种；而从作用上来分，常用的有聚光灯、迴光灯、散光灯、追光灯、眼神光灯、闪电效果灯等几种。

内部构造复杂的灯具价格比较昂贵，但比较省电且光效也比较好；热光灯价格便宜，但耗电量大，而且发出的光线是热的，如果夏天在室内使用会让被照者热得难受。

拍摄照明的目的是要取得预期的光效，因而在灯具的选用上，更多的是要考虑灯具的用途。

一、各种照明灯具的特点及用途

（一）聚光灯

聚光灯是拍摄用光的主要灯具。其特点是光照均匀、投影清晰且光质柔和，并且照射范围及射程均可调节。

聚光灯的功率一般为 250W、1kW、2kW、5kW、10kW、15kW 和 20kW 不等。其中 1kW 以下的聚光灯主要是用于较为狭小的空间（如小房间内）的拍摄照明；2kW 与 5kW 的聚光灯主要是用于中小型演播室、摄影棚的拍摄照明；10kW 以上的聚光灯则用于演播厅、大型摄影棚或室外广场的拍摄照明。

（二）迴光灯

迴光灯的特点是亮度大、光质硬和射程远，并且光束大小可以调节。

迴光灯的功率一般为 1kW、2kW 和 5kW 不等，其用途主要是在拍摄中作后景照明和勾勒远景轮廓之用。这种灯因在大面积的照明中光线分布不匀，因而不宜用作前景照明。

（三）散光灯

散光灯也叫平光灯，主要是在拍摄中作辅助光用。因辅助的场合有别，其功率、外形和性能特点也各不相同。

散光灯的功率一般为 1kW～5kW 不等，其形状有的形如新闻灯而分为四联或六联，有的形如条状、盆状，也有的呈迴形或吊灯状。

（四）追光灯

追光灯是在拍摄舞蹈场面时，给演员进行追踪打光之用。

追光灯的功率视需要在数百瓦之间大小不等。其灯头可环绕灯座任意旋转，在舞蹈表演中能自动跟踪演员，使光照始终罩住演员。

（五）眼神光灯

眼神光灯是一种小型灯具，其光线微弱、光束细小，使用时将其光束直投所摄人物的眼珠，可使被摄者显得目光炯炯、富有生气。

（六）闪电效果灯

闪电效果灯是一种内部装有升压器和电弧发生器的灯具。闪电效果灯的电源接通之后，通过内部升压把电压升至数十乃至数百万伏，然后由高压所产生的电弧来在瞬间爆发出极为强烈的光线，用以模拟自然界中的闪电。

二、照明灯具的各种挡光装置

在拍摄布光中，各种灯具一般不是单独使用，而是彼此相互配合，各司其职，各尽其责，共同来实现拍摄现场各个部位的预定光效。

在整个场面的光效组成中，由于要用到灯具种类和数量都比较多，为了避免灯具之间出现的相互干扰，就需要对各个灯具的光照范围进行限制。因而在许多灯具上，都附有控制光照范围的挡光装置。

灯具上的挡光装置，主要有挡光圈、挡光筒、灯扉、百叶窗等几种类型：

挡光圈是由若干个同心圆筒组成，它套在迴光灯的灯头上，用以限制光线向外扩散。

挡光筒是由单一的等径圆筒或单一的锥形圆筒构成，它位于灯具的灯口前面，用以限制乃至压缩灯具的照明范围。

灯扉由两片或四片可开启的活动页扉组成，在使用中，可任意旋转，开启程度可随意调节，它的作用是用于限制光线向四周或向某一方位扩散。

百叶窗是一种形如气象台站用的百叶箱的挡光装置，把它装到灯口上，既可作限光用，又可作为明暗交替变化用。

除了装在灯口上的挡光装置外，在电视拍摄中，为了实现某种限光目的，有时还得在灯外加上挡光纱来调节光线的强度或把光线柔和；另外，也可根据需要设置各种挡光板来把多余的光线遮挡住。

遮挡光线用的挡光纱有棉纱和金属纱网两种，网眼规格大小不一，由现场实验来确定选用的种类。

遮挡光线用的挡光板，其形状、大小及材质均无具体的规范标准，而是在拍摄中来根据实际需要确定。

第四节　电视拍摄中光照的设置

电视新闻节目的画面拍摄，一般不需要专门布设光照，但如果拍的是在室内进行的综艺节目、知识竞赛或智力竞赛节目等，或者拍的是纪录片、专题片、艺术片或电视剧等节目，为了要取得较好的光效，就有必要进行光照的布设了。

电视拍摄中人工光照的设置，应在了解好拟拍场景的内容，领会透文稿作者和摄像师的创作意图、掌握好片子的艺术风格的前提下来进行设计和布设。

一、光照设计的内容

光照的设计，包括下列 3 个方面的设计：

（一）环境用光的设计

环境用光是整个现场上的大面积用光，环境用光设计应遵循如下原则：

（1）所布设的光照必须符合节目中的气氛，符合该现场是时所应有的客观光效及符合创作意图的需要。

（2）进行环境用光的设计，主要是要根据场景画面表现的需要来确定远、中、近景及各个局部（包括各个人物）所需的光照种类、色彩、投向及强度。

（3）如属对室内环境的用光设计，还应考虑所布的光照必须与该室内客观上应有的现场光效相吻合。

（二）人物用光的设计

人物的用光属于小面积的用光或局部的用光，在进行人物用光的设计时，应根据人物的多少及各个人物的年龄、性格、服饰、他们在场景中的活动情况及作者对其的褒贬情感来考虑光照的设置。

（三）场景和道具用光的设计

场景道具的用光也是属于小面积的用光，它主要是根据对现场气氛表现的需要，对现场上的各个具体场景或道具的光照进行设计。场景道具的布光，应当恰到好处地反映出该场景或道具本身所应有的光效和准确地体现出作者的创作意图及感情色彩来。

在上述 3 种设计中，环境用光的设计是现场画面用光的总体设计；而人物用光、场景和道具用光的设计则属于局部用光的设计。

局部用光的设计必须服从于总体用光的设计，并以总体用光的设计作为依据而不得为体现好局部的光效而破坏或影响到全局的整体光效。

二、光照设计的步骤

电视拍摄中的光照设计顺序为：

(1) 按照现场场景的光照需要及是时应有的光效、氛围，结合作者的创作意图、感情色彩等，先把主光的方位、高度、亮度及色彩确定好。

主光一旦定下之后，就为现场的光效定下了基调；往后的各种光照设计，都得服从和服务于这个基调。

(2) 根据主光的投向、色彩、强度、将会形成的背光面和阴影等情况来进行分析，看还存在着什么缺陷和未如意处，然后根据这些缺陷和不足及结合场景所需的氛围，考虑副光的设置。

(3) 根据画面上各个人物、场景和道具表现的需要及结合是时人物所处的氛围，逐一考虑每个细部的修饰问题。

(4) 对画出的设计图纸进行细心检查，把遗漏处补上和对不合理处进行修改。

由于一个片子是由许许多多的镜头来组成，每个镜头所表现的环境场合和场景都各有不同，因此光照的设计一般要分场进行，即每个镜头的布光都应各有一套方案。

如果整个片子均是在同一场地拍摄，场景、人物及人物活动的范围也大致相同，在条件允许（即各种灯具比较充足）的情况下，也可作一次性的布光，在拍摄中再据需在调光台上对各个灯具进行开关操作。

进行光照设计，一般应先画出草图，经检查确认合理之后，还要进行试布和模拟演练，通过现场上的反复验证和调整，直到取得预期的效果为止。

进行光照设计，常用的图形符号如表 20-1 所示。

在光照设计中，把设计图画出来后，即可深入实地开展布设施工。

三、布光的方法

灯具的布设，以便于安装和不妨碍工作为原则，既可以把灯具吸附于天花板或墙壁上，也可以悬挂在空中、安置于灯架上或安放在地板上。

布光施工中的操作顺序一般为：先布底光，再布主光，然后再布副光；先布天幕光，再布环境光（即整个场面的底光），然后布道具光和人物光；在布好人物光后才布人物修饰光、眼神光。

在光照的设计和布设中，任何光照的运用都必须有依据而不得违反生活真实情况。

人物布光最基本的方法是三点布光法，其光照设计图如图 20-1 所示，在该图中，主光与副光的光比应为 2∶1，主光与轮廓光的比应为 1∶2。

表20-1 　　　　　　　　　　　　　　　光照设计中的常用符号

符号	说明
☀	太阳
○→	人物（其中箭头指向为人的视向）
----○→--→	人物及其运动的方向
-○→-○→-→	人物运动的方向及路线
<	摄像机（开口方向为镜头指向）
∨→	运动着进行拍摄（其中，→表示拍摄者的运动方向，∨表示摄像机）
∪2K ∪3/5K	聚光灯（开口方向为该灯的光线投向，旁边或斜杠右边的数字表示灯具的功率，斜杠左边的数字表示灯具的盏数）
⌣3K ⌐4/3K	散光灯（开口方向为该灯的光线投向，旁边或斜杠右边的数字表示灯具的功率，斜杠左边的数字表示灯具的盏数）
∪ ⊂	灯口上装有页扉的聚光灯（符号中页扉开启的大小表示灯口上页扉的收张状态）
∪ ⊂	灯口上装有挡光纱的聚光灯
—∨→	摄像机装在车上进行运动拍摄（其中，∨为摄像机，—□→为车子，→为车子运动的方向）
—∨∪→	摄像机装在车上进行运动拍摄（其中，∨为摄像机，∪为聚光灯，—□→为车子，→为车子运动的方向）
⊨	光源（既可以是各种灯具，也可是反光板，其中，箭头指向为光线投向）
—□→	光从窗户投入室内（其中，—□—表示窗户，→表示光线及其投向）
⊢ ⊣	房门
⊢／⊣	带有单扇门板的房门
⊢→←⊣	带有两扇门板的房门
/////////	布景墙面
◹	落地式照明灯具
◈ ◈	悬挂式照明灯具
∪----	灯具在照明中随被摄物的运动而改变光线投向（其中，实线开口向为原来的光线投向，虚线开口向为后来的光线投向）

当要在三点点布光法的基础再加上布背上景光时，光照的布设如图 20-2 所示，图中背景光与副光的光比应为 1∶1。

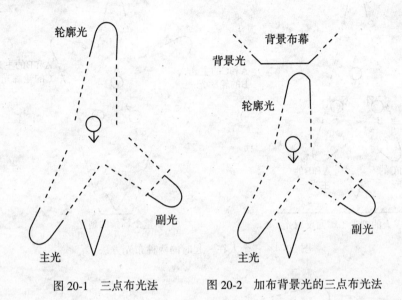

图 20-1　三点布光法　　　　图 20-2　加布背景光的三点布光法

当要表现的人物不止一个时，布光的方法如图 20-3 至图 20-5 所示。

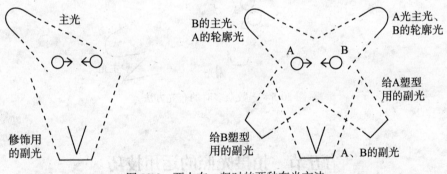

图 20-3　两人在一起时的两种布光方法

在布光中，除要考虑静态光效外，还需要考虑动态光效。由于在电视节目场景中的人物一般不是固定一种姿态且并非固定处于某个位置，因而布光时就得考虑投向这些人物的光应能罩住其整个活动范围或能随着人物的活动而追踪移动。而在考虑使人物光能保证满足人物活动之需的同时，又要注意避免其对周围场景其他光照效果的干扰破坏。在布人物光的时候，应当有替代节目中人的帮手在现场进行模拟活动，以便对光位、光色和光亮进行调节。

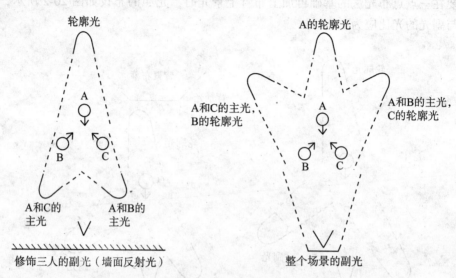

图 20-4　三个人在一起时的两种布光方法

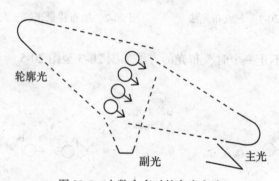

图 20-5　人数众多时的布光方法

第五节　拍摄光照的运用技巧

熟知电视工作的人都有这么个体会：有些播音员相貌并不出众，但出现在屏幕上的形象却楚楚动人；有的播音员的形象在日常生活中给人的印象堪称出类拔萃，但一到屏幕上就显得笨拙呆板。之所以会是这样，除了是与播音员在屏幕上的举止谈吐得体与否有关外，光照也是改变一个人的形象的重要因素。

在光照的运用中，美化人物的办法是适当用暖色调的顺光作为主光，斜侧光作为副光来给人物造型；用柔和的修饰光来柔化人物的皮肤皱纹、体现人体质感及表现好人物的服饰，并辅以眼神光来给人物增添活力和用逆光来勾勒人物形象。经过这么处理之后，即使是貌不出众的普通人，也可平添几分灵气和姿色。

丑化人物的办法是用冷色调的强硬主光来歪曲人物的肤色，用错位的副光来改变人物的形象和偏移人物形象的曲线，再用强烈的脚光或顶光来给人物脸形投上几块阴影，这样便可把一个好端端的人物变得阴森恐怖，形如骷髅。

一、各种布光方式对人物形象的影响

在光照的运用中，当灯位和摄像机的高度与被摄者的头部等高时，光照对人物形象的影响如下：

（1）以图 20-6 所示的办法布光，可使人物面部变得扁、平，缺乏立体感并显得发胖。

（2）以图 20-7 所示的办法布光，可使人物面部的亮面与次亮面比例较为协调，轮廓造型较为明晰。

图 20-6　使人显得发胖的用光方法　　图 20-7　使人轮廓造型显得更为明晰的用光方法

（3）以图 20-8 所示的办法布光，可使脸形瘦长的人物的面部形象得以改善而趋向协调、丰满。

（4）以图 20-9 所示的办法布光，可使人物面部形象显得五官显明、曲线流畅。

图 20-8　使人形象得以改善的用光方法　　图 20-9　使人五官显明、曲线流畅的用光方法

（5）以图 20-10 所示的办法布光，可使面部过平的人物的某一器官得以突出，从而改善其整个面部形象。

（6）以图 20-11 所示的办法布光（其中聚光灯灯位略低些），可给人物形象勾勒出一圈光环，使人物因能与背景分离开来而得以突出。

图 20-10　使人整个面部形象得以改善的用光方法　　图 20-11　使人与背景分离以突出人物的用光方法

（7）以图 20-12 所示的办法布光，可使人物脸上显出光斑和出现高光，从而使面部的影调层次分明、富有生气。

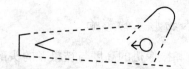

图 20-12　使人面部影调层次分明、富有生气的用光方法

以上所说的，只是人物用光处理的基本原理，在实际运用中，想要把人物形象处理和表现好，仅按上述各图所示来布光是不够的，还要在这些基本原理的基础上，通过现场测试来有针对性地进行修饰补充，才能取得理想的效果。

二、各种不同需要的用光办法

通过对光照进行恰当的处理，可以在很大程度上改变人物的形象，因而可通过改变光照来改变人物的形象。

（1）如果想要让健康的人显得憔悴、羸弱，办法是只在其前上方设置不直射人物的主光而不设副光、眼神光或其他各种修饰光，只要能让观众看出人物形象即可。

（2）如果想要让年长的人显得年轻一些，可通过使用挡光纱来柔和正面主光。这样，在柔和的光照下，观众因看不出人物肌肤上的皱纹而觉得是细腻柔滑的；同时，再给人物打上眼神光和轮廓光，并在人物面部的适当位置上用副光来打上光斑以转移观众的视线，这样就能使观众忽略掉人物脸上带有真实年龄特征的地方（如老年斑等）。于是，人物就显得比实际年龄年轻一些了。

（3）如果想要让人显得比实际年龄苍老一些，办法是使用较多的直射光作为主光，并将主光的灯位抬高以突出和夸张人物皮肤上的皱纹，这样，人物就会显得苍老。

（4）如果想要改善人物过于肥胖的脸型，办法是把主光的灯位放得高些，副光与之同在一侧，主光和副光的光比设得大些并把背景处理得暗些，另外，拍摄的镜头偏俯，这样便可使人物过胖的脸形得到改善。

（5）如果想要改善人物过于消瘦的脸型，办法是把主光的灯位放得低些，副光设在其另一侧，主光和副光的光比设得小些并用适宜角度的脚光来加以修饰，这样便可使人物的脸形显得不那么消瘦。

（6）要想使人物的眼窝加深，通过把主光的灯位抬高一些和将主副光的光比设大一些便可实现。反之，如果想使眼窝过深和颧骨过高的人的这些不足得以改善，则可把主光的灯位调低和减小主副光的光比。

（7）有的人鼻梁偏低，改善的办法是将主光的灯位调低并加大主副光的光比；有的人的鼻子不够端正，改善的办法是将主光设在歪的一侧让主光照射其鼻子，并通过选择适当的角度来从侧面拍摄（构图上让其面孔转向歪的一侧）便可改善；要是人物的眼、鼻、嘴都不端正，也是用此办法来处理。

（8）如需要对人物进行丑化，可用较强的脚光或顶光（尤其是侧顶光、双侧顶光）来直射，以使其形象因被扭曲了而显得丑陋。

光照的布设，固然需要理论的指导，但布光的成败最终还是取决于具体的光位、光色、光亮的现场调试。因此，当各种灯具按图纸设计的位置安放好后，还要把灯具打开来检查光效。检查的办法是让人站到或坐到节目中人物所站或坐的位置，然后逐一打开各个灯具来调节其光位、光色、光亮、射程和投光范围等，待把所有灯具全都调节好后，再把每一个镜头所需用到的灯具按照设计好的搭配方案一起打开来检查场面上的整体光效，在对各个镜头的光效逐一检查中，如发现有不如意处，还需细心再作局部的改动和调整，直到完全合乎要求为止。

本章复习与思考

1. 在某些本来自然光照就已充足的环境里进行电视拍摄，为什么有时也要进行人工光照的布设？
2. 当灯位和摄像机的高度与被摄者的头部等高时，怎样布光才能使人物的面部五官显明、曲线流畅？
3. 如果想要让年长的人显得年轻一些，应当怎样布光？
4. 除了设计图纸必须科学以外，布光的成败最终还要取决于什么？
5. 把光照设计中经常用到的各种符号记熟。
6. 利用课余时间，把各种场合下的人物布光原理、改变人物形象的各种用光原理真正弄懂。

参考文献

1. ［法］马赛尔·马尔丹：《电影语言》，何振淦译，中国电影出版社 1980 年版。

2. 李平云：《电视制作》，中国广播电视出版社 1989 年版。

3. 任远：《电视制作问答》，中国广播电视出版社 1989 年版。

4. 陈振良：《电视照明》，中国广播电视出版社 1991 年版。

5. 《世界各国的广播电视》，中国国际广播电台编译，中国广播电视出版社 1991 年版。

6. 高鑫：《电视专题片创作》，中国广播电视出版社 1993 年版。

7. 刘永泗：《影视照明技巧》，中国广播电视出版社 1993 年版。

8. 闫玉：《中国广播电视学》，中国广播电视出版社 1995 年版。

9. 中国广播电视学会：《中国电视奖获奖新闻作品选评》，中国广播电视出版社 1995 年版。

10. 任金洲、高波：《电视摄像》，中国广播电视出版社 1997 年版。

11. 叶子、刘坚：《电视新闻》，中国广播电视出版社 1997 年版。

12. 赵淑萍：《电视采访与写作》，中国广播电视出版社 1997

年版。

13. 郑祖武:《电视新闻报道学》,浙江大学出版社 2000 年版。

14. 张歌东:《影视非线性编辑》,中国广播电视出版社 2003 年版。

15. 王诗文:《当代广播电视新闻采编教程》,合肥工业大学出版社 2009 年版。

16. 黄碧云:《广播电视摄录编》,北京大学出版社 2009 年版。

(此外,在本版的修订中还参阅了《中国广播电视学刊》多年来的有关文章和网上的一些相关资料,因篇目较多而在此就不一一列出)